Übermittlerin: Phyllis Virtue-Carmel
Herrausgeber: Mary Bennett

P L A N E T
DER WANDLUNG

Offenbarung
des *Rates der Neun*

Der Rat der Neun hat erklärt, daß die Bewohner anderer Planeten zwar auch Entscheidungsfreiheit haben, daß ihr Bewußtsein jedoch kollektiver Art ist. Nur die Bewohner des Planeten Erde können individuellen freien Willen erfahren.

//////////////// SILBERSCHNUR ////////////////

Orginaltitel: The Only Planet of Choice
Erstveröffentlichung 1993 by Gateway Books, England
Übermittlerin: Phyllis Virtue-Carmel
Neu überarbeitete Ausgabe 1995
herausgegeben von Mary Bennet
© Phyllis Virtue-Carmel, vormals Phyllis V. Schlemmer

© der deutschen Ausgabe Verlag „Die Silberschnur"

ISBN 3-923 781-92-X
1. Auflage 1995

Covergestaltung: Stefan Huber

Printed in Hungary

Verlag „Die Silberschur" · Heddesdorfer Straße. 7 · D-56564 Neuwied

INHALT

Danksagung   5
Vorwort von John Whitmore   9
Wie alles begann von Phyllis Virtue-Carmel   17
Der Prozeß von John Whitmore   23
Der Hintergrund von Palden Jenkins   39

I. DAS UNIVERSUM UND SEINE BEWOHNER
1. Einführung   43
2. Der Rat der Neun   47
3. Gott und die Schöpfung   61
4. Die Zivilisationen des Universums   77
5. Besuche von Außerirdischen   99
6. Die Anderen   121

II. PLANET ERDE
7. Leben auf Erden   135
8. Wie die Evolution der Erde beschleunigt wird   147
9. Scheideweg   163

III. DIE FRÜHGESCHICHTE DER ERDE IN NEUEM LICHT
10. Das Aussäen der Menschheit und die Aksu-Kultur   173
11. Atlantis - das Experiment Alteas   191
12. Das alte Ägypten   205

IV. WICHTIGE KETTENGLIEDER
13. Die Kolonien von Hoova und der Ursprung der Hebräer   215
14. Der Bund   231
15. Der Nazarener   241

V. DIE KEHRSEITE DER MEDAILLE
16. Krieg und Frieden in den neunziger Jahren   255
17. Die Katastrophe verhindern   269

VI. IRDISCHE DINGE

18. Worauf es ankommt   285
19. Abenteuer des Bewußtseins   311
20. Geist und Seele   329
21. Das nächste Jahrtausend   351

VOM RAT DER NEUN AN DIE VÖLKER DER ERDE   363

Register   364

Für *Tom* und den *Rat der Neun*

Danksagung

Viele Menschen mußten zwanzig Jahre voller Hingabe arbeiten, um dieses Buch zustande zu bringen. Ich freue mich sehr, daß ich ihnen an dieser Stelle danken kann. Einige haben dieses Buch finanziell gefördert, und alle haben mich emotional, intellektuell und spirituell unterstützt. Dafür werde ich ewig dankbar sein.
In besonderer Schuld stehe ich bei meinen liebevollen Töchtern Phyllis S. Manley und Marilou (Ludi) Long, deren Hilfe, Liebe und materielle wie spirituelle Großzügigkeit mir die Kraft gaben, diese Arbeit zu leisten. Meiner wundervoll sensitiven Enkelin Kimberly Ross möchte ich sagen: Dieses Buch wurde für dich und für künftige Generationen geschrieben. Meine verstorbenen Eltern und Großeltern halfen mir liebevoll, ich selbst zu sein. Besonderer Dank gilt auch Sir John Whitmore für seine spirituelle Einstellung und dafür, daß er immer wieder gefragt hat: »Was wäre, wenn ...?« sowie seiner hingebungsvollen Frau Diana und ihrem Sohn Jason. Mein Dank gilt auch Dr. Andrija Puharich. Es ist eine Freude, mit ihm zu arbeiten, und ich habe die Ehre und das Glück, dies seit vielen Jahren zu tun. Bei unserer gesamten ursprünglichen Gruppe in Ossining, New York, bedanke ich mich ebenfalls.
Ich danke Lark von Hugo, die die ungeheure Aufgabe übernahm, niederzuschreiben, was sich in achtzehn Jahren auf Tonbändern angesammelt hatte. Ihre Hingabe war Ansporn für uns alle. Wir stehen für immer in deiner Schuld, Lark.

5

Alick Bartholomew, unserem englischen Verleger von Gateway Books, und Palden Jenkins danke ich für die ursprüngliche Zusammenstellung der Kommunikationen.

Manfred Huber vom Verlag »Die Silberschnur« danke ich für die deutsche Ausgabe dieses Buches; Martin Rometsch und Lark von Hugo für die nicht einfache Übersetzung.

Ich bedanke mich bei Miki und Ingeborg Walleczek in Österreich sowie bei ihren Töchtern Sascha und Tini. Bei ihnen durfte ich mich oft von meinem hektischen Leben ausruhen, und sie überschütteten mich mit Liebe und Schönheit. Mein Dank geht an unsere österreichischen Freunde, die mir einen Teil von sich selbst gaben und den Neun auf ihrem Weg halfen. Zu ihnen gehören Wulf Kruetschnigg, Franzi Krummel, Franzi Lippert und Jane Tilden, nicht zu vergessen Barbara Lippitt, meine »Adoptivtochter«, der ich für ihre liebevolle Unterstützung und ihr fröhliches Wesen danke.

Aus Kanada kommt Barbara Bronfman, die mich immer freundlich ermutigt und mir einen sicheren Zufluchtsort und immerwährende Freundschaft geboten hat.

In Norwegen haben wir Jan Arne Odegarden mit seinen frischen Perspektiven.

Auch der britischen Gruppe danke ich für ihre Hingabe. Dazu gehören Philip und Rachel Goldman, Susan Kaye, Peter und Teresa Marmot, Funtz Mitchener, Geri Rogers, Alex Sautelle, Clive und Alyson Sinclair sowie Ian und Vicki Watson. Besonderer Dank an Cynthia Franklin dafür, daß sie vor so vielen Jahren die Bänder mit einem Register versehen hat, und an meine Freundin Angela Millburn-Scott. Auch David Hemery und seiner Frau V. sende ich ein Dankeschön für die Bemühungen um die Veröffentlichung dieser Ausgabe.

Ich danke Lore Ritter in Deutschland, die mir ein Jahr ihres Lebens voller Freude und Humor gegeben hat, sowie ihrem Freund Volker Heim.

Ich danke Avi und Ruti Yasur in Israel, die den Mut hatten, mich beim »Kurs in Wundern« zu begleiten, sowie meinen Partnern in »Shaar Yamin«, meinen Freunden Rivka, Frank, Niva Shapira, Sylvia Sheinbaum und all meinen vielen anderen Freunden, Klienten und Schülern.

Mein ganz besonderer Dank gilt Harriet Abramson und Avi N. Tal, die ich seit Anbeginn der Zeiten kenne und die immer da sind, wenn ich sie brauche.

Zur amerikanischen Gruppe gehören Henry Belk, der den Anstoß gab, Judith Skutch Whitson und ihr Mann Bill, die uns mit Wundern versahen, der verstorbene Brendan O'Regan, ein Wissenschaftler, der meine Realität nie ablehnte, Jo und Bob Pease, denen ich für viele Jahre der Freundschaft und Treue danke, und meine Freundin Bette Davis, die an mich glaubt. Ileen Maisel, die unmittelbar ins Herz der Dinge blickt, ist meine Freundin und Vertraute. Ivor und Ronnie Witson, die uns ihr Fachwissen und die notwendige Software für die Transkriptionen gaben, sowie Desiree und Jim Hurtak (Die Schlüssel des Enoch), die voller Hingabe ans Universum sind und uns in schwierigen Zeiten geholfen haben.

Ich danke dem verstorbenen Gene Roddenberry, dem Schöpfer von Star Trek, für seinen Mut, seine Neugier und seinen Wunsch, mit den Neun zu sprechen, für seine sanfte Art, Fragen zu stellen, und für das halb-autobiographische Drehbuch namens The Nine, das er für uns verfaßte.

Mary Bennet, unserer Herausgeberin, schulde ich großen Dank für die Hingabe, mit der sie diesem Buch eine würdige Form gegeben hat. Sie ist ein »Geschenk« der Neun.

Ich danke allen, die mit den Neun zusammengesessen und geglaubt oder nicht geglaubt haben.

Schließlich danke ich meinem Mann Israel Carmel, der mit mir durch meine Zweifel und Schmerzen ging und mich oft unfehlbar zurück auf den richtigen Weg brachte. Er hat keine Sekunde daran gezweifelt, daß Tom und die Neun existieren.

Wenn der Satz »An ihren Werken sollt ihr sie erkennen« richtig ist, dann sind die Neun wahre Lichtwesen und Heiler des Planeten.

Ich danke euch allen.

Phyllis Virtue-Carmel, Flagler Beach, Florida, und Pardes Hanna, Israel

Ein einziger Mensch mit Mut bildet eine Mehrheit.
Andrew Jackson

Vorwort

von John Whitmore

Die Suche nach außerirdischen Intelligenzen (Aii) gilt heute als seriös. Im Jahre 1992 investierte die NASA viel Mühe, Geld und neue Technologie, um die Sterne, genauer gesagt deren Planeten, nach Signalen abzusuchen, die auf intelligente Lebensformen hindeuten. In einer britischen Fernsehsendung mit dem Titel »ET, bitte ruf die Erde an« ließen mehrere renommierte Professoren, die an diesem Projekt mitarbeiteten, kaum Zweifel daran, daß derartiges Leben existiert, und sprachen sich dafür aus, daß die Erde weiterhin nach Signalen lauschen sollte.

Allerdings waren die Forscher sich nicht darüber einig, ob es klug sei, wenn wir Erdlinge dem großen Universum unsere Existenz offenbarten. Wie eine der Koryphäen es ausdrückte, wissen wir ja alle, was wir Völkern angetan haben, die wir als primitiv einstufen, nachdem wir sie entdeckt hatten - was also würden fortgeschrittenere Lebensformen mit uns anstellen? Diese Furcht gründet auf der widersprüchlichen Annahme, diese fortgeschrittenen Wesen seien genauso aggressiv, gedankenlos, hartherzig und primitiv wie Menschen!

Jetzt ist es ohnehin zu spät; denn wir senden seit Jahrzehnten Radiobotschaften ins All, und die ersten von ihnen sind bereits an benachbarten Sonnensystemen vorbeigerast. Indessen könnte der fragwürdige Inhalt der stärkeren Signale, die jenen ersten Botschaften folgten - von der Seifenoper bis zur religiösen Predigt - einen Außerirdischen zu der Frage veranlassen, ob denn die Erde überhaupt intelligentes Leben beherberge! Als Mahatma Gandhi gefragt wurde, was er von der westlichen Kultur halte, sagte er: »Sie wäre eine gute Idee.« Vielleicht macht die ganze Erde aus der Ferne einen ähnlichen Eindruck!

Die Behauptung, Reisende von anderen Welten würden eine Bedrohung für uns darstellen, wurde durch die ersten Science-Fiction-Bücher, Orson

Welles' berühmtes Hörspiel und viele Filme ins Leben gerufen und wird heute von seltsamen Berichten über verstümmeltes Vieh und Entführungen durch UFOs bekräftigt. Aber neuerdings - wohl seit Gene Roddenberrys »Star Trek« - gibt es auch Versuche, außerirdisches Leben in Filmen als gutartig darzustellen, die ihren Höhepunkt mit Steven Spielbergs liebenswertem ET erreichen.

In den meisten Science-Fiction-Geschichten besitzen sowohl die guten als auch die bösen Wesen menschliche Züge, können sich aber augenblicklich durch Raum und Zeit bewegen. Der Spötter wird beides als bequeme Methode abtun, die dem Autoren nur dazu dient, Außerirdische auf die Erde herunterzubringen. Sicherlich sind humanoide Schauspieler am leichtesten zu beschaffen, und wir wissen heute, daß ETs zu lange brauchen würden, um uns in einem konventionellen Raumschiff zu besuchen. Aber können wir wirklich sicher sein, daß diese Geschichten nicht doch wahr sind?

Vor Jahren spekulierte der Physiker John Wheeler über viele sich überlappende Universen, und andere Pioniere sind noch weiter bis an die Grenzen ihrer Glaubwürdigkeit gegangen. Andere Universen legen andere Dimensionen nahe, deren Naturgesetze über das Verständnis unserer Wissenschaftler und die Reichweite unserer Technologien hinausgehen. Alles, was in diesen Sphären geschieht, würde uns als Zauberei erscheinen und natürlich von jenen, die stur an den Grenzen der heutigen Wissenschaft festhalten, als nicht vorhanden oder als eine Illusion abgetan werden. Aber gehörten elektrisches Licht, Radio, Fernsehen und Fliegen - oder gar Weltraumflüge - vor nur einem Jahrhundert nicht für alle, bis auf die Tollkühnen, ins Reich der Magie? Sind wir so eingebildet und terrestrisch-chauvinistisch zu glauben, unsere kaum hundert Jahre alte Wissenschaft sei die einzige im Universum?

Während Wheeler über Paralleluniversen theoretisierte, verbog Uri Geller Löffel mit anderen Mitteln. Wie vorauszusehen war, belächelten ihn Wissenschaftsgläubige wie der Zauberer James Randi, der All-Sucher Carl Sagan und der Maestro der Science Fiction, Isaac Asimov. Dennoch hielten einige angesehene Wissenschaftler seine Arbeit für glaubwürdig, und Geller machte weiter und verdiente ein Vermögen. Er entdeckte Öl- und Mineralvorkommen für internationale Konzerne, die es wenig kümmerte, ob seine Fähigkeiten wissenschaftlich anerkannt waren oder nicht. In religiösen Texten gibt es viele Vorkommnisse, die unserem Wissenschaftsverständnis widersprechen und sehr jenen »Kunststücken« gleichen, mit denen sich übersinnlich Begabte wie Geller befassen. Alleine schon in unserer Bibel gibt es zahlreiche Beispiele für Hellsehen, Hellhören, Channelling, Telekinese, Heilen und Rutengehen. Es ist äußerst unlogisch, wenn wir einerseits diese biblischen Glaubensgeschichten akzeptieren, gleichzeitig aber leugnen, daß solche Begebenheiten heute vorkommen oder vorkommen könnten. Die Geschichte glorifiziert Menschen und Ereignisse der Vergangenheit in derselben Art und Weise, wie es das Fernsehen heute tut, und macht es uns schwer, eine ausgewogene Einstellung zur fernen Vergangenheit zu finden und die modernen Parallelen zu sehen.

Natürlich hat die Wissenschaft die Religion, zumindest die christliche, als Hüterin der Wahrheit für uns einfache Sterbliche abgelöst. Wir suchen nach Erkenntnis bei den Hohepriestern der Wissenschaft. Roben wurden von weißen Kitteln, Kelche von Reagenzgläsern abgelöst. Die Wissenschaft hat den Vorteil, daß sie nicht verpflichtet ist, gut und böse zu definieren. Allerdings glaube ich, wir stünden besser da, wenn sie es täte. Auf den ersten Blick, sogar aus moralischem Blickwinkel, kann die Wissenschaft ihre Vormachtstellung durchaus rechtfertigen, denn die Reputation, die die Religion vorzuweisen hat, ist kläglich. In biblischen Zeiten wurde im Namen Gottes und der Kirche viel Böses verbrochen, und heute ist es nicht anders. Hin und wieder nutzen auch übersinnlich Begabte ihre Macht für üble Zwecke und werden als Scharlatane entlarvt. Was ist überraschend daran? Wo immer Gutes ist, taucht auch das Böse auf und stellt sich dagegen. Hat nicht auch die Wissenschaft ihre Monster geschaffen? Gewiß sind weder Wissenschaft noch Religion von Natur aus böse; doch was manche Menschen in ihrem Dienste tun, ist schrecklich.

Vielleicht ist die christliche Auffassung von der Koexistenz von Gut und Böse gar nicht so verkehrt; aber wenn es um Außerirdische geht, fühlen Menschen sich oft wohler, wenn sie dieses Konzept etwas einseitiger interpretieren können. Während manche jegliche kosmischen Erfahrungen verherrlichen, weil sie ihnen helfen, unserer materiellen Existenz zu entfliehen, betrachten andere alle außerirdischen Handlungen oder Kontaktversuche als das Werk des Teufels. Aber vielleicht ist es nicht so einfach.

Wäre es nicht vernünftiger anzunehmen, daß technologisch fortgeschrittenere Wesen in anderen Dimensionen existieren? Wesen, die zwar nicht böse sind, uns aber als niedrigere Lebensformen und dementsprechend geeignete Versuchskaninchen betrachten. Was wir im Interesse des wissenschaftlichen Fortschritts irdischen Tieren antun, bereitet uns ebenfalls wenig Skrupel. Ist es nicht denkbar, daß Außerirdische das gleiche tun und deshalb Vieh verstümmeln und Menschen entführen?

Solche Vorkommnisse verleiten uns leicht zu dem Glauben, alle außerirdischen Lebensformen seien böse. Das ist verständlich, solange wir nicht imstande sind zu erkennen, daß es viele verschiedene Arten von Außerirdischen gibt und daß einige vielleicht ständig unter uns sind. Diese Vorstellung widerspricht der Ansicht unserer Wissenschaftler, daß ETs sich, wenn überhaupt, auf ein paar fernen Planeten evolutionsmäßig ähnlich wie wir entwickelt haben könnten, aber sie entspricht einigen religiösen Überzeugungen. Ja, es könnte sein, daß Wesen aus weißem Licht, dunkle Kräfte und dazwischen die Grauen in diesem Augenblick unter uns sind, sich jedoch wahrscheinlich größtenteils in anderen Dimensionen aufhalten, nicht aufspürbar für uns. Nur unsere blinde Logik fragt: »Warum landen sie nicht auf dem Rasen des Weißen Hauses? Warum kommen sie nicht und helfen uns aus unserem Schlamassel heraus? Warum kümmern sie sich überhaupt um einen kleinen Planeten wie den unseren?« Möglicherweise soll jeder von uns sie selbst entdecken und seine eigenen Schlüsse ziehen. Wird das nicht von einigen Religionen nahegelegt?

Wir sind so versessen darauf, die Wunder der Wissenschaft zu umarmen und die neuen technologischen Luxusartikel zu kaufen, daß wir die Wissenschaftler schlichtweg für unfehlbar erklären - eine unverdiente Ehre. Und wir denken nicht einmal darüber nach, ob sie auch am richtigen Ort nach außerirdischem Leben suchen. Diese Lebensformen sind jetzt hier unter uns, und sie waren hier, seit dem Anbeginn der sogenannten aufgezeichneten Geschichte - einem kurzen Moment auf der kosmischen Uhr. Wenn »Engel« und andere kosmische Wesen in einer anderen Dimension existieren, können sie, dessen bin ich sicher, wie durch Zauberei erscheinen und verschwinden. Tun sie nicht genau das? Könnte es nicht sein, daß sie in »Götterwagen« kommen, die unseren Gesetzen der Schwerkraft und unserem gesunden Menschenverstand widersprechen, so wie man es von UFOs berichtet?

Wenn wir zwischen den Zeilen der Religion und der Science Fiction lesen und uns weniger auf die Wissenschaft verlassen, um außerirdische Intelligenz zu verstehen, sind wir möglicherweise erfolgreicher. Ich bin der Meinung, daß die Radioteleskope der NASA den Wald vor lauter Bäumen nicht sehen.

Sie schauen nach oben - aber die Außerirdischen sind bereits hier unten! Sie sind sogar bereit, mit uns zu reden, wenn wir bereit sind, sie anzuhören. Wenn wir ETs über ihr Leben und ihre Anliegen befragen würden, bekämen wir vielleicht zu hören, warum sie ihre Anwesenheit nicht weltweit bekannt machen. Das Problem ist, daß die Religion uns zwar einlädt, mit Gott und seinen Scharen zu sprechen; doch wenn wir zu behaupten wagen, daß wir eine Antwort bekommen haben, gelten wir als verrückt.

Seit fast zwanzig Jahren unterhalte ich mich nun mit einer Gruppe von nichtmenschlichen und unsichtbaren Wesen, die mir und mehreren Kollegen mit viel Liebe und Geduld eine Menge über die Struktur der intelligenten Lebensformen im Universum erzählt haben. Sie erklärten mir, welche Rolle die Erde im Kosmos spielt, was unser Zweck und der Zweck unseres Planeten ist, wie unser Mißbrauch der Religion und der Wissenschaft unser Begriffsvermögen so sehr verzerrt hat, daß wir fast blind sind, und was wir dagegen tun könnten. Unter meinen Partnern befanden sich einige Wissenschaftler, Geistliche und für eine kurze Zeit auch Gene Roddenberry, der Schöpfer von »Star Trek«, der eine sehr genaue Beschreibung von Wesen aus allen Bereichen des Universums erbeten und bekommen hat. Gene ist von uns gegangen, aber die meisten anderen sind noch dabei.

»Planet der Wandlung« enthält ausgewählte Gespräche mit unseren Freunden aus dem All. Ich hoffe, das Buch hilft zumindest einigen Menschen, die gewaltige Kluft zwischen den einzelnen Religionen, zwischen den Religionen und der Wissenschaft sowie zwischen der Wissenschaft und dem Paranormalen zu überwinden. Leider müssen wir uns auch gegen mächtige irdische Autoritäten behaupten, die in ihrer Torheit oder Weisheit - das hängt vom Standpunkt ab - beschlossen haben, uns (durch geschickten Einsatz von Desinformation und Spott) von ihrem sehr viel umfangreicheren Wissen über außerirdisches Leben abzuschirmen. Man fragt sich, ob sie wirklich wissen, mit welchem Niveau der kosmischen Hierarchie sie es zu tun haben und wer tatsächlich vor wem geschützt werden muß.

Dieses Buch ist zusammen mit anderen Büchern, Kornkreisen, den neuen Science-Fiction-Filmen, ein paar globalen Krisen, Alarmglocken, paranormalen Ereignissen und mehr oder weniger freiwilligen Indiskretionen ein Teil des notwendigen Erwachens der Erde. Wenn wir aufwachen wollen, müssen wir über die derzeitigen Denkgebäude von Religion und Wissenschaft hinausgehen. Die Herausforderung für die Wissenschaft lautet: Die Religion ist wahr in ihrem Kern. Die Herausforderung für die Religion lautet: Es gibt nur eine Wahrheit. Das einzige, was Religionen ihr eigen nennen können, ist lediglich eine Vorstellung dieser Wahrheit, und die ist reichlich verzerrt. Wenn wir wirklich verstehen wollen, gibt es nur eine Autorität: uns selbst. Wir müssen unvoreingenommen sein, aber auch sehr kritisch.

Ich rechne nicht damit, daß meine persönliche Logik, wie sie auf diesen wenigen Seiten zum Ausdruck kommt, den eher skeptischen Leser aufgeschlossen macht. Manche von uns sträuben sich - nicht ohne guten Grund - gegen alle Botschaften, die behaupten, aus einer kosmischen Quelle zu stammen, vor allem wenn ein fehlbares menschliches Wesen sie verkündet oder übermittelt. Es kann sein, daß wir uns vor dem, was wir nicht verstehen oder glauben können, durch die Vermutung oder gar durch den Vorwurf schützen, es handle sich um Betrug. Betrug ist aber nur dann im Spiel, wenn jemand hofft, Geld oder Macht zu gewinnen. Das ist bei Phyllis gewiß nicht der Fall.

Die Rolle einer Vermittlerin an der Grenze zwischen irdischem und universellem Bewußtsein bringt Schwierigkeiten, Einsamkeit und Streß mit sich und verursacht oft körperlichen und seelischen Schmerz. Phyllis hat dieses und Schlimmeres erfahren. Sie ist eine normale Amerikanerin, Ernährungsberaterin, Mutter und Großmutter mit außergewöhnlichen Fähigkeiten als Lehrerin, Heilerin und Channel. Im folgenden Kapitel erzählt sie in ihren eigenen Worten von sich selbst und berichtet, wie alles begann.

Es wird immer Menschen geben, die Channelling ablehnen oder eine unerschütterliche Abneigung dagegen haben. Ich kann sie gut verstehen - aber müssen wir die Quelle einer Botschaft kennen, um die darin enthaltene Weisheit zu akzeptieren? Ist ein guter Ausspruch nur dann wertvoll, wenn er von Abraham Lincoln, William James oder Shakespeare stammt? Wenn der Name oder der Ruhm des Sprechers Voraussetzung dafür ist, daß wir den Wert eines Zitates einschätzen können, verzichten wir dann nicht auf unser Urteilsvermögen und unsere freie Entscheidung? »Planet der Wandlung« weist darauf hin, wie wichtig unsere persönliche Entscheidung in den kommenden Jahren sein mag - für uns selbst und für das Universum. Bevor Sie dieses Buch gelesen haben, müssen und können Sie nicht entscheiden, wie wertvoll die hier angebotene Weisheit ist und wie vernünftig die Informationen sind, die Sie erhalten. Bitte lesen Sie weiter. Und entscheiden Sie dann.

Wie alles begann

von Phyllis Virtue-Carmel

Ehe ich wußte, wer Tom ist, war er bereits Teil meines Lebens. Seitdem ich zurückdenken kann, habe ich Engel, Geister, seltsam aussehende und menschenähnliche Geschöpfe gesehen, die, wie ich später erkannte, Wesen aus anderen Dimensionen waren. Ich spielte mit den Geistern amerikanischer Indianerkinder und sah zu, wie Indianer versuchten, sich vor dem weißen Mann zu schützen, und wie sie sich gegen ihn verbündeten. Für mich waren sie genauso real wie mein Bruder.

Ich wuchs in einer Gegend von Pennsylvania auf, wo es viele Kämpfe gegen die Indianer gegeben hatte, und viele Städte waren nach ihnen benannt worden. Meine Mutter war nach meiner Geburt ziemlich krank; darum wurde ich von den Eltern meines Vaters großgezogen. Ich habe beide sehr geliebt. Mein Großvater war ein großer, robuster Mann, den ich Popop nannte. Er war viel älter als meine Großmutter. Sie hatten neun Kinder, von denen die meisten noch zu Hause waren. Mein Vater war das älteste. Es war die Zeit der großen Wirtschaftskrise, und die Familie baute alle ihre Kartoffeln, ihren Mais und ihr Gemüse selbst an. Bessie, unsere Kuh, gab uns jeden Tag Milch, aus der Großmutter dann Käse und Butter machte. Zudem backte sie ein herrliches Brot. Auf diese Weise waren wir im Vergleich zu vielen anderen Leuten ziemlich gut versorgt.

Ich war das erste Enkelkind, ich wurde geliebt, und ich war munter und fröhlich. Meine Großmutter nahm mich immer mit, egal, wohin sie ging. Sie war die Hebamme des Ortes, und wenn man sie rief und niemand da war, um auf mich aufzupassen, hob sie mich hoch, wickelte mich in den großen grauen Schal, den sie stets trug, und wir machten uns auf den Weg, um Babys auf die Welt zu bringen. Sie nahm mich auch mit, wenn es Zeit war, das Gemüse zu ernten, und bei dieser Gelegenheit erzählte sie mir von den Naturgeistern. Es gehörte zu meinen Pflichten, Ungeziefer von den Kartoffeln abzulesen, und die Naturgeister halfen mir dabei. Sie halfen mir auch, wenn ich auf dem örtlichen Friedhof nach Pilzen suchte.

Auf dem Friedhof sah ich gewöhnlich viele Leute. Einige von ihnen versuchten Besucher anzusprechen; aber diese antworteten nicht. Einmal fragte ich meine Großmutter, warum diese Leute weinten und warum niemand von ihnen Notiz nahm. Sie erklärte mir, sie wüßten nicht, daß sie tot seien. Manchmal bauten sie sich vor mir auf, als wollten sie mit mir spielen, und ich jagte sie dann oder versteckte mich hinter Grabsteinen. Sie schienen so glücklich darüber zu sein, daß sie endlich von jemandem zur Kenntnis genommen wurden. Von meiner Großmutter erfuhr ich, wer sie waren, warum sie da waren und wie ihre Familien sie an die Erde banden. Sie erklärte mir auch, daß sie nicht so fest waren wie ich, obwohl ich sie sehen konnte. Aber ich versuchte, ihre Hand zu halten, und mitunter gelang es mir.

Als ich etwa fünf Jahre alt war, wurde mein Großvater sehr krank. Meine Tanten sagten mir, er werde bald sterben und dann im Himmel bei Gott sein. Ich hatte ein Kätzchen gehabt, das kurz davor gestorben war. Wir hatten es in eine Schuhschachtel gelegt und im Garten begraben. Dieses Sterben und Zu-Gott-Gehen verstörte mich sehr. Für mich bedeutete es, ganz steif zu sein, in eine Schachtel gelegt und begraben zu werden. Als ich an diesem Abend mein Gebet sprach, bat ich Gott, Popop nicht ganz steif werden und sterben zu lassen, und dann betete ich, daß ich nicht sterben würde. Ich bat Gott, mir doch bitte zu sagen, daß ich nicht sterben würde, daß Popop nicht sterben würde. Ich wollte alles tun, was Gott wollte, aber er sollte uns bitte nicht sterben lassen. Plötzlich hörte ich eine Stimme sagen: »Still, Kind, still, ich verspreche dir, du wirst niemals sterben.« Ich sah mich um. Niemand war bei mir im Zimmer, und die Stimme schien von der Decke zu kommen. Wieder sagte ich: »Versprich mir, Gott, daß Popop nicht sterben wird, und ich will ein sehr artiges Mädchen sein.« Wieder sagte die Stimme: »Still, Kind, still, dein Popop wird nicht sterben, ich verspreche es dir.« Ich hatte ein wundervolles Gefühl des Friedens, der Weite und des Lichtes. Es war, als sei ich mit großer Freude erfüllt. Gott war mein Freund. Er hatte mir sein Wort gegeben, daß weder ich noch mein Großvater sterben würden. Ich erzählte meiner Großmutter davon, und sie lächelte nur und sagte: »Ja, Kind.« Als mein Großvater dann doch starb, bestand ich darauf, daß er nicht tot sei; denn ich sah, daß er gesund und glücklich neben dieser sehr großen Puppe stand, die auf dem Bett lag und aussah wie er. Als sie die Puppe später aus dem Haus trugen, spielten er und ich draußen »Himmel und Hölle«. Ich fragte ihn, ob er mit der Puppe gehen wolle. Er verneinte, und daher hüpften und spielten wir weiter. Ich war so froh darüber, daß er nicht mehr krank war.

Meine beiden Großmütter waren übersinnlich begabt, und sie hatten erkannt, daß ich ebenfalls diese Fähigkeit besaß. Beide bildeten mich aus, da jede von ihnen über besondere Gaben verfügte. Die Mutter meines Vaters erzählte mir von dem kleinen Volk und vom Leben nach dem Tod. Sie war in Irland geboren worden, hatte ein wundervolles Wesen und sang gerne. Nie hörte ich sie etwas Abfälliges über andere sagen. Ich habe nie einen Menschen gekannt, der so vorurteilsfrei war.

Die Mutter meiner Mutter stammte aus Italien und war ein Medium. Ihre Familie war für ihre heilerischen Fähigkeiten bekannt. Sie las im Öl, war sehr gut in Psychometrie, fand vermißte Personen und sprach mit Geistern. Sie war sehr streng und brachte mir bei, Verantwortung zu übernehmen und meine Fähigkeiten zu entwickeln. Beide Großmütter legten sehr großen Wert auf Moral und Disziplin und flößten sie mir ein. Bei dieser Herkunft war es unvermeidlich, daß ich eines Tages eine Schule eröffnen und Metaphysik lehren würde. Ich tat es 1969. Meine italienische Großmutter, eine Kabbalistin, hatte mir gesagt, man sei erst fähig zu lehren, wenn man vierzig Jahre alt sei.

Ich eröffnete meine Schule in Orlando, Florida, an meinem vierzigsten Geburtstag und begann eine ausgewählte Gruppe von siebzehn potentiellen Medien und übersinnlich Begabten zu unterrichten. Ich pflegte in Tieftrance zu fallen, und dann unterrichtete einer meiner Geist-Mentoren namens Dr. Fiske meine Schüler. Ich hatte für diese Klasse einen speziellen, fensterlosen Raum eingerichtet, in dem ein Mikrophon von der Decke hing. Vor der Tür stand ein Tonbandgerät, das einer der Schüler per Fernbedienung anstellte, sobald ich in Tieftrance war.

An einem Montagabend, mehrere Monate nach Beginn des Kurses, meldete sich eine andere Wesenheit, nachdem Dr. Fiske seine Ausführungen beendet hatte. Als der Unterricht zu Ende war und wir noch gemeinsam aßen, berichteten die Schüler mir von dem wunderbaren Wesen, das zu

ihnen gesprochen hatte. Sie hatten es sehr gern. Es war sehr sanft, liebevoll und leise. Es sprach von universellen Dingen und war das genaue Gegenteil von Dr. Fiske, der großen Wert auf Disziplin legte, mit lauter Stimme sprach und sehr autoritär war. Ich schlug vor, zusammen das Band anzuhören. Dr. Fiske sprach zuerst; doch nachdem er sich verabschiedet hatte, war das Band leer, und es blieb ungefähr zwanzig Minuten leer, bis man
hörte, wie ich aus der Trance erwachte. Das ging mehrere Wochen so weiter. Schließlich bat ich meine Gruppe, das Wesen zu fragen, wer es sei und
warum sie es nicht auf Band aufnehmen konnten. Bis zu diesem Tag hatten sie ihm nie Fragen gestellt, sondern nur zugehört. Am nächsten Montagabend sagte also einer der Schüler: »Dürfen wir dir Fragen stellen?«, und
das Wesen antwortete: »Ja.« Sie fragten nach seinem Namen, und die Antwort lautete: »Ich heiße Tom.« Als sie ihn fragten, warum sie seine Stimme
nicht aufzeichnen konnten, antwortete er: »Ihr habt mich nicht um Erlaubnis
gebeten. Ist es nicht üblich zu fragen, wenn man jemanden auf Tonband
aufnehmen will?« Sie stimmten ihm zu und baten um die Erlaubnis.
Von da an war Toms Stimme immer auf dem Band. Ich war etwa vier Jahre lang Toms »Channel«, ehe er sich 1974 als einer der »Neun«, und zwar
als ihr Sprecher, zu erkennen gab.
Ich glaube, ich bin eines der wenigen Tieftrancemedien, die es noch gibt.
Viele Medien haben Mühe, die Herrschaft über sich selbst völlig aufzugeben. Das ist aber für diese Arbeit notwendig. Ich bin imstande, mich vollständig hinzugeben, so daß Tom und die Neun mich »übernehmen« können. Ich habe keinen anderen Wesenheiten mehr als Channel gedient, seitdem Tom sich zum erstenmal gemeldet hat, abgesehen davon, daß Dr. Fiske ein paarmal kam und meine Teilnehmer darauf aufmerksam machte, daß
sie mir aus der Trance helfen mußten, weil mein physischer Körper er-
schöpft war. Tom und ich sind seit zweiundzwanzig Jahren eng miteinander verbunden. Seltsamerweise nennt er mich immer »unser Wesen« und
benutzt nie meinen Namen. Seit meinem Erlebnis als kleines Kind, als die
Stimme »Still, Kind, still« zu mir gesagt hatte, habe ich stets ein starkes inneres Wissen um die Existenz Gottes gehabt, um den einen und einzigen
Gott. Dafür bin ich sehr dankbar.
Tom und die Neun haben dieses Gefühl nie geschmälert, sie haben es nur
vergrößert und bestärkt. Ich schätze mich sehr glücklich und bin sehr froh

darüber, daß ich Tom und durch ihn die Neun kennenlernen durfte. Ich hoffe sehr, sie können Ihnen auf Ihrem Weg durchs Leben ebenso hilfreich sein wie mir.

Der Prozeß

Von John Whitmore

Channelling, zuweilen Mediumismus genannt, ist weder neu noch ungewöhnlich. Phyllis Schlemmer mag die Ausdrücke »Channeller« und »Medium« nicht besonders gern, weil sie bei den meisten Menschen einen bestimmten Eindruck hervorrufen. Vor allem aber beschreiben sie ihrer Meinung nach den Vorgang nicht korrekt, jedenfalls nicht was sie betrifft. Phyllis betrachtet sich als Übermittlerin - ebenso wie Tom, der weiter unten in diesem Kapitel dasselbe sagt. Nach dieser Klarstellung fahren wir im Interesse des Lesers damit fort, in diesem Kapitel die Worte »Channeling« und »Medium« zu gebrauchen.

Channelling findet sich in jeder Kultur und in verschiedenen Formen, zum Beispiel als »automatisches« Schreiben oder Zeichnen oder als Kommunikation durch die Stimme, wobei das Medium offenbar für einen anderen Geist spricht als ihren eigenen. (Die meisten Medien in unserer Kultur sind Frauen; darum verwende ich durchweg das weibliche Pronomen.) Sie kann sich in leichter Trance befinden und sich dessen bewußt sein, was sie sagt, oder in Tieftrance, an die sie sich hinterher in keinster Weise erinnern kann. In der Tieftrance unterscheiden sich Sprache, Sprechweise und Tonfall des Mediums manchmal völlig von ihrer normalen Stimme. Selbst Fremdsprachen, von denen das Medium überhaupt nichts versteht, kommen nicht selten vor. Manche Leute haben noch nie etwas vom Channelling gehört, und viele möchten sich nicht näher damit befassen. Oberflächlich betrachtet ist es nämlich leicht, dieses Phänomen als bewußten Akt oder Trick des Mediums abzutun. Schwindler müssen jedoch ein Motiv haben. Kann es wirklich in derart vielen Kulturen so viele Scharlatane geben, deren einziger Lohn oft körperliche und seelische Schmerzen sind - und, zumindest in »entwickelten« Ländern, eine ganze Menge Spott?

23

Menschen durch Channelling zu manipulieren bringt nicht genug ein, um so viele Betrüger dazu zu ermutigen. Allerdings ist die traditionelle Psychologie unfähig, Channelling zu erklären und mit der heutigen orthodoxen Wissenschaft in Einklang zu bringen, und darum ignoriert sie das Thema ebenso, wie die Physik das Rutengehen ignoriert - obwohl die meisten Wasserversorgungsunternehmen und Firmen, die nach Mineralien und Öl suchen, Rutengänger mit Erfolg einsetzen. Das Channelling erschüttert die Annahmen, auf denen unsere Gesellschaft beruht, in ihren Grundfesten, denn die Individualität und das Ego gelten als unantastbar, und der Gedanke, etwas Größeres könne durch einen Menschen sprechen, wirft noch viel grundsätzlichere Fragen nach Reinkarnation, der Seele, den transpersonalen Ursprüngn der Psyche und überhaupt dem Sinn des Lebens auf. In den letzten Jahren hat das Channelling eine Renaissance erlebt, vor allem in Amerika, wo Sitzungen mit Medien teilweise die Couch des Psychiaters ersetzt haben. Wie bei allen anderen Phänomenen oder Marotten, die volkstümlich werden, nimmt die Qualität des Gebotenen häufig ab, und wer Rat von einem Medium sucht, muß heute sehr viel kritischer sein. Einige Aspekte und Fallstricke des Channellings werden hier angesprochen.

Denken Sie aber daran, daß viele der folgenden Aussagen sich auf einen speziellen Fall beziehen: auf die Botschaften der Neun durch Phyllis Schlemmer. Sie gelten nicht unbedingt für andere Medien.

* * * * *

GENE: Wenn die Menschen überhaupt akzeptieren können, daß Channelling real ist, müssen sie mit allen möglichen Störungen bei der Übermittlung und beim Empfang rechnen, da die Botschaften aus einer anderen Dimension kommen. Kannst du etwas darüber sagen, in welchem Umfang deine Botschaften durch »atmosphärische Störungen« und Interferenzen beeinträchtigt werden und ob wir gelegentlich falsche Informationen bekommen, die auf Schwierigkeiten bei der Kommunikation zurückgehen?

TOM: An falschen Informationen ist in der Regel die Interpretation schuld, aber auch der begrenzte Geist des Mediums - die begrenzte Zahl der Worte, die wir im Geist des Mediums vorfinden. Die Worte, die im Geist eines Menschen vorhanden sind, reichen nicht einmal annähernd aus, um unser

Wissen und das Wissen anderer Zivilisationen zu beschreiben. Aber das Medium wird von uns gesteuert.

GENE: Kann es sein, daß Phyllis in ihrem innern Selbst die Botschaften beeinflußt? Wie sicher können wir sein, daß unsere Methode der Kommunikation alle Gedanken, Bedürfnisse und so weiter ausschließt, die Phyllis selbst hat?

TOM: Versteht ihr, daß unser Wesen sich während der Kommunikation nicht in ihrem Körper befindet?

GENE: Das war mir nicht klar; aber ich verstehe, was du meinst.

TOM: Versteht ihr, daß dabei die meisten Körperfunktionen aufhören?

GENE: Nein, ich ...

TOM: Versteht ihr, daß die Herz- und Kreislauffunktionen auf ein Minimum reduziert sind?

GENE: Ich verst ...

TOM: Versteht ihr, daß wir alles vollkommen in der Hand haben? In eurer Sprache gibt es keine Worte, um das zu erklären. Wir können nur sagen, daß wir den Körper vollständig in Besitz nehmen.

GENE: Ich verstehe. Ich glaube, das beantwortet meine Frage.

TOM: Wenn unser Wesen uns nicht erlauben würde, ihren Körper vollständig zu beherrschen, und wenn sie uns Schwierigkeiten machen oder sich wehren würde, könnten wir unser Wesen nicht voll und ganz steuern, weil wir ihren freien Willen respektieren müssen. Die Seele unseres Wesens befindet sich nicht im Körper, während wir kommunizieren. Unser Wesen hatte große Bedenken dagegen, sich von einem Computer steuern zu lassen. Das war der ursprüngliche Plan. Aber da sie sich davor fürchtete, bereitete sie uns, sich selbst und der Zivilisation von Altea, die versuchte, auf diese Weise Kontakt aufzunehmen, große Schwierigkeiten. Wir würden nicht so kommunizieren, wenn unser Wesen sich völlig einem Computer hingegeben hätte.

In den vielen tausend Jahren, seitdem es eine Verbindung zwischen anderen Dimensionen und der physischen Erde gibt, sind immer wieder große Probleme aufgetreten. Es gibt auf eurem Planeten nur wenige, die wir ein vollkommenes Wesen nennen würden. Das liegt daran, daß wenige in der Lage sind, sich uns vollständig zu überlassen.

ANDRIJA: Ich sehe schon, das ist unbedingt notwendig bei diesem Vorgang, nicht?

TOM: Es ist unabdingbar. Ohne die Steuerung und ohne die Loslösung der Persönlichkeit des Wesens ist keine klare Kommunikation möglich. Wir haben euch wiederholt ermahnt, mit dem bewußten Intellekt derjenigen, mit denen ihr arbeitet und die ihr als Übermittler benutzt, äußerst vorsichtig umzugehen. Es ist wichtig für euch zu verstehen, daß wir ein Instrument brauchen, um eine Kommunikation herbeizuführen. Ich spreche jetzt nicht nur für die Neun, sondern auch für andere Zivilisationen. Wir gebrauchen den Ausdruck »Instrument«, weil das Wesen, durch das wir sprechen, tatsächlich ein physischer Sender ist.

Wenn wir ein Wesen benutzen, müssen wir seinen Körper unter voller Kontrolle haben. Es ist wichtig, daß ihr das versteht. Wir übernehmen auch das Unbewußte. Es muß sich um ein Wesen handeln, das willig ist und passiv wird, damit wir aktiv werden können. Mit unserem Wesen haben wir nie Probleme gehabt, weil unser Wesen ihre Persönlichkeit aufgibt. Aber das ist auch der Grund für ihre Angst vor Computern. Sie versteht in ihrem Unterbewußtsein, was vor sich geht, und sie gibt sich völlig ihrer Aufgabe hin, doch die Angst vor dem Computer ist die Angst, die Seele zu verlieren. Versteht ihr nun, daß wir uns sehr anstrengen müssen, das Gleichgewicht im physischen Körper aufrechtzuerhalten? Wenn wir einen Körper übernehmen, ist er im Augenblick der Übernahme eine Art Computer. Das ist wichtig. Wir müssen dafür sorgen, daß der Körper sein Herz schlagen, seine Lungen atmen und all seine Organe arbeiten läßt. Darum verliert ihr beide oft Energie - wir benutzen eure Energie, um die Körperfunktionen aufrechtzuerhalten.

ANDRIJA: Wird das von einem Computer oder von einem Wesen bewerkstelligt?

TOM: Bei unserem Wesen ist es ein anderes Wesen, das ist das Problem. Wir verstoßen nicht gegen das Abkommen mit unserem Wesen. Sie ist die einzige auf eurem Planeten, die dazu imstande ist, und sie hat bereits früher mit uns vereinbart, sich den Neun vollständig hinzugeben - aber nicht an Computer. Ihr müßt verstehen, daß wir nicht über eine Sprechstimme verfügen.

ANDRIJA: Ihr kommuniziert also direkt von Geist zu Geist.

TOM: Wir kommunizieren mit dem Geist unseres Wesens, und ihr Unterbewußtsein faßt die Botschaft dann in Worte.

Wenn wir unser Wesen übernehmen, ist es, als nähmen wir eine Million Fäden auf und webten sie zusammen, um mit euch in Verbindung zu treten. Wenn sie körperlich nicht in guter Verfassung ist - wenn sie zum Beispiel Verdauungsbeschwerden hat, Ausscheidungsprobleme oder emotionale Probleme oder wenn eine negative Schwingung in ihr oder eine negative oder zweifelnde Schwingung in einem von euch oder Zorn oder Verstimmung in euch ist -, können wir eure Energie nicht nutzen, weil das die Fäden zerreißen würde, die wir mit ihr weben, um die Verbindung herzustellen. Darum bereitet uns die Kommunikation manchmal große Mühe, und dies führt dazu, daß sie noch mehr Energie verliert. Wenn die Bedingungen nicht gut sind, ist es zudem sehr schwierig, die Bilder so darzubieten, daß sie übermittelt werden können. Seit Tausenden von Jahren arbeiten andere Zivilisationen eifrig daran, ein Kommunikationssystem zu verbessern und zu vervollkommnen, damit sie kein Wesen mehr übernehmen müssen, um Kontakte herzustellen und zu übermitteln, was sie euch übermitteln wollen. Wir sagen euch nun, und wir beten, daß ihr es versteht: Wenn wir zu euch sprechen, sprechen wir nur durch dieses Wesen. Das müßt ihr genau verstehen. Botschaften, die ihr von anderen Wesen und Spezies erhaltet, nehmen andere Wege. Sie werden durch Zwischenstationen übermittelt.

JOHN: Der Tibeter (der Alice Bailey als Medium benutzte) und einige esoterische Gruppen raten davon ab, Tieftrance-Channelling ernst zu nehmen. Sie halten es für niederes Channelling, und dadurch verlieren wir natürlich an Glaubwürdigkeit bei Leuten, die diesen esoterischen Kreisen angehören.

TOM: Meinen sie denn, es sei höheres Channelling, einen Füllhalter in die Hand zu nehmen (d. h. automatisch zu schreiben)? Worin liegt der Unterschied?

JOHN: Nun, ich glaube, was wir hier machen, ist der reinere Weg, weil es weniger Einflüsse gibt.

TOM: Du hast recht. Auf diese Weise, gibt es keinen Intellekt, kein Bewußtsein, kein Unterbewußtsein, weder ein niederes noch ein höheres Bewußtsein.

JOHN: Aber warum gab der Tibeter dann diesen Rat? Er muß doch einen Grund dafür gehabt haben.

TOM: Denkt daran: In jenen Zeiten (im frühen 20. Jahrhundert) gab es viele, die von Geistern benutzt wurden. Wer solchen Gruppen angehört, muß umdenken; denn dies ist ein Universum im Wandel. Es ist nicht statisch; sie sind statisch.

Von Zeit zu Zeit während dieser Phase arbeiteten wir mit anderen Medien, die anscheinend über besondere Informationen verfügten und die Neun ergänzen konnten. Aber zuweilen übermittelten sie Informationen, die über ihre speziellen Kenntnisse hinausgingen und den Aussagen der Neun widersprachen oder uns auf Irrwege führten. Daraus entstand Verwirrung und gelegentlich Streit in der Gruppe. Wir befragten die Neun dazu.

ANDRIJA: Können wir noch einmal die menschlichen Probleme einiger anderer Medien erörtern?
TOM: Wir haben Schwierigkeiten, eure Natur zu verstehen. Wir werden von anderen über eure Wesen unterrichtet. Es ist sehr schwierig für uns, eure körperliche Natur zu verstehen. Wir verstehen eure Emotionen und euren Intellekt; aber es ist sehr schwierig, eure Körperlichkeit zu verstehen. Wir sind uns der Probleme bewußt, die einige eurer Wesen mit ihrer Körperlichkeit haben. Wir können ihnen diese Probleme nicht abnehmen; sie müssen sie selbst lösen oder lindern. Ich werde versuchen, es zu erklären; aber ich verstehe diese Gefühle nicht, darum gebe ich weiter, was mir gesagt wurde. Was eure physischen Körper betrifft, gleicht das Verlangen, das ihr in euren Fortpflanzungsorganen empfindet, einem Sicherheitsventil. Das Bewußtsein anderer kann den Wunsch verspüren, euch zu benutzen. Wenn es sich um Angehörige des anderen Geschlechts handelt, die euch benutzen möchten, müßt ihr ihren Botschaften kritisch gegenüberstehen. Wir verbieten euch nicht, durch andere Kontakt aufzunehmen; aber ihre Botschaften kommen nicht von uns. Wir möchten, daß euch das klar ist.
ANDRIJA: Ja, das ist mir völlig klar.
TOM: Wenn sie euch aber benutzen, kann es sein, daß sie euch nicht die Wahrheit sagen. Die Zivilisation, die durch sie spricht, bemüht sich vielleicht sehr, die Wahrheit zu übermitteln; aber für die Medien ist es eine Gelegenheit, euch zu benutzen. Wir möchten daß ihr eines wißt: Nichts ist so destruktiv wie ein Ego, das beherrschen will.
JOHN: Einige andere Medien geben hier und da eine Menge Voraussagen

über Katastrophen und auch andere Botschaften von sich, die sich offenbar nicht mit euren decken.

TOM: Wir haben schon oft darauf hingewiesen und werden es weiter tun, daß es viele Zivilisationen gibt, die mit Menschen auf der Erde in Verbindung stehen und bei denen so etwas möglich ist. Wir wollen einen Ausdruck benutzen, den wir nicht mögen; aber vielleicht hilft er euch zu verstehen. Es gibt Wesen auf einer höheren Stufe und Wesen auf einer niederen. Wir übermitteln nur durch unser Wesen und durch niemanden sonst. Nur wenn unser Wesen zu uns zurückkehrte, würden wir beschließen, durch ein anderes Kontakt aufzunehmen. Die Zivilisationen, die in vielen Menschen ein großes Chaos hervorrufen, stellen ihren eigenen Standpunkt dar.

Was nun die Katastrophen betrifft, so werden wir es nicht zulassen, daß sie alle Seelen von der Erde vertreiben. Wir möchten damit sagen, daß diejenigen, die nur negative Botschaften geben, ihren Emotionen, ihrem Drama ausgeliefert sind - sie gehören nicht zu den reinsten. Versteht ihr, was wir meinen?

Wir berichten hier über diese anfängliche Verwirrung in der Gruppe, um zu verdeutlichen, in welche Art von Schwierigkeiten man leicht geraten kann, wenn man eine neue Welt wie das Channelling erforscht. Außerdem wirft diese Botschaft ein bezeichnendes Licht auf die Dynamik einiger Channelling-Gruppen, die es heute gibt. Abgesehen von weniger entwickelten Zivilisationen mit geringerem Wissen stellte sich immer die Frage, ob einige außerirdische Intelligenzen bewußt negativ sind oder böse Absichten verfolgen und ob sie die Verbindung mit den Neun stören können.

ANDRIJA: Da wir so oft über positive und negative Kräfte gesprochen haben - gibt es eine Möglichkeit herauszufinden, ob man es mit positiven Kräften zu tun hat? Sicherlich fürchten sich manche religiöse Menschen vor unseren Gesprächen und sind fest davon überzeugt, daß es sich nur um etwas Böses handeln kann.

TOM: Ihr könnt sie an ihrem Wissen, an ihrem Nutzen für die Erde erkennen. Wir haben bereits erklärt, daß es Zivilisationen gibt, die Probleme heraufbeschwören können, deren Macht aber nicht von Dauer ist. Wenn sich die Essenz ihrer Botschaft in euren Ohren, in eurem Herzen, in eurem Geist nicht richtig anfühlt, dann, das versichern wir euch, ist sie falsch.

Die Neun warnten uns auch davor, daß Zivilisationen, die nicht die besten Absichten mit der Erde in ihrem Herzen tragen, die Schwächen des Mediums für ihre Zwecke ausnützen können.

TOM: Es gibt zwei Möglichkeiten, wie eure Medien Schwierigkeiten in eurer physischen Welt hervorrufen können. Einmal kann das Medium geschwächt sein, entweder weil es sich nicht genügend ausruht oder weil es krank ist. Zum zweiten kann es sein, daß das Medium sich freiwillig von negativen Kräften benutzen läßt, um Macht zu erlangen. Unser Wesen ist kein williges Medium für negative Kräfte. In diesem Fall dürfen wir eingreifen und helfen. Wenn ein Medium freiwillig mit dem Negativen zusammenarbeitet, dürfen wir nichts unternehmen. Im letzteren Fall gibt es viele Faktoren, die ihr in Betracht ziehen müßt. Und selbst wenn ein Medium bereitwillig ist, heißt das nicht, daß es seine Meinung nicht ändern kann...

JOHN: Was diese freiwillige Zusammenarbeit angeht - besteht ein Unterschied zwischen bewußter und unbewußter Freiwilligkeit?

TOM: Da gibt es keinen Unterschied. Ein unbewußtes Streben nach Macht ist dasselbe wie ein bewußtes Streben nach Macht.

ANDRIJA: Ich habe das Gefühl, daß X das Potential hat, ein Medium zu werden. Kannst du uns dazu einen Rat geben?

TOM: Das ist in der Zukunft möglich. Aber sie muß erst Disziplin lernen, bevor sie arbeiten darf. Sie muß lernen, in dieser physischen Welt im Gleichgewicht zu sein. Ohne Gleichgewicht in der physischen Welt ist es schwierig. Ihr müßt wissen, daß von hundert Wesen, die aus freier Entscheidung in diese Welt kommen, um die Arbeit zu tun, achtundneunzig es nicht schaffen, weil es ihnen in eurer Welt an Disziplin fehlt. Ihr müßt äußerst vorsichtig sein und genau prüfen, mit wem ihr es zu tun habt. Ich spreche von Kontakten mit Quellen aus anderen Zivilisationen oder geistigen Ebenen. Nicht alle Kontakte sind wertvoll, wahr und ehrlich. Nur weil ihr einen Kontakt herstellt, heißt das nicht, daß es sich um einen aufrichtigen Kontakt handelt. Ich meine damit Medien, die behaupten, für uns zu arbeiten.

JOHN: »Seid vorsichtig, denn es gibt verschiedene Niveaus von Geistern« - ist es das, was du sagen willst?

TOM: Ja. Aber wir sind keine Geister, und genau das meinen wir. Wir möchten nicht mit Geistern in Verbindung gebracht werden. Geister sind jene, die diese Welt verlassen haben und sich nun um den Planeten herum aufhalten. Wir sind keine Geister. Geister eurer Welt, die sich in der Atmosphäre und im Bereich der Erde befinden, sind ebenso verwirrt wie die physischen Wesen auf dem Planeten. Manche von ihnen sind höher entwickelt; aber die meisten sind es nicht. Wir sind keine Geister. Wir versuchen, diesen Planeten zu retten, damit auch diese Geister befreit werden und sich entwickeln können. Seid vorsichtig, mit wem ihr arbeitet. Denkt daran: Die meisten Gruppen und Organisationen, die sich mit Channelling befassen, arbeiten mit den Geistern. Wie gesagt, einige von ihnen sind höher entwickelt; aber manche von ihnen sind auch verwirrt. Als sie diesen Planeten verließen, nahmen sie ihre Wünsche mit, und einer dieser Wünsche, der sich auf der Erde manifestiert, ist der Wunsch zu herrschen.

ANDRIJA: Das macht es manchen Menschen natürlich schwer zu unterscheiden, welche Art von übersinnlichen Erlebnissen sie haben. Wir glauben, das war bei dem jungen Mann der Fall, mit dem wir heute gesprochen haben.

TOM: Das war etwas anderes. Derjenige, der zu dieser Zeit an diesem Ort verweilt, befindet sich im Einklang mit seiner Seele und liebt das Universum sehr. Seine Motive sind lauter, und darum wird seine Energie zum Wohle des Universums genutzt. Die Verwirrung ist auf die mangelnde Erfahrung zurückzuführen, aber auch auf das brennende Verlangen ... Wie sollen wir euch das erklären ...?

In eurer Welt gibt es Wesen, die alles glauben, was in euren Publikationen steht (das stimmt doch, oder?). Und so wie es jene gibt, die alles Geschriebene für wahr halten, gibt es jene, die glauben, nur weil sie Kontakt mit Geistern und Zivilisationen haben, sei dieser Kontakt erhaben und wahr. Aber das ist oft nicht der Fall. Versteht ihr die Natur der Geister auf der Erde? Versteht ihr, daß es in anderen Zivilisationen, die etwas haben, was ihr »Sterbeperioden« nennen würdet, ebenfalls Geister gibt?

GAST: Ist Yokatow ein Geist oder einer von euch?

TOM: Ein Geist, aber ein guter Geist. Damit will ich nicht sagen, daß es schlechte Geister gibt, sondern daß manche weiter entwickelt sind als andere. Und auf diesem Planeten gibt es Geister, die sehr hart und eifrig arbeiten, um das Bewußtsein dieses Planeten anzuheben. Er ist einer von diesen.

Wir möchten klarstellen, daß wir keine Geister sind. Wir sind insofern Geist, als alle Wesen Geist sind; aber wir sind keine Geister, die an die Erde gebunden sind.

JOHN: Ich habe noch ein Anliegen. Seit den ersten Gesprächen hat der Gebrauch des englischen Wortes »of« (von) bei Phyllis etwa um das Zehnfache zugenommen. In den ersten Gesprächen mit dir war die Sprache ziemlich normal. Jetzt, in den letzten Gesprächen, wird das Wort »of« in vielen Bedeutungen verwendet, und jetzt kommt es in einem einfachen Aussagesatz bis zu achtmal vor. Kannst du mir das erklären?

Die meisten »von«-Wörter und ähnliche Fehler wurden bei der Niederschrift entfernt, um die Lektüre flüssiger zu machen. Im folgenden Absatz wurden sie nicht korrigiert:

TOM: Wir werden versuchen, es ›denen von‹ euch zu erklären. Wenn wir mit ›dem von‹ unserem Wesen arbeiten, sind ›die von‹ ihren Aussagen ›von dem von‹ einer Bearbeitung von Botschaften ›von dem‹ von uns. Zu Beginn ›von denen‹ der Kommunikationen mit ›dem von‹ unserem Sir John und ›dem von‹ unserem Doktor wurde es für ›die von‹ uns wichtig klarzustellen, von ›dem von‹ was wir sprachen und ›von dem von‹ was wir meinten. Vielleicht benutzen ›die von‹ wir die ›von den‹ Ausdrücken nicht in ›der von‹ Korrektheit, aber es war mehr ›von‹ Klarheit für ›das von‹ uns mit ›dem von‹ unserem Doktor Andrija, ›dem von‹ unserem Sir John oder ›dem von‹ anderen und ›dem von‹ unserem Wissen, das wir ›dem von‹ ihnen übermittelt haben.

Sie sagen, ich habe das ›dem von‹ euch nicht klarmachen können.

ANDRIJA: Würdest du bitte Altea nach der linguistischen Grundlage für diesen Gebrauch des »von« fragen?

TOM: Ja ... Es ist »das von« euch. Es ist nicht »für« euch, es ist nicht »zu« euch, es ist »das vom« Wesen von euch, so wie es »das vom« Wesen von uns ist. Um deine Frage zu beantworten, der Körper wird schwächer.

ANDRIJA: Ist das die unmittelbare Folge der Arbeit oder liegt es am Alter?

32

TOM: Es liegt an der Kommunikation. Die Entnahme der Energie aus dem physischen Körper führt zu Schwierigkeiten. Der Bereich des Gehirns, den wir für die Worte benutzen können, hatte einen Mangel an Energien. Darum müssen wir vorsichtig sein, um unser Wesen nicht zu sehr zu schwächen. Dieses Wesen wurde ausgewählt, und es war bereit, diese Arbeit zu übernehmen, weil - vielleicht fällt es euch schwer, das zu verstehen; aber in unserer Welt gilt sie als Genie der Kommunikation. Sie kann jene erreichen, die nicht verstehen, mit ihnen kommunizieren und sich verständlich machen. Aber wir löschten irrtümlich einen Teil ihres Gedächtnisses aus, und es ist sehr schwierig für sie, die richtigen Worte zu finden und auszuwählen. Einen Teil der Programmierung, die wir vornahmen, als wir diese Arbeit 1963 begannen, besorgte das Gerät, das wir ins Gehirn einpflanzten, um unsere Sprache in eure zu übertragen. Wegen dieses Fehlers, den wir machten, haben wir jetzt Schwierigkeiten beim Übersetzen. Bitte sagt unserem Wesen, sie möge ein Wörterbuch unter ihr Kopfkissen legen. Wir können es dann für einen Teil der Programmierung benutzen.

In der Praxis waren langsamere Übermittlungen die Folge; doch die Qualität der Botschaften verringerte sich nicht. Dieser Abschnitt wurde aufgenommen, um einige der Probleme zu umreißen, die bei einer Arbeit dieser Art auftreten können.

TOM: Heute sind viele in diesem Raum bei uns.
ANDRIJA: Ich wünschte, ich könnte sie sehen. Ich schaue mich so oft um, und ich bin sicher, sie wundern sich, warum ich so blind bin und sie nicht sehen kann.
TOM: Du bist nicht so blind; du hast einfach nicht die Röntgenaugen, die manche haben. Sie nennen es Hellsehen oder Clairvoyance. Das stimmt nicht, es ist Sehen mit Röntgenaugen.
ANDRIJA: Nun, ich entbiete allen, die hier sind, meine Liebe und meinen Frieden. Auch wenn ich sie nicht sehen kann, akzeptiere ich ihre Gegenwart.
TOM: Manchmal berühren sie dich.
ANDREW: Ich danke ihnen für ihre Aufmerksamkeit. Es hilft, es hilft.
TOM: Sie sind immer auf dich eingestimmt, und oft weinen wir mit dir.

Bei verschiedenen Gelegenheiten haben die Fragesteller gewisse Einblicke gewonnen, die ihnen halfen, ein heikles Problem zu lösen: Wie glaubwürdig ist die Quelle eines Mediums?

TOM: Wenn ihr euch für die Kommunikation mit Wesen aus anderen Dimensionen öffnet, ist es äußerst wichtig, daß ihr deren Ziele und Motive versteht. Es gibt nämlich Wesen, die das eine behaupten und das andere sind, und manchmal übermitteln sie Informationen, die wahr sind, aber Manipulation und Herrschaft ermöglichen sollen.

ALICE: Wie können wir dem vorbeugen? Wie kann das Medium so geläutert werden, daß keine Zweifel mehr bestehen?

TOM: In eurer Welt kennen wir kein Wesen, das nicht teilweise selbst beteiligt ist; denn es ist sehr schwierig, das herauszufiltern. Man muß ständig seine Ziele, Motive und Methoden prüfen. In der Vergangenheit gab es viele Medien, die zum Teil tiefe Wahrheiten übermittelt haben und nicht Botschaften von Geistern, die Unfrieden stiften wollten, oder Gedanken aus dem kollektiven Bewußtsein. Es ist also schwierig, Botschaften in Kategorien einzuordnen oder im richtigen Blickwinkel zu sehen.

Wenn man euch auffordert, etwas zu tun, was mit eurer physischen Umgebung nicht vereinbar oder praktisch unmöglich ist, müßt ihr euch lösen, Abstand nehmen und beobachten. Teilt euer Medium euch mit, es werde große Probleme in der Welt geben, wenn ihr die Forderung nicht erfüllt, müßt ihr verstehen, daß es sich um eine »Botschaft« handeln kann, die eines eurer innern Bedürfnisse erfüllt oder die dazu dienen soll, euch zu beherrschen. .

JOHN: Ich wüßte gerne etwas über zwei andere Medien. Die eine übermittelt offenbar einige wichtige Botschaften, und sie behauptet, sie kämen von den Neun. Kannst du mir sagen, ob das stimmt?

TOM: Die Botschaften kommen nicht unmittelbar von uns, sondern von Zivilisationen, die für uns arbeiten. Die Botschaften kommen also indirekt von uns, wenn sie Wert darauf legt, das zu sagen. Aber denkt daran: Es gibt einen Aufsichtsrat, einen Direktor, der alles überblickt, Untergebene, die Abteilungen leiten, und Arbeiter, die für die Produktion sorgen. In unserem Fall ist es ebenso; doch das bedeutet nicht, daß die Botschaften falsch sind - sie sind jedoch nie völlig klar und unmittelbar, versteht ihr?

JOHN: Ja. Es wäre also besser, wenn sie den Ausdruck »die Neun« nicht verwenden würde.

TOM: Sie muß fragen, wer sich unter diesem Namen meldet, verstehst du?

JOHN: Okay. Die andere hat neulich einige Botschaften übermittelt, und auch sie behauptet, sie kämen von den Neun. Ich vermute, hier liegt der Fall ähnlich.

TOM: Ja. Wie wir euch bereits mehrfach erklärt haben, melden wir uns nur durch unser Wesen. Ich bin Tom, der Sprecher der Neun; ich bin der einzige Sprecher der Neun, und ich spreche durch niemanden sonst. Das heißt nicht, daß ihre Botschaften für diejenigen, die mit uns zusammenarbeiten, wertlos wären.

Zwei Jahre später kam eines dieser Medien wieder zur Sprache. Allerdings hatte sich die Situation verändert.

MIKI: Wir kennen ein Medium, das Botschaften übermittelt, von denen sie behauptet, sie kämen von den Neun. Kannst du uns sagen, ob das zutrifft?

TOM: Unser Sir John hat uns vor über zwei Jahren die gleiche Frage gestellt. Wir erklärten ihm, die Botschaften stammten nicht von uns, sondern von einer weniger entwickelten Zivilisation, die nicht über das ganze Wissen verfügt. Seitdem ist das Ego dieses Mediums besessen geworden und wird von jenen benutzt, die zerstören möchten. Ihr müßt verstehen, mit wem sie zusammenarbeitet. Sie begann mit automatischem Schreiben, und jetzt versucht sie es mit Channelling, ähnlich wie unser Wesen. Aber ihre Botschaften sind nicht wahr, sie bringen Unbehagen in die Welt und erwecken den Eindruck, wir seien Clowns. Es ist am besten, die Wahrheit nicht immer zu verbergen.

MIKI: Aus welcher Quelle stammen die »Seth«-Botschaften, die Jane Roberts übermittelt?

TOM: Aus ihrem höheren Selbst, ja.

MIKI: Das verstehe ich nicht ganz.

TOM: Du hast ein Selbst, nicht? Du hast ein Bewußtsein, nicht?

MIKI: Ja.

TOM: Du hast auch ein Unterbewußtsein, nicht wahr?

MIKI: Ja.

TOM: Und du hast ein höheres Bewußtsein, ja.

MIKI: *Sie steht also nicht mit irgendeiner Zivilisation im Universum in Verbindung?*

TOM: Die Botschaften kommen aus dem Wissensspeicher in ihrem hohen Selbst. Verstehst du?

MIKI: *Ja. Ich finde die meisten Botschaften sehr wertvoll; aber manchmal gibt es Widersprüche zu euren Aussagen, vor allem in den Informationen über Jesus. Wie ist das möglich?*

TOM: Das liegt an der Verbindung zum Wissensspeicher. Seht ihr, es gibt Ströme von Wissensspeichern, die ihr kollektives Unbewußtes nennt. Die sieben Ebenen, welche die Erde umgeben - in Wirklichkeit sind es neun - enthalten jeweils einen Teil der Wahrheit. Wenn ihr in das neunte Chakra gelangt, findet ihr die ganze Wahrheit; aber zum gegenwärtigen Stand ihrer Existenz sind nicht alle Wesen dazu fähig.

JOHN: *Ich habe einen Mann getroffen, der sehr am Channelling interessiert ist, und ich mache mir Sorgen, weil er so unkritisch ist...*

TOM: Die wichtigste Vorsichtsmaßnahme - ihr habt einen natürlichen Instinkt dafür - besteht darin, eure eigene innere Quelle zu befragen. Das mußt du ihm begreiflich machen. Es gibt Medien, die nicht das Wohl der Menschheit im Auge haben, und es gibt auf eurem Planeten Menschen, die zwar sehr intelligent sind, aber völlig wahllos alles akzeptieren, was sie beim Channelling hören. Es ist wichtig, daß ihr euch ständig selbst prüft und in Frage stellt. Es ist erlaubt und sogar wichtig, sich zu hinterfragen.

Es gibt viele Medien, die in ihrem Herzen davon überzeugt sind, das Richtige zu tun, die aber lediglich Werkzeuge des Negativen sind, versteht ihr? Wenn sie einsehen können, daß so etwas möglich ist (selbst wenn sie es nicht akzeptieren), kann man jene entlarven, die diese Medien benutzen. Am wichtigsten ist es, daß ihr eure innere Quelle prüft.

Ihr müßt wissen, daß alle Menschen, einerlei, in welchen Verhältnissen sie aufgewachsen sind und welche Erziehung sie haben, über ein inneres Kontrollsystem verfügen.

* * * * *

Das Channelling ist teils durch böse Absichten und teils durch Mißverständnisse in Verruf geraten, was die Dinge für jene kompliziert, die ehrliche Absichten haben oder mit einer wirklich wertvollen Quelle in Verbindung stehen. Wie eine Quelle sich nennt, ist zweitrangig im Vergleich zur Qualität der Botschaften, und ein kritisches Urteilsvermögen ist unerläßlich. Ein Mangel daran hat schon so manches Leben zerrüttet. Einige Quellen präsentieren sich mit großem Geschick und zeichnen ein Bild, das Leute anzieht, weil sie ein Bedürfnis haben, genau das zu hören oder dazu etwas beizutragen. Doch die unzuverlässigen Quellen sollten uns nicht von der Tatsache ablenken, daß es verläßliche Quellen gibt, die sehr nützlich sind. Wir hoffen, daß Sie beim Lesen dieses Buches Ihr eigenes Urteilsvermögen benützen, um zu entscheiden, welchen Wert Sie den Informationen beimessen. Und wir hoffen, Sie profitieren davon.

Der Hintergrund

von Palden Jenkins

In den fünfziger Jahren stieß Andrija Puharich, ein Doktor der Medizin und Parapsychologe, auf den »Rat der Neun«, als er sich mit außersinnlicher Wahrnehmung befaßte. Aber erst 1974 begegneten sich Phyllis Schlemmer, Sir John Whitmore und Dr. Andrija Puharich durch »Zufall« und begannen ihre Gespräche mit den Neun. Die Geschichte ihrer ersten gemeinsamen Jahre, Prelude to the Landing On Planet Earth (Vorspiel zur Landung auf dem Planeten Erde) wurde von Stuart Holroyd geschrieben und von W. H. Allen 1977 veröffentlicht. 1979 erschien das Buch als Paperback unter dem Titel Briefings For The Landing On Planet Earth (Instruktionen für die Landung auf dem Planeten Erde) bei Corgi. Die Botschaften in diesem Buch, »Planet der Wandlung«, umfassen einen Zeitraum zwischen 1974 bis zum heutigen Tag. Seit diesen ersten Tagen waren bei verschiedenen Gelegenheiten eine Reihe von Menschen bei den Übermittlungen anwesend, und die meisten von ihnen wurden durch »glückliche Zufälle« angelockt. Es handelt sich um eine freiwillige Arbeit, die mitunter viel Energie, Zeit und persönliches Engagement erfordert. In diesem Buch werden die Vornamen der verschiedenen Fragesteller genannt, damit der Leser sehen kann, wie unterschiedlich sich die verschiedenen Persönlichkeiten auf die Zwiegespräche und die Informationen von den Neun auswirken. Einige Namen haben wir auf Wunsch der Betroffenen geändert, weil diese Personen ein sehr aktives Leben führen und ihre Arbeit mit den Neun fortsetzen möchten, ohne daß die öffentliche Aufmerksamkeit auf sie gelenkt wird.

Die Neun haben häufig darauf hingewiesen, daß erleuchtete Botschaften in der Vergangenheit oft im Veröffentlichungsprozeß verfälscht wurden oder verlorengingen. Dadurch verlagerte sich die Autorität von den Botschaften

auf die »Lehrer«, die ihnen ihre eigenen, doktrinären Änderungen bei-
mischten.

Die Neun möchten, daß ihre Botschaften den Bewohnern der Erde mitge-
teilt werden. Sie wollen nicht, daß sich um sie oder ihre Botschaften herum eine Sekte, eine Religion oder irgendeine Form des elitären Denkens
entwickelt. Die Menschen, die an den Sitzungen mit ihnen teilgenommen
haben, wollten helfen und die Arbeit unterstützen und fördern. Da die Mitglieder der Gruppe aus verschiedenen Ländern stammen, trafen sie sich gewöhnlich zwei- oder dreimal im Jahr. Kleinere Sitzungen für bestimmte Personen fanden während des ganzen Jahres statt.

Phyllis versetzt sich selbst in Tieftrance, wobei sie ein Verfahren anwendet,
das sie im Laufe der vier Jahrzehnte, seitdem sie Medium ist, entwickelt
hat. Ein Beobachter hat den Eindruck, sie schlafe auf ihrem Stuhl ein. Dann
erwacht sie plötzlich zum Leben, hebt den Kopf und die Hände, und eine
andere Stimme - Toms Stimme - verkündet, er sei anwesend, und entbie-
tet Grüße und Segen. Seine Stimme ist hoch, seine Redeweise langsam und
etwas altertümlich. Wie Tom im Teil eins erklärt hat, übernehmen die Neun
Phyllis' Körper und Geist, und Altea, das Oberhaupt einer Zivilisation gleichen Namens, hält die Körperfunktionen aufrecht. Während Tom durch
Phyllis spricht, nehmen ihre Finger eine Reihe von mudra-ähnlichen Stel-
lungen ein. Das Channelling durch ein einzigartiges Medium gewährleistet
nicht nur die Integrität der Botschaft, sondern verdeutlicht auch, wieviele
komplizierte Vorbereitungen und welch intensives Training damit verbunden sind. Die Übermittlungen beginnen in der Regel mit einer signifikan-
ten Aussage von Toms Seite, andernfalls fragt einer der Teilnehmer, zumeist
Israel Carmel, Phyllis' Mann, ob Tom etwas sagen möchte, ehe sie zum Fra-
ge-und-Antwort-Teil kommen. Tom übermittelt keine Worte; er benutzt das
Gehirn des Mediums als Übersetzer, Wörterbuch und Syntaxgenerator. Tom
nennt das Gehirn »Servomechanismus«. Die Dauer einer Übermittlung
hängt von vielen Faktoren ab, und es ist immer Tom, der verkündet, daß
das Channelling beendet werden muß. Daraufhin werden die Gespräche
abgebrochen und Abschiedsworte ausgetauscht. Phyllis wird ruhig und holt
sich dann selbst aus der Trance. Das ist manchmal ein schwieriger Prozeß,
und es ist notwendig, daß alle anwesenden Personen bewußt, aufmerksam
und gesammelt sind.

Wenn Phyllis wieder wach ist, erinnert sie sich nicht an die Übermittlung, und sie hat den größten Teil der Aufzeichnungen nie gelesen, um ihren Geist nicht damit zu überladen.

Am Ende jeder Übermittlung sagt Tom immer: »Richtet unserem Wesen aus, daß wir sie lieben.« Und wenn es ihr niemand sagen würde, wüßte sie es nicht!

I. DAS UNIVERSUM UND SEINE BEWOHNER

Kapitel 1

Einführung

»Wir sind hier. Ich bin Tom. Wir kommen in Liebe und Frieden. Grüße, Segen, Freude.«

So beginnen viele Übermittlungen des Rates der Neun. Sie werden von Tom, dem Sprecher der Neun, durchgegeben.

Diese Auflage des »Planeten der Wandlung« ist dem Bedürfnis entsprungen, den ursprünglichen Text für die Übersetzung in andere Sprachen vorzubereiten. Außerdem bewies der Erfolg der ersten Auflage, daß ein Bedarf an weiterem Material von den Neun besteht. Darum haben wir den ursprünglichen Text aus dem Archiv erweitert und neue Botschaften (vom Mai 1994) hinzugefügt. Um das zu ermöglichen, war es notwendig, die Erläuterungen auf ein Minimum zu beschränken. Die Texte der Neun sprechen für sich selbst, wie Tom in einer Botschaft aus dem Jahre 1991 sagte: »Die Energie dieses positiven Verstehens macht es möglich, Leben zu ändern. Es ist überaus wichtig, daß die Menschen diese Kosmologie kennen, damit sie die Möglichkeit haben, die Wahrheit zu erfahren. Denn wenn sie ihnen dargeboten wird, entschlüsselt sich ihr innerer Kode und macht sie bewußt.«

Deshalb habe ich mich als Herausgeberin entschlossen, Zurückhaltung zu üben. Es ist durchaus möglich, daß wir Toms Aussagen nicht in all ihren Bedeutungen verstehen - doch es ist ebenso möglich, daß das heute noch Unklare sich uns morgen in aller Klarheit eröffnet, wenn wir innerlich wachsen. Ein Buch wie dieses erweitert unser Bewußtsein und hilft uns zu wachsen.

Dieses Buch unterscheidet sich sehr von Prelude To The Landing On Planet Earth und von seiner ersten Auflage. Es ist keine Erzählung wie das erstere und enthält nicht die Kommentare der letzteren. Es setzt voraus, daß der Leser einfach nur »ist«. Es ist eine Widerspiegelung der sich rasch wandelnden Zeiten, unserer zunehmenden Fähigkeit, ungewöhnliche Gedanken in unser Leben aufzunehmen und danach zu handeln. Tom trifft sehr oft eine Feststellung und wiederholt sie dann, wobei er nur ein oder zwei Worte ändert. Er dehnt unseren Geist und füttert ihn allmählich in einfachen, an Bedeutung gewinnenden Lektionen mit einem großen Konzept. Das ist ein weiterer Weg, unserer Kodierung einen Stups zu geben, damit wir Informationen aufnehmen können, auf die wir bei Bedarf zurückgreifen können.

Was mich betrifft, so hatte ich während der Arbeit an diesen Botschaften das Gefühl, daß sie zu großen Kristallen wurden, die mit all ihren Facetten Licht reflektierten. Ich war und bin noch immer beseelt von der fühlbaren Energie, die diese Worte ausstrahlen.

Ich muß darauf hinweisen, daß meine Aufgabe ohne die Arbeit von Palden Jenkins sehr viel schwieriger gewesen wäre. Er stellte die Niederschriften der ersten Auflage zusammen. Auch Tom war der Meinung, daß Palden Anerkennung verdient: »Als Sprecher der Neun übermittle ich vom Rat der Neun unsere große Dankbarkeit und Freude angesichts dessen, was du geleistet hast.«

Mein Dank gilt auch Lab Nine Ltd. für die Erlaubnis, Auszüge aus Prelude to the Landing on Planet Earth zu drucken, darunter auch einen Auszug aus Uninvited Visitors von Ivan T. Sanderson.

Toms Sprachmuster ist so originalgetreu wie möglich geblieben. Die Worte stehen ausnahmslos dort, wo sie stehen sollen, selbst wenn es sich nach unserem Sprachverständnis »seltsam« anhört. Viele der Sätze haben mehrere Bedeutungen, und jede hat ihre eigene Wahrheit. Ich habe mich viele Monate lang mit diesen Texten beschäftigt und in jedem Absatz mehrere Bedeutungsschichten entdeckt. Tom stellt oft das Wort »ja« ans Ende seiner Sätze. Manchmal will er die Feststellung bekräftigen, die er soeben getroffen hat; oft ist es ein Hinweis darauf, daß die Zuhörer die nächste Frage stellen können. Manchmal ist er offenbar unfähig, ein Wort auszusprechen und versucht es mehrmals. Aber ich habe dem Leser Sätze erspart wie: »Das ist eine Wahrheitlichkeit... eine Wahrlichlich... eine Wahr... wahrscheinlich!«. (Letzteres spricht er regelrecht triumphierend aus.) Tom fragt gerne, warum manche Worte gleich lauten, aber nicht das gleiche bedeuten; doch der Rat unterbricht gewöhnlich solche Abschweifungen und fordert ihn auf, beim Thema zu bleiben. Er liebt Wortspiele, und der Leser sollte auf Doppeldeutigkeiten achten - sie mögen zwar amüsant sein, aber in der Regel sind sie für den Text von großer Bedeutung. Es ist herrlich, mit ihm zusammen zu sein. Und wenn es seltsam klingt, wenn man so etwas über ein nichtkörperliches Wesen sagt, kann ich nur erwidern, daß er, wann immer ich mit ihm gesprochen habe, überaus einfühlsam war, und ich habe ihn mit der Zeit liebgewonnen.

Tom hat auch gesagt, es sei nicht notwendig, langatmig zu sein! Darum möchte ich Sie mit diesen Botschaften allein lassen. Es hat mir große Freude gemacht, daran zu arbeiten, und ich werde immer dankbar dafür sein. Wenn Sie durch die Lektüre dieses Buches soviel Segen empfangen wie ich, dann werden Sie wahrhaft bereichert. Ich verabschiede mich mit diesem Zitat:

»Wir erfüllen euch mit unserer Energie. Wir erwecken euch, wie ihr uns erweckt. Ihr sollt wissen, daß wir euch lieben. Ihr sollt wissen, wer ihr seid, und wir möchten nicht, daß ihr uns oder euch zu Göttern macht. Wir danken euch.«

Kapitel 2

Der Rat der Neun

Neben den Antworten, die im folgenden Kapitel gegeben werden, fällt an diesen Übermittlungen besonders auf, daß Tom sich genau an den Inhalt früherer Gespräche erinnert. Oft sagt er: »Schaut in den Aufzeichnungen nach, die ihr vor zwei Jahren gemacht habt«, und er hat bestätigt, daß er in Sekundenschnelle (nach unserer Zeit) finden kann, was wir monatelang suchen müssen. Wie weit der Fragesteller (oder der Leser) die Ursprünge der Neun versteht, hängt offenbar von seiner individuellen innern Entwicklung ab. Denn Tom sagt: »Wenn jemand Fragen stellt, deren Antworten er nicht aufnehmen und nicht wirklich begreifen kann, antworten wir erst, wenn er dazu imstande ist.« Darum stellen zu Beginn des Kapitels mehrere Leute die gleichen Fragen.

Tom hat einmal geantwortet: »In Wahrheit sind wir Äonen« und sich damit auf die gnostischen Philosophen bezogen. Dieses Gespräch finden Sie weiter unten. Der Ausdruck »Äon« steht meist für eine Zeitspanne oder Ewigkeit; er ist jedoch auch eine Bezeichnung für die höchste himmlische Macht, für geistige Wesenheiten, die aus dem Göttlichen hervorgehen.

Dieses erste Gespräch, das 1975 stattfand, führt Tom mit Gene Roddenberry, der durch »Star Trek« berühmt wurde. Gene hatte einige sehr lange Gespräche mit Tom, von denen Sie mehr weiter unten in diesem Kapitel finden.

GENE: Mit wem spreche ich? Hast du einen Namen?
TOM: Ich bin Tom. Ich bin der Sprecher des Rates der Neun. In Wahrheit bin ich Tehuti. Ja. Ich bin auch Hamarkos, und ich bin auch Herenkar. Man kennt mich als Thomas, und man kennt mich als Atum.
GENE: Bist du einer der Neun, oder bist du eine selbständige Wesenheit?
TOM: Ich bin Mitglied im Rat der Neun, ja. Ich bin einer, der in Weisheit

zu euch spricht. Aber der Rat hat gesagt, daß ich in Kommunikationen manchmal nicht weise klinge. Ja.

Die folgende Antwort gab Tom 1977 einem anderen Fragesteller zum selben Thema:

GAST: Ich möchte gerne wissen, wer mich grüßt.

TOM: Ich bin der Sprecher. Ich bin bekannt als Tom, der für den Rat der Neun spricht. Ich bin einer der Neun.

GAST: Wen vertrittst du? Eine höhere Autorität über dir, die dir Anweisungen gibt und dich leitet?

TOM: Das ist schwierig zu erklären; denn in eurer Welt gibt es nichts Ähnliches. Aber wir möchten euch sagen: Ja, wir stehen in Verbindung mit einem Höheren, doch zusammen sind wir eins, so wie das ganze Universum eins ist.

GAST: Habt ihr irgendein Ziel in unserer Welt, irgendeine wichtige Botschaft?

TOM: Zunächst sollt ihr wissen, daß wir keine körperlichen Wesen sind. Eure Welt ist die Manifestation der Schöpfung, und der Schöpfer manifestiert sich in Form der Menschheit. Du fragst, ob wir eine Botschaft für euch haben?

GAST: Ja.

TOM: Wir sagen euch: Ihr seid nach dem Bilde des Schöpfers geschaffen worden. Diese Welt hat ihre Identität mit der Schöpfung verloren. Es ist notwendig, daß ihr versteht, welches Vorgehen, welches Handeln und welche Taten euch mit euch selbst in Einklang bringen. Es genügt nicht zu beten, es genügt nicht, Menschengruppen zum Meditieren zusammenzubringen. Es ist wichtig zu handeln.

GAST: Vielen Dank, Tom.

ANDRIJA: Ich habe mich besonders für »Hamarkos« interessiert. Kannst du uns sagen ...

TOM: Ich bin der Tag, ich bin der Abend, und ich bin der Mittag.

ANDRIJA: Wie kam es, daß die alten Ägypter die Sphinx nach dir gebaut und benannt haben?

TOM: Du hast das Geheimnis entdeckt. Die Wahrheit darüber werden wir ein andermal berichten. Aber ursprünglich war ich vor 34.000 eurer Jahre auf eurem Planeten oder identifizierte mich mit ihm. Ich bin das Gleichgewicht. Und wenn ich »ich« sage, meine ich mich als Abgesandten der Neun. Es ist nicht »ich«, sondern die Gruppe. Und das Prinzip der Neun ist unendliche Intelligenz, und was wir auf diesen Planeten zu bringen versuchen, ist diese Art Intelligenz. Wir sind neun Prinzipien des Universums; aber zusammen sind wir eins. Wir sind unabhängig voneinander und gleichzeitig eins. Jeder von uns repräsentiert eine gewisse Energie, Wissen, Weisheit, Liebe, Güte, Technologie, und das geht weiter so, bis jeder Teil einer Spirale aus allem besteht, was wichtig ist, um jedem Atom vollkommene Einsicht zu bringen, bis es eins mit uns wird. In Wirklichkeit gibt es noch mehr, Vervielfachungen, aber im Prinzip sind wir neun.

Wir sind die, die (in der hebräischen Überlieferung) Elohim genannt werden. Ihr sollt aber wissen, daß wir nicht Gott sind. Wir sind mehrere und dennoch eins. Wir wollen, daß ihr wißt: Wir sind ihr, so wie ihr wir seid. Ihr habt uns erschaffen, und aus dieser Schöpfung wurdet wiederum ihr geschaffen. Unterschätzt euch und eure Fähigkeiten nicht.

Ihr müßt wissen, daß alle Menschen rein sind, daß ihr vollkommen seid und daß euch alle Dinge möglich sind. Ihr müßt außerdem wissen, daß wir nicht ohne euch und alle Seelen existieren können und ebensowenig der Planet Erde und das Universum. Wenn ihr das versteht, versteht ihr euer eigenes Leben. Manchmal rufen Menschen auf eurer Welt Verwirrung hervor; denn die Dichte eurer Welt ist eine Dichte der Dunkelheit. Aber tragt stets das Licht der Wahrheit eures eigenen Wesens, das ihr seid, in eurem Herzen. Wir sind immer bei euch. Wir geben euch Liebe, wir bringen euch Frieden.

ANDRIJA: Darf ich mal vorschlagen, wie ihr meiner Meinung nach ausseht? Ich vermute, ihr seid reine Lichtwesen, in einem Sinne, den wir nicht begreifen, weil ihr jenseits von Lichtgeschwindigkeit existiert.

TOM: Das geht über euer Begriffsvermögen hinaus.

ANDRIJA: Ja, aber im Prinzip seid ihr eher von dieser Art als substantiell ...

TOM: Das ist wahr.

ANDRIJA: ... etwas jenseits von Photonen und Tachyonen (der nicht mehr teilbaren Lichtquanten). Und außerdem vermute ich, ihr seid eher das, was wir Seele nennen, als irgend etwas anderes ...

TOM: Wir sind Seele.

ANDRIJA: Ihr seid Seele. Was nun deine Beziehung zu den Neun angeht - sind die Neun so wie du?

TOM: Wir sind ein und dasselbe.

ANDRIJA: Ich verstehe. Und kannst du uns dann erklären, warum es neun Hauptmanifestationen von ... ich glaube, wir sollten das Wort »Gott« verwenden, mangels eines besseren, ... warum es neun davon gibt?

TOM: Ich will versuchen, es so zu erklären, daß ihr es versteht. Neun ist vollständig. Alles ist neun. In eurer Welt habt ihr so oft sieben gesagt, obwohl in Wahrheit alles neun ist. Es gibt neun Chakras, die neun Prinzipien und neun Elemente dessen, was ihr Gott nennt. Es gibt neun Bänder um diesen Planeten herum. Es gibt neun ätherische Körper, und daß eure ätherischen Körper wachsen und ihr Umwandlungen und Übergangsstadien mitmachen müßt, liegt daran, daß ihr die neun ätherischen Körper erreichen müßt. Neun ist eine vollkommene Zahl, sie ist ganz. Wenn man über eine Neun hinausgeht, hebt sie sich auf, sie wird eins, und eine Neun ist vollkommen. Das ändert sich nicht. Aber denkt daran: Wir alleine sind nicht Gott. Ihr alle zusammen und wir alle zusammen machen Gott aus.

Dann folgte eine Diskussion über die Sprache:

ANDRIJA: Kannst du deine Sprache so wiedergeben, daß wir hören können, wie sie klingt?

TOM: Was unsere Sprache angeht, so kommt sie von tief innen. Sie erreicht verschiedene Grade, aber sie ist eine Tonsprache. Eure irdischen Sprachen sprecht ihr in einen Kasten und stoßt sie dann aus.

JOHN: Ja, wir erzeugen unsere Sprache mit den Stimmbändern.

TOM: Wir sprechen in diesen Kasten (Phyllis), und dann stoßen wir die Worte mit der Luft aus, versteht ihr?

ANDRIJA: Ja.

TOM: Und unsere Sprache kommt von innen. Sie schwingt aus dem Körper heraus, versteht ihr?

ANDRIJA: Sie wird also ganz anders erzeugt als unsere Sprache?

TOM: Ja.

ANDRIJA: Erzeugt ihr Laute, die andere hören können?

TOM: Wir erzeugen Laute, die ihr hören könnt; aber sie sind im Innern.

ANDRIJA: Mit anderen Worten, sie wird nicht mit den Ohren, sondern im Kopf gehört? Meinst du das, wenn du sagst, eure Sprache habe einen tonalen Umfang von 98,6 Megazyklen?
TOM: Das ist richtig.
ANDRIJA: Es handelt sich also um Radiowellen?
TOM: Auch das ist richtig.

In der nächsten Übermittlung spricht ein Fragesteller verschiedene biblische Gestalten aus dem ersten Buch Mose (Kapitel 4 und 5) an und möchte wissen, ob einer dieser Abkömmlinge Adams zu den Neun gehörte.

TOM: In einem umfassenden Verständnis sind wir keiner von ihnen. Auf eurem Planeten gibt es Hinweise auf uns. Es gibt viele, die versuchen zu verstehen, wer wir sind. In eurer Erdhaftigkeit fällt es euch schwer zu akzeptieren, was ihr nicht versteht! Manchmal verfälscht der Versuch zu verstehen die Wahrheit des Universums. Mit euren Schlüsseln könnt ihr nur manche Schlösser öffnen; denn der menschliche Geist kann nicht alles verstehen. Es gibt viele Mutmaßungen wie auch viele Meinungsverschiedenheiten darüber, wer wir sind. Ja. In der Zukunft werden wir versuchen, uns auf einer anderen Bewußtseinsebene zu offenbaren. Aber zuerst muß die Erde einen evolutionären Bewußtseinsstand erreichen, der ihr ermöglicht, uns zu verstehen, ja. Der Rat hat gesagt, ihr sollt nicht versuchen, uns in eine Schublade zu stecken. Wir existieren nicht in dieser Form, ja.
JOHN: Könnte man sagen, daß mehrere Dimensionen zwischen uns und euch liegen?
TOM: Das wäre zu vorsichtig ausgedrückt. Es sind viele. Stellt euch im Geiste eure Erde vor. Dann stellt euch vor, daß sich von der Erde aus spiralförmig Wellen ausdehnen. Und eine Welle erzeugt die andere, und während sie die Erde umkreist, wächst sie. Und sie erzeugt immer mehr Wellen. Und anfangs ist sie schwer, und wenn sie einen Klang hat, dann ist es ein lauter Klang. Und während sie sich ausdehnt, wird sie feiner, wird sie immer weiter, und all jene Irritationen, die es auf dem physischen Planeten Erde gibt, werden beseitigt, während sie reiner Klang und reine Welle wird. Und wenn ihr euch vorstellt, daß sie von brauner oder schwarzer Farbe wäre, dann wird sie gereinigt, während sie sich ausdehnt, bis sie wahrhaftig die

Farbe der Farblosigkeit annimmt, die in Wirklichkeit goldenes Licht ist. Wir sind an diesem Ort. Wir sind - wie sollen wir es ausdrücken? So wie ihr einen Klang vollkommen rein machen könnt, und so wie ihr eine Farbe vollkommen rein machen könnt, und wenn ihr alle Schwingungen anheben könnt, bis sie vollkommen rein schwingen - das ist, wo wir sind.

JOHN: Ich verstehe. Das ist ein schönes Bild. Vielen Dank.

TOM: Es ist, als würdet ihr alles Geistige im Universum und alles Intellektuelle im Universum und alles Körperliche, das verfeinert wurde, miteinander mischen, um Reinheit zu erhalten. Es ist wie ein Kristall.

ANDRIJA: Wir würden gerne etwas über eure Naturgeschichte erfahren. Wir wüßten gerne, wie ihr ausseht, wie ihr euch fortpflanzt, wie ihr euch ernährt, welche Aufgabe ihr im Universum habt, warum ihr euch für die Erde interessiert und so weiter. Ich glaube, es wäre eine große Hilfe für uns alle, wenn du uns wenigstens eine Vorstellung davon vermitteln würdest, wer ihr seid.

TOM: Wir haben keinen physischen Körper, obwohl wir den Mantel eines physischen Körpers anlegen können, wenn es notwendig ist. Es wäre für uns schwierig, euch genau zu beschreiben, wie wir aussehen. Wir erscheinen in vielen Formen, wenn es notwendig ist. Und in eurer Denkweise können wir ein Mensch, eine Energiekugel, ein sehr helles Licht sein. Wir sind so weit entwickelt, daß wir im Gegensatz zu vielen Seelen keinen physischen Körper mehr brauchen. Wir sind immer da, doch ihr seht uns nicht immer. Wenn ich »wir« sage, meine ich nicht mich, sondern alle von uns. Oft beobachten wir. Es gibt bestimmte Zeiten in eurem Leben, in denen wir nicht beobachten, nämlich dann, wenn ihr mit euren Wünschen beschäftigt seid. Wir verstehen das nicht, und es geht uns nichts an.

ANDRIJA: Aha. Gehen wir also davon aus, daß ihr gewisse physikalische Energien nutzt, dann könntet ihr euch damit eine Gestalt formen, die sich in unserer Welt manifestieren läßt - ist das richtig?

TOM: So ähnlich ist es; aber ihr würdet unsere Technologie nicht verstehen. Wir sind in unserem Geist, was wir zu sein denken. Versteht ihr das? Wir existieren im Bereich der Kälte. Darum ist es kein Problem, uns in jeder Art und Weise zu manifestieren, die wir wollen. Fortpflanzung brauchen wir nicht. Denkt daran, daß diejenigen von uns, die in diesem Bereich leben, eine sehr lange Entwicklung hinter sich haben. Es ist nicht notwendig, sich so fortzupflanzen, wie ihr es bei euch tut. Wir sind Seele.

*ANDRIJA: In welchem Teil des Universums arbeitet ihr, oder wie organi-
siert ihr ...*

TOM: Wir sind das Universum.

*ANDRIJA: Nun gibt es ja in diesem Universum materielle Welten, und es
gibt Antimaterie, Photonen, Strahlen, Energie, Partikel und so weiter. In welchem dieser Bereiche existiert ihr? Oder übersteigt das unser Fassungsvermögen?*

TOM: Es übersteigt euer Fassungsvermögen. Wir kommen aus dem Bereich,
der kalt ist. Das ist Vollkommenheit.

*ANDRIJA: Wie ihr wißt, beginnen wir auf der Erde den Bereich der Kälte
oder der Supraleitfähigkeit gerade erst zu verstehen, und wir wissen, daß
es dort keinen Widerstand gibt, keine Reibung. Mit anderen Worten, nach
unserer einfachen Vorstellung ist es der Bereich ständiger Bewegung. Ist
das im wesentlichen richtig?*

TOM: Das ist richtig, und es ist Vollkommenheit. Wir sind im Zentrum. Und
wir wollen nicht den Eindruck erwecken, wir seien vollkommen oder egozentrisch. Doch auf jeder Seite von uns ist das Positive und das Negative.
Und damit meine ich, daß es das unausgewogene Positive gibt und daß es
das unausgewogene Negative gibt. Wir sind im Zentrum, und wir sind ausgewogen. Wir versuchen, diese anderen Kräfte ins Gleichgewicht zu bringen. Wir sind nie aus dem Gleichgewicht gewesen. Andere Dinge im Universum sind nicht im Gleichgewicht. Wir existieren am Angelpunkt des
Universums. Dort herrscht Gleichgewicht. In jedem von euch ist alles Positive und alles Negative des Universums. Versteht ihr?

*ANDRIJA: Nein. Du hast uns doch gesagt, ihr seid weder auf der guten
noch auf der bösen Seite, sondern ihr seid der Angelpunkt dazwischen.*

TOM: Ja. Aber versteht ihr, daß ihr das Gleichgewicht davon seid?

JOHN: Wir haben alles Gute und alles Böse?

TOM: Darum seid ihr das Gleichgewicht. Und wir sind das Gleichgewicht.
Versteht ihr Materie und Antimaterie?

*ANDRIJA: In unserer Welt gibt es keine Verschmelzung von Materie und
Antimaterie. Was du sagst, klingt für uns ziemlich fremd. Materie und Antimaterie existieren unabhängig voneinander. Wenn sie zusammenkommen, gibt es eine gewaltige Explosion ...*

TOM: Was ist Harmagedon?

ANDRIJA: *Ich weiß nicht. Nur ein Wort aus der Bibel.*

TOM: Ist es nicht eine gewaltige Explosion?

ANDRIJA: *Aber es ist doch nicht Materie und Antimaterie?*

TOM: Das ist eine Analogie. Wie sollen wir es erklären?

ANDRIJA: *Ich weiß nicht. Es ist sehr schwierig, weil unsere irdischen Vorstellungen nicht zu jenen passen, die du uns erklären möchtest.*

TOM: Fangen wir am Anfang an. In jedem von euch, wie in jedem von uns, gibt es Vollkommenheit. Vollkommenheit ist perfekte Harmonie und Gleichgewicht zwischen dem, was ihr »gut« und »böse« nennt. Das ist es, was uns am Angelpunkt hält. Darum sind wir der Angelpunkt. Weil wir im Gleichgewicht sind. Wenn wir zusammen sind, sind wir eins, und wir sind der Angelpunkt. Angenommen, wir lebten in einer Welt der Materie. Das stimmt nicht, aber stellt euch das mal vor. Nun ist der Rat der Neun das Zentrum. Und zu unserer Rechten sei die Welt der Materie und zu unserer Linken die Welt der Antimaterie, versteht ihr das? Kämen beide zusammen, gäbe es eine Explosion.

ANDRIJA: *Aber ich habe deshalb Schwierigkeiten, weil du gesagt hast, wir seien eine Zusammensetzung aus beiden Seiten der Polarität. Wie kann es da noch eine Seite geben?*

TOM: Du hast nicht verstanden, was wir gesagt haben.

ANDRIJA: *Wenn ihr ein Gemisch seid, habt ihr keine zwei Seiten, stimmt's? Wenn ihr Schwarz und Weiß habt, könnt ihr zwei Seiten haben; aber schwarz und weiß sind nicht zusammengesetzt, sondern sie ergeben zusammen grau. Ich habe Schwierigkeiten ...*

TOM: Du erklärst in deiner Welt, wir erklären in unserer. Sollen wir sagen im Prinzip?

ANDRIJA: *Im Prinzip, okay. Es ist einfacher mit dem Prinzip umzugehen als mit der eigentlichen Materie, was auch immer die sein mag ...*

TOM: Es ist das Prinzip.

ANDRIJA: *In Ordnung.*

TOM: Ausgewogenheit ist in allem. Was diese Auseinandersetzung hier verursacht, ist eine Situation, die der Vereinigung von Materie und Antimaterie ähnelt. Sie können sich nicht vermischen, sie können sich nicht harmonisch vereinigen, sie können nicht verschmelzen, sie schaden einander.

Es folgt ein weiteres Gespräch zwischen Tom und Andrija über Dualität. Tom bemüht sich mehrere Male um eine Klarstellung für ihn:

ANDRIJA: Es fällt uns schwer zu verstehen, was negativ und was positiv ist im Sinne dessen, was Menschen »gut« und »böse« nennen.
TOM: Auf eurer physischen Welt fällt es euch schwer, wirklich zu verstehen, wie wichtig beides ist. Ich werde versuchen, es so zu erklären, daß ihr es vielleicht verstehen könnt. Es ist ähnlich wie eine riesige Waage. Wir sind am Angelpunkt dieser riesigen Waage. Visualisiert das Universum mit uns als Angelpunkt. Stellt euch vor, daß auf einer Seite des Universums alles negativ ist, und auf der anderen Seite ist alles positiv. Und wenn ihr dieses Bild betrachtet, seht ihr, daß es vollkommen unausgewogen ist. Es ist schwierig für uns, euch das verständlich zu machen. Auf jeder Seite sind viele ... Ich werde es in irdischen Begriffen erklären: Wenn alle Galaxien und alle Sonnensysteme in den Galaxien ... Ich muß erst etwas klarstellen: Das Universum mit den Neun als Zentrum hat vier Seiten. Die Seite, die euch gegenüberliegt, und die beiden anderen Seiten befinden sich im Gleichgewicht. Verstehst du?
ANDRIJA: Ja, ich kann dir folgen.
TOM: Es ist alles im Gleichgewicht. Auf die eine Seite setzen wir nun euer Sonnensystem und die Milchstraße. Würden wir an die Stelle dieser Galaxien einen Stein setzen, und dieser hätte das gleiche Gewicht und die gleichen Maße wie die anderen drei Seiten, befände sich ebenfalls alles im Gleichgewicht. Wäre aber der Stein aus porösem Material, und würden wir ihn in Öl tauchen, so daß er sich damit vollsaugen und schwer werden würde, würde er das Gleichgewicht zerstören und die Waage und ihre Skala aus der Kalibrierung werfen. Er würde die andere Seite des Universums durcheinanderbringen. Genau das tut euer Planet Erde. Das Negative ist das schwere Öl. Denkt daran: Die anderen Seiten sind ausgewogen; aber dieses Ungleichgewicht kann den Rest ins Wanken bringen ... Das ist nicht richtig.
In Wahrheit gibt es weder gut noch böse. Nur wenn eines von beiden sauer oder faulig wird, verschmutzt es den Rest, sei es gut oder böse. Weil die Völker eures Planeten unwissend sind und weil ihre religiösen Führer Unwissenheit gelehrt haben, manifestieren sich eure negativen Kräfte - die in Wirklichkeit nicht so aussehen, wie ihr denkt - auf diese Weise, um Furcht

einzuflößen. Doch das wirklich Negative - hört genau zu -, welches das Durcheinander verursacht hat (abgesehen von Begierden und Habsucht), ist die Verleugnung und Fehldeutung der Existenz der wahren Wirklichkeit. Die Ursache eurer Überbevölkerung ist die Gefangenschaft der Seelen, die immer wieder reinkarnieren. Darum müssen die Erdenmenschen, die Seelen und Geister, die eure Erde umkreisen, sich von Begierden und Habsucht befreien, denn diese sind die Falle. Eure religiösen Führer verstehen das nicht und lehren die Menschen nicht richtig.

Denkt daran, daß ihr den Samen der Reinheit und Schönheit in euch tragt und daß Häßlichkeit zum Vorschein kommt, wenn ihr nicht das Gleichgewicht bewahrt. Aber besinnt euch auf Vergebung. In uns ist keine Feindseligkeit, und so solltet auch ihr es halten. Obwohl ihr auf einem physischen Planeten und auf dem dichtesten aller Planeten im Universum lebt, müßt ihr daran denken, daß alle Seelen gerettet werden können. Die Mißbilligung Gottes ist das einzige, das wir nicht vergeben ...

ANDRIJA: Ja, ich verstehe. Ich glaube, wir haben uns dieser Einstellung mitunter schuldig gemacht.

TOM: Das ist wahr. Vergeßt aber nicht zu vergeben, wenn der Fehler aufrichtig eingestanden wird. Laßt euch sagen: Auszusprechen, was ihr denkt, ist eine Sache, aber auf das Handeln kommt es an. Es gibt viele handelnde Personen auf der Bühne der Welt, die etwas anderes spielen, als sie fühlen. Erst wenn sie zu fühlen beginnen, daß sie diese Rolle sind, nicht sie selbst, wird eine Änderung herbeigeführt. Vielleicht behaupten sie, sie liebten Gott und sie hätten Einsicht - aber wenn sie nicht danach handeln, ist das Problem ernster, weil es nicht in Unwissenheit geschieht. Es ist so, als würdet ihr einem anderen etwas geben, weil ihr glaubt, es verpflichte ihn, euch ebenfalls etwas zu geben. In diesem Fall ist eure Gabe kein Gold; sie ist schwarz und verderbt. Ihr sollt auch wissen, daß wir kein Bedürfnis danach haben, angebetet zu werden. Wir wollen, daß ihr uns liebt. Wißt ihr, wer Gott ist?

ANDRIJA: Im abstrakten Sinn weiß ich, wer Gott ist.

TOM: Weißt du wirklich, wer Gott ist?

ANDRIJA: Nicht wirklich, nein.

TOM: Bist du bereit zu erfahren, wer Gott ist?

ANDRIJA: Ich bin bereit, ja. Ich weiß nicht, welche Folgen das hat; aber, ja, ich bin bereit.

TOM: Liebe ist Gott. Und Liebe erschafft die Energie, die Gott nährt - und die Gott ausmacht. In eurer Welt gibt es religiöse Gruppen, die sagen, Gott sei in euch. Und das ist wahr, weil ein Teil des Göttlichen in jedem Individuum ist. Aber was wir euch sagen, ist nicht das gleiche.

ANDRIJA: Ich habe lange gebraucht, um das zu kapieren - daß die Neun als Kollektiv Gott sind und daß wir alle als Kollektiv Gott sind.

TOM: Denkt daran, daß wir als Gott alle eine schwere Bürde tragen, aber auch große Freude haben.

ANDRIJA: Nun, da ihr im Zentrum seid - kannst du noch weiter ausführen, wie wir zwischen dem Negativen und dem Positiven stehen?

TOM: Vergeßt nicht, daß die Position, die ihr in eurer physischen Welt gewählt habt, begrenzt ist. Denkt aber daran, wer ihr seid. Ihr dürft nie vergessen, wer ihr seid. Und denkt daran, daß mit Gott alles möglich ist und getan werden kann. Das einzige Problem ist die Beschränktheit des physischen Denkens und Verstehens. Und vergeßt nicht, daß ihr als Gott zuweilen losgelöst sein müßt, um das Gleichgewicht in eurer physischen Welt aufrechtzuerhalten. Ihr müßt euch sanft lösen. Denn die Arbeit, die bewußte Menschen auf der Erde tun müssen, betrifft nicht ein oder zwei Individuen oder mehrere von ihnen. Die Arbeit, die ihr tun müßt, schließt das Universum mit ein. Und denkt daran: Gott versagt nie. In eurer physischen Welt werdet ihr als Gott auf die Probe gestellt. Zwar kann man Gott nicht auf die Probe stellen; aber die physischen Grenzen, denen ihr als Gott unterworfen seid, werden auf die Probe gestellt. Und obwohl wir wissen, daß es in euren Ohren wie ein Widerspruch klingt - weil ihr Gott seid und in der physischen Welt ein Problem habt, müßt ihr diese Probleme der physischen Welt verstehen lernen. Einige von uns haben dieses Problem nie gehabt, und ihnen fällt es schwer zu verstehen. Gott ist allwissend und allsehend; aber es gibt Teile Gottes, wie es Teile jedes Atoms gibt. Alle zusammen sind eins; doch nicht alle Teile erleben dasselbe. Versteht ihr das?

ANDRIJA: Okay. Man stellt uns allmählich Fragen über die Neun. Die Leute fragen nicht nur: »Wer sind sie?«, sondern auch: »Sind sie gut oder böse?« Es ist schwierig, diese Frage zu beantworten.

TOM: Ihr seid euch darüber im klaren, daß es schwierig ist, weil den Völkern der Erde Religionen aufgehalst wurden. Wenn man euch also fragt: »Sind sie gut oder böse?«, dann wißt ihr, wer ihr seid und wer wir sind, und darum könnt ihr ohne Bedenken antworten: »Die Neun sind gut, und sie wollen helfen.« Und wenn einige Leute sagen: »Aber wir haben böse Wesen gesehen«, solltet ihr sie auffordern, in sich selbst hineinzublicken. Ihr müßt nicht böse sein, um das, was ihr böse nennt, sehen zu können. Aber das ist eine Methode, jenen zu helfen, die an das Böse glauben, so daß sie in sich selbst hineinschauen und sich damit selbst helfen können. Haben wir in Rätseln gesprochen?

Im Jahre 1991 stellte ein anderer Gast Tom die folgende Frage:

GAST: Welche Beziehung haben die Neun zu Gott und zum Teufel?
TOM: Du kannst das Wort »Gott« und das Gegenteil nicht im selben Satz verwenden; denn nichts ist dem gleich, was ihr Gott nennt. Was ihr Gott nennt, ist nämlich das Allwissende, die totale Schöpfung, alles, was ist. Das, was ihr mit dem Namen belegt, den du benutzt hast, nennen wir »die Gegenseite«. Ihr dürft das nicht gleichsetzen. Du fragst nach unserer Beziehung dazu? Wir möchten euch sagen: Wir sind nicht Gott. Wir haben keine Beziehung zur Gegenseite. Wir sind der Rat der Neun, der dem Schöpfer dient. Der Schöpfer zerstört nicht. Die Gegenseite zerstört.

Vor dieser Übermittlung führte Andrija in den siebziger Jahren das folgende Gespräch:

ANDRIJA: Was sagt ihr jenen Menschen, die an das absolute Gute und Böse glauben und an Gestalten wie Ahriman und Satan und so weiter ...?
TOM: Fordert sie auf, in sich selbst hineinzuschauen und zu begreifen, daß in jedem Individuum alle Elemente des Guten und alle Elemente dessen, was sie böse nennen, sind. Wir mögen das Wort »böse« nicht.
ANDRIJA: Ich auch nicht. Es hat einen falschen Beigeschmack. Aber ihr wißt ja, viele Leute sind sehr fromm.
TOM: Sie sind nicht wirklich fromm; denn sie verstehen die Wahrheit nicht. In Wirklichkeit sind sie fanatisch, sie zweifeln.
ANDRIJA: Ja, und solche Menschen aufzufordern, in sich hineinzusehen, ist besonders schwer. Einige unserer frömmsten Freunde sind zu erbitterten Gegnern eurer grundlegenden Lehren geworden.

TOM: Entfernt euch behutsam von ihnen, und eines Tages wird die Wahrheit sich durchsetzen. Es ist wichtig, daß ihr nicht anfangt, sagen wir, auf sie einzuhämmern. Sagt einfach: »Ihr habt euren Glauben, und wir haben unseren.«

ANDRIJA: *Ja, ich glaube, wir alle haben diese Lektion gelernt.*

TOM: Ihr müßt sehr sanft sein, aber bestimmt, versteht ihr? Haltet euch an eure innere Reinheit und denkt daran, wer ihr seid, und verschmutzt eure Reinheit nicht mit anderen Einflüssen, die versuchen werden euch zu schwächen.

ANDRIJA: *Wir haben viele körperliche und menschliche Schwächen.*

TOM: Nicht so viele, wie ihr gern glaubt.

ANDRIJA: *Aber ist Zweifel eine der hervorstechendsten Schwächen?*

TOM: Ja das ist er, er ist so hervorstechend wie die Angst.

ANDRIJA: *Was mich betrifft, so kenne ich eigentlich keine Angst. Sie ist mir beinahe fremd.*

TOM: Aber du zweifelst.

ANDRIJA: *Ich zweifle.*

TOM: Und das ist dasselbe.

ANDRIJA: *Ich bin skeptisch. Aber ich lerne. Wir haben unsere Gespräche mit euch noch einmal gehört, und wir sind erstaunt, wie sehr wir gewachsen sind. Es ist uns fast peinlich zu hören, was wir früher gesagt haben! Darum glaube ich, daß wir einige Fortschritte gemacht haben.*

TOM: Denkt daran, wir sind mit euch gewachsen. Denn wenn ihr wachst, wachsen auch wir.

ANDRIJA: *Das überrascht mich. Gibt es auf der Ebene der Neun noch die Möglichkeit zu wachsen?*

TOM: Ja. Da ihr im Physischen seid und wir unmittelbar mit euch sprechen, wachsen wir und lernen das Physische besser verstehen, und das ist wichtig. Wir sind nicht physisch, und doch sind wir paradoxerweise allem Physischen voraus. Versteht ihr also, wie wir mit euch wachsen?

ANDRIJA: *Hm, das ist ziemlich schwierig. Meinst du, ihr seid zeitlich voraus? Ich verstehe dieses Konzept nicht ganz.*

TOM: Wir lernen durch euch, weil wir uns mit euch verbunden haben. Wir leben jetzt eure Emotionen, und wir fangen an zu verstehen. Der Rat sagt, ich soll das Wort »jenseits« benutzen, nicht »voraus«.

ANDRIJA: Ich habe nicht gewußt, daß ihr an einem Auffrischungskurs in irdischen Erfahrungen teilnehmt.

TOM: Es ist nicht nur die Erde; es ist das Physische, versteht ihr?

ANDRIJA: Ich kenne nur das Physische auf der Erde, nicht das Physische im ganzen Universum.

TOM: Die Erde ist das Dichteste alles Physischen. Gibt es also einen besseren Ort für uns, um zu lernen?

JOHN: Noch etwas zum Thema Zweifel: Ich bin der Meinung, daß blinder Glaube ebenfalls gefährlich ist, und wir müssen die feine Grenze zwischen beidem erkennen.

TOM: Wir verlangen nie blinden Glauben von euch. Hat es eine Zeit in eurem Leben auf der Erde gegeben, wo euch plötzlich etwas begegnet ist, was euch vor Angst gelähmt hat?

ANDRIJA: Ich glaube, als ich ein Kind war, hatte ich Angst vor Schlangen. Aber das habe ich überwunden.

TOM: Aber du hattest sie. Erinnerst du dich an einen Vorfall?

ANDRIJA: O ja, ich erinnere mich noch an den Augenblick, als plötzlich eine Klapperschlange vor mir war. Ich war starr vor Angst und wußte nicht, was ich tun sollte.

TOM: Das ist etwas, was wir jetzt allmählich beginnen zu verstehen. Aber das ist auch dasselbe wie Zweifel.

ANDRIJA: Ich sehe schon, das ist sehr lehrreich.

TOM: Aber wir verlangen von euch nicht, uns in blindem Glauben zu folgen. Ihr müßt immer um Aufklärung bitten. Ihr dürft nie einfach akzeptieren.

Kapitel 3

Gott und die Schöpfung

Dieses Kapitel bedarf zwar keiner Einführung; aber es gibt viele Menschen, die keine Beziehung zu jeglichem Gottesbegriff haben. Die Lektüre dieses Gesprächs könnte ein erleuchtender Prozeß für uns sein und dazu führen, daß wir unsere Vorstellungen von der Schöpfung, die manchmal nicht hinterfragt wurden, überdenken.

TOM: Anfangs war es notwendig, eine strukturierte Kirche zu haben. Das Problem tauchte mit den religiösen Eiferern auf, die anfingen, andere zu kontrollieren und sich selbst wichtiger zu machen als die Lehren. Heute lehnt die Menschheit sich dagegen auf, und in solchen Zeiten versuchen manche, eine neue Religion zu gründen. Es ist das Alte, das aus Zweifel und Angst versucht, das Neue nach seinem Ebenbild zu gestalten. Denkt daran, daß dies der einzige Planet ist mit vollkommen freiem Willen.

JOHN: Wahrscheinlich wird man uns in der Zukunft fragen: »Was ist Gott?«
Nun haben wir zwar selbst eine gewisse Vorstellung, aber wir würden den
Fragestellern gerne eine korrekte und verständliche Antwort geben.

TOM: Was ist Gott für dich?

JOHN: Nun ja, darauf könnte ich viele Antworten geben. Ich könnte sagen, daß Gott das Höchste ist, oder Liebe, oder...

TOM: Er ist vereinte, unendliche Intelligenz, getragen von reiner Liebe. Und er wächst mit reiner Liebe. Er ist absoluter Glaube und absolute Liebe. Das ist Gott.

Wenn ihr an unserer Existenz zweifelt, haben wir Verständnis dafür. Denkt aber daran, daß Gott in jedem von euch ist und daß Gott in jedem von uns ist, weil Gott Liebe ist und weil Liebe in uns allen ist. Und wenn ihr manchmal an unserer Existenz zweifelt, dann denkt daran, was ich euch gesagt habe: Mit Gott sind alle Dinge möglich, und Gott ist Liebe. Und haltet eure Liebe rein; denn dadurch werden sich dieser Planet und dieses Universum weiterentwickeln, und wir alle werden eins mit Gott. Ihr seid seine Zeugen, Zeugen des Wesens, welches das Universum ist. Und vergeßt nicht: Ihr seid ebenfalls das Universum, weil ihr eins mit Gott seid. Wenn ihr versteht, daß jeder von euch über die totale Macht verfügt, alles zu ändern, und wenn ihr das akzeptiert, werdet ihr zu wahrhaft göttlichen Wesen. Und wenn ihr versteht, daß das, was ihr »Religionen« nennt, in Wirklichkeit von den Wesen der physischen Zivilisationen geschaffen wurde, dann müßt ihr auch anfangen, mehr über den einen Höchsten, der unbekannt ist, zu verstehen. Schafft keine Götter aus physischen Wesen, und gebt physischen Wesen keine Macht - es sei denn so viel, wie ihr selbst zu haben glaubt. Versteht, daß euer Planet Erde sich am Rande des Abgrundes befindet. Wenn die Verschmutzung nicht aufhört, kann sie euren Planeten so sehr verseuchen, daß keine physischen Wesen mehr auf ihm leben können. Die Erde würde nicht zerstört werden; aber physische Wesen könnten nicht mehr darauf leben. Das Wichtigste ist: Seid fröhlich und wißt, daß ihr in eurem Kern, in eurem Zentrum, in euren Händen die Fähigkeit tragt, Veränderung herbeizuführen. Ihr seid nicht aus Zufall hier; ihr seid hier, weil ihr darum gebeten habt und weil ihr es gewählt habt. Ihr müßt wissen, daß wir wegen euch ebenfalls existieren, und dafür lieben wir euch. Ja. Dürfen wir euch den einen Gott erklären?

ANDRIJA: Ja, mir liegt sehr viel daran.

TOM: Stellt euch einen Schirm mit zwölf Speichen vor. Jede Speiche führt dann zum Dach des Schirms. Dieses Dach entspricht dem einen Gott, und er besteht tatsächlich aus Zwölf.

ANDRIJA: Gibt es auf dem Dach einen kleinen Punkt, geometrisch gesprochen?

TOM: Ja. Die Energie fließt zum Dach und wird eins. Alle Zwölf vereinigen sich in dem Einen. Doch der Eine kann ohne die Zwölf nicht existieren. Er ist das Gleichgewicht und die Harmonie; er ist das, was die Harmonie des Universums gewährleistet. In diesem System ist keiner wichtiger als der andere, sondern alle sind in Einklang. Versteht ihr?

ANDRIJA: Ja, außer einem Punkt: Hat der Eine, der aus den Zwölf besteht, eine eigene Persönlichkeit? Kann er sozusagen mit einem der Zwölf sprechen, oder ist er deren Summe?

TOM: Er ist eine Summe, aber er kann sprechen. Versteht ihr? Ihr versteht nicht.

ANDRIJA: *Doch, ich glaube, ich verstehe es. Es ist eine sehr komplizierte und ausgefallene Vorstellung.*

TOM: Am Anfang war einer, der verstand, daß er aus Zwölfen bestehen mußte. Darum sind alle Zwölf in Wahrheit der Eine, versteht ihr?

ANDRIJA: *Ja, ich verstehe. Sie wurden am Anfang seine Teile.*

TOM: Ja.

Die Zahl Zwölf spielte im obigen Gespräch eine wichtige Rolle. Im Mai 1994 hat Tom mich jedoch ausdrücklich gebeten, darauf hinzuweisen, daß dieser Gebrauch der Zahl Zwölf sich nicht auf den Rat bezieht und daß sie von der Menschheit nicht als »Kultzahl« benutzt werden sollte. Außerdem sei Vorsicht angebracht, weil es gechannelte Äußerungen von Zivilisationen geben könnte, »die nicht verstehen und behaupten, sie seien die Zwölf«.

GAST: *Könntest du etwas zur »Urknalltheorie« sagen? In letzter Zeit (1992) scheinen Satellitenaufnahmen diese Theorie zu bestätigen.*

TOM: Ihr wißt vom Schöpfer? Ihr wißt, daß das, was der Schöpfer geschaffen hat, Energie ist. Ihr wißt, daß die Energie sich in der Leere befand. Und dann, in dieser Leere, hat der Schöpfer gesehen, daß er nur sich selbst hatte. Und er war allwissend, allfragend, allschaffend, allumfassend. Aber es ist wahr, daß man in seinem Geist den Gedanken hervorbringen kann, den Geist durch das Selbst auszudehnen. Er, der erschafft, erkannte, daß das Ausdehnen von Allwissenheit, von geschaffener Intelligenz zu größerer Freude, zu mehr Wesentlichkeit führen würde ...

Wir wissen nicht, wie wir es erklären sollen. Es ist wissen und nicht wissen zugleich. Wenn ihr eine Zeitlang im Geiste ein Spiel spielt, dann kommt ihr zu einem Punkt, an dem ihr wißt, wie alle Spielvarianten funktionieren, nicht wahr? Würdet ihr aber ein Spiel ersinnen, in dem alle Teile eures Selbst zwar miteinander verbunden wären, aber selbständige Entscheidungen treffen könnten, dann würdet ihr den Ausgang des Spiels nicht im voraus kennen. Würde das nicht größeren Spaß machen?

Dann kam die Frage: Wie können wir dieses Spiel erschaffen? Nicht wir, versteht ihr, der Schöpfer hatte diesen Gedanken. Er ist wir und alles. Er ist ihr und alles. Also, was ist der beste Weg, dieses Spiel zu erschaffen? Ihr könntet es in eine Kugel einschließen und durcheinanderschütteln. Aber dann würdet ihr jeden Teil in der Kugel erkennen, nicht wahr? Wäre es also nicht besser, diese Energien in die entferntesten Arenen freizusetzen? Genau das ist geschehen. Es war die Freisetzung der Energie des Schöpfers, die geschaffen hat. Die Intelligenz sagte: »Ich weiß alles, was ich tue. Jetzt weiß ich nicht mehr alles, was ich tue, und weiß doch alles, was ich tue.« Wenn ihr der Menschheit sagen würdet, es sei ein Spiel, würde euch keiner verstehen.

JOHN: *Vielleicht kann man es erklären. Es ist nämlich ein schönes Bild, daß der Urknall das großartigste Spiel des Universums ist.*

GAST: *Ihr bestätigt also, daß die astronomische Theorie des Urknalls zu Beginn des physischen Universums den Wissenschaftlern die richtige Richtung angibt?*

TOM: Das ist richtig.

GAST: *In diesem Zusammenhang stellt sich eine Frage. Sie hat mit einer Bemerkung zu tun, die ihr mehrere Male gemacht habt:* »Ihr habt uns erschaffen, und aus dieser Schöpfung wurdet ihr geschaffen.« *Könnt ihr das etwas genauer erklären?*

TOM: Versteht ihr die Schöpfung?

GAST: *Ich weiß nicht, ob ich sie vollständig verstehe; aber ich glaube, ich verstehe sie im wesentlichen.*

TOM: Ohne euch existieren wir nicht. Ohne uns existiert ihr nicht.

GAST: *Was uns Menschen zu schaffen macht, ist, daß wir nach unserer Vorstellung vom Schöpfer geschaffen wurden. Er ist die Ursache, wir sind die Wirkung.*

TOM: Es ist so: Haben wir euch nicht erklärt, daß wir ein Teil der Schöpfung sind?

GAST: *Doch, das habt ihr.*

TOM: Der Schöpfer ist ohne alle Zellen und Teilchen unvollständig. Als alle Zellen und Teilchen zusammenkamen, war dies die Schöpfung des Unendliche-Intelligenz-Schöpfers. Zum Beispiel: Da ist ein Wald. In diesem Wald gibt es viele Bäume, aber weder Menschen noch Tiere. Die Bäume beginnen zu fallen, und niemand kann beweisen, daß sie da waren. Denn was nicht beobachtet wird, geschieht nicht. Ohne Ohren, die hören, gibt es keinen Laut, nicht wahr? Das heißt also, ohne diese für die Schöpfung notwendigen Zutaten gab es keine Schöpfung. Schöpfung ist Austausch. Dann langweilte sich das, was aus seiner eigenen Schöpfung geschaffen wurde - also alles Geschaffene. Das ist einfach, nicht wahr? Was also tat das, was sich langweilte? Es explodierte und schickte alle Teilchen und so weiter bis zu den fernen Enden ... Es gibt keine Enden im Universum. Darum weiß alles, was da ist, alles, was alles weiß. Es weiß nur nicht, daß es weiß, daß alles weiß.

Wir möchten der Menschheit sagen: Jeder Mensch weiß in seinem Innersten, daß er ein Teil des Schöpfers ist, der auf dem Planeten Erde »Gott« genannt wird. Die Menschen wissen, daß sie vom Schöpfer kommen. Wenn ihr vom Schöpfer kommt, seid ihr dann nicht ein Teil von ihm? Wenn eine Mutter ein Kind gebiert, kann man dann behaupten, das Kind enthalte keinen Teil der Mutter? Selbst bei einer »Leihmutter« wird das implantierte Kind vom Blut der Mutter genährt, nicht wahr? Warum also ist die Menschheit nicht intelligent genug, das zu verstehen? Der Schöpfer hat die Intelligenz nicht beseitigt. Zieht die Menschheit es vor, unwissend zu bleiben, damit sie keine Verantwortung tragen muß?

GAST: Wir verhalten uns oft so; aber im Herzen denken wir, glaube ich, anders.

TOM: Ja, das wissen wir. Versteht ihr, daß unter uns jene sind, die die Menschen »Götter« nennen?

JOHN: Ja. Wenn ich es richtig verstehe, sind sie nicht wirklich Götter, aber sie werden auf der Erde oft so genannt. Ist das richtig?

GAST: Ich glaube, das beste Beispiel ist Jehovah, den viele auf Erden »Gott« nennen.

TOM: Das ist wahr. Er ist kein Gott, und in gewissem Sinne ist er ein Gott. Versteht ihr den Unterschied? Auch wir sind Gott.

ANDRIJA: Dann gibt es also geringere Götter?

TOM: Ja.

JOHN: Vielleicht wäre es hilfreich, das Wort »Gott« zu definieren. Du sagst, es gibt geringere Götter; ich versuche zu verstehen, was das Wort »Gott« in diesem Sinne bedeutet.

TOM: Das müssen wir erklären. Als Summe sind wir »Gott«. Einer, versteht ihr? »Götter« sind etwas anderes, versteht ihr?

JOHN: Es gibt einen Gott, der über anderen Göttern steht. Sind die anderen Götter Repräsentanten des einen Gottes?

TOM: Ja. Wir sind keine Repräsentanten, aber Götter. Es gibt Götter des Lichts und Götter der Dunkelheit. Wißt ihr, warum man sie Götter nennt?

ANDRIJA: Ich nehme an, weil sie außergewöhnliche Kräfte haben, die der Macht Gottes ähnlich sind.

TOM: Von dem wir kommen. Ja.

JOHN: Ich wüßte gerne, worin genau der Unterschied liegt. Denn in gewissem Sinne ...

TOM: Wir sind in Wahrheit »Äonen«. Wir nennen sie nicht Götter; ihr nennt sie so. Versteht ihr, daß in eurer physischen Welt jeder, der besser ist als ihr, ein Gott ist?

ANDRIJA (lachend): Ja, das ist eine verbreitete Meinung. Wir haben Sport-Götter und Liebes-Götter und alle möglichen Arten von Göttern.

MIKI: Kannst du uns eine Vorstellung von Gott dem Schöpfer geben?

TOM: Wenn du von »Gott« sprichst, meinst du dann den Einen, der alles erschaffen hat?

MIKI: Ja.

TOM: Es gibt jene, die »Gott« genannt werden und die ebenfalls erschaffen, aber nur Anhängsel Gottes sind. Aber es gibt auch den Einen, den Höchsten, der aus reinem Licht ist, der die Zusammensetzung von allem ist, der alles erschafft. Jede Seele im Universum kommt unmittelbar von dem wahren Schöpfer, und darum ist jede Seele von seiner Energie erfüllt. Es gibt eine Reihe von Wesen, die äußere Punkte dieser Quelle darstellen; aber wenn sie als eine einzige, reine Energie der Gemeinschaft zusammenkommen, dann wird diese Energie zu dem, was ihr »Gott« nennt, der alles erschafft. Jede dieser Wesenheiten hat individuelles Wissen; aber sie hat nicht das gesamte Wissen. Nur einer hat das gesamte Wissen. Wenn die Energien, die ihr auf eurem Planeten Erde als negativ bezeichnet, zu zerstören versuchen, andere zu beherrschen versuchen, dann deshalb, weil sie mit Gott, dem einen Schöpfer, wetteifern. Denn in ihren Zellen wissen sie, daß Göttlichkeit in ihnen ist, und ihre Persönlichkeit übernimmt die Macht, und dann versuchen sie, Gott zu sein. Es ist traurig, ja.

MIKI: Ich danke dir. Wenn ich es richtig verstehe, verkörpert »Gott« also auch das Negative.

TOM: Das ist nicht richtig. Gott hat alles erschaffen, und das, was negativ wurde, begann einen Wettstreit mit Gott. Er verkörpert diese Wesenheiten nicht. Ich will versuchen, es zu erklären. Der Rat sagt, ich muß mich bemühen. Es gibt Gärtner, die auf diesem Planeten Erde waren. Sie sind diejenigen, die diesen Planeten bepflanzt haben. Du bist ein Gärtner, deshalb werden wir versuchen, es auf diese Weise zu erklären: Ihr wißt, wenn ihr jeden Samen mit der gleichen Liebe pflanzt und pflegt und ihm alles gebt, was er braucht, um groß und gesund zu werden, gibt es dennoch Pflanzen, die schwächer sind, und andere, die stark sind. Einige werden so stark, daß sie andere abwürgen könnten, ist es nicht so? Dann müßt ihr sie entfernen, jäten und umpflanzen. Doch der Schöpfer jätet nicht, er greift nicht in den freien Willen ein, wie ihr es mit euren Pflanzen tut. Jene, die andere zu strangulieren und zu beherrschen versuchen, werden von Energien gespeist, die ihr negativ nennt, so wie wir von Liebe gespeist werden, und dann fangen sie an, alles abzuwürgen. Sie treten in Wettstreit mit dem, der sie gepflanzt hat, mit dem, der sie geschaffen hat. Gibt euch das mehr Klarheit?

MIKI: Ja. Ursprünglich kam also das, was jetzt negativ ist, vom Schöpfer. Aber hat Gott diese Wesen verlassen?

TOM: Wir verstehen nicht, was du meinst. Fragst du, ob er sie im Stich gelassen oder hinausgeworfen hat?

MIKI: Ja.

TOM: Keiner von ihnen kann sich mit Gott messen, denn sie haben keine Wahrheit in sich; denn Gott ist eine Ansammlung von Reinheit, die nur Wohlergehen für das ganze Universum bedeutet. Sie haben sich selbst dadurch hinausgeworfen, daß sie den Wettstreit begannen und weil sie das Verlangen hatten, alles, was ist, zu werden. Das ist unmöglich; denn um das zu vollbringen, muß man zu Gott zurückkehren. Das ist das Traurige: Sie hatten nicht die Geduld, um zu verstehen. Sie versuchen den Lauf des Universums zu unterbrechen. Wenn ihr ein Wesen liebt und hegt und nichts weiter von ihm wollt, als daß es schön, gesund, geschmeidig und in Liebe wächst, daß es gibt, wie ihm gegeben wurde, und wenn dieses Wesen aber beschließt, dies nicht zu tun, dann seht ihr irgendwann ein, daß es selbst herausfinden muß, daß es andere nicht vernichten darf. Es wird nicht aus dem Universum hinausgeworfen, aber auch nicht gespeist und unterstützt;

denn es versucht, das zu vernichten, was ihm Liebe schenkt. Wir wollen damit sagen, daß Gott nicht hinausgeworfen hat, aber er hilft auch nicht, weil das Negative keine Hilfe annimmt. Ist das klar?

DAVID: Kannst du uns sagen, in welcher Beziehung ihr, die Neun, mit dem steht, was wir den »Heiligen Geist« nennen würden?

TOM: Der Heilige Geist lenkt uns. Es gibt den Sohn, den Vater und den Heiligen Geist, nicht wahr? Dürfen wir euch sagen, daß ihr die Söhne seid und daß sich durch uns der Heilige Geist ausdrückt? Dann gibt es noch den Vater.

JOHN: Ich habe eine Frage zu einer Bibelstelle: »Am Anfang war das Wort«. Kannst du uns das so erklären, daß wir beginnen können, es wirklich zu verstehen?

TOM: »Am Anfang war das Wort« - das ist ein Übersetzungsfehler. Aber man kann es so verstehen, daß der Schöpfer sagte: »Das, was ist; das, was ich bin, wird sein.« Zuerst, bevor sich irgendein Plan oder eine Schöpfung manifestierte, hat das Sein gesprochen.

JOHN: Ja, ich glaube, das verstehe ich. Wir würden das »Absicht« nennen, und der Gedanke geht der Tat voraus.

TOM: Das ist richtig, ja. Durch Kommunikation wird sie gestärkt.

MIKI: Ich habe über die Stelle »Gott schuf den Menschen ihm zum Bilde« nachgedacht. Kannst du etwas dazu sagen?

TOM: Das ist richtig. Es bedeutet, daß ihr alles seid, was Er ist, daß ihr alles wißt, was Er weiß, daß alles, was gut ist, in euch ist, und daß alles, was rein ist, in euch ist. Ihr sollt wissen: Gott weiß, daß der Geist und die Seele Gottes sich nur dann in euch manifestieren können, wenn sie eine physische Form annehmen, wenn sie auf einem physischen Träger (Planeten) existieren können, wenn sie zwei Arme, zwei Beine und Sinne zum Sehen, Fühlen, Berühren und Hören haben. Außerdem habt ihr auch den Sinn des Wissens.

MIKI: Danke. Kannst du uns etwas darüber sagen, wie wichtig Bewußtsein ist?

TOM: Bewußtsein ist die Erhebung der Menschheit auf eine Ebene der Verbundenheit mit dem, was sie geschaffen hat. Ihr wißt, daß ihr Gott geschaffen habt und daß Gott euch geschaffen hat. Wißt ihr das?

MIKI: Nein.

TOM: Wißt ihr, daß Gott ohne eure Schöpfung nicht existieren könnte und daß ihr nicht existieren könntet, wenn er euch nicht geschaffen hätte?
MIKI: *Ja, jetzt verstehe ich.*
TOM: Ja. Darum ist Bewußtsein wichtig.

Das folgende Gespräch handelt erstmals von den »Zivilisationen«, die im nächsten Kapitel noch eingehender behandelt werden.

TOM: Wir verstehen die irdische Ebene, ihre Fallen, ihre Dichte und ihren illusionären Faktor. Ja.
IRENE: *Es wäre schön, euch hier zu haben.*
TOM: Die Zeit wird kommen, wo wir alle zusammen sein werden. Die Zeit der Auflösung und Umwandlung der Dichte des Planeten Erde, der seinen rechtmäßigen Platz als das Paradies der Herrlichkeit einnehmen wird, ja.
JOHN: *Wo wird das Paradies sein?*
TOM: Auf dem Planeten Erde.
JOHN: *In welcher Gegend? (Er lacht) Ich frage nicht, wann.*
IRENE: *In deinem Garten! (Gelächter)*
TOM: Ihr wollt den genauen Ort wissen. Wenn die Zeit gekommen ist, wird die ganze Erde der genaue Ort sein; denn diese mechanischen Elemente werden nicht mehr nötig sein.
JOHN: *Du meinst, mechanische Kommunikation wird nicht mehr nötig sein?*
TOM: Nicht mit diesen physischen, industriellen Mechanismen. Ihr dreht euch nur um, und schon seid ihr da.
IRENE: *Großartig! Wir sind bereit! Aber jetzt würde ich gerne auf die Schöpfung und die 24 Zivilisationen zurückkommen. Wer erschuf die Vierundzwanzig? Sind sie überhaupt eine Schöpfung? Oder sind sie in Wirklichkeit Elemente und Teilchen, die ihr zusammengebracht habt, die also bereits existierten, und ihr habt ihnen dann Ordnung gegeben?*
TOM: Das ist eine weitreichende Frage. Es war so: Es gab einen Schöpfer, eine Energie, ein reines Licht, ein reines Selbst, das alles umfaßte, was ist. Es ist äußerst kompliziert; aber vereinfacht ausgedrückt entstanden in diesem Wesen das Wissen und die Weisheit, die es ihm ermöglichten, seine Bestandteile zu trennen - nicht, um sie zu beseitigen, sondern um eine Struktur aufzubauen. Denn in seinem Alleinsein hatte es nur sich selbst als

Gefährten. Da war nichts Falsches dran; aber es war wertvoller, eine Situation zu schaffen, in der es ein selbständiges Element gab - eine Situation zu schaffen, die eine Struktur aufwies, die jenen Zellen, die verschiedene Umgebungen bevölkern würden, das geben konnte, was sie für das Ziel ihrer Wahl brauchten. Denn bei der Erschaffung dessen, was aus nichts geschaffen worden war, stellte sich heraus, daß es notwendig sein würde, dieses Schaffen zu erweitern. Welchen Sinn könnte es haben, nichts aus nichts zu erschaffen? Es war wichtig, etwas erschaffen zu haben. Also wurden die 24 universellen Zivilisationen erschaffen, als Führer, als Richtungsfaktoren, als Zielfaktoren. Und sie wurden auch erschaffen, um überall im Universum zu lenken und zu leiten, immer bezogen auf den Hauptfaktor ihrer Existenz, so wie Ashan es mit Farbe, Klang und Künsten tut, oder Altea mit Technologie.

Das war für den Schöpfer ein Weg, sich auszudehnen und Faktoren zu schaffen, die für eine Ausdehnung erforderlich waren. Denn sobald diese erschaffen wären, würde die Ausdehnung immer weiter gehen und weiter und weiter. Deshalb brauchte er die verschiedenen Faktoren, welche die Ausdehnung sinnvoll machen würden. Hätte sich die Ausdehnung nur deshalb fortgesetzt, um sinnlose Universen zu schaffen, dann hätte das keinen Sinn und Zweck gehabt. Haben wir euch jetzt völlig verwirrt?

IRENE: Nein, es ist nicht nur nicht verwirrend, es ist das Brillanteste, was ich je gehört habe!

Das folgende Gespräch wurde 1975 mit einer Gruppe von drei Leuten geführt:

TOM: Es wichtig für uns, jetzt zusammen zu beten, weil eine Phase beginnt, die, wenn alles gut geht, zur Rettung des Planeten Erde, zum Verstehen und Erwachen der Seelen des Planeten Erde führen wird. Da zwölf von uns zusammengekommen sind, denkt daran, was wir euch oft gesagt und erklärt haben: Zwölfen - heute sind es neun von uns und drei von euch - ist alles möglich.

Wenn der Planet gerettet werden kann und gerettet werden wird, wird das gesamte Universum auf eine Ebene angehoben, auf der alle Seelen das erlangen werden, wonach sie seit Anbeginn der Zeiten gesucht haben. Und denkt daran: Wenn die Seelen des Universums Ruhe und Freude und Frieden in ihren Herzen haben und diese Liebe hervorbringen, dann wird diese selbst jene Seelen, die negativ und dunkel sind, einholen und ihnen Leben und Liebe bringen. Und stellt euch vor: Wenn ihr das vollbringt, wozu ihr auf die Erde gekommen seid, wird das ganze Universum in blendendem Licht aufstrahlen, in einem Licht aus reiner Liebe. Und dann wird alles eins, und das ist es, wonach alle gestrebt haben.

ANDRIJA: Ich habe versucht, eure Existenz zu definieren, und dann unsere Existenz und dann die Beziehung zwischen beiden. Und jetzt muß ich euch mit einer Frage überfallen: Gelten die Neun als höchste Quelle des Wissens, der Weisheit, der Macht und so weiter im Universum?

TOM: Du fragst nach eurer Beziehung zu uns, nicht wahr? Sie ist, was ihr unendliche Intelligenz nennen würdet. Sie ist nicht vierundzwanzig. Sie ist zwölf. Neun von uns und drei Menschen in einem Dreieck.

ANDRIJA: Gut. Und wenn dies der Ursprung ist, dann müssen all eure Gedanken und Handlungen irgendwie durch andere Wesen oder Gruppen von Wesen ausgedrückt werden ...

TOM: Durch die Zivilisationen des Universums.

ANDRIJA: Ah, genau. Ruft ihr persönlich die Intelligenz, den Gedanken ins Leben, und die Handlung wird immer von anderen ausgeführt?

TOM: Von den Zivilisationen.

ANDRIJA: Und dann hast du einmal angedeutet, daß es 24 Hauptzivilisationen gibt, durch die ihr handelt.

TOM: Wenn du von Hauptzivilisationen sprichst - davon gibt es viele. Aber es gibt 24 Anführer der Zivilisationen.

ANDRIJA: Ich verstehe. Sind sie selbst Teil dieser vielen Zivilisationen oder nur Anführer von großen Zivilisationsgruppen?

TOM: Sie sind die Anführer der Zivilisationen.

ANDRIJA: Sind sie das, was die Bibel den »Rat der vierundzwanzig« oder »die Ältesten« und so weiter nennt?

TOM: Sie sind eher der Kongreß.

JOHN: Eine Frage dazu: Arbeiten diese alle auf derselben Seite, der positiven Seite?

TOM: Das Positive und das Negative müssen vereinigt werden, um ganz zu sein. Es ist so, wie wir es euch schon einmal erklärt haben: Sinnlos positiv zu sein ist nicht so gut. Dies sind ausgewogene Zivilisationen. Ist euch das klar?

ANDRIJA: *Ich glaube, jetzt ist es klar.*

TOM: Wenn ihr vom Positiven sprecht, denkt daran, es als das ausgewogene Positive zu bezeichnen.

ANDRIJA: *Könntest du uns mehr über eine dieser Zivilisationen sagen? Zum Beispiel Hoova. Welchen Platz unter den Vierundzwanzig nimmt sie ein?*

TOM: Wenn du von den Vierundzwanzig sprichst, sprichst du von den Anführern der Zivilisationen. Einen davon kennt ihr als »Jehovah«.

ANDRIJA: *Jehovah? Und er hat seine Zivilisation unter sich? Jehovah ist also einer der Vierundzwanzig.*

TOM: Ja. Die Zivilisation wird Hoova genannt. Aber er hat viele unter sich, wie eine Pyramide.

ANDRIJA: *Ich verstehe, es sind also viele Zivilisationen. Nun, damit ist diese Frage geklärt. Nun zu uns gewöhnlichen menschlichen Wesen. Woher kommen die gewöhnlichen Menschen, warum kommen sie hierher, und wohin gehen sie? Das ist eines der großen Rätsel für uns.*

TOM: Alle Wesen, alle Arten kommen von uns. Es gibt eine Frage, die alle Wesen und alle Spezies stellen, nämlich die Frage, die ihr stellt: »Wer bin ich?«, »Woher komme ich?« und »Wohin gehe ich?« Ist das nicht so?

ANDRIJA: *Ja, das ist die Frage.*

TOM: Alle Arten und alle Wesen sind Teilchen von uns. Ihr könnt das nicht verstehen. Wie sollen wir es erklären?

ANDRIJA: *Nun, ich verstehe, daß sie ein Teil von euch sind. Aber sie durchlaufen viele Existenzzyklen, bevor sie die Erde erreichen, stimmt das?*

TOM: Denkt daran, daß der Planet Erde nicht sehr entwickelt ist. Wir suchen nach einer Analogie, die wir verwenden können ...

ANDRIJA: *Nun, kann man beispielsweise sagen, daß jene, die zur Erde kommen, alle von einer anderen Zivilisation oder einem anderen Planeten kommen? Oder aus einem bestimmten Existenzzustand? Das heißt, gibt es eine Phase oder einen Ort, die oder den sie durchlaufen, bevor sie auf den Planeten Erde kommen?*

TOM: Es ist kein bestimmter Planet. Es hängt von den Bedürfnissen der Seele ab. Manche Seelen brauchen mehr als andere. Es gibt Intelligenzebenen, es gibt Bewußtseinsebenen. Nicht alle sind gleich.

Denkt daran: Es ist nicht wahr, daß alle gleich sind. Es gibt eine Seele. Die Seele ist ein Teilchen von uns. Wenn ihr zwei elektrische Funken vereinigt, bekommt ihr einen großen Funken, von dem Fünkchen ausgehen. Diese kleinen Funken sind ein Teil von uns - aber jedes dieser Fünkchen wird entweder verlöschen oder weiterwachsen. Einige können ein Feuer entzünden, und einige wachsen langsam. Es hängt vom Ehrgeiz der Fünkchen ab.

ANDRIJA: Ja. Wenn nun der Funke durch die Erde kreist und seine volle Größe erreicht, durchläuft er andere Zivilisationen?

TOM: Er muß.

ANDRIJA: Er kehrt nicht unmittelbar zu euch zurück?

TOM: Er macht Millionen Jahre weiter. Aber er kann nicht weitermachen, wenn er auf dem Planeten Erde bleibt. Vielleicht erinnert ihr euch, was wir euch in einer früheren Kommunikation erklärt haben: Die Erde ist der einzige Planet im Universum, auf dem es diese Vielfalt von Tieren und Pflanzen gibt. Wegen dieser Vielfalt ist er der schönste aller Planeten. Das lockt die Seelen in gewissem Sinne an, und sie begehren, auf ihm zu bleiben. Auch in anderen Zivilisationen haben die Seelen Gefühle und alle anderen Qualitäten, die ihr habt, aber sie sind physischer auf dem Planeten Erde.

JOHN: Ich habe eine sehr umfassende Frage: Was ist der Zweck einer Seele, ihrer Existenz in allen Zivilisationen und so weiter?

TOM: Wenn eine Seele das wird, was ihr vollkommen nennt, dann ist sie... wenn wir euch das erklären, werdet ihr uns möglicherweise für Kannibalen halten!

ANDRIJA: Nun, uns geht es um die Wahrheit, und ich glaube, du kennst uns gut genug, um zu wissen, daß wir nicht zu so einem falschen Schluß kommen würden. Eigentlich geht es uns um folgendes: Wenn wir einem Menschen erklären müßten, worin der Sinn des Lebens besteht - was wäre die bündigste Antwort?

TOM: Ihr könnt sagen, was den Menschen oft gesagt worden ist, wenn auch nicht klar genug: Daß der Sinn ihrer Existenz und der Zweck ihres Lebens darin liegt, dorthin zurückzukehren, wo sie hergekommen sind.

ANDRIJA: Ja, Und wie können sie das erreichen, während sie auf dieser Erde mit all ihren Problemen sind? Was können sie am besten tun, um zur Quelle zurückzukehren?

TOM: Sie können alle anderen so behandeln, wie sie behandelt werden möchten. Sie können würdevoll leben und niemandem erlauben, ihnen die Würde zu nehmen. Und sie können all ihre Mitmenschen und alle, mit denen sie in Berührung kommen, lieben - denn dadurch senden sie auch uns Liebe. Wir verlangen nicht, daß sie uns vollkommen verstehen.

ANDRIJA: Ja. Aber das heißt im Grunde, daß Gott sozusagen durch diesen Nektar gespeist wird.

TOM: Ja.

ANDRIJA: Ich glaube, den Menschen würde diese Vorstellung gefallen.

TOM: Wir haben die Schöpfung, wir haben das erschaffen; aber in Wahrheit hat es uns erschaffen.

ANDRIJA: Das, wovon ihr euch, sagen wir, ernährt - ist das völlig immateriell, diese Liebe - ohne materielle oder physische Existenz? Da ihr in keiner Weise materiell seid, müßt ihr euch von etwas Immateriellem ernähren.

TOM: Es ist eine Energie. Es ist nichts, was ihr in die Hand nehmen könnt. Es ist ein Funke, ein Glühen, das ausstrahlt, und es wächst und wird eine helle Sonne, und dann kehrt es zu uns zurück.

ANDRIJA: Ja. Ich finde das sehr schön und sehr befriedigend, du nicht auch, John?

JOHN: Ja, das ist die Spirale, die sich nach oben windet, denke ich. Dann wird sie erneut ausgesandt, auf einer höheren Ebene, ist das richtig?

TOM: Ja. Sie ist integriert.

ANDRIJA: Wie passen nun die anderen Kreaturen in diesen Plan? Ich meine die Vögel, die Fische, das Vieh und so weiter.

TOM: Sie geben uns mehr Liebe als die Menschen. Sie verstehen uns besser.

ANDRIJA: Und wenn sie so leben, kommen sie auch unmittelbar als Funken zurück, ohne daß sie menschliche Form annehmen müssen?

TOM: Sie sind keine menschliche Form. Sie wurden gepflanzt, und sie wurden auf den Planeten Erde gebracht, um den Seelen auf der Erde zu helfen. Sie sollen die Menschen - wie sollen wir es ausdrücken? - dazu anregen, sich selbst zu fragen: »Wer hat dies geschaffen? Wie sind sie entstanden?« Sie sollen den Geist der Menschen anregen, versteht ihr?

ANDRIJA: Ich glaube ja. Wir haben zum Beispiel heute zwei Habichte beobachtet. Sie waren unglaublich schön, und sie paarten sich, weil jetzt die

Paarungszeit ist, und wir haben uns gefragt, wie weit sie wohl fliegen. Sie leben so frei und offensichtlich so liebevoll und würdevoll ...

TOM: Es ist die reinste Liebe.

ANDRIJA: Und wir fragten uns zum Beispiel auch, ob ihre Seelen auch strahlen? Wenn sie Vollkommenheit erreichten, würden sie unmittelbar zu euch zurückkehren?

TOM: Sie speisen uns.

ANDRIJA: Und Bienen zum Beispiel, die Honig sammeln und miteinander und mit ihrer Umwelt im Einklang sind. Speisen sie euch ebenfalls?

TOM: Denkt daran: Euer Planet ist der einzige Planet, auf dem solch eine Natur existiert.

Kapitel 4

Die Zivilisationen des Universums

Mitte der neunziger Jahre wird die Vorstellung, daß wir »nicht allein« sind, scheinbar bereitwilliger akzeptiert. Doch wenn manche Leute mit Kornkreisen, ungewöhnlichen Lichtern am Himmel oder einem Bericht über eine Begegnung mit Außerirdischen konfrontiert werden, nimmt ihr Gesicht einen leeren Ausdruck an. Wir könnten dies als »Laden-dicht-Phänomen« bezeichnen. Offenbar wird das Vorstellungsvermögen maximal angespannt, und ein Sicherheitsventil öffnet sich. Regierungen und Militärs ignorieren das Thema immer noch in der Öffentlichkeit, während es zahlreiche Gerüchte über offizielle Begegnungen mit Außerirdischen gibt und verschiedene (angebliche) Ex-Regierungsbeamte Bücher schreiben und dabei andeuten, daß sie unter Druck gesetzt wurden, dies nicht zu tun. Dieses Kapitel behandelt einige der Zivilisationen, die Tom erwähnt hat. Vergessen wir aber nicht, daß er diesen Begriff nicht immer wörtlich meint. Manchmal spielt er auf die Zivilisationen an, wenn er über Bewußtsein spricht. Bitte lesen Sie mit elastischem Denken weiter. Tom weist auch darauf hin, daß jede planetare Zivilisation in ihrer Mitte oder um sich herum eine oder zahlreiche spirituelle Ebenen hat und daß es einen Unterschied zwischen Äonen und den Wesen der spirituellen Ebenen gibt.

TOM: Der Rat der Neun hat darum gebeten, daß ich, der Sprecher, Tom, euch ein wenig über die Struktur und die Beziehungen im Universum erzähle.
Wir sind neun, die einzeln und als Ganzes an einem Ort des Universums existieren, den man »Bereich der Kälte« nennen könnte. Wir sind nicht physisch wie ihr oder Altea oder Hoova (diese beiden sind nicht im gleichen Sinne physisch wie ihr; aber sie sind physisch). Wenn es notwendig ist, können wir uns manifestieren; aber wir sind reine Energie.

Zusammen überwachen wir (das Universum), und ich, der Sprecher, Tom, leite alles an euch weiter, was wir dem Planeten Erde vom Rat der Neun, dem ich angehöre, übermitteln wollen.

Es gibt vierundzwanzig physische Zivilisationen, die mit uns in Verbindung stehen - in einer anderen Dimension. Jede von ihnen ist ein totales kollektives Bewußtsein, das eine Aufsichtsfunktion ausübt; und physische Wesen aus diesen Zivilisationen inkarnieren auf eurem Planeten Erde und greifen zuweilen ein, wenn es erforderlich ist. Diese physischen Zivilisationen, die Vierundzwanzig, sind - jede in ihrer eigenen Dimension - vollständige Einheiten eines kollektiven Bewußtseins, die vereinbart haben, sich zu diesem kollektiven Bewußtsein zu verbinden. Sie haben sich dahingehend entwickelt, damit sie überwachen, Informationen von großer Bedeutung weiterleiten und anderen physischen Zivilisationen bei ihrem Entwicklungsprozeß helfen können.

Ein Beispiel dafür ist die Zivilisation von Altea. Da wir uns auf einer anderen Existenzebene befinden, sind wir auf Altea angewiesen, wenn wir mit euch kommunizieren wollen. Sie schützen den Körper unseres Wesens, während ihr mit uns sprecht, und sie stellen uns die notwendige Technologie zur Verfügung. Altea war auch das Oberhaupt der physischen Zivilisation, die sich auf dem Planeten Erde in Atlantis verkörperte.

Es gibt noch andere Zivilisationen, und unter euch gibt es inkarnierte Seelen aus diesen Zivilisationen, die gekommen sind, um dem Planeten Erde zu helfen. Eine dieser Zivilisationen, Hoova, war diejenige, die als erste den Planeten Erde mit ihrer Saat beseelt hat. Das haben auch einige von den anderen getan; doch Hoova besäte die Erde noch drei weitere Male. Hoova ist die Zivilisation, aus der die Hebräer stammen; darum sind die Hebräer so wichtig. Hoova ist die Zivilisation, die den Nazarener hervorbrachte.

GENE: Ich verstehe, daß die Neun keine physischen Wesenheiten sind, aber verstehe ich hier richtig, daß Hoova, Altea und andere Zivilisationen physisch sind?

TOM: Es sind physische Zivilisationen, aber in einer anderen Dimension als die Erde. Sie sind auch physischen Grenzen unterworfen, jedoch nicht in dem Ausmaß wie die Wesen auf der Erde.

ANDRIJA: Könntest du das näher erklären und uns sagen, in welcher Dimension beispielsweise Hoova existiert?

TOM: Was meinst du mit »welche Dimension«?

ANDRIJA: Ich meine die vierte, fünfte, sechste ... Wir leben zum Beispiel in einer vierdimensionalen Welt (mit Länge, Breite, Höhe und Zeit).

TOM: Wir verstehen die verschiedenen Dimensionen, wie ihr sie nennt. Aber es handelt sich nicht wirklich um Dimensionen.

ANDRIJA: Nun gut, du hast mir früher erklärt, Dimensionen bestünden aus verschiedenen Geschwindigkeitshüllen.

TOM: Ja, das ist richtig.

ANDRIJA: Und wie hoch ist die Geschwindigkeit von Hoova relativ zur Lichtgeschwindigkeit?

TOM: Ich frage nach ... Altea gibt uns die Zahlen. Ja. Altea sagt, es sei nicht genau eine Dimension, aber es habe die sechsundfünfzigfache Lichtgeschwindigkeit, so wie ihr sie auf der Erde kennt.

GENE: Danke. Wie verhält es sich mit dem Rest unserer Milchstraße und des Universums? Kommen einige der Besucher, die wir scheinbar hier haben, von dort?

TOM: In eurer Galaxis gibt es Wesen, die sich nicht innerhalb dessen befinden, was ihr die Dimension der Erde nennt. Aber jene, die kommen, um der Erde zu helfen, kommen von anderen Galaxien außerhalb eurer Milchstraße. Altea ist beispielsweise, wie ihr es nennen würdet, fünfzig Millionen Lichtjahre entfernt.

JOHN: Aber aus unserer irdischen Perspektive könnten diese anderen Zivilisationen, wie Altea und Hoova, in gewissem Sinne in uns oder um uns herum existieren, und wir würden sie nicht wahrnehmen?

TOM: Sie befinden sich auf einer anderen Realtitätsfrequenz. Wegen der Geschwindigkeiten.

JOHN: Aber ist es überhaupt möglich zu sagen, sie existieren - in unseren Worten - in unserer Nähe oder fern von uns?

TOM: Wenn du in den Worten des physischen Planeten Erde und nach einer Länge oder einer Zeitdauer fragst, ist es eine große Entfernung. Sie kommen nicht aus dieser Milchstraße.

JOHN: Und wir könnten sie in unserem derzeitigen Zustand nicht sehen, selbst wenn wir dort wären, wo sie sind, oder?

TOM: In eurer Dimension könntet ihr sie nicht mit euren Augen sehen, selbst wenn ihr euch in diese Gegend transportieren könntet. Sie können euch jedoch in eurer Gegend erreichen.

JOHN: Aber sie empfinden sich als physisch, obwohl wir sie nicht als physisch erleben würden?

TOM: In der Dimension, in der sie existieren, haben sie ein ähnliches Gefühl der Körperlichkeit, wie ihr es in eurem Existenzbereich habt. Aber sie sind nicht physisch in der Art, die ihr auf der Erde kennt.

JOHN: Und ist es richtig zu sagen, daß sich mehrere Dimensionen zwischen uns und euch befinden?

TOM: Das wäre zu vorsichtig ausgedrückt. Es sind viele.

GENE: Gibt es in unserer Milchstraße Zivilisationen oder Rassen, die uns zur Zeit besuchen?

TOM: Ja. Es sind Zivilisationen aus verschiedenen Dimensionen, von unterschiedlicher Intelligenz und von unterschiedlichem Entwicklungsstand. Sie arbeiten mit den vierundzwanzig Zivilisationen zusammen. In eurer Galaxis gibt es Wesen, die jenen Zivilisationen dienen, welche die Erde zu retten versuchen. Aber sie gehören nicht zu den Hauptzivilisationen.

GENE: Wenn die Alteaner, die Hooviden und andere die Erde besuchen würden, hätten sie dann denselben physischen Körper, den sie in ihrer eigenen Dimension haben?

TOM: Wenn die Alteaner sich auf der Erde manifestieren, sind sie jenen Wesen ähnlich, die auf der Erde existieren. Sie haben eine höhere Schwingungsrate; aber sie können sie der Rate anpassen, die auf diesem Planeten korrekt ist. Es gibt andere, wie die Wesen der Zivilisation von Ashan, die nicht wie die Menschen des Planeten Erde aussehen. Sollten die Zivilisationen auf der Erde landen, werden diejenigen Wesen, die zuerst erscheinen, ähnlich wie die Bewohner des Planeten Erde aussehen, oder sie würden sich als Erdenmenschen manifestieren - so wie Hoova es getan hat. Die Wesen der anderen, ihnen folgenden Zivilisationen werden in ihrer eigenen Gestalt kommen. Wir möchten euch versichern: Die Bewohner des Planeten Erde werden feststellen, daß jene Besucher, die nicht haben, was ihr Schönheit nennt, in ihrem Innern die Essenz von Schönheit tragen werden. Es wird viele Erscheinungsformen geben. Eine Vielfalt von Erscheinungsformen, ja.

Jahre später beleuchtete das folgende Gespräch die Körperlichkeit der Wesen der Zivilisationen aus einem anderen Blickwinkel:

JOHN: *Existieren Zivilisationen wie Altea und andere der Vierundzwanzig auf einem Planeten, der nach unserem Verständnis physisch ist? Wir wissen, daß sie in ihrem eigenen Raum-Zeit-Gefüge eine Form haben - aber haben sie auch einen physischen Planeten, den wir in unserem Raum und in unserer Zeit identifizieren könnten?*

TOM: Du willst wissen, ob er über eine Dichte verfügt?

JOHN: *Hat er die gleiche Dichte wie wir?*

TOM: Er kann nicht die gleiche Dichte wie der Planet Erde haben.

JOHN: *Richtig. Er wäre also von der Erde aus nicht in diesem Sinne wahrnehmbar.*

TOM: Ihr habt kein Teleskop, das groß genug wäre. Er ist nicht einmal annähernd in der Nähe eures Planeten.

JOHN: *Doch selbst, wenn er es wäre - wir könnten ihn nicht sehen, es sei denn mit Hilfsmittteln, die auf der Erde noch nicht entwickelt wurden, stimmt das?*

TOM: Das stimmt nicht. Wenn ihr ein Gerät bauen würdet, mit dem ihr die äußersten Grenzen des Universums sehen könntet, würdet ihr auch verschiedene Ebenen von Dichten sehen. Innerhalb ihrer Zivilisationen haben die Vierundzwanzig Vollkommenheit erlangt, Einheit des Einsseins, völlige Ergebenheit gegenüber dem Schöpfer. Darum verstehen sie ihre physische Welt und lassen sich durch Körperlichkeit nicht täuschen. Ihr wißt doch, daß das, worauf ihr sitzt, aus Milliarden Billionen von Molekülen besteht, oder? Ihr seht sie nicht, deshalb denkt ihr, sie existieren nicht in dieser Form, oder? Wenn ihr die Zivilisation Altea sehen könntet, würdet ihr sehen, daß sie in Bewegung physisch ist.

JOHN: *Sie hat also eine Form, die wir nicht begreifen können, weil wir mit einer solchen Form keine Erfahrung haben?*

TOM: Sie ist physisch. Sie hat sich zu einem Punkt hinentwickelt, an dem das Körperliche und das Geistige sich in Harmonie und Gleichgewicht befinden. Und das müßt ihr erreichen, um die Vierundzwanzig völlig begreifen zu können.

JOHN: *Ich glaube, du hast einmal gesagt, daß die Vierundzwanzig, wenn sie mit unserem Sonnensystem interagieren, andere physische Planeten*

benutzen, um zu uns herabzusteigen. Demnach gibt es physische Plane-
ten in unserem Sonnensystem, die von einzelnen Zivilisationen benutzt
werden?

TOM: Nicht von den Vierundzwanzig, sondern von Subzivilisationen. Die
Vierundzwanzig brauchen das nicht.

GENE: Eine Frage kann ich mir nicht verkneifen: Warum liefert ihr uns kei-
ne klaren und eindeutigen Beweise eurer Existenz oder eurer Nähe? War-
um tretet ihr nur indirekt an die Menschheit heran, zum Beispiel durch
Channelling? Ich nehme an, ihr habt eure Gründe; aber diese Frage be-
schäftigt mich wirklich.

TOM: Es ist sehr wichtig, daß ihr folgendes versteht: Die Regierungen eurer Erde weigern sich, an unsere Existenz zu glauben oder sie den Menschen mitzuteilen. Würden die Zivilisationen versuchen, massenweise auf
der Erde zu landen - was eines Tages tatsächlich der Fall sein wird -, gerieten die Menschen des Planeten Erde in Panik; denn sie können nicht
wissen und verstehen, daß wir ihnen nicht schaden wollen.

Denkt daran: Es gibt auch gewisse Zivilisationen - nicht die Vierundzwanzig oder ihre Helfer-Zivilisationen -, die großes Verlangen danach haben,
die Erde zu beherrschen und Seelen in Fesseln zu halten. Und diese Zivilisationen landen manchmal auf der Erde und verursachen Probleme, die
sie den Erdenmenschen aufzwingen. Es ist wichtig, daß die Bewohner des
Planeten Erde nicht in Panik geraten, daß ihnen das Wissen auf sanfte Weise gebracht wird. Das Wissen, daß die Vierundzwanzig ihnen nicht schaden wollen. Das ist von großer Bedeutung; denn wenn eine Panik entsteht,
könnten Menschen versuchen, sich selbst und ihren Familien und Nach-
barn das Leben zu nehmen, und das wäre völlig sinnlos.

Die Regierungen eurer Welt weigern sich zu akzeptieren, daß es andere
Wesen von höherer Intelligenz gibt, sogar von einer spirituelleren Intelligenz als die Bewohner der Erde sie haben. Wir müssen den Menschen
die Botschaft überbringen, daß es andere Wesen gibt, die keine Bedrohung für sie darstellen, sondern den Planeten Erde retten wollen. Denn
die Wahrheit ist, daß die Menschen sich selbst zerstören, wenn nicht andere Zivilisationen ihnen helfen. Wir kommen nicht, um zu beherrschen,
wir kommen nicht, um euch zu fesseln; wir kommen mit Liebe und Geduld und Verständnis. Aber da man unsere Existenz leugnet, wie können

die Bewohner des Planeten Erde die Tatsache akzeptieren, daß die Zivilisationen von Altea, Hoova, Ashan und die übrigen Mitglieder der Vierundzwanzig es gut mit ihnen meinen?

GENE: Ich habe noch eine Frage, die sich, glaube ich, auch andere stellen: Auf älteren Aufnahmen unserer Gespräche hörte ich dich sagen, daß ihr ständig entweder die Gedanken von uns allen oder die Gedanken derjenigen, die mit euch sprechen, kennt. Stimmt das?

TOM: Wenn wir euch helfen wollen, ja. Aber wir möchten euch versichern, daß wir nicht in den Geist eindringen, nicht den Willen kontrollieren, nicht die Freiheit beeinträchtigen. Wir greifen nicht ein. Das würde keinem dienen. Altea, Hoova, Ashan und Aragon bitten uns, euch zu sagen, daß sie zwar die Fähigkeit dazu hätten, daß es dem Planeten Erde aber keinen Nutzen bringen würde, wenn sie diese Fähigkeiten anwenden würden - und es würde auch ihnen keinen Nutzen bringen. Es wäre ein Eingriff in die Seele.

GENE: Die Kommunikationen haben großen Eindruck auf mich gemacht, vor allem der Ausdruck und die Atmosphäre der Liebe und des Friedens, die bei allen Leuten hier zu spüren sind. Aber ich habe Schwierigkeiten zu verstehen, warum ihr ... Wenn ihr manchmal in den Geist der Menschen blickt und eure Vertreter die Erde besuchen und ihr euch mit den Angelegenheiten der Menschen auskennt - warum fällt es euch dann schwer, mit uns zu sprechen und unser einfaches Englisch zu verstehen, unsere Umgangssprache?

TOM: Wir werden es euch erklären. Die Zivilisationen haben die Erde in der Tat besucht. Aber versteht ihr, daß man keine Worte braucht, um im Geist Gespräche zu führen? Es ist schwierig, das von unserer Position aus in euren Worten zu erklären. Wir haben Konzepte, die man in eurer Sprache nicht erklären kann, weil ihr die Worte dafür nicht habt. Wenn ihr unsere Gedanken lesen könntet ... Wenn wir durch reine Telepathie mit euch kommunizieren könnten, wären wir imstande, euch zu vermitteln, was wir zu sagen versuchen. Außerdem ist im Geist des Mediums ebenso wie in eurem Geist nur ein begrenzter Wortschatz vorhanden, dessen wir uns bedienen können.

GENE: Danke. Du hast davon gesprochen, daß es eines Tages eine Massenlandung der Zivilisationen geben könnte. Ich glaube, die nächste Frage lautet dann: wer und wo, wie und warum? Die meisten Leute würden wohl zuerst fragen: wie? Mit anderen Worten: Welche Transportmethode würden sie bei einer solchen Landung benutzen - kann man von physischen Gefährten sprechen?

TOM: Ja. Sie wären in der Art dessen, was ihr ein physisches Gefährt nennen würdet. Wenn ihr es berühren wolltet, so wie ihr ein Auto berührt, dann könntet ihr es berühren.

GENE: Kannst du mir etwas über ihre relative Größe und Form und so weiter sagen? Können sie eine große Anzahl von Menschen oder...

TOM: Es würde sich um Gefährte von verschiedener Größe und verschiedener Konstruktion handeln. Einige würden wie eine Glasspitze aussehen, aber es wäre keine Spitze, es würde nur so aussehen. Andere wären sehr groß. Sie würden in der Erdatmosphäre bleiben und kleinere Gefährte aussenden ... Ihr habt auf euren Meeren Trägerschiffe, die Flugmaschinen aussenden, nicht wahr?

GENE: Das stimmt.

TOM: So ähnlich wäre es; doch anstatt auf dem Ozean wären sie am Himmel.

GENE: Du meinst, kleinere Schiffe würden aus diesen Trägerschiffen hervorkommen und auf die Erde hinabfliegen?

TOM: Ja. Manche von ihnen haben auch die Form, die ihr als Untertasse bezeichnet. Andere sehen spitz aus wie ein V.

GENE: Werden diese Fahrzeuge durch die Zeitdimension kommen oder durch andere Dimensionen, um zur Erde zu gelangen?

TOM: Die Intelligenzen, die in den Zivilisationen existieren, sind in der Lage, in eure Dimension zu kommen. Sie verfügen über die notwendige Technologie, ja.

GENE: Die meisten Menschen würden nun fragen: Wie werden diese Fahrzeuge angetrieben?

TOM: Der Antrieb ähnelt einem umgekehrten Kreisel.

GENE: Würden diese Fahrzeuge nach der Landung auf der Erde bleiben, und würde man Menschen erlauben, sie zu besichtigen?

TOM: Sie dürften das Innere besichtigen. Das Fahrzeug würde eine Zeitlang bleiben. Nicht sehr lange - nicht etwa jahrelang.

GENE: Es gibt bei uns viele Geschichten über fliegende Untertassen. Daher

werden die Leute wissen wollen, ob sie in einem dieser Fahrzeuge mitrei-
sen dürften?

TOM: Bevor sie in einem dieser Fahrzeuge mitreisen könnten, müßten sie
ein eigenes Fahrzeug um sich haben.

GENE: Heißt das, daß die Atmosphäre in euren Fahrzeugen anders ist oder
daß die Belastung der Bewegung gefährlich wäre?

TOM: Es geht um die Belastung der Bewegung. Es wäre möglich, sich innerhalb der Erdatmosphäre zu bewegen, aber um sie zu verlassen, bräuch-
ten Menschen ein anderes Fahrzeug innerhalb des Fahrzeugs. Aber es wäre
möglich.

GENE: Die Menschen und die Regierungen hätten zweifellos verschiede-
ne Ansichten über diese Landungen, und es ist ziemlich sicher, daß man-
che eure Landungen als Bedrohung empfinden würden. Habt ihr einen
Weg, um euch gegen Angriffe zu verteidigen?

TOM: Wir möchten euch darauf aufmerksam machen, daß wir über die Zivilisationen sprechen, nicht über uns, den Rat der Neun. Wir brauchen uns
nicht im Physischen zu manifestieren. Es gibt eine Methode, um Menschen
daran zu hindern, die Wesen von den Zivilisationen zu vernichten. Es würde mit Liebe und Sanftheit geschehen. Die Wesen von den Zivilisationen,
die in unseren Diensten stehen, werden in keiner Weise versuchen, irgendein physisches Wesen auf Erden zu vernichten oder ihm zu schaden.
Wir werden einen Weg haben, die Menschen von dem Versuch abzuhal-
ten, uns zu zerstören. Aber wir wollen nicht kommen, ohne es vorher an-
zukündigen, sonst würden die Menschen glauben, wir seien darauf aus, sie
zu beherrschen. Wir haben weder den Wunsch noch das Bedürfnis zu beherrschen, wir kommen nur, um Gutes zu tun. Würde ein Alteaner am Ein-
gang seines Fahrzeuges erscheinen, um den Planeten Erde zu betreten, und
würde eine Gruppe versuchen, diesen Alteaner zu vernichten, bräuchte er
nur seine Hand zu heben, um Ruhe zu bringen, und er würde die Menschen in einen Zustand versetzen, in dem sie keinen Wunsch mehr verspüren, ihm zu schaden, und sie würden die Waffen niederlegen. Hooviden würden anders vorgehen: In der gleichen Situation würden sie die Hände heben, und die bewaffneten Menschen würden eine Zeitlang völlig be-
wegungsunfähig sein. Es gibt also verschiedene Methoden. Doch keine von
ihnen würde einem physischen Wesen schaden. Versteht ihr?

GENE: *Ja, ich verstehe, und ich verstehe auch, warum ihr nicht gewaltsam landen wollt. Das würde große Angst auslösen.*

TOM: Ja.

GENE: *Kannst du jene Wesen von den Zivilisationen beschreiben, die in etwa menschliche Gestalt haben - ihre Größe, ihre Farbe, ihr Aussehen und so weiter?*

TOM: Alteaner haben eure Größe. Die Farbe ihrer Augen ist ein Blauton, so wie euer blauer Himmel. Sie sind durchscheinend und hell in ihrer Färbung. Sie gehen aufrecht. Wenn wir durchscheinend sagen, meinen wir ihre Schwingung. Versteht ihr?

GENE: *Nein, ich fürchte, das verstehe ich nicht ganz.*

TOM: Die Menschen auf der Erde sind verschieden groß, nicht wahr? Die Wesen von Altea haben ein und dieselbe Größe. Sie strahlen, und darum sehen sie durchscheinend aus. Es ist ihre Schwingung. Ein silbernes Licht umgibt sie. Ihr habt Autos, die durchsichtig aussehen... Sie sagen, ich benutze das falsche Wort - sie sehen schillernd aus.

ANDRIJA: *Haben sie Haare?*

TOM: Nein.

GENE: *Abgesehen von der Haarlosigkeit und dem Schillern - haben sie ähnliche Gesichtszüge wie wir?*

TOM: Sie ähneln in ihrem Aussehen den Wesen, die auf dem physischen Planeten Erde existieren. Versteht ihr, daß die physische menschliche Saat auf dem Planeten Erde von Altea kommt?

GENE: *Wenn ich es richtig verstehe, gibt es hier auf der Erde Menschen, die alteanisches Blut in sich haben ...*

TOM: Ja.

GENE: *... oder alteanische Gene ...*

TOM: Ja.

GENE: *... vermischt mit unseren grundlegenden irdischen Zügen?*

TOM: Ja. Die Hooviden sind kleiner. Sie manifestieren sich klein, mit dunkler Haut, nicht so hell wie die Alteaner. Sie haben Haare, glatte Haare. Das Haar ist ebenfalls dunkel, ja.

GENE: *Und haben sie noch andere menschenähnliche Merkmale - Nase, Mund, Augen, Hände und so weiter?*

TOM: Ja. Die von Ashan haben das nicht.

JOHN: Haben irgendwelche von ihnen Stimmbänder? Geben sie Laute von sich?

TOM: Nicht die Alteaner. Hooviden haben eine Stimme, aber sie ist eurer nicht ähnlich.

ANDRIJA: Wie lange lebt beispielsweise ein durchschnittlicher Hoovide?

TOM: Nach eurem Zeitbegriff etwa 500.000 bis 1.500.000 Jahre.

GENE: Willst du damit sagen, daß sie mindestens eine halbe Million Jahre leben?

TOM: In euren Jahren, ja. Aber ihre Zeit ist nicht dieselbe. Eure Zeit vergeht sehr langsam wegen eurer Dichte.

GENE: Ich verstehe. Du hast erwähnt, daß Hooviden Stimmbänder haben. Werden sie irdische Sprachen sprechen, so daß wir uns mit ihnen verständigen können?

TOM: Sie können konvertieren. Die Hooviden haben eine Sprechweise, die übermittelt werden wird. Dagegen werden die Alteaner eine Computer-Box benutzen, die hörbar macht, was sie denken.

GENE: Was die menschenähnlichen Wesen betrifft - sind sie männlich und weiblich, so wie wir die Geschlechter sehen?

TOM: Alteaner haben zwei Polaritäten, die zu einem Ganzen veschmolzen sind. Sie sind nicht in eurem Sinne weiblich und männlich. Die Hooviden sind dreifach polar.

GENE: Ja, ich kann mir drei Geschlechter vorstellen, wenn es das ist, was du meinst. Und so wie ihr das beschreibt, glaube ich zu verstehen, daß die Alteaner nur ein Gechlecht haben, stimmt das?

TOM: Ja. Das ist richtig, ja.

Es lohnt sich, hier einen Vorfall zu erwähnen, der sich mehrere Jahre vorher ereignete. Phyllis wartete auf eine Klientin, die in ihrem Seminar in Orlando um drei Uhr einen Beratungstermin hatte. Zehn vor drei sprach sie mit ihrer Sekretärin und erfuhr, daß es sich um eine Frau namens Mary handelte - um eine »Stammkundin«, die immer pünktlich war. Im Wartezimmer saß ein Fremder, ein dunkler Mann, der etwa einen Meter siebzig groß war. Er trug einen dunklen Anzug und sah wie ein Italiener oder Jude aus, abgesehen davon, daß er mandelförmige Augen hatte. Er sagte: »Ich möchte Sie um drei sprechen.« Phyllis erklärte ihm, sie habe für drei Uhr einen

Klienten bestellt, und er erwiderte: »Sie wird nicht kommen.« Phyllis kehrte in ihr Büro zurück, um auf Mary zu warten, die um zehn nach drei immer noch nicht da war. Phyllis fragte sich, woher der Fremde wußte, daß sie eine Frau erwartete und daß diese nicht kommen würde. Sie ging ins Wartezimmer zurück und fragte ihn. Er sagte, Marys Auto stehe mit einer Panne in der Allee. Neugierig geworden bat Phyllis ihn ins Büro und fragte ihn nach seinen Wünschen. »Ich möchte, daß Sie mich beraten«, erwiderte er. Sie berührte seine Hand und wußte sofort, daß er nicht von der Erde stammte. Sie teilte ihm ihren Eindruck mit. »Sie haben recht«, sagte er. »Deuten Sie trotzdem mein Schicksal.« Phyllis sagte: »Deswegen sind Sie doch nicht gekommen, oder? Warum dann?« Er sagte: »Sie bitten seit 1953 um Zeichen.« Phyllis wollte ihn auf die Probe stellen und sagte: »Wenn Sie sind, was Sie behaupten, dann bringen Sie einen Ihrer Leute her.« Kaum hatte sie das gesagt, als sich vor ihren Augen ein Wesen materialisierte. Er war etwa einen Meter neunzig groß und gut gebaut, hatte blondes Haar und blaue Augen und trug einen silberblauen Overall. Er sprach nicht, sondern teilte ihr telepathisch mit, sein Name sei Altima, er und andere seien gekommen, um dem Planeten zu helfen, und sie könne ihn von nun an in Notfällen jederzeit rufen. Er blieb kaum fünf Minuten im Büro, dann löste er sich auf. Der dunkle Mann ging, und Phyllis sah vom Fenster aus, daß er in einen weißen Cadillac mit einem Kennzeichen aus Miami stieg und wegfuhr. Eines nachmittags, etwa zwei Monate später, als Phyllis eben nach Hause gehen wollte, erschien er plötzlich wieder, steckte den Kopf durch die Tür und fragte: »Hallo, Phyllis, alles in Ordnung? Wollte mich nur vergewissern.« Diese Geschichte mag absurd klingen; aber Phyllis erinnert sich lebhaft daran und versichert, daß sie sich genau so zugetragen hat.

GENE: Wie können wir den Menschen und unseren Wissenschaftlern erklären, daß Wesen aus verschiedenen Dimensionen uns so ähnlich sind?
TOM: Der Mensch machte die Wesen der Zivilisationen zu seinen Göttern ... Wenn er sagt, Gott habe den Menschen nach seinem Bilde geschaffen, dann meint er damit die Zivilisation, die dieses Aussehen hatte. Allerdings ist der Planet Erde ebenfalls imstande, humanoide Wesen hervorzubringen. Die Alteaner haben, wie bereits erwähnt, eine Form, die der euren sehr ähnlich zu sein scheint. Sie können sich auch in einer anderen Form

manifestieren, aber sie müßten ... Ich werde Altea fragen, welche Form er sich aussuchen würde ... Altea sagt, sie würden in ihrer üblichen Form erscheinen, also in der Form, die ihr humanoid nennt. Auch Hooviden haben diese Form, nicht aber die Ashaner und die Zeneelen.

GENE: Haben Alteaner, Hooviden und andere sich in gleicher Weise wie wir entwickelt? Wurden sie »als Saat gepflanzt«, und haben sie sich auf ihren Planeten natürlich weiterentwickelt? Mit Geographie und Atmosphäre und alledem?

TOM: Nicht in bezug auf Atmosphäre und Geographie. Sie haben jedoch einen Entwicklungsprozeß durchgemacht. Aber man könnte sagen, daß sie günstigere Umstände hatten, denn sie waren nicht gefangen. Allerdings kamen manche von der Zivilisation Alteas von Atlantis, wie ihr wißt. Denkt daran, daß die Erde der Planet der Ausgewogenheit ist, daß die Erde lehrt, das Ätherische mit dem Physischen in Einklang zu bringen. Deshalb sind so viele Seelen gefangen.

Wenn ihr von der Evolution der Erde sprecht, dürft ihr nicht vergessen, daß alle Seelen im Universum sich früher oder später auf dem physischen Planeten Erde manifestieren müssen, um die Aufgabe zu lernen. Darum haben auch die Wesen von Altea mindestens eines ihrer Leben auf dem Planeten Erde gelebt. Es wird sehr schwierig zu versuchen, das zu erklären, wenn man nicht die richtigen Worte hat, um die Konzepte des Universums zu vermitteln. Es tut mir, leid - sie sagen, daß ich es nicht richtig erkläre ...

Seelen mit dem Wunsch oder der Notwendigkeit, Ausgewogenheit zu lernen, kommen, um auf dem Planeten Erde zu leben. Dort lernen sie, wie sie das Physische im Verhältnis zum Geistigen verfeinern können. Viele Alteaner - die meisten von ihnen - haben auf der Erde gelebt. Darum verspüren sie den großen Wunsch, dem Planeten Erde zu helfen.

Es gibt vierundzwanzig Zivilisationen, die unmittelbar in unseren Diensten stehen. Eigentlich sind es zwölfmal zwei. Die vierundzwanzig Zivilisationen sind außerdem physisch. Zur Zeit arbeiten die Zivilisationen miteinander, um zu einem Gleichgewicht zu finden und alle restlichen Schwierigkeiten zu lösen. Da die Vierundzwanzig eine Form von Körperlichkeit haben, haben sie auch manche Probleme, die damit verbunden sind - nicht in dem Maße wie auf der Erde, aber immerhin in gewissem Umfang. Hätten sie Vollkommenheit erlangt, wären sie mit uns verschmolzen. Nicht jede der vierundzwanzig Zivilisationen hat sich auf der Erde manifestiert. Manche von ihnen haben den Planeten Erde besät, andere nicht. So wie jene, die zwar auf der Erde waren, die aber nichts mit der Arbeit der anderen Zivilisationen zu tun hatten. Jede dieser Zivilisationen - vor allem jene, die auf der Erde tätig sind, und jene, die nur einen Vertreter geschickt haben - muß ins Gleichgewicht gebracht werden.

GAST: *Was ist Ramtha? Warum spricht Ramtha so entschieden vom September 1988?*

TOM: Warum wurde gesagt, das Ende werde 1914 kommen, und dann wieder in den fünfziger Jahren? Die verschiedenen Zivilisationen haben verschiedene Verständnisebenen. Laßt mich erklären: Die Mitglieder des Rates der Neun haben keine körperliche Form und haben sie nie gehabt. Die vierundzwanzig Zivilisationen haben eine körperliche Form. Und dann gibt es noch das, was wir Helfer-Zivilisationen nennen würden, die noch körperlicher sind als die Vierundzwanzig. Ein Beispiel: Altea ist eine Zivilisation der Vierundzwanzig. Diese Zivilisation hat einen Gedanken, ein Sein. Mit anderen Worten, es ist ein sehr hoch entwickeltes kollektives Bewußtsein aus Millionen von Seelen, die miteinander helfen, erschaffen und überleben. Sie wissen in ihrem Bereich alles. Unter ihnen gibt es andere Zivilisationen, die ihr Arbeiter oder Helfer nennen würdet. Wir mögen den Ausdruck »Sub-Zivilisation« nicht - aber es gibt jene, die sich nach unten hin einordnen.

Wenn nun Menschen mit einer untergeordneten Zivilisation oder mit Helfern in Verbindung stehen, die keine umfassende Einsicht haben, erhalten sie wahrscheinlich falsche Auslegungen. Zum Beispiel: In einer Firma gibt es den Aufsichtsrat, den Vorstand und die verschiedenen Abteilungen. Die Einkaufsabteilung weiß nicht genau, was die Verkaufsabteilung tut, und das Management weiß mehr als beide zusammen. Wenn also eine Abteilung mit einer anderen über etwas spricht, was zu ihrem Aufgabenbereich gehört, versteht sie, worum es geht. Außerhalb ihres Bereichs versteht sie nicht. Die Meinungen und Ansichten einer Abteilung sind nur relevant, soweit sie ihren Zuständigkeitsbereich betreffen. Das heißt, ihr sprecht vielleicht mit einer Wesenheit aus einer Zivilisation, die sieht, daß die Erde zerstört wird, wenn die Menschen so weitermachen wie bisher. Das betreffende Wesen sieht aber nicht, daß die Menschheit imstande ist, dies zu ändern.

Der Planet Erde ist einzigartig im gesamten Universum; denn auf ihm gibt es Willensfreiheit.

GAST: Esoteriker sind sich im allgemeinen darüber einig, daß die höchsten spirituellen Einflüsse, welche die Menschheit erreichen können, aus den vier ätherischen Sub-Ebenen der kosmischen Ebene stammen. Ich wüßte gerne, ob das stimmt.

TOM: Du hast diese Information von einer der Zivilisationen erhalten, verstehst du?

GAST: Ich dachte, dies werde allgemein in der Esoterik so aufgefaßt. Und es stammt aus den Übermittlungen von Alice Bailey, von denen ich dachte ...

TOM: Du mußt verstehen, daß diese Information nicht von uns kam, sondern von einer der Zivilisationen. Du mußt verstehen, daß die vierundzwanzig Zivilisationen die höchsten aller Wesenheiten im physischen Bereich sind, daß sie uns am nächsten sind. Aber ist dir auch klar, daß diese Information von einer physischen Zivilisation stammt?

JOHN: Ja. Kannst du uns sagen, von welcher Zivilisation sie kommt?

TOM: Ich werde um Erlaubnis bitten ... Es ist die Partner-Zivilisation von Myrex, die Mora-Triomne genannt wird. Es ist nicht notwendig, alle Vierundzwanzig zu erklären. Es ist am besten, von Hoova, Ashan, Altea und Aragon zu sprechen.

ANDRIJA: Können wir diesmal eindeutig festlegen, daß die Zivilisation von Hoova diejenige ist, die in der Bibel ...?

TOM: Hoova ist Jehova. Ja.

ANDRIJA: Und was Altea betrifft, können wir ...?

TOM: Es war zur Zeit von Atlantis und vorher.

ANDRIJA: Richtig. Und Ashan ... kannst du uns historische Ereignisse nennen, in denen Ashan eine Rolle gespielt hat?

TOM: Ashan war der Beginn der großen Komponisten, der Renaissance, der großen Zeit der Kunst auf dem Planeten Erde. Sie begann in kleinem Umfang zur Zeit Ägyptens, mit den Goldschmiedearbeiten und der schönen Architektur. Ashan ist einfach eine sehr schöpferische Zivilisation. Sie hat bedeutende Musik, bedeutende Kunst und bedeutende Literatur auf die Erde gebracht. Ja.

Denkt daran: Manchen Menschen wird es sehr schwerfallen, das zu akzeptieren. Die Regierungen und die Geheimdienste werden damit keine

Schwierigkeiten haben. Sie werden es in der Öffentlichkeit abstreiten und gleichzeitig Nachforschungen anstellen. Denn sie wissen, daß sie die Verbindung brauchen.

ANDRRIJA: Welches ist der Hauptgrund dafür, daß ihr hierher kommt, um der Menschheit zu helfen, und was ist das größte Problem, das gelöst werden muß?

TOM: Der Rat hat mir aufgetragen, es auf zweifache Weise zu erklären: Wenn ihr so weitermacht wie bisher, wird der Planet Erde etwa um das Jahr 2000 nicht mehr so bestehen können wie jetzt. Daher versuchen die Zivilisationen, ihn mit Hilfe ihrer Technologie zu reinigen und ihn wieder ins Gleichgewicht zu bringen - nicht nur, um die Bewohner der Erde zu retten, sondern auch deshalb, weil die Erde unter der Obhut der Zivilisationen steht, die sie zuerst besiedelt haben und die daher zum Teil für sie verantwortlich sind. Außerdem sind hier Seelen gefangen und werden immer wieder auf der Erde geboren. Es ist notwendig, jetzt zu kommen, weil der Mensch, der bereits über Tiere und Pflanzen herrscht, nun auch versucht, alle Menschen zu beherrschen, und das können wir nicht zulassen.

In der folgenden Kommunikation verkündet Tom die Anwesenheit anderer Wesen:

TOM: Heute sind Wesenheiten bei uns, die beobachten, was vor sich geht. Sie sind in unseren Diensten oder lernen von uns. Wir bereiten sie darauf vor, ihre Arbeit zu tun und die Dienste zu leisten, die dieser Planet braucht, um seine Schwingungsrate zu erhöhen, um sich weiterzuentwickeln und diesem Universum zu helfen.

ANDRIJA: Nun, wir heißen sie willkommen, und ich hoffe, wir können ein wenig zu ihrer Ausbildung beitragen.

TOM: Es sind Wesen aus Zivilisationen, die sich von der euren unterscheiden.

JOHN: Könntest du das näher erläutern?

TOM: Wenn wir von Zivilisationen sprechen, meinen wir Bewußtseinsebenen. Um die Ebene dieses Planeten Erde und damit auch des Universums anzuheben, müssen viele verschiedene Wesen und Zivilisationen lernen, in Frieden und Harmonie zu arbeiten. So wie ihr viele Millionen

Pflanzen und Tiere auf eurem Planeten habt, gibt es auch im Universum viele Wesenheiten. Diejenigen, die uns heute beobachten, achten auf die Technik, und gleichzeitig versuchen wir, ihnen zu zeigen, wie man Liebe, Frieden und Harmonie hervorbringt. Sie beobachten die Schwingung der Liebe.

JOHN: Kannst du uns erklären, was geschah, als diese Wesen kamen?

TOM: Diese Wesen aus dem Weltraum, aus anderen verschiedenen Systemen, wurden neugierig. Wir befassen uns hauptsächlich mit der Erde, weil es wichtig ist, ihre Ebene anzuheben - denn sie hemmt teilweise die Evolution des Universums. Aber wie ihr auf eurer Welt ebenfalls wißt, sind neugierige Wesen manchmal ein Problem. Mitunter ist es besser, ihnen nur ein wenig zu erzählen, und genau das tun wir, obwohl wir gerade eine Konferenz mit vielen der wichtigsten Gruppen und Zivilisationen haben. Dadurch vertreiben wir die Furcht. Es ist unsere Aufgabe, auch andere Zivilisationen, andere Ebenen anzuheben.

JOHN: Sind jetzt einige dieser wißbegierigen Wesen bei dir?

TOM: Nein, es sind ihre Führer.

ANDRIJA: Können wir euch dabei unterstützen, wenn ihr ihnen zeigt, wie man Liebe hervorbringt oder weckt?

TOM: Sie beobachten uns, weil wir ein Band um euch legen, wenn wir euch Liebe und Frieden bringen, mit dem wir uns verbinden. Es ist eine Schwingung, die einer elektrischen Leitung gleicht. Anders kann ich es nicht beschreiben. Es sind sehr kleine Atome, die euch mit uns verbinden. Es sind keine Moleküle, sondern Atome. Man hat mich angewiesen, das klarzustellen.

ANDRIJA: Das ist sehr interessant. Das wußten wir nicht.

JOHN: Ich würde gerne wissen, ob man das stellenweise fühlen kann?

TOM: Der Stuhl, auf dem du sitzt, ist greifbar. Das Band ist nicht greifbar, es ist eine Schwingung. Es ist dem ähnlich, was wir für eine Emotion halten.

JOHN: Wir fühlen uns immer gut in unseren Sitzungen mit euch, und ich vermute, das ist das Erlebnis ...

TOM: Das ist eure Emotion. Wir können es nicht so leicht erklären; es existiert nicht in eurer Welt. Aber es erzeugt Liebe und Frieden in euch. Die beiden Worte »Liebe« und »Frieden« meinen in unserer Welt dasselbe wie in eurer; doch die Schwingung (oder das Gefühl) wird anders wahrgenommen. Es gibt euch Frieden, und wenn ihr Frieden habt, könnt ihr lieben. Und Liebe ist notwendig für die Evolution aller Wesen auf diesem Planeten. Sie ist außerdem notwendig, um die Bewußtseinsebene und das kollektive Bewußtsein dieses Universums anzuheben. Wenn ihr innerlich gelassen und friedvoll seid und wißt, in welche Richtung ihr gehen müßt, und wenn ihr fest in euren Überzeugungen seid, helft ihr damit den Wesen, die beobachten. Diese anderen Wesen beobachen die Schwingung eurer Hingabe. Sie ruft eine Schwingung hervor, und indem sie uns beobachten, können sie feststellen, ob diejenigen, mit denen sie arbeiten, ehrlich oder absolut in ihren Überzeugungen und in ihrer Hingabe sind oder ob sie nur ihrem Verlangen oder Eigeninteresse nachgeben.

IAN: Wieviele Menschen ungefähr stehen in unserer Gesellschaft dem Gedanken, daß es intelligente Wesen aus dem Weltall geben könnte, aufgeschlossen gegenüber?

TOM: Das schwankt in den Industriestaaten zwischen 68 und 71 Prozent.

JOHN: Jetzt, wo sich ein Wandel anbahnt (1991), ist es da wahrscheinlich, daß wir direkten Kontakt mit den Zivilisationen aufnehmen werden?

TOM: Wenn die Erde transformiert wird, gibt es keinen Grund mehr, das nicht zu tun, oder?

JOHN: Das ist wahr.

TOM: Ein Teil dieser Transformation ist die gegenseitige Begrüßung.

JOHN: Hm, das wäre schön.

TOM: Aber ihr müßt wissen, daß es noch andere außer den unseren gibt.

ANDRIJA: Kannst du uns eine Vorstellung davon vermitteln, woher die Alteaner kommen - wie weit sie entfernt sind -, wie groß ihr Planet ist, was für eine Atmosphäre er hat, welche besonderen Probleme sie haben, wenn sie in unsere Atmosphäre eindringen - so daß wir uns ein ungefähres Bild von ihnen machen können?

TOM: Wie ihr wißt, kommen wir aus dem Bereich der Kälte. Der Bereich Alteas befindet sich am Rande des Bereichs der Kälte. Er hat keine Sonne wie die eure ... Wir sprechen von einer Dimension ...

ANDRIJA: Ja. Ist es ein großer oder ein kleiner Planet? Ich habe zum Beispiel (durch ein anderes Medium) gehört, Hoova sei 16.000mal größer als die Erde. Wie groß ist Alteas Planet im Vergleich zur Erde?

TOM: Er ist zweiundfünfzigmal größer. Ja.

ANDRIJA: Ich frage aus folgendem Grund: Wir haben darüber nachgedacht, wie die Hooviden und die Alteaner sich an die Erdatmosphäre anpassen können, wenn sie hier landen. Mir scheint, beide würden sich erheblich umformen müssen. Außerdem hat Phyllis uns gesagt, ihrem Eindruck nach würden bestimmte Menschen demnächst körperlich zu einem dieser zwei Planeten befördert werden, um Gespräche zu führen und so weiter.

TOM: Sie würden nicht zum Planeten befördert werden, sondern in ein Fahrzeug.

ANDRIJA: Aha, sie fänden in diesem Fahrzeug also ihre eigene Atmosphäre vor?

TOM: Ja.

ANDRIJA: Ich verstehe. Und wir würden keine größere Umwandlung benötigen, um in ihren Bereich gelangen zu können?

TOM: Nein.

JOHN: Wir wissen nicht, ob eine Zivilisation nur zehn oder viele Millionen Seelen umfaßt. Kannst du uns eine ungefähre Zahl sagen?

TOM: Innerhalb von Altea ist die Zahl 144.000, wie eure Bibel es sagt. Hoova hat etwa fünf Millionen.

JOHN: Sind die Zivilisationen nach unseren Begriffen ewig? Ich meine, bestehen sie nach unserer irdischen Zeitvorstellung unendlich lange?

TOM: Wenn ihr eine Million irdische Jahre leben würdet, hättet ihr das Gefühl, ewig zu sein, nicht wahr?

JOHN (lachend): Ja.

TOM: Dann würde ich sagen, sie bestehen ewig.

JOHN (lachend): Ja, gut. Ich verstehe.

TOM: Altea ist ewig. Ein Hoovide lebt ungefähr eine Million eurer Jahre. Die Zivilisation von Hoova hat die Hebräer hervorgebracht. Sie kamen zu diesem Zweck zur Zeit der Sumerer (denen Abraham angehörte) auf den Planeten Erde, dann noch einmal in der Zeit, als nach eurer Bibel »die Söhne der Götter sich mit den Töchtern der Erde paarten«, und später ein weiteres Mal. Da sie die Zivilisation waren, die standhalten konnte und entschlossen war zu überleben, wählten sie, eine zentrale Rolle in der Geschichte des Planeten Erde zu spielen. Ihre Abkömmlinge stellen einen Mikrokosmos auf Erden dar.

Ashan kommuniziert durch die Künste. Versteht ihr, daß die Ashaner nicht immer fähig sind, diszipliniert zu sein? Auf Millionen von Hooviden kommt nur eine Handvoll Ashaner. Sie haben ihre eigenen Übermittlungswege. Sie sind schöpferisch. Wenn ihr euch die chinesische Kultur anseht, erkennt ihr den Einfluß Ashans. Ashan ist der Schöpfer der Musik, sie ist der Schöpfer der Schönheit auf Erden, sie ist die Zivilisation, welche die Musen erschafft. Die Skandinavier stammen von Ashan, ebenso wie die Phönizier.

JOHN: Soweit ich verstehe, waren die Phönizier sehr kunstfertig mit Glas.

TOM: Ja. Sie waren unkonventionell. Ashaner sind körperlich geschmeidig, leicht wie der Wind und wie der Ton eines Kristalls, versteht ihr?

JOHN: Ja, das ist sehr anschaulich.

TOM: Sie sind, was ihr die Surrealisten des Universums nennen würdet. Diejenigen, die sich hauptsächlich mit dem Planeten Erde beschäftigen, sind Hoova, Ashan und Altea.

JOHN: Ja. Hoova arbeitet mit dem Körperlichen?

TOM: Ja.

JOHN: Und Ashan ist das Astrale, Schöpferische, Emotionale?

TOM: Ja. Und Altea arbeitet mit der Vernunft. Diese wichtigen Drei - Altea, Hoova und Ashan - sorgen gemeinsam dafür, daß die Erde mit dem Universum verbunden und gepaart ist.

Alle, die mit Aragon in Verbindung stehen (zum Beispiel der brasilianische Heiler José Arigó), haben mit Heilen zu tun. Aragon unterscheidet sich von Ancore. Ancore arbeitet unter Aragon. Sie arbeiten zusammen, um die Gesundheit der Menschheit zu verbessern. Sie arbeiten zusammen, wie Spectra für Hoova arbeitet. Zeneel repäsentiert ein Prinzip, das einem Computer ähnlich ist, aber nicht eigentlich ein Computer ... wir wissen nicht, wie wir es ausdrücken sollen ... Zeneel arbeitet durch Austausch und Zusammenspiel. Zeemed und Zenthorp sind Arbeiter-Zivilisationen von Zeneel. Sie steuern ein spezielles Wissen und spezielle Fähigkeiten bei, um die Energie von Zeneel zu erzeugen. Zeneel ist hell und fröhlich und methodisch; sie bringt Ordnung in die Energie der Farben. Zeneel ist der Alchemist der Zivilisationen.

Dieses Kapitel schließt mit einem Gespräch zwischen Tom und Irene über Zivilisationen auf diesem Planeten:

IRENE: Ich habe eine Frage zu den Chinesen und den buddhistischen Tibetern. Wie weit reicht diese unglückselige Beziehung zurück? Was sollten wir darüber wissen, und was ist unserer Geschichtsschreibung unbekannt?

TOM: Am Anfang war China eine Aussaat, und die Tibeter waren direkte Nachkommen einer anderen Zivilisation, welche die Seele der Chinesen war. Wißt ihr, wie wichtig es ist, das Materielle mit dem Spirituellen hervorzubringen? Die Chinesen sind das Materielle ...

IRENE: Symbolisch.

TOM: Ja. Und die Tibeter repräsentieren das Spirituelle.

IRENE: Aber irgendwann in der Geschichte Chinas und Tibets benutzten die Chinesen tibetische Lamas, um den chinesischen Kaisern ihre spirituellen Lehren beizubringen - und dennoch gab es bereits vorher gewisse Störungen, die bis heute fortwirken.

TOM: Ihr müßt wissen, daß die Priester von Tibet in unmittelbarer Verbindung mit dem stehen, was im Volke Israel »die Söhne der Götter vereinigten sich mit den Töchtern der Erde« genannt wird.

IAN: An welchem Punkt der Evolution der Menschheit tauchten die Tibeter auf und begannen sich darunterzumischen?

TOM: Sie waren Lehrer. So wie Ioannes aus dem Meer stieg, um die Bewohner von Ur zu lehren, so waren sie die Lehrer der Chinesen, versteht ihr? Heute möchte China sich Tibet einverleiben; denn dadurch, so glauben sie, erlangen sie das größte Wissen.

IRENE: Die Chinesen dachten also unbewußt, daß sie die Göttlichkeit der Tibeter haben sollten?

TOM: Ja; aber sie waren dazu nicht imstande.

IRENE: Sie wußten also, daß sie nicht dazu imstande waren, und versuchten deshalb, die Tibeter loszuwerden? In friedlicheren Zeiten machten sie sie zu ihren Lehrern, weil sie dachten, sie könnten mehr als ihre Lehrer lernen und schließlich deren göttliche Stellung einnehmen?

TOM: Das ist richtig. So wie die Beduinen in alten Zeiten den Tümmler aßen und glaubten, sie könnten dadurch sein Wissen erwerben.

IRENE: Gut. Und als die Chinesen merkten, daß diese Übertragung nicht möglich war, gingen sie zur Gewalt über.

TOM: Und zur Knechtschaft. Denn sie glaubten, wenn sie dieses Seelenwissen gefangenhalten können, dann können sie es auch besitzen und beherrschen, versteht ihr? Ähnlich verhält es sich mit den Juden: Sie spielen eine wichtige Rolle in der Matrix, die andere ihnen wegnehmen wollen.

IAN: Aus welcher Zivilisation stammen denn nun die Tibeter?

TOM: Es ist eine der Vierundzwanzig.

IAN: Und welche?

TOM: Ich werde um Erlaubnis fragen, euch den Namen zu sagen ... Es sind Völker, die im Universum das Prinzip der Demut verkörpern. Sie stammen aus der Zivilisation, die in völliger Einheit das Prinzip des innern Wissens ist - nicht zur Erweiterung des Selbst, sondern um zu dienen ... Heute sind sie neben den Hooviden das einzige Volk, das in ihrem Kode das angeborene Wissen um seinen Zweck als Kollektiv trägt. Darum halten sie zusammen, und darum drücken sie sich heute, da die Vierundzwanzig auftauchen, durch ihre Menschlichkeit aus. Denn sie verstehen, daß sie der Ausrottung bedrohter Menschengruppen ein Ende machen können.

JOHN: Könntest du uns den Namen der Zivilisation sagen?

TOM: ...

IRENE: Ich verstehe deine Befürchtung. Ich weiß, daß Buddhisten und Lamas viele Jahre studieren und sich wandeln müssen, um ihr Wissen zu erlangen; aber ich glaube schon, daß es wichtig ist.

TOM: Ihr habt den Rat der Neun in eine Zwickmühle gebracht!

IRENE: Mir ist klar, daß der Rat dies für eine Abkürzung auf dem hingebungsvollen Weg vieler Menschen zum Glauben und zur Spiritualität halten könnte.

TOM: Das ist richtig. Wir haben entschieden, es jetzt nicht zu sagen. Wir bitten um Vergebung.

Kapitel 5

Besuche von Außerirdischen

Viele Leute benutzen das englische Wort »Alien«, um einen Besucher aus dem Weltraum zu benennen. »Außerirdischer« ist eine andere Bezeichnung, die leichter verdaulich ist. Um die Frage-und-Antwort-Form zu bewahren, wurde das Wort »Alien«, das der Fragesteller benutzt, beibehalten, obwohl Tom diesen Ausdruck in Frage stellt. Wenn wir schon die Aufgeschlossenheit gegenüber allen Wesen des Universums fördern wollen, sollten wir dann nicht vielleicht auch auf unser Vokabular achten?

In einem Gespräch zwischen Andrija und Tom vor vielen Jahren stellte Andrija Fragen über UFOs und wollte wissen, ob sie erschaffene Manifestationen seien. Tom antwortete: »Viele jener fliegenden Objekte, die ihr UFOs nennt, kommen aus unserem Bereich; doch sie kommen auch von anderen Orten, und sie kommen in physischer Form. Viele von ihnen sind jedoch nicht physisch. Sie sind wie eure Kinoleinwand.«

Dieses Kapitel beginnt mit einem Gespräch zwischen Tom und zwei Gästen im Jahre 1991.

TOM: Elarthin ist eine der vierundzwanzig Zivilisationen. Sie ist dafür verantwortlich, die Energien der Vierundzwanzig mit jenen eures Planeten zu vereinigen, damit er sich zu seiner vollen Großartigkeit hinentwickelt. Das geschieht, indem sie der Menschheit Informationen in Form von Mitteilungen bringt, die für sie verständlich sind.

Andere Wesen auf dem Planeten Erde kommen von verschiedenen Zivilisationen des Universums. Die Hooviden waren hier und wurden dreimal eingepflanzt. Andere sind von anderen Zivilisationen gekommen. Es gibt auch Besucher aus Zivilisationen, die nicht so weit entwickelt sind wie diejenigen, die kollektives Bewußtsein haben. Der Ursprung der Menschheit stammt nicht von den Tieren der Erde ab. Es gab eine Gruppe, die sich selbst entwickelte; alle anderen wurden kolonisiert und vermischt, um Arten zu erschaffen.

GAST: Haben wir eine besondere Beziehung zu den Wesen im Sternbild Leier, die zu den Plejaden zogen?

TOM: Die Saat, die auf der Erde gesät wurde, wurde auch in anderen Sonnensystemen eurer Milchstraße gesät. Die Plejaden sind in eurer Galaxis. Wißt ihr, daß es in diesem Bereich Wesen von großer Negativität gibt?

JOHN: Willst du damit sagen, daß die Wesen in den Plejaden unsere Vettern sind? Daß sie »ausgesät« wurden wie wir?

TOM: Das ist korrekt. Ja.

GAST: Arbeitet eine der Regierungen auf der Erde mit einer anderen Gruppe, nämlich der von Reticulum (einer Sternenkonstellation in der Nähe des Sterns Achernar), die 37 Lichtjahre von hier entfernt ist, zusammen?

TOM: Auch diese befindet sich innerhalb dieser Galaxis. Es gibt Regierungsbehörden auf diesem Planeten Erde, die Kenntnis von anderen Arten in eurer Galaxis haben. Es gibt viele dieser Arten. Die Wesen von Elarthin kommen nicht aus eurer Galaxis, wir ebenfalls nicht. Man könnte sagen, daß die Wesen dieser Galaxis in einem Unternehmen zusammenarbeiten. In einem großen Unternehmen mit vielen Abteilungen gibt es Einheiten, die herstellen oder verkaufen oder betreuen, ohne notwendigerweise zu wissen, wer der Besitzer ist. Jeder dieser Betriebe hat einen Leiter. Diese Person ist aber nicht der Leiter des gesamten Unternehmens. Das ist die Ordnung dieser Galaxis. Schränkt euch nicht ein und bindet euch nicht allein an die Sonnensysteme eurer eigenen Milchstraße.

GAST: Wird das Phänomen, das wir »Kornkreise« nennen und in England finden, von Außerirdischen geschaffen?

TOM: So ist es. Wenn sich etwas innerhalb eures Sonnensystems ereignet, wird es aufgezeichnet und auf der Erde manifestiert.

GAST: Würdest du uns bitte erklären, welche Botschaften in diesen Kornkreisen verborgen sind? Welchen Zweck haben sie?

TOM: Es ist von großer Bedeutung für die Menschheit, daß sie von der Realität anderer Existenzen im Universum weiß. Es gibt andere Energiesysteme, welche die Fähigkeit haben, diese Kreise aus großer räumlicher, zeitlicher und materieller Entfernung hervorzubringen. Ihr Menschen sollt euren Ursprung in Frage stellen, euer Denken erweitern und über die heutige Zeit nachdenken.

Die Wesen der Vierundzwanzig sind auf euren Planeten Erde gekommen, und die von anderen Zivilisationen haben ihn häufig besucht, seit Anbeginn der Menschheitsgeschichte. Besuche von anderen fanden sehr regelmäßig statt. Schaut bitte in euren historischen Aufzeichnungen nach. Bis jetzt hat das noch keinen Einfluß auf die Menschheit gehabt; denn diese anderen Realitäten wurden zum größten Teil aus dem »Programm« der Menschheit entfernt. Während dieser Planet Erde sich dahingehend entwickelt, seine wichtige evolutionäre Rolle und damit den Zweck seiner Existenz zu erfüllen - denn er ist, wie ihr wißt, der einzige Planet mit Freiheit der Wahl - versuchen die Zivilisationen, der Menschheit Informationen über andere Wesenheiten, andere Arten, andere Energieformen zu bringen, damit sie dieses Wissen studiert, darüber nachdenkt und es ergründet. Die Aufgabe besteht darin, daß ihr Alternativen bekommt, die ihr erforschen könnt. Ihr wurdet jetzt auf diese Energiefelder aufmerksam gemacht.

GAST: Liegen den Mustern der Kornkreise bestimmte Ideen zugrunde? Sind sie bewußt so gestaltet, daß wir ihre Botschaft erfassen können?

TOM: Nun, darüber solltet ihr gründlich nachdenken und nachforschen. Alles, was die Erde in den Weltraum hinausschickt, wird reflektiert, damit die Bewohner der Erde verstehen, wie sehr - im Falle einer von ihnen verursachten Katastrophe zum Beispiel - eine Gemeinschaft sich auf alle auswirken kann.

JOHN: Wieviele Wissenschaftler und Regierungsbehörden sind bisher zu diesen Auslegungen gekommen oder haben solche Schlußfolgerungen gezogen?

TOM: Seid ihr nicht die Pioniere?

JOHN: Wir fragen uns, ob sie selbst diese Schlüsse gezogen haben oder ob unser Projekt (das Buch) diese Information verbreiten soll.

TOM: Ja. Aber seid euch dessen bewußt, daß viele Gruppen Kornkreise schaffen, um ihre wahre Bedeutung zu verschleiern. Es ist uns derzeit nicht möglich, über diese Gruppen zu sprechen; denn die Menschen könnten es nicht verstehen, und ihre Zweifel würden die Glaubwürdigkeit nicht erhöhen. Einige Kreise werden von Zivilisationen gemacht, die das Beste wollen; andere wollen verwirren und fügen den Kreisen ihre Anhängsel

hinzu. Es ist Zeit, die Gehirne der Menschen wachzurütteln, damit sie nachdenken, so wie ihr jetzt nachdenkt.

*2. GAST: Kannst du Kornkreis-Forschern irgendwelche Tips geben, so daß
sie echte Kornkreise, die eine Betrachtung wert sind, von anderen, die verwirren sollen, unterscheiden können?*

TOM: Diejenigen, die euch verwirren sollen, haben Brüche ... es ist eine
Art Schaden.

2. GAST: Ein Schaden an den Stengeln des Korns?

TOM: Ja.

*2. GAST: Die Kreise mit glatt gebeugten Stengeln, die nicht geknickt sind,
sind also diejenigen, die ...*

TOM: Sie sind verdreht. Es gibt viele Zivilisationen, nicht alle ... sie sind
Sub-Zivilisationen. Es kommt nicht darauf an, wer was tut. Wichtig ist die
Beobachtung anderer Realitäten. Laßt die Menschen ihren eigenen Sand
aus ihren eigenen Augen wischen. Manchmal sind es viele, manchmal we-
nige, und wo es viele waren, werden es weniger sein, ja. Nicht nur die
Menschen versuchen zu verwirren.

*2. GAST: In einigen Kornkreisen entdeckten Forscher letztes Jahr (1991)
eine besondere Art von Radioaktivität, die es auf der Erde nicht gibt.*

TOM: Ist es nicht einleuchtend, daß Fahrzeuge, die sich durch Raum und
Zeit bewegen können, unterschiedlich strahlen?

2. GAST: Ja.

TOM: Und wir fragen uns, warum die Menschheit so dicht ist wie ihr Planet. (Gelächter)

*2. GAST: Nun ja, wir wachen langsam auf. Und sicherlich fördern die Korn-
kreise das Erwachen bei denen, die sich mit ihnen beschäftigen.*

TOM: Denkt auch darüber nach: Wenn ihr die Atmosphäre schädigt, erzeugt ihr Energiefelder, welche die Vegetation des Planeten stören. Ist euch
klar, daß die Atmosphäre ein Schutzschild ist? Wißt ihr, daß die Stellung
anderer Planeten einen Einfluß hat? Wenn die Atmosphäre Löcher hat, können die Energiefelder anderer Planeten der Vegetation schaden. Ja.

*2. GAST: Sprichst du von Planeten unseres Sonnensystems oder von einem
größeren Ausschnitt des Universums?*

TOM: Von Planeten in eurem System, auf denen es Vorrichtungen gibt, die
in vergangenen Zeiten zurückgelassen wurden. Wir möchten jetzt nicht

näher darauf eingehen, weil unser Wesen schwach ist. Darum bitten wir euch, nur dringende Fragen zu stellen. Ja.

Der letzte Teil dieser Übermittlung stammt aus dem Jahre 1992. Das folgende ist ein weiteres Gespräch aus den frühen neunziger Jahren mit dem Schwerpunkt auf Technologie:

BRIAN: Ich hätte ein paar Fragen zu einer Reihe von Aussagen, die kürzlich (1990-1991) in den USA gemacht wurden. Sie betreffen außerirdische Gefährte, die sich in Nevada befinden sollen. Könntest du etwas über die Echtheit dieser Angaben sagen?
TOM: Viele Menschen wissen bereits, daß die körperliche Anwesenheit von geringeren Zivilisationen auf dem Planeten Erde eine Tatsache ist. Nur weil sie über Technologie und Informationen verfügen, dürft ihr nicht den Fehler machen zu glauben, daß sie die Erde immer aus edlen Motiven besuchen. Teilweise geht es ihnen tatsächlich darum, wenn notwendig, Arten der Erde für ihre eigene Umwelt, ihre eigenen Planeten zu benutzen. Nicht alle sind hier, um der Erde zu helfen. Sie haben körperliche Form.
BRIAN: Heißt das, daß an den Experimenten im Testgelände von Nevada mehr als eine Gruppe beteiligt ist?
TOM: Zur Zeit gibt es insgesamt zwölf Gruppen - körperliche Zivilisationen -, die den Planeten Erde besuchen, um die Umwelt zu erforschen. Nicht alle haben gute Absichten. Der Rat sagt, ich muß mich klarer ausdrücken. Nicht alle machen Experimente.
BRIAN: Es scheint, als ob die Technologie der Raumschiffe, die diese Außerirdischen hierher gebracht haben, demnächst teilweise von den Menschen dieser Erde entdeckt würde. Wird jemand versuchen zu verhindern, daß diese Entdeckungen benutzt und entwickelt werden?
TOM: Meinst du von anderen Zivilisationen oder den Gegnern auf dem Planeten Erde?
BRIAN: Ich spreche von Entdeckungen, die Physiker hier auf der Erde machen. Ich frage mich, ob die Aliens diese Bemühungen in irgendeiner Art und Weise verhindern werden?
TOM: Das ist nicht das Motiv derjenigen, die ihr Aliens nennt. Warum sind sie Fremde?

BRIAN: *Nun, das ist bloß ein Wort, das wir für alles benutzen, was nicht von der Erde kommt.*

TOM: Ja.

JOHN: *Du sagst, das sei nicht ihr Motiv. Was aber ist ihr Motiv?*

TOM: Sie haben mehrere Motive. Die Wohlmeinenden bemühen sich, die völlige Zerstörung des Planeten Erde zu verhindern. Sie wollen feststellen, was vor sich geht und, falls nötig, die totale Vernichtung abwenden. Denn wenn es dazu käme, wäre sehr viel Zeit für einen Neuanfang erforderlich. Es wäre unmöglich, neu zu beginnen. Außerdem könnte die Zerstörung des Planeten Erde eine Energie erzeugen, die andere Systeme des Universums beeinträchtigen würde. Es gibt auch Wesen, die sich wünschen, zur Erde zu kommen, weil sie die Vernichtung ihres eigenen physischen Heimatplaneten begonnen haben und nun nach einem Ort Ausschau halten, an dem sie Zuflucht finden können. Darum experimentieren sie mit Menschen und Tieren, um herauszufinden, welche Möglichkeiten sie haben.

BRIAN: *Was wird mit dem Mann geschehen, der uns davon berichtet hat - wird er irgendwie bestraft werden?*

TOM: Wie ihr auf eurem Planeten Erde wißt, hat das Land USA ein Geheimnis vor seinen Bürgern geschaffen, das nicht aufgedeckt werden kann - die Fakten werden nicht aufgedeckt. Darum wird man sich sehr bemühen, ihm Unrecht zuzufügen. Wenn die Menschen auf eurem Planeten Erde eines Tages eine Einheitsfront gegen falsche Philosophien bilden - zum Beispiel gegen die Vernichtung von Menschen, welche die Wahrheit sagen -, werden mehr Menschen sich engagieren, und wenn genügend Menschen das tun, kann man sie nicht mehr alle bestrafen.

JOHN: *Es ist in gewissem Sinne ein Schutz für ihn, wenn viele Leute davon wissen.*

TOM: Und wenn sie protestieren. Ja.

JOHN: *Was nun die Amerikaner angeht, die dort arbeiten, wo er gearbeitet hat - aus welchem Grund arbeiten sie mit den Aliens, wie wir sie nennen, zusammen?*

TOM: Du sprichst von den Vorgesetzten, nicht von anderen?

JOHN: *Ich spreche von den Wissenschaftlern und den Vorgesetzten in Nevada. Vermutlich sind sie aus militärischen Gründen interessiert, oder weshalb?*

TOM: Einige von ihnen wollen die Lage der Menschheit verbessern, die anderen haben die Befürchtung, daß andere »Aliens« sich der Erde nähern, und suchen daher nach technologischen Informationen, die ihre Ankunft verhindern könnte.

BRIAN: *Ich verstehe. Werden die Bemühungen, die außerirdische Technologie zu begreifen, erfolgreich sein?*

TOM: Sie stehen kurz davor.

BRIAN: *Ist die Technologie in den Raumschiffen der Außerirdischen identisch mit der Technologie der kondensierten Ladung, die ich kenne?*

TOM: Es liegt in diesem Bereich. Es sind zwei Polaritäten, die sich exakt überlagern, und jede lädt die andere auf. Es ist »Wie oben, so unten«, wie auf dem Emblem von Hoova - der sechszackige Stern, versteht ihr?

JOHN: *Ja, der Davidstern besteht aus zwei Dreiecken.*

TOM: Statt Abstoßung durch magnetische Ladung ist es Anziehung durch magnetische Ladung.

BRIAN: *Nun, es scheint, als würden die außerirdischen Raumschiffe durch Kontrolle der Schwerkraft funktionieren.*

TOM: Und das hat mit der Entladung von Magnetismus zu tun. Es hat mit der Erzeugung eines Magnetfeldes zu tun, beziehungsweise mit der Entladung, wenn man den Magnetismus freisetzt. Magnetismus zieht an. Wenn man weiß, wie man ihn entlädt, dann ist der Antrieb entgegengesetzt. Der Umgang mit Gravitationsfeldern und deren Freisetzung hängt mit Magnetfeldern zusammen.

BRIAN: *Nun, sämtliche Beschreibungen sagen nichts über Magnetfelder. Dort ist von Gravitationsfeldern die Rede, und das ist etwas anderes. Und sie sagen, man benötige ein spezielles Element, das Element 115. Weißt du, was 115 ist?*

TOM: Es setzt die magnetische Anziehung frei.

JOHN: *Benutzt du das Wort »Magnetismus« im gleichen Sinne, wie wir den Ausdruck »Gravitation« benutzen?*

TOM: Wenn ihr eine Anziehung habt, ein Energiefeld, das Dinge auf eurem Planeten Erde hält - das ist magnetisch.

JOHN: *Aha. Wir haben verschiedene Ausdrücke benutzt.*

BRIAN: *Als sie eine brennende Kerze in das Feld hielten ...*

TOM: ... entstand ein Vakuum.

JOHN: *Ein Zeit-Vakuum.*

TOM: Versteht ihr, daß es in diesem Zeitmaß möglich ist, sich schnell zu bewegen? Denn es entsteht Nicht-Reibung.

BRIAN: *Es gibt also keine Aktion-Reaktion?*

TOM: Es gibt Freiheit.

BRIAN: *Wann werden deiner Meinung nach mehr Informationen über diese Raumfahrzeuge freigegeben?*

TOM: Sie werden keine Informationen freigeben.

JOHN: *Haben die Außerirdischen ebenfalls verlangt, daß sie es geheimhalten?*

TOM: Ja. Sie arbeiten mit ihnen zusammen.

JOHN: *Es ist also ein richtiges Gemeinschaftsunternehmen.*

TOM: In mancher Hinsicht ja, in anderer nicht.

JOHN: *Also halten beide Seiten etwas zurück. Willst du damit sagen, daß die Außerirdischen den Leuten in Nevada auch ihre unterschiedlichen Motive, die du bereits erwähnt hast, verschweigen?*

TOM: Einige haben mit den untergeordneten Zivilisationen zusammengearbeitet, und diese fingen an, sie zu beherrschen. Andere Zivilisationen haben nicht mit ihnen zusammengearbeitet, und sie wurden tatsächlich physisch eliminiert. Versteht ihr?

JOHN: *Ja.*

TOM: Aus Angst arbeiten die Regierung der USA und andere mit ihnen zusammen.

JOHN: *Nun, das war die nächste Frage: Gibt es andere Gruppen von Außerirdischen, die auf ähnliche Weise mit einer Regierung zusammenarbeiten? In anderen Teilen der Welt?*

TOM: Es hat viele Besuche gegeben, physische Erscheinungen und Unfälle, die sich in den USA konzentriert haben. Und es gibt auch Versuche in Rußland, in Zusammenarbeit mit den USA Untersuchungen anzustellen.

JOHN: *Wird dieses Projekt derzeit in Rußland fortgesetzt, oder gehört es der Vergangenheit an?*

TOM: Es gibt Informationsaustausch mit den USA.

BRIAN: *Sind die Außerirdischen an den Experimenten in Nevada beteiligt? Sind sie an genetischen Experimenten mit Menschen beteiligt?*

TOM: Das sind jene, die wissen wollen, ob sie auf dem Planeten Erde leben können, und darum besorgen sie sich Gewebeproben, um sie zu kultivieren.

BRIAN: *Also befaßt sich die gleiche Gruppe, die den USA die Raumfahr-*
zeuge zur Verfügung gestellt hat, auch mit Genforschung?
TOM: Wenn ihr diesen Ausdruck verwenden wollt, ja. Wir raten euch zu
größter Vorsicht.
BRIAN: *Nun, das war meine nächste Frage. Ist es gefährlich, hartnäckig zu*
bleiben, um mehr über diese Angelegenheit zu erfahren?
TOM: Es ist wichtig, daß ihr Informationen sammelt und beobachtet. Aber
ihr müßt sehr vorsichtig sein, vor allem, wenn ihr Informationen von anderen bekommt. Und seid auf der Hut vor allem, was von Reticulum in
eure Milchstraße kommt. Hütet euch vor jenen, die sagen, sie kämen von
dort.
JOHN: *Von welcher Ebene der Vereinigten Staaten aus wird dieses Projekt*
gesteuert?
TOM: Von der höchsten Ebene.
JOHN: *Also vom Präsidenten abwärts, oder?*
TOM: Er kontrolliert es nicht; aber das Staatsoberhaupt war früher darin
verwickelt. Es ist eine außergewöhnliche Angelegenheit. (Dieses Gespräch
fand 1990 statt.)
JOHN: *Es ist also der CIA, der das Projekt steuert?*
TOM: Dieser Ausdruck ist nicht richtig. Es ist kein formelles Projekt. Es wurde von einer übergeordneten Instanz ins Leben gerufen. Wichtig ist jedoch,
daß ihr euch über den tieferen Sinn im klaren seid. In der Vergangenheit
haben die Menschen unsere Informationen über die Zivilisationen und den
Rat der Neun nicht verstanden. Jetzt ist es wichtig, daß sie verstehen, daß
das, was in der Vergangenheit begonnen hat, tatsächlich existiert und weitergeht. Und es ist jetzt Zeit, daß die Menschheit erfährt, wie wichtig diese Information ist - aber erst dann, wenn man offen darüber sprechen kann,
ohne daß die Regierungen eingreifen.
STEVE: *Ich würde gerne auf ein Thema kommen, das euch Mitte der siebzi-*
ger Jahre sehr wichtig war. Ihr habt damals nachdrücklich das Erscheinen von
Wesen angekündigt, die in die kritische Weltsituation eingreifen sollten. Das
hat aber nicht stattgefunden. Kannst du uns kurz erklären, warum euch da-
mals soviel an diesem Thema lag und ob es noch immer eine Option ist?
TOM: Es gab Sichtungen von anderen Zivilisationen, die nicht alle dem
Planeten Erde helfen wollen. Und es gab Kontakte mit mehreren Menschen,

die in verschiedenen Ländern eures Planeten Erde über Autorität verfügen. Auch haben sich einige Staaten darauf geeinigt, keine Informationen darüber an die Öffentlichkeit freizugeben und ihre Vernichtungswaffen teilweise zu verschrotten aus Angst, daß andere Zivilisationen sich auf dem Planeten Erde ausbreiten könnten.

Und außerdem haben diejenigen, die nicht immer Gutes im Sinn haben, Vereinbarungen mit anderen Regierungen des Planeten Erde getroffen. Sie fürchten sich vor Vergeltung.

JOHN und STEVE: Vergeltung?

TOM: Vergeltung. Die vierundzwanzig Zivilisationen und jene, die mit ihnen zusammenarbeiten, würden eingreifen, wenn diese untergeordneten Zivilisationen den Planeten Erde an den Rand der Vernichtung brächten. Diese wollen den Planeten Erde in seinem derzeitigen Zustand belassen, weil sie ihn als Träger für sich selbst betrachten. Die Vierundzwanzig werden auch eine vollständige Übernahme nicht zulassen; doch die Menschheit muß von der Existenz der Vierundzwanzig und ihren Mitarbeitern sowie von jenen anderen Wesenheiten erfahren. Dann kann sie Informationen über Außerirdische richtig einschätzen. Die Wesen der geringeren Zivilisationen warten auf einen günstigen Augenblick. Du fragst nach der Landung, die wir in eurem Jahr 1976 erwähnten. Die Vierundzwanzig hielten sie nicht für sinnvoll; denn wir wollten nicht die Verantwortung für eine physische Interaktion übernehmen, die den Planeten Erde noch mehr zerstörerisch verschmutzt hätte. Die Menschen verschmutzen ihn bereits mehr als genug. Ist das klar?

STEVE: Größtenteils ja. Aber mir ist nicht ganz klar, warum euer Eingreifen eine Umweltverschmutzung ausgelöst hätte.

TOM: Diese geringeren Zivilisationen, welche die Erde beobachtet und Kontakte zu den Regierungen geknüpft haben, sind zum Teil als körperliche Wesen auf dem Planeten Erde und zum Teil in dieser Sphäre. Sie hätten kriegsartige Konflikte mit den Vierundzwanzig oder ihren Mitarbeitern heraufbeschworen, und das hätte die Atmosphäre des Planeten Erde geschädigt. Die Menschheit hätte in ihrer großen Angst nicht anerkannt oder verstanden, daß es auch Wesenheiten mit guten Absichten gibt.

JOHN: Weil sie nur zwei Gruppen sehen würden ...

TOM: Zerstörung.

JOHN: ... *die sich gegenseitig zerstören.*

TOM: Das ist richtig. Und Teile des Planeten Erde würden dadurch schrecklich verseucht werden. Wir müssen einen anderen Weg finden, um diese anderen jetzt zu vertreiben.

STEVE: *Das heißt offenbar, daß es bereits mehrere Landungen gegeben hat.*

TOM: Das stimmt. Rußland, die Regierung der USA und andere Länder, die mit ihnen Informationen austauschen, wissen davon. Das hat dazu beigetragen, daß diese Staaten wieder miteinander sprechen. Sie wissen, daß sie jetzt anfangen müssen, sich zu einigen. Wir meinen jene, die ihr »die Großen« nennt.

JOHN: *Die zwei Großmächte. (Das war 1990.)*

TOM: Sie wissen, daß sie nicht überleben können, wenn sie weiter getrennt vorgehen.

STEVE: *Sie halten also ihre Entdeckungen für gefährlich?*

TOM: Ja.

STEVE: *Sie betrachten die außerirdischen Zivilisationen als Feinde.*

TOM: Diejenigen, die mit ihnen Kontakt aufgenommen haben, ja.

JOHN: *Das heißt also, die Zivilisationen, die auf die Erde gekommen sind, haben nicht freiwillig mit Menschen zusammengearbeitet. Es ging nicht ohne gewisse Spannungen und Konflikte ab, zum Beispiel in den Vereinigten Staaten?*

TOM: So haben wir das nicht gemeint. Die Wesenheiten, die mit den Regierungen in Kontakt waren und deren Fahrzeuge sich jetzt in den Händen der Regierungen befinden, haben einige Vorfälle bewußt herbeigeführt, bei anderen handelt es sich um Unfälle. Indem sie ihnen die Fahrzeuge gaben, haben sie versucht, sich einzuschmeicheln, und »die Großen« des Planeten Erde haben beschlossen, sich zusammenzutun, denn sie sind sich der Motive dieser Zivilisationen nicht sicher. Deren Motive sind nicht gut, und sie betreiben Entführungen.

JOHN: *Sie haben Menschen mitgenommen, entführt?*

TOM: Das ist richtig. »Die Großen« des Planeten Erde haben sich zusammengetan, um eine gemeinsame Front zu bilden.

JOHN: *Im Grunde bedeutet das, die Vierundzwanzig haben sich dazu entschieden, nicht einzugreifen, um mit diesen anderen Kräften nicht in Konflikt zu geraten oder auch nur assoziiert zu werden.*

TOM: Das ist richtig.

JOHN: Ja, gut. Und wie geht es nun weiter?

TOM: Wenn sie den Halbmond (die islamischen Länder) beeinflussen können - darum versuchen die USA, die Situation dort zu ändern -, wenn sie den Halbmond aufstacheln können, würden sie damit Uneinigkeit auf dem Planeten Erde schaffen. Dann wären die untergeordneten Zivilisationen in der Lage, noch mehr Schaden anzurichten. Ihr müßt verstehen, daß wir vom Rat der Neun keine Furcht vor Verwüstung auslösen möchten. Es ist wichtig für die Menschheit zu wissen, daß es andere Wesenheiten gibt, die es gut mit ihnen meinen und nur ihre Entwicklung fördern wollen. Wir werden die Vernichtung des Planeten Erde nicht zulassen; doch die Menschheit muß damit beginnen, sich selbst zu helfen und Entscheidungen zu treffen, die das Überleben des Planeten Erde ermöglichen.

STEVE: Was du sagst, sind gute und schlechte Nachrichten. 1988 glaubten wir, die Annäherung zwischen den Großmächten bedeute eine Entwicklung und Erweiterung des Bewußtseins und vielleicht mehr Vernunft in den internationalen Beziehungen ...

TOM: Damals brachte die drohende Gefahr die Annäherung. Allerdings kommt es nicht darauf an, ob es Zwang oder der Wille dazu war; denn durch ihre Einigkeit sind die Großmächte zu Partnern gegen eine andere Bedrohung geworden, die Zerstörung bringen könnte, und in Einigkeit sehen sie einander als Menschen. Das also war von Vorteil für den Planeten Erde.

MIKI: Kannst du uns sagen, unter welchen Umständen es zu einer Landung der vierundzwanzig Zivilisationen auf der Erde käme?

TOM: Wenn es wegen großer Zerstörung auf der Erde unabdingbar wäre zu landen, würden die Zivilisationen sich über den Großstädten massenhaft ansammeln, um diejenigen, die an der Macht sind, zu veranlassen, die Zerstörung zu beenden. Es gibt jene in der Atmosphäre der Erde und in der Nähe eures Planeten, die sich schnell sichtbar machen würden, wenn es notwendig werden sollte. Altea sagt, daß die Pläne für eine Landung zur Zeit auf Eis liegen, weil sie gegenwärtig ein großes Chaos heraufbeschwören würden. Denn die Zahl der Menschen, die an die Existenz der Zivilisationen glauben, ist zu gering, und außerdem wollen wir vermeiden, daß die Menschen die Besucher der Zivilisationen bekämpfen. Aber eines versichern wir euch: Wenn dem Planeten Erde große Verwüstungen drohen, werden die Zivilisationen kommen und diesem Treiben ein Ende machen.

MIKI: Werden sie nur dann landen, wenn der Erde große Gefahr droht?

TOM: Sie werden landen, wenn die Menschen nicht glauben, sie angreifen zu müssen, oder im Falle einer großen Gefahr. Dann wird es auf jeden Fall geschehen. Doch derzeit warten sie ab, ja. Ich möchte die Landung und ihre Bedeutung für euren Planeten näher erläutern. In erster Linie wird unsere Technologie euch erklären, wie ihr euer Gemüse anbaun, euer Vieh züchten und euer Wasser reinigen könnt und wie ihr die Schwingung der Seelen anhebt, um sie aus der Dunkelheit zu befreien. Mit »Dunkelheit« meinen wir nicht Negativität, sondern echte Dunkelheit, in der die Menschen nicht sehen und das Kosmische nicht verstehen. Und sie verstehen auch nicht, daß sie das Universum in Schwierigkeiten bringen, wenn sie hassen und zornig sind. Nur wenn wir das Niveau dieses Planeten und seinen Bewußtseinsgrad anheben, wenn wir die Liebe und den in jedem Menschen vorhandenen Kern vervollkommnen, können wir weitermachen und auch andere Planeten der Galaxien vervollkommnen. Dieser Planet ist einer der niedrigsten, zu dem Seelen kommen, um zu lernen. Die Tragik ist - die Dichte dieses Planeten ist wie Morast, sie ist klebrig, und diese Wesen bleiben an Ihr haften. Wir werden das Niveau dieses Planeten mit eurer Hilfe anheben, und dadurch wird er leichter werden. Dann strömt die Energie, die von ihm ausgeht, ins Universum und trägt dazu bei, den Bewußtseinsgrad und das Niveau anderer Planeten anzuheben. Versteht ihr dieses Prinzip?

ANDRIJA: Ja. Ich nehme an, das alles ist ein Bestandteil der neuen Wissenschaft, die ihr uns - wie du einmal gesagt hast - geben werdet?

TOM: Das ist wahr. Es wird Mutationen geben. Außerdem wird euer Planet auf eine Schwingungsebene angehoben werden, auf der es zwar körperliche Beziehungen geben wird, die aber nicht mehr das Hauptinteresse sind. Diese Energie wird dazu genutzt werden, den Planeten zu erhalten. Wir haben nichts gegen Sex, und eure körperlichen Beziehungen gehen uns nichts an - wir sind uns darüber im klaren, daß körperliche Beziehungen notwendig sind. Aber wir sprechen davon, die Schwingungsrate anzuheben, damit die Energie nicht nur auf körperliche Beziehungen abgeleitet wird.

Es wird auch eine neue Art von Kindern geben: Diese neuen Wesen, die zu eurem Planeten kommen und darauf geboren werden, haben ›Sonare‹ in sich, die ihnen bei ihrer Aufgabe dienlich sind ... Ich wollte versuchen, euch die Namen der verschiedenen Galaxien und Planeten zu sagen, von denen diese Wesen kommen, um der Erde zu helfen; aber die Namen sind in eurer Sprache so schwierig.

ANDRIJA: Uh, danke ...

TOM: Stört dich irgend etwas?

ANDRIJA: Nein, eigentlich nicht. Ich weiß ganz einfach, daß das, was du sagst, schön ist und einleuchtend klingt. Es ist, als werde man aufgerüttelt!

TOM: Ja, ich verstehe.

ANDRIJA: Könntest du in etwa beschreiben, wie so eine Landung aussehen würde?

TOM: Es würden nicht alle auf einmal landen. Es würde neun Tage lang überall auf diesem Planeten Landungen geben. Es gäbe eine sichtbare Landung mit vielen verschiedenen Fahrzeugtypen. Aber vor der Landung würden wir einen Strahl aussenden, der den Menschen die Furcht nimmt. Filme und Bücher haben eine Saat gesät, die dafür sorgt, daß man uns kennt, und die Menschen werden sich daran erinnern. Und diese Energie, der Strahl, den wir aussenden, wird von dieser Saat-Energie ausgehen, die wir bereits gepflanzt haben.

JOHN: Mir ist klar, daß die wichtigen spirituellen Ereignisse, die es hin und wieder auf der Erde gibt, viele verschiedene Formen haben können. Habt ihr diese Form der Landung wegen der Überzeugungen und Einsichten gewählt, die die Menschen heutzutage, im Weltraumzeitalter, haben?

TOM: Die Menschheit ist dabei, das wahrhaft dunkle Zeitalter dieses Planeten zu überwinden. Sie wird sich allmählich der Existenz anderer Lebensformen in anderen Teilen dieses Universums bewußt. Und sie beginnt zu begreifen, daß es mehr gibt als nur sie selbst. Die Menschen haben immer angenommen, daß jemand da oben sitzt und sich um all ihre Probleme kümmert. Aber durch ihr Ego haben sie auch vorausgesetzt, sie seien die einzigen Existenzen, die dem, was sie Gott nennen, von Bedeutung sind, und Gott sei nur mit ihnen beschäftigt. Die Menschen müssen jetzt nach innen schauen und verstehen, daß es andere Lebensformen gibt und daß das Universum sich nicht allein um die Menschheit dreht.

JOHN: Die Wesen, die bei einer solchen Landung kommen würden - würden sie auf der Erde bleiben, um als Lehrer unter den Menschen zu leben?
TOM: Manche von ihnen würden bleiben; andere von uns würden weiterreisen. Denn dieser Planet würde sich dann seinem wahrsten Zweck entsprechend entwickeln. Wir könnten dann weitermachen und in anderen Bereichen arbeiten. Dies ist ein großes Projekt, und es hat viele Hunderte und Tausende eurer Jahre gedauert und eine Menge Energie gebraucht.
JOHN: Die Wesen, die bleiben würden - wären sie als Kollektiv der Christus, oder wäre der Christus einer von ihnen?
TOM: Ihr müßt daran denken, daß alle von euch und alle von uns den Christus in sich tragen. Es wird sich um ein kollektives Bewußtsein handeln.
ANDRIJA: Ja, es wird keine einzelnen großen Gestalten geben, die ...
TOM: Ihr alle seid Führer, und wir alle sind Führer.

In der folgenden Übermittlung benutzt Tom das Wort »Katastrophe«, dessen Bedeutung heute, wie bei vielen Wörtern, begrenzt ist. Abgesehen von »Schicksalsschlag« oder »Verhängnis« kann es laut dem Oxford Wörterbuch für Englisch auch »Umsturz«, »plötzliche Wende« oder »Veränderung, die zur Schlußhandlung im Drama führt«, bedeuten. Geologisch kann es eine »plötzliche und gewaltsame physikalische Veränderung« oder »ein Ereignis, das die Ordnung oder das System von Dingen umstürzt« bedeuten. Darum kann die folgende Übermittlung eine ganz neue Bedeutung erhalten, wenn wir alle Nuancen des Wortes berücksichtigen. Tom mag gelegentlich Schwierigkeiten mit der Aussprache haben; aber er wählt nie das falsche Wort, und wenn er ein Ausdrucksproblem hat, weist er stets darauf hin, daß ein Wort nicht ganz das beschreibt, was er sagen möchte.

TOM: Die vierundzwanzig Zivilisationen sammeln Kräfte und bereiten sich darauf vor, die Bewohner des Planeten Erde wachsam und bewußt zu machen, um größere Schwierigkeiten zu verhindern. Apokalyptische Prophezeiungen müssen sich nicht zwangsläufig erfüllen, wenn die Menschen über Bewußtheit und Verständnis verfügen. Aber auch das, was in den Prophezeiungen steht - zum Beispiel in der Offenbarung -, kann nur von den Seelen auf dem Planeten Erde geändert werden. Denkt daran: Ohne

Meditation, ohne Liebe zu den Menschen, ohne Gebete, ohne Liebe zum Planeten Erde kann es zu vielen schweren Katastrophen kommen. Doch mit Gebeten und Liebe ist es möglich, den Druck abzulassen. Wenn die Zeit der Entscheidung auf der Erde gekommen ist, wird das ganze Universum mit der Menschheit zusammenarbeiten, um den Druck vom Planeten zu nehmen. Aber wenn ihr Menschen - und wir meinen euch alle - große Angst hervorbringt, macht ihr das, worum die Zivilisationen sich bemühen - nämlich die Katastrophe zu verhindern - teilweise zunichte. Es ist möglich, die Katastrophe voll und ganz abzuwenden, und wir hoffen, daß es gelingt. Aber es ist auch möglich, daß die Katastrophe nicht ganz zu verhindern ist. Denn es gibt die Gegenseite, die darauf aus ist, den Planeten Erde unter ihre Kontrolle zu bringen.

ANDRIJA: Inwiefern stimmen die Aussagen der Offenbarung mit den heutigen Ereignissen auf der Welt überein?

TOM: Die Öffnung des letzten Siegels hat begonnen, ja. Das könnte Vernichtung bedeuten, wenn die Zivilisationen und die bewußten Menschen auf der Erde die Aufgabe, an der sie arbeiten, nicht erfüllen können. Andererseits bedeutet es, daß die Zivilisationen dem Planeten Erde Segen bringen. Versteht ihr?

ANDRIJA: Ja, ich verstehe die Doppelbedeutung - es kommt darauf an, wie erfolgreich wir sind in bezug auf die Energie, die wir hineinstecken ...

TOM: Wir sind sicher, daß wir unser Ziel erreichen. Euer Engel im Buch von Hoova wird euch mit Gaben von den Zivilisationen überschütten. Eure politischen Führer und die Führer eurer Gesellschaften und Religionen werden sich fragen müssen, woher dieser Energieschauer kommt. Ja.

Wenn die vierundzwanzig Zivilisationen in großer Zahl auf eurem Planeten landen, wird niemand bezweifeln, was sie zu lehren haben. Niemand wird eine Frage haben, denn alle werden über ein Verständnis verfügen, das von dem kommt, was ihr Gott nennt. Das ist positiv und segensreich. Aber ... Wenn die Menschheit ihren eigenen Untergang verursacht, bleiben Milliarden von Seelen Millionen über Millionen eurer Jahre lang innerhalb der Erdsphäre gefangen. Der »Flaschenhals-Effekt« hat bereits das Wachstum des Universums zum Stillstand gebracht. Es ist für die Zivilisationen wichtig, daß sie Einfluß ausüben, weil die Menschen keine Zeit mehr haben, um selbst und ohne Hilfe eine Lösung zu finden. Darum kommen die Zivilisationen mit großer Liebe, um den Menschen der Erde zu helfen. Um ihnen zu helfen, sich selbst zu helfen. Ja.

IAN: Kannst du mir sagen, wie sie das bewerkstelligen wollen, wie sie den Menschen helfen wollen, sich zu erheben und spirituell zu wachsen? Welche Pläne haben sie für den Fall, daß sie kommen?

TOM: Jede Zivilisation hat eine andere Ausdrucksform von Liebe. Altea wird mit Technologie vorgehen, und euch Wissen über Produktionstechnik bringen, die nicht zerstört und die im Einklang mit der Natur des Planeten Erde funktioniert.

Aragon wird Wissen und Weisheit mitbringen; sie wird euch lehren, wie ihr einen physischen Körper von Schäden und Schmerzen befreit. Denn es ist Aragons Anliegen, die Fesseln der Menschen zu lösen und körperliche Schmerzen zu beseitigen. Dies kann auch den Geist befreien. Das heißt nicht, daß es kein Leiden mehr geben wird; denn manche werden wählen zu leiden. Aber wir können jenen helfen, deren Leiden und Krankheiten nicht von der Seele gewählt, sondern von Menschenhand herbeigeführt wurden. Dann haben diese Seelen die Möglichkeit zu tun, was sie wirklich gewollt haben.

Ashan wird die Kreativität in den Menschen der Erde wecken und sie durch große Musik und bedeutende Kunst im Sinne des Universums erziehen.

Hoova, die Zivilisation des Nazareners, wird kommen, um der Erde Liebe zu bringen. Sie wird die Menschen zunächst lehren, was sie für sich selbst tun müssen, um dem Planeten Erde und den gefangenen Seelen zu helfen. Sie wird die Ordnung des Universums erklären. Vor allem aber wird sie die Menschen darüber aufklären, daß sie nicht die einzigen sind, die das Universum beeinflussen, daß sie als Wesen nicht allein sind und daß sie nicht nur für sich selbst und ihren Planeten verantwortlich sein müssen, sondern auch für das Universum. Denn wenn die Menschheit die Zerstörung des Planeten verursacht, wird sie für Millionen von Seelen verantwortlich sein. Und das wichtigste: Hoova wird den Menschen beibringen, daß das Leben nicht mit dem Tod des physischen Körpers endet und daß sie daher den Folgen ihres Tuns nicht entrinnen können. Das ist das allerwichtigste.

IAN: Gut. Wenn also die Zivilisationen landen sollten, würden sie es dann als zusammenarbeitende Einheit tun, oder würden sie getrennt vorgehen?

Und wenn sie unmittelbar mit Menschen arbeiten würden, wären die Menschen sich dessen auf dieser Dimensionsebene bewußt?

TOM: Es gibt die vierundzwanzig Zivilisationen, und es gibt jene, die in ihren Diensten stehen. Sie würden in Harmonie zusammenarbeiten, um den Menschen zu zeigen, daß Zusammenarbeit zwischen Nationen und Zivilisationen notwendig ist. Einige würden als erste kommen, dann andere später, und dann würden sie zusammenarbeiten. Wenn manche nicht zusammenarbeiten, dann ist das ein Zeichen für euch, dann sind sie nicht von uns. Ihr seid euch darüber im klaren, daß die der Gegenseite auch versuchen würden zu kommen, verstehst du?

IAN: Ich denke schon, aber ich hätte gerne eine Klarstellung. Kommen diese von einer anderen Zivilisation, oder können sie auch von denselben vierundzwanzig Zivilisationen kommen?

TOM: Sie sind nicht die Vierundzwanzig. Sie sind andere. Um deine Frage zu beantworten - wir haben nicht vollständig geantwortet -, die Menschen werden um die Zivilisationen wissen. Anfangs werden die Menschen in vielen Fällen nicht wissen, aber es wird diejenigen geben, die wissen, und durch sie werden alle erfahren, wer und was wir sind.

Und erneut, während eines anderen Gesprächs ...

MIKI: Wenn es zu einer Landung der anderen - ich meine die Gegenseite - kommen sollte, wie können wir sie sofort erkennen?

TOM: Es gibt einen Weg. Wenn es eine Landung geben sollte, deren Motiv nicht gut ist, sind die Folgen negativ. Denkt daran: »An ihren Taten sollt ihr sie erkennen.« Ihr werdet stets Bescheid wissen; denn sie können nicht verbergen, daß sie Autorität und Überlegenheit gewinnen wollen. Sie kommen nicht sanft, sondern mit Überlegenheit.

MIKI: Wie können wir uns vor negativen Energien schützen?

TOM: Wenn jeder Mensch in jeder Familie, in jeder Gruppe und in jeder Gemeinde liebevoll über andere denkt und anderen Gutes wünscht, mit Hingabe, das ist euer Schutz. Denn dann wird diese Energie zu einer Kugel, wie alle kollektive Energie zu einer Kugel wird, und das ist euer Schutz gegen negative Einflüsse. Ihr seid ein Lichtkreis: Wir beobachten und sehen eure Motive. Euer Motiv ist immer euer Schutz, ja.

IAN: Ich habe eine Frage zu Hoova. Ich habe dich bereits gefragt, welche Aufgaben die Zivilisationen übernehmen würden, wenn es zu einer Landung kommen sollte, und du hast gesagt, Hoova würde uns Liebe bringen. Könntest du uns genauer sagen, was für eine Liebe das wäre und was Hoova tun würde?

TOM: Ihr wißt, welche Rolle die Liebe in eurer Welt spielt. Manchmal bedeutet die Liebe Besitz, und sie ist Mittel zum Zweck. Die Menschen, die mit Hoova in Kontakt kämen, würden die wahre Kraft und Energie der Liebe zunächst nicht begreifen. Denn diese Begegnung wird sie aufwecken und ihre Herzen öffnen, damit sie verstehen, daß Liebe alles gibt, daß sie selbstlos ist, daß sie keinen Besitz kennt und kein Ego und daß sie dem Wunsch entspringt, Frieden für alle zu bringen. Das wird Hoova vollbringen. Wenn diejenigen, die mit Hoova in Kontakt kommen, diese Freisetzung von Liebe erfahren, werden auch sie die Fähigkeit haben, die Liebe von anderen freizusetzen. Ihr habt in eurem Leben die Existenz von reinster Liebe erfahren, aber für euch lebt sie nur einen kurzen Augenblick. Hoova wird sie nicht nur für einen kurzen Augenblick bringen, sondern für alle Zeiten. Liebe ist alles, und sie besiegt alles. Wir meinen die wahre, allumfassende Liebe.

Es geht um Wissen und Weisheit, denn es besteht ein Unterschied zwischen den beiden. Weisheit kann nicht vermittelt werden, denn oftmals klingt Weisheit wie Torheit. Es gibt keine Worte für Weisheit - man muß sie haben. Ähnlich ist es mit Liebe. Es ist schwierig zu kommunizieren, was Liebe ist oder was Gefühl in Verbindung mit Wissen und Weisheit ist. Die Hooviden werden es euch bringen. Doch Liebe bedeutet auch, selbstlos zu geben. Sie ist auch Stärke und Disziplin, zum eigenen Wohlergehen und dem von anderen, aber sie bleibt immer Liebe.

IAN: Wie würden sie das erreichen?

TOM: Von den Hooviden geht eine Strahlung aus, aber auch von euren Brüdern im Meer (den Delphinen); denn ihre Energie ist am größten, und im Wasser kann sie freigesetzt werden. Versteht ihr, daß Liebe die mächtigste Energie ist?

IAN: Ja. Eine letzte Frage: Wenn sie kommen, werden sie eine Gestalt haben, die humanoid ist? Oder werden sie anders als Menschen aussehen?

TOM: Sie werden anders als Menschen aussehen. Denn von ihnen geht ein Glühen aus, das jeder sehen wird. Alle physischen Zivilisationen haben eine Körperform, die dem gleicht, was ihr menschlich nennt; denn in allen Zivilisationen ist es natürlich, Arm-, Bein- und Rumpfformen zu haben. Auf einem physischen Planeten ist es zweckmäßiger in so einer Form zu leben. Das Glühen ist jedoch sehr stark; es verflüchtigt sich in eurer Dichte nicht, sondern lockert sie auf, ja.

IAN: Ja. Ist dieses Glühen etwas Ähnliches wie das Glühen, das man auf Bildern von Jesus sehen kann?

TOM: Jesus stammt aus Hoova, nicht wahr?

JOHN: Jetzt (1979) verstehe ich, daß die Landung, die 1976 denkbar war, nicht mehr so wichtig ist. Ich wüßte gerne, worin eure Mission jetzt besteht.

TOM: In Wirklichkeit hat es keine große Änderung gegeben. Am Anfang haben wir euch die Neuigkeit gebracht, daß es für die Bewohner des Planeten Erde wichtig ist, von der Existenz anderer Zivilisationen zu wissen. Und daß es wichtig ist zu verstehen, sogar zu glauben, daß es darunter jene gibt, die mehr als bereit sind, den Menschen zu helfen. Es hat sich weder geändert, daß euer Planet Erde ein großer »Flaschenhals« ist, noch hat sich geändert, daß die Menschen ihn in großem Ausmaß verschmutzt haben. Wenn ihr euch erinnert, haben wir es immer für wichtig gehalten, daß die Industriestaaten sich dessen bewußt werden, um große Katastrophen auf der Erde in eurem Interesse und im Interesse der Zivilisationen zu verhindern.

Wir möchten euch sagen, daß das Volk Israel wichtig ist, weil es ein Mikrokosmos ist. Solange in diesem Volk nicht Frieden, Verständnis und Offenheit herrschen, ist ein Durchbruch für den Planeten Erde unmöglich. Unser Anliegen und das Anliegen der Zivilisationen haben sich nicht geändert.

JOHN: Du sagst, es sei wichtig, daß die Menschen von der Existenz anderer Wesenheiten wissen. Müssen sie sich auf einen Besuch dieser Wesen vorbereiten?

TOM: Es ist in Wahrheit unumgänglich, daß es eines Tages einen Besuch auf eurem Planeten Erde geben wird. Wir hoffen, daß es ein Empfang mit offenen Armen wird. Wir haben euch erklärt, daß eine Landung stattfinden wird, wenn es notwendig wäre, eine große Katastrophe - vor allem kriegerischer Art - zu verhindern. Aber wir möchten, daß eine solche Landung in einem Klima von Offenheit stattfindet, ja. Wenn die Bevölkerung uns akzeptiert, können die Regierungen der Welt die Zivilisationen nicht angreifen, und die Evolution der Erde würde beschleunigt.

Die Frage der Landung wurde 1980 wieder angesprochen.

JOHN: Noch eine Frage zum Zeitpunkt der Landung, die ihr plant ...

TOM: Wir haben euch die Notwendigkeit erklärt, die Bevölkerung der zivilisierten Länder über die Existenz anderer Wesen in anderen Teilen des Universums aufzuklären, um Katastrophen, Krieg, Panik und Selbstvernichtung zu verhindern. Erinnert ihr euch?

JOHN: Ja, durchaus.

TOM: Wenn jemand versuchen würde, euren Planeten Erde zu zerstören, würden wir es nicht zulassen. Aber ein Besuch auf der Erde ist erst sinnvoll, wenn ihr Menschen wenigstens ein minimales Verständnis habt. Andernfalls würden die Menschen sich als Gefangene fühlen und versuchen, diejenigen zu attackieren, die sie für die Angreifer halten.

Wenn der Planet Erde - der in Wirklichkeit ein Raumschiff ist - Vollkommenheit erreicht und seine Bewohner ihn im Gleichgewicht halten, werden die vierundzwanzig Zivilisationen sich zeigen und offen mit ihren Fahrzeugen landen. Die Menschheit ist noch nicht bereit, uns zu empfangen ohne Zerstörung zu schaffen. Wenn ihr euch erinnert, haben wir gesagt, wir würden eingreifen, wenn die unmittelbare Gefahr einer völligen Vernichtung der Erde durch nukleare Kräfte bestünde, nicht wahr? Die Regierungen der Menschheit sind noch nicht bereit, uns ohne gewaltsame Konfrontation zu akzeptieren. Wenn die Bewußtseinsveränderung kommt, die notwendig ist, um aus dem Planeten Erde ein Lichtgefährt zu machen, werden die Menschen andere Zivilisationen akzeptieren und verstehen. Wir haben erkannt, daß eine vorzeitige Landung große Feindseligkeit und Aggression heraufbeschwören würde, weil es den Menschen an Verständnis mangelt. Ja.

JOHN: Ihr wart also damals auf ein Eingreifen im Falle einer atomaren Zerstörung vorbereitet, und weil diese Gefahr jetzt nicht mehr besteht, greift ihr erst ein, wenn 75 Prozent der Menschen erwacht sind. Ist das richtig?

TOM: Das mag sich ändern, wenn eine andere Gefahr von Zerstörung auftaucht. Immerhin sind es jetzt in den USA fast 60 Prozent aller Menschen, die die Existenz anderer Zivilisationen für möglich halten. Das Problem besteht darin, daß die Menschen begreifen müssen, daß die Zivilisationen ohne aggressive Absichten kommen.

JOHN: Wenn aber die meisten Menschen der Erde bereits so weit sind, wird eine Landung gewiß nicht mehr notwendig sein, weil sie ihre Probleme dann selbst lösen können.

TOM: Das ist richtig. Aber ist es nicht zuträglich für eine bewußte Seele, die andere zu treffen?

MIKI: Nun, ja. Warum gibt es keine Beweise für eine mögliche Landung? Wenn sich so viele UFOs in der Nähe befinden, warum war es dann nicht möglich, einen Beweis zu liefern, damit die Menschen Gewißheit haben?

TOM: Es gibt Beweise in euren USA und im Land namens Schweiz. Oder meinst du die Gefangennahme von einem Wesen und einem Schiff als Beweis, weil das wahrscheinlich der einzig akzeptable Beweis für die Nationen der Welt wäre?

MIKI: Ja.

TOM: Wenn ein Wesen sich voller Liebe und mit offenen Armen in ein Land der Erde begeben würde, müßte es doch mit seiner Vernichtung rechnen, oder nicht?

JOHN: Ja, ich glaube schon.

TOM: Dadurch würde der Planet Erde sich in eine weitere Schuld verstricken, die er abtragen müßte, versteht ihr?

MIKI und JOHN: Ja.

TOM: Darf ich euch eine Frage stellen? Glaubt ihr an den Schöpfer, der Gott genannt wird?

MIKI: Ja.

TOM: Könnt ihr Gottes Existenz beweisen?

MIKI: Nein.

TOM: Danke.

MIKI: Wir haben heute Witze gemacht ... Wir würden uns freuen, wenn ihr heute abend vor diesem Haus landen würdet (lacht) ...

TOM: Wir würden uns auch freuen. Aber wenn wir es tun würden, würdet ihr alle ...

ISRAEL: ... uns in die Hosen machen.

TOM: Ja.

ALLE: (Lachen)

MIKI: Ja, das glaube ich auch!

TOM: Das wäre zulässig.

ALLE: (Lachen)

120

Kapitel 6

Die Anderen

In der ersten Auflage hieß dieses Kapitel »Die Gegner«; doch in einem Gespräch vom Mai 1994 empfahl Tom den Ausdruck »die Anderen«, weil er weniger energiegeladen sei. Wir sollten zwar wachsam sein, doch je weniger wir an das Negative denken, desto geringer ist seine Macht.
Dieses Kapitel vermittelt viele Einsichten, die ein potentiell unangenehmes Thema zu einer überaus nützlichen Erfahrung machen.

TOM: Es gibt Gruppen, Organisationen, Religionen und Regierungen aller Art, die Vorschriften auf Papier drucken, um die Menschen und ihre Seelen zu beherrschen. Doch die Menschheit lehnt sich gegen die Gesetze auf. Wenn wir »die Gesetze« sagen, meinen wir die Gesetze, die das Universum regieren. Es ist eine Art Naturgesetz - man könnte es ein »gentleman's agreement« (Vereinbarung auf Treu und Glauben) nennen. Diese Vereinbarung gilt auf dem Planeten Erde ebenso wie im gesamten Universum. Die Anderen halten sich nicht an die Gesetze. Man könnte sie als die Gesetzesbrecher des Universums bezeichnen. Sie halten das Naturgesetz nicht ein; aber es gibt Naturgesetze, die im wesentlichen eine Form der Disziplin für die Bewohner der Erde sind. Sie wurden im Universum erlassen, weil sie allen den größten Nutzen bringen und weil die Arbeit mit diesen Gesetzen zugleich ein Lernprozeß für die Seele ist. In Wahrheit gibt es nämlich keine Regeln oder Gesetze, die den Geist leiten sollen - doch ohne sie wäre er wie ein Schiff ohne Ruder auf dem Meer. Da die Anderen wissen, daß die Erde ein Planet des freien Willens ist, halten sie sich auf der Erde nicht an das Naturgesetz. Wir können euch nicht garantieren, daß ihr vor dem Einfluß der Anderen völlig geschützt sein werdet; denn wir greifen nicht in die freie Willensentscheidung der Menschen ein.

ANDRIJA: Kannst du uns eine Vorstellung davon geben, wie die Anderen aussehen - ihre Anatomie, ihre Physiologie, ihre Verteilung, ihre Anwesenheit? Wir wissen ja nichts über sie, und es wäre eine große Hilfe für uns, wenn wir wüßten, was sie sind und wie sie vorgehen.

TOM: Zunächst laßt uns erklären, wie sie im physischen Körper vorgehen. Alles, was in einem physischen Körper nicht gut ist, wird von den negativen Kräften benutzt. Das Ziel wäre es, positiv ausgewogen, nicht positiv unausgewogen zu sein. Wenn man versucht, das Positive und das Negative wieder ins Gleichgewicht zu bringen oder wenn der physische Körper müde oder schwach ist, versuchen die negativen Kräfte möglicherweise, den Körper - selbst wenn er ausgewogen ist - zu benutzen, um Disharmonie, Unruhe und Unausgewogenheit hervorzurufen. So also versuchen sie, die Wesen zu mißbrauchen, die mit uns zusammenarbeiten. Euer physischer Körper muß wegen seiner Schwere und Dichte immer wieder gewisse Dinge ins Gleichgewicht bringen. Sogar wenn ihr zu lange in der Nähe von Elektrogeräten seid, kann ein Ungleichgewicht die Folge sein. Verlangen, Gier und unausgewogene Emotionen können benutzt werden, um das Gleichgewicht zu stören. Dann sind die Wesen gefangen und reinkarnieren immer wieder und immer wieder. In den anderen Welten des Universums versuchen sie das gleiche zu tun; doch nur auf der dichten Erde haben sie Erfolg. Ihr möchtet gerne wissen, ob sie unser Gegenstück sind, nicht wahr?

ANDRIJA: Ja.

TOM: Nein, sie sind nicht unser Gegenstück. Wir sind im Zentrum. Und wir möchten nicht den Eindruck erwecken, wir seien vollkommen oder egozentrisch. Doch auf jeder Seite von uns findet ihr das Positive und das Negative. Und damit meine ich das unausgewogen Positive und das unausgewogen Negative. Wir sind im Zentrum, und wir sind ausgewogen. Wir versuchen, diese anderen Kräfte ins Gleichgewicht zu bringen.

ANDRIJA: Richtig.

TOM: Denkt daran: Jene, die so positiv in ihrer Betrachtungsweise sind, daß sie keinen Verstand mehr haben, schaffen ebenso viele Probleme wie jene, die gierig, zornig, frustriert und furchtsam sind.

ANDRIJA: Nun, was ist eigentlich das Wesen des Positiven und des Negativen? Uns ist nicht ganz klar, was ihre Beschaffenheit ist.

TOM: Wir werden versuchen, es zu erklären, so daß ihr versteht, aber wir sind nicht sicher, daß wir die Worte finden, um die ganze Wahrheit auszudrücken. Du bist ein physisches Wesen mit einer rechten und einer linken Seite. Und ohne die linke Seite wärst du mit deiner rechten Seite unausgewogen, und ohne deine rechte Seite wärst du mit deiner linken Seite unausgewogen. Das ist die Situation. Sie sind Teile, aber sie sind nicht alles, und sie sind nicht vollständig. Beantwortet das eure Frage?

ANDRIJA: Nur noch ein weiterer Punkt: Sind die negativen Kräfte bewußt, leben sie?

TOM: Sie leben, wie wir leben und wie ihr lebt.

ANDRIJA: Nun, soviel ich weiß, heißt einer der Anführer der Gegenseite Satan. Ist das richtig?

TOM: Wir möchten euch darauf hinweisen, daß das Wort, das du eben benutzt hast, ein sehr mächtiges Wort ist. Unglücklicherweise verstehen die Menschen eures Planeten nicht, daß der Gebrauch dieses Wortes große Schwierigkeiten für alle um sie herum verursacht. Dennoch - es ist wahr, was du sagst. Er ist der Schrecklichste von allen: die Bestie.

ANDRIJA: Ich verstehe. Eigentlich wollte ich etwas anderes wissen: Was ist das Gegenteil dieser Bestie?

TOM: Sprechen wir nicht mit euch? Denkt daran, daß es ein Gleichgewicht gibt. Die Bestie ist unsere Gegenseite, aber nicht unser »ebenbürtiges Gegenteil«. Wißt ihr, was »Satans« Ursprung ist?

ANDRIJA: Nein, ich habe keine Ahnung. Für mich ist es nur ein bedeutungsloses Wort. Ich habe kein Gefühl dafür. Du meinst, es hat wirklich eine Bedeutung in der Welt?

TOM: Es hat eine große Bedeutung, weil es ein mächtiges Wort ist ... Es ist die Versuchung der Welt.

ANDRIJA: Meinst du die Erde oder das Universum?

TOM: Das Universum.

ANDRIJA: Ich nehme an, wenn du »Versuchung« sagst, meinst du etwas, was in der Evolution unerwünscht ist?

TOM: Das ist richtig.

ANDRIJA: Kannst du uns ein Beispiel für eine Versuchung im kosmischen Maßstab geben?

TOM: Zum Beispiel ein falsches Bild von uns zu malen oder unseren Namen in betrügerischer Absicht zu gebrauchen. Der Nazarener war sehr traurig über die Dinge, die in seinem Namen geschehen sind. Wir sind ebenfalls traurig über das, was in seinem Namen getan wurde und was für den Gebrauch seines Namens getan wurde.

Und wir sind auch traurig über das, was in unserem Namen getan wurde. Wir sagen das, damit ihr versteht, daß die Versuchung Satans, nämlich das Füttern des Egos und die Kontrolle von Individuen, das ernsthafteste Problem auf eurem Planeten ist. Die Sucht nach Macht und die Gier nach Herrschaft sind zerstörerisch. Und diese Gier ist so stark, daß die Menschen immer einen Weg finden, sie zu befriedigen. Doch wenn sie den Namen des Nazareners mißbrauchen oder uns falsch darstellen, wenn sie sagen: »Im Namen Gottes tue ich das« - das ist das Schlimmste. Wir wissen, was in ihren Herzen ist und daß Satan sie dazu verführt. Und sie folgen ihm, weil sie auf diese Weise Kontrolle und Macht über andere erlangen. Satan ist das unausgewogene Negative. Hilft euch das weiter?

ANDRIJA: Ja. Mir ist jetzt beispielsweise klar, daß diese fundamentalistischen Prediger, die immer über Satan, das Böse, Sünde und Macht und so weiter reden ...

TOM: Sie füttern Satan. Schaut euch an, wieviel Geld sie einstecken, weil sie die Massen beherrschen.

ANDRIJA: Sie wecken offenbar Schuldgefühle, damit die Leute ihnen Geld geben.

TOM: Ihr könnt euren Weg zu uns nicht erkaufen, und jemand sollte die Menschen darüber informieren. Wir brauchen eure 10 Prozent nicht.

GAST: Kannst du mir sagen, welche Regeln und Vereinbarungen zwischen euch, inklusive der Vierundzwanzig, und den Anderen gelten?

TOM: Wir haben keine Vereinbarungen mit ihnen. Es gibt Gesetze des Universums, an die sie sich nicht immer halten.

GAST: Ja, aber um was für Regeln handelt es sich?

TOM: Wie sollen wir das erklären? Wir werden versuchen, eine Analogie zu finden. So wie es in eurer Welt Regeln über Krieg und Frieden gibt, bestehen auch Regeln zwischen den Zivilisationen.

GAST: Ja, ich verstehe. Kannst du uns möglicherweise Genaueres über diese Regeln sagen?

TOM: Sie dürfen keinen körperlichen Schaden und keine Zerstörung verursachen. Sie dürfen keine Hinterlist verwenden. Sie dürfen nicht die Stärken der Wesen benutzen. Ja.

GAST: Das verstehe ich nicht ganz. Ich finde es völlig unrealistisch. Mir scheint, daß alles, was du eben aufgezählt hast, doch genau die Grundlage ihrer Existenz darstellt.

TOM: Sie dürfen Schwächen ausnützen - aber nicht die Stärken.

IRENE: Mir kommt eben der Gedanke, daß die Anderen Seelen nicht nur deshalb im »Flaschenhals« einfangen, weil sie die Menschheit vernichten wollen, sondern weil es ihnen um ein viel größeres Ziel geht, das mit vielen Universen zu tun hat. Stimmt das?

TOM: Das ist richtig, ja.

IRENE: Was für Wesen sind die Anderen?

TOM: Alles Erschaffene ... Es gibt nicht wirklich die Worte, um es richtig zu erklären. Ich versuche es noch einmal: In aller Materie, die von der Schöpfung erschaffen wurde, sind die der Gegenseite wie Antimaterie. Das Universum braucht beide Elemente, um ausgewogen zu sein. Wenn eine von beiden nicht ausgewogen ist oder sich in negativer Kontrolle befindet, gerät das Universum aus dem Gleichgewicht und kann sich nicht weiterentwickeln. Die Anderen sind das Gegenteil des Lebens, der Fluch des Lebens.

ANDRIJA: Sind die Anderen euch, den Neun, in gewisser Weise gleichwertig und entgegengesetzt?

TOM: Ja, du hast es verstanden.

STEVE: Ich habe jetzt zwei verschiedene Aussagen über die Anderen gehört. Die eine war: »Die Anderen sind nicht unser Gegenstück.« Viel später hast du gesagt: »Satan ist im Vergleich zu uns die andere Seite der Münze.« Diese beiden Aussagen sind schwer verständlich und schwer miteinander zu vereinbaren.

TOM: Wir wollen versuchen, es zu erklären. Wenn ihr euch erinnert, haben wir uns selbst als »Angelpunkt« bezeichnet. Und wir haben erklärt, was das Positive und das Negative ist, nicht wahr? Was ihr in eurer Welt »böse« nennt, ist nicht das Gegenstück von uns. Wenn wir sagen, Satan sei die andere Seite der Münze ... Seid ihr bereit zu hören, was wir zu sagen haben? Wenn wir an der Macht sind, ist Satan auf dem gegenüberliegenden Pol.

Wir versuchen, das Negative und das Positive vollkommen zu machen und ins Gleichgewicht zu bringen. Denn beides ist notwendig, um ein vollkommenes Ganzes herzustellen. Doch am gegenüberliegenden Pol möchte das, was ihr Satan nennt, das Gleichgewicht verhindern; denn durch Ausgewogenheit erlangt eine Seele Freiheit und Vollkommenheit, und dann kann Satan nicht leben. Er lebt allein von und durch Seelen, die Macht, Kontrolle, Manipulation und Gier begehren.

IRENE: *Wann wurden die Anderen erschaffen und warum?*

TOM: Wenn du deinem eigenen Geist keine Aufgabe mehr stellen könntest, würdest du dich dann langweilen?

IRENE: *Ja.*

TOM: Deshalb: Zuerst war der Gedanke da. Dann die Notwendigkeit, dem Gedanken Aufgaben zu stellen. Verstehst du?

IRENE: *Ja.*

TOM: Das ist die Antwort.

IRENE: *Oh, da steckt mehr dahinter, nicht? Aber du möchtest, daß ich es selbst herausfinde, stimmt's?*

TOM: Zusammen werden wir es allmählich herausfinden.

IRENE: *Ich habe eine Frage zu den Engeln. Du hast gesagt, Engel hätten keinen freien Willen. Sind sie Boten einer der Vierundzwanzig?*

TOM: Beide Seiten haben Engel.

IRENE: *Du meinst, auch die Anderen?*

TOM: Ja. Es gibt verschiedene Arten von Engeln.

IRENE: *Woran erkennen wir, auf welcher Seite sie stehen?*

TOM: Haltet stets nach dem goldenen Licht Ausschau. Die Engel, die für die Evolution arbeiten, strahlen immer ein goldenes Licht aus. Sie sind Boten des Schöpfers und der Zivilisationen, und sie haben keinen freien Willen.

IRENE: *Warum?*

TOM: Weil sie ihren freien Willen dem Schöpfer gegeben haben.

IRENE: *Das ist also eine Form von Ergebenheit?*

TOM: Ja. Viel Wahrheit wurde zerstört, um die Massen zu beherrschen. Menschen, Regierungsbehörden und Religionen unterdrücken dann, wenn etwas eine Bedrohung für sie darstellt oder die Wahrheit ist. Dies ist das Werk der Anderen. Sie verstehen die Energien von allem Erschaffenem und wissen sie zu nutzen, um sich selbst ein gottgleiches Aussehen zu geben und die Menschheit in Fesseln zu halten.

JOHN: In dieser Zeit des schnellen Wandels gibt es scheinbar auf der Erde eine negative Reaktion auf Veränderungen, aber auch eine positive. Was ist deine Einschätzung der Lage?

TOM: Wenn die Dinge vorangehen, möchte alles, was war, so bleiben, wie es war. Es ist ein Element des Menschseins: Ein Teil der Menschheit hat Angst, weil er die Zukunft nicht kennt, und will auch nicht auf das Bekannte verzichten. Dies ist eine Ursache für negative Reaktionen. Negativ reagieren auch die Mächtigen, die ihre Kontrolle behalten und andere weiter manipulieren wollen. Aber unserer Einschätzung nach sind es nur noch wenige, die am Alten festhalten. Wenn sie ihr Leben bedroht sehen, kämpfen sie mit allen Mitteln.

RON: Ich wüßte gerne mehr über die Energie der Anderen im Vergleich zu der Negativität, die in uns selbst auftaucht. Ist es wichtig, daß wir unterscheiden können, woher die negative Energie kommt, oder gibt es einen anderen Weg mit ihr umzugehen, wenn sie auftaucht?

TOM: In euch - wie in allem auf dem Planeten Erde - befindet sich ein unterschiedliches Maß an negativer Energie. Wenn sich auf dem Weiß eurer Reinheit ein schwarzer Fleck der Negativität befindet und ihr ihm gestattet, größer zu werden, so daß das Weiß an Konsistenz verliert, und wenn ihr den Fleck als Negativität in euch selbst erkennt und akzeptiert, wenn ihr ihn durch diese Erkenntnis auflöst und auf diese Weise eure Ängste kennenlernt, dann ist diese Negativität nützlich. Doch wenn der Fleck größer wird als eure Angst, versuchen die Anderen, euch aus dem Gleichgewicht zu bringen. Wenn ihr euch dessen bewußt seid, denkt daran, daß ihr größere Macht habt, weil ihr körperliche Form habt. Aber auch wenn ihr bewußt mit uns verbunden seid, habt ihr größere Macht. Wenn ihr Wissen, Weisheit und Wahrheit erwerbt, wenn alles, was im Universum ist, sich euch langsam enthüllt, dann beginnen diejenigen, die den Planeten Erde beherrschen wollen, um das Universum zu beherrschen, euch große Schwierigkeiten zu bereiten. Wissen und Wahrheit machen euren Weg nicht leichter.

Denkt daran: Dienen heißt, für den Dienst bezahlen. Denn es gibt Wesenheiten, die euch gerne eure Bewußtheit und euer Wissen nehmen würden.

Respektiert sie, lacht nicht über sie; aber bleibt fest in eurem Glauben, und sie können euch weder irremachen noch schaden. Wenn sie euch in Schwierigkeiten bringen, dann visualisiert, daß unsere Liebe, unser Licht und unsere Freude euch von Kopf bis Fuß einhüllen. Zögert nicht, um Hilfe zu bitten. Versucht nicht, aus Stolz alles alleine zu tun. Wir können nicht helfen, wenn ihr uns nicht bittet. Wir greifen nicht in euren freien Willen ein. Obgleich wir jene, die uns unterstützen, und alle Seelen auf der Erde lieben, können wir ohne eure Bitte nicht helfen. Seid nicht so stolz, wie der Planet Erde es fast während seiner ganzen Existenz gewesen ist. Versucht nicht, unabhängig zu handeln und darauf zu bestehen, alles selbst zu tun. Nur durch Gemeinsamkeit wird die Erde von ihren Fesseln befreit - Gemeinsamkeit mit uns, den Zivilisationen, die uns dienen, und den Seelen, die auf dem Planeten Erde dienen.

JOHN: Wenn man die Menschen allein ließe und es keine gegnerischen Kräfte gäbe, würden sie dann dazu neigen, das Richtige zu tun?

TOM: Ja. Die Menschheit könnte ihre eigenen Schwächen überwinden. Aber die gegnerischen Kräfte nutzen und verstärken sie. Das ergibt Versuchung, Gier und Verlangen.

JOHN: Wie ist dieses Problem ursprünglich entstanden, und warum wurde es nicht früher erkannt?

TOM: Dazu konnte es kommen, weil wir uns der Probleme nicht bewußt waren, die das Körperliche hervorrufen würde. Wir wußten nicht, welche Folgen es hat, Schwere und Genuß zu fühlen. Wir greifen nie in den freien Willen ein, und darum beschlossen wir, nach Möglichkeit nichts zu unternehmen. Wir waren uns dessen nicht bewußt, weil die physischen Bedingungen, die dieses Problem hervorrufen, nur auf diesem Planeten gegeben sind. Die Erde hat keinen Schwester- oder Bruderplaneten. Das Problem entsteht in der Seele des Individuums. Die Erde ist ein dichter Planet, der dem Körper ein »neues Gefühl« gibt; aber eigentlich fühlt die Seele den Schmerz, die Freude, die Sorge, das Glück. Der physische Körper hat auf der Erde andere Empfindungen als auf allen übrigen Planeten und in allen übrigen Seelen, die existieren. In anderen Sonnensystemen, anderen Galaxien, gibt es andere physische Wesen, die nicht die Dichte dieses Planeten haben. Auf der Erde beginnen die Seelen anders zu empfinden als früher - sie empfinden Verlangen, Lust und Schmerz. Doch das hat großen Einfluß auf das evolutionäre Wachstum des Planeten, weil er ursprünglich der Planet der Ausgewogenheit war.

Die folgenden Zeilen behandeln ein sehr wichtiges Thema am Beispiel des chinesisch-tibetischen Konflikts:

IRENE: Mir ist klar, wie wichtig es ist, den systematischen Völkermord der Chinesen an den Tibetern zu verhindern. Denn würde man den Chinesen erlauben, die Tibeter auszulöschen, entstünde doch gewiß ein Ungleichgewicht, das nie mehr wettzumachen wäre?
TOM: Das ist richtig. Es ist wichtig, daß ihr in euren Meditationen daran arbeitet, dem Einhalt zu gebieten. Denn wenn ihr eine bewußte Vernichtung zulaßt - auch die Ausrottung einer Tierart -, gibt es nie wieder Ersatz dafür. Dann wird dieser Teil der Matrix möglicherweise von den Anderen überlagert.
IRENE: Es ist also mehr als Vernichtung, es ist eine Stärkung der Anderen.
TOM: Ja, das ist richtig.
IRENE: Nun, dann werden wir es einfach nicht zulassen!
TOM: Wir danken euch, ja. Es ist wichtig, den Menschen bewußt zu machen, daß sie weltweit gegen die Vernichtung von Völkern auf dem Planeten Erde protestieren müssen. Die Anderen versuchen, sich durch Völkermord Platz zu schaffen, so wie sie es mit der Ausrottung verschiedener Tier- und Pflanzenarten auf dem Planeten Erde tun. Ihr Menschen bemüht euch, bedrohte Tierarten zu retten; aber ihr wehrt euch nicht gegen die Ausrottung von bedrohten Menschenarten. Schließt in eure Meditationen mit ein, daß dieses Thema ans Licht kommt. Es ist wichtig, den Menschen diese Völkermorde und die Ausrottung von Tier- und Pflanzenarten bewußt zu machen, so daß sie nicht länger die Augen verschließen können. Wenn ihr nicht darüber redet oder wenn ihr so tut, als gebe es diese Vernichtung nicht, ist das wie ein Köder, und es kann zu noch mehr negativen Entwicklungen kommen.
IRENE: Die Dinge scheinen sich rasch zu entwickeln (1989). Ein Gleichgewicht ist gestört, das wir, die wir in der dritten Dimension leben, nicht sehen können. Was geschieht?
TOM: Wenn das Erwachen zu seiner eigenen Zeit kommt, geht es mit völliger Vernichtung einher. Wenn es beschleunigt wird, dann gibt es Rettung.

Versteht ihr dieses Konzept? Ihr habt begonnen, es zu beschleunigen. Damit müßt ihr fortfahren. Habt ihr auch bemerkt, daß es mehr Fanatismus gibt?

JOHN: *Allerdings.*

TOM: Er wird langsam versiegen. Ja. Das wichtigste ist, daß er sich entlädt; denn durch Unterdrückung wird er gewaltsamer. Ja.

IRENE: *Aber ist es nicht auch wahr, daß die Anderen, wenn wir Fortschritte machen ...*

TOM: ... sich ebenfalls vorwärts, auf euch zu bewegen. Ja.

IRENE: *Sie versuchen, alles in ihrer Macht Stehende zu tun, um das Ungleichgewicht zu ihren Gunsten aufrechtzuerhalten. Fanatismus ist eines der Mittel, derer sie sich bedienen ...*

TOM: Das ist richtig. Wir sind bei euch, wenn ihr Sorgen habt und verzweifelt seid. Und wir sind auch bei euch, wenn ihr fröhlich seid und lacht. Manchmal zweifelt ihr in eurem bewußten Denken daran, daß ihr eure Aufgabe erfüllen könnt, daß ihr jenen helfen könnt, denen ihr helfen wollt, daß ihr auch künftig das Bedürfnis habt, zu helfen und zu dienen. Wir möchten euch noch etwas erklären, damit ihr voll und ganz versteht. Ihr zweifelt an euch selbst und an eurer Fähigkeit zu tun, wozu eure Seele euch drängt. Wir bitten euch, von nun an eure Zweifel aus dem Weg zu räumen. Ihr habt die Macht, die Liebe und die Kraft, um Chaos, Tragödien und die Vernichtung von Leben auf eurem Planeten zu verhindern. Wir meinen das aus unserer tiefsten Seele, und wir bitten euch, nicht länger zu zweifeln.

ANDRIJA: *Vielen Dank dafür, daß ihr uns soviel Mut macht. Wir haben tatsächlich Zweifel und Fragen, und der Grund dafür ist, daß wir die Ergebnisse unserer Arbeit nicht sehen können. Zum Beispiel tun wir in unseren Meditationen unser Bestes, um auf die Bedürfnisse einzugehen, die ihr beschreibt. Aber in diesem Augenblick wissen wir nicht, ob wir damit etwas erreichen. Ich glaube, das ist die Ursache unserer Zweifel.*

TOM: Wir verstehen das. Doch eines Tages werden selbst diese Zweifel beseitigt. Aber dürfen wir euch bitten, daß ihr den Glauben in euren Herzen bewahrt, den ihr dadurch habt, daß ihr uns kennt und dadurch, daß ihr wißt, daß dieses Universum nicht vom Zufall regiert wird oder von dem, was viele Menschen auf der Erde »Natur« nennen. Wir bitten euch, den Zweifel, der in euch ist, aufzugeben. Versteht ihr?

ANDRIJA: Ja, ich verstehe, und ich denke, wir haben etwas sehr Wichtiges gelernt.

TOM: Könnt ihr Gott sehen?

ANDRIJA: Ich kann es nicht, nein.

TOM: Glaubt ihr, daß es einen Gott gibt?

JOHN: Ja, das glaube ich absolut.

TOM: Wenn ihr das glauben könnt, warum könnt ihr dann nicht glauben, daß ihr die Fähigkeit, die Energie und die Macht habt? Und daß diese Energie, diese Fähigkeit und diese Macht vor allem anderen das wichtigste sind? Vergeßt nicht, daß ihr ein aufrichtiges Verlangen habt zu helfen. Es unterscheidet sich vom Verlangen, andere zu beherrschen.

ANDRIJA: Gibt es etwas Grundsätzliches, was wir über den Zweifel wissen sollten?

TOM: Er ruft Schwierigkeiten hervor. Wenn in euch ein Kabel aus Millionen von Kupferdrähten wäre und einige dieser Drähte schwach würden, dann würde das Kabel nicht reißen; aber es wäre nicht vollkommen.

ANDRIJA: Ja, es würde die Übermittlung von Nachrichten durch das Kabel stören.

TOM: Genau das wollen wir damit sagen. Ihr zweifelt, weil ihr euch selbst und anderen nicht erklären könnt, wer ihr seid.

JOHN: Ich glaube, eines meiner Probleme besteht darin, daß ich mir akut meiner Mängel auf der körperlichen Ebene bewußt bin ...

TOM: Diese Mängel sind nicht so groß, wie du gerne glauben würdest. Manchmal ist der Glaube, unzulänglich zu sein, eine Ausrede. Wenn du einer Schwierigkeit gegenüberstehst, übertrage sie uns, und wir werden sie lösen. Übergib uns deine vermeintlichen Schwächen, und glaube an dich selbst und daran, daß wir helfen werden. Zwischen uns gibt es keine Unzulänglichkeiten. Das sollst du in deinem Herzen wissen. Ja?

ANDRIJA: Weißt du, wir haben keine Perspektive, das ist eine der Schwierigkeiten bei unseren Aktionen. Wir tun etwas hier auf dem Planeten Erde, und wir wissen nicht, mit welchem Ergebnis. Kannst du uns sagen, ob unsere Zweifel irgendwann verhindert haben, daß etwas geschehen ist?

TOM: Wenn das Kabel aus einer Million winziger Drähte bestünde und einige der äußeren schwach geworden und gerissen wären, so würde das Kabel deshalb nicht reißen; aber es wäre schwächer, und man müßte es verstärken. Ja. Nun hast du nach den Ergebnissen eurer Meditationen gefragt, die wir gebeten hatten für bestimmte Situationen zu nutzen, und das habt ihr auch getan. Ihr seid euch aber nicht sicher, ob ihr damit Erfolg hattet.

ANDRIJA: Ja. Das beste Beispiel dafür ist der Tag, an dem wir hinaus zum Kernreaktor gegangen sind. Wir haben meditiert, und es war absolut überwältigend für uns. Anschließend haben wir uns in der Dunkelheit verlaufen, und dann, an einem anderen Tag, hatten wir eine Reifenpanne, kaum eine halbe Meile von diesem Ort entfernt. Und wir wußten, daß das kein Zufall war; aber wir wissen immer noch nicht, was im Reaktor geschehen ist.

TOM: Ihr habt eine Explosion verhindert. Hätte sie stattgefunden, wärt ihr jetzt nicht in eurem Körper - ihr wärt zu uns zurückgekehrt. Wir können euch das nicht beweisen. Doch wenn ein Reifen eures Autos defekt ist, würdet ihr dann einem geliebten Menschen raten, mit diesem Auto zu fahren?

ANDRIJA: Ich verstehe, was du damit sagen willst.

TOM: Ist eine Explosion nötig, damit ihr glaubt, was wir euch sagen?

ANDRIJA: Hmmm ...

TOM: Wir beobachten euch, und manchmal sagen wir: »Sie haben vergessen, wer sie sind, und sie sind im physischen Denken gefangen, weil es in der physischen Welt notwendig ist, ein Objekt zu sehen oder ein Objekt in der Hand zu halten.« Aber ihr solltet wissen, daß ihr in euren Jahren etwas erreicht habt, was zuvor noch nicht gesehen ward. Ihr habt eine Änderung bewirkt. Wir haben eine neue Zeit in eurem Land und in eurem Universum begonnen, und es ist eine Zeit, in der ihr den Faden beseitigen müßt, der euch an die Vergangenheit im Physischen und an die Zweifel bindet. Wir wissen, daß wir viel von euch verlangen, und wir wissen, daß ihr Schwierigkeiten mit euren Mitmenschen habt - wir meinen Leute, die ebenfalls in gewissem Sinne an der Arbeit beteiligt sind -, weil ihr ihnen nicht beweisen könnt, was ihr sagt. Es fällt ihnen schwer, euch zu glauben. Der Beweis wird rechtzeitig erbracht werden. Habt ihr nicht Beweise für das verschlüsselte Wissen gesehen, das ihr seit Jahren in euch tragt? Teile davon wurden doch jetzt in dieser physischen Welt bewiesen, oder?

ANDRIJA: Ja, das ist eingetroffen.

TOM: Müssen wir dann noch mehr sagen? Was wollt ihr mehr? Möchtet ihr, daß ein Wunder geschieht, das beweist, was wir sagen? Dürfen wir fragen, was ihr wollt?

ANDRIJA: Nun ja, ich spreche für mich selbst. Ich will nur die Mission erfüllen, der unsere Hingabe gilt. Ich möchte gerne das Hauptziel erreichen - eure Botschaft bekannt zu machen, und zwar so, daß sie verstanden und gut aufgenommen wird. Das ist mein Wunsch und nichts anderes.

JOHN: Also, ich glaube, deine Frage war, was möchten wir haben, damit wir selbst überzeugt sein können? Meist habe ich das Gefühl, daß ich Glauben und Überzeugung habe. Aber manchmal zweifle ich und hätte gerne einen greifbaren Beweis. Und manchmal verschwindet dieses Bedürfnis dann wieder.

TOM: Wenn du dieses Bedürfnis hast, dann deshalb, weil du in der physischen Welt lebst. Wir möchten euch sagen, daß ihr eure Mission erfüllen werdet; denn in euch ist Hingabe, und immer mehr Menschen sind sich dessen bewußt, daß es Wesenheiten gibt, die nicht vom Planeten Erde kommen. Und es wird nicht mehr lange dauern, bis die Menschen fragen werden: »Wer sind denn diese Wesen aus anderen Welten?«

II. PLANET ERDE

Kapitel 7

Leben auf Erden

Tom sagt weiter unten in diesem Kapitel: »Eure Welt ist sehr einfach; doch die Menschen machen sie sehr kompliziert.« In diesem Kapitel wiederholt Tom einige Sätze oft, aber mit subtilen Unterschieden, die in die scheinbare Wiederholung verwoben sind. Am Ende des Kapitels sind wir mit einigen brillanten Konzepten vertraut.

TOM: Dürfen wir euch erklären, daß euer Planet Erde der schönste Planet im Universum ist? Seine physischen Lebensformen sind so vielfältig wie auf keinem anderen Planeten. Im ganzen Universum gibt es keinen Planeten, der die physischen Merkmale der Erde aufweist. Er ist der schönste von allen, und er lockt Seelen an, die, wenn sie einmal dort waren, immer wieder zurückkommen möchten. Er unterscheidet sich von jedem anderen Planeten. Er birgt Teile aller Planeten des Universums in sich; er ist eine Art Universum im Kleinformat mit allem Guten und allem Bösen, und das ist es, was die Seelen anzieht. Seine Schwerkraft unterscheidet sich von der aller anderen Planeten, und wegen dieser Schwerkraft beginnen die Seelen ihren physischen Körper wahrhaftig zu spüren. Sie stellen sich auf ihn ein und vergessen die Freiheit und die Freude, die sie ohne ihn haben. Die Erde wurde erschaffen, um ein Paradies zu sein. Wenn die Seelen Harmonie erlangen, wird sie wieder ein Paradies sein. Doch wenn wir »Paradies« sagen, meinen wir ein kreatives Paradies, das Wissen vermittelt, das Freude und Liebe bringt, ein Paradies, in dem Menschen sich selbst heilen oder sogar Schmerzen empfinden können, wenn sie dies wünschen. Dieses Paradies wird nicht ohne Herausforderungen, Wachstum oder Schmerz sein. Es wird ein Paradies sein, in dem die Menschen durch ihre eigene Erfahrung ihr eigenes Verständnis über ihre Verbindung mit dem Universum entwickeln können. Ein Paradies, in dem sie Verantwortung für sich selbst übernehmen können - für ihre Mitmenschen, für die Erde und somit für das Universum - und in dem sie das alles, sich selbst eingeschlossen, zur Vollkommenheit bringen können. Die Menschheit muß die Einzigartigkeit und den Zweck des Planeten Erde verstehen, sowie die Unmittelbarkeit seiner Evolution. Sie muß begreifen, daß sie nicht allein ist und daß es keinen Tod gibt. Die Menschen müssen allmählich verstehen, daß es kein Entkommen gibt; denn irgendwann im Leben müssen sie bezahlen. Wenn sie zudem wüßten, daß sie alle Größe in sich tragen, daß sie die Möglichkeit haben, sich voller Freude emporzuschwingen, und daß die Erkenntnis, nicht allein und nicht dem Tod verfallen zu sein, die Energie von Furcht befreit und durch die Energie der Freude ersetzt - dann kann die Erde beginnen, ihre Aufgabe im Universum zu erfüllen. So wie die Erde der Planet der größten Freude werden kann, ist sie, wie bereits erwähnt, mit der größten Schönheit ausgestattet. Wenn wir von »Schönheit« sprechen, meinen wir die Schönheit der Seele, die nach außen dringt. Die Menschheit verwechselt die physische Schönheit, die man mit der äußeren Hülle des Auges sieht, mit der Schönheit der innern Seele des Planeten oder der Wesen, die auf ihm leben. Auch dies muß die Menschheit auf der Erde noch lernen.

JOHN: Könntest du uns erklären, welchen Zweck die physische Existenz hat, vor allem auf diesem Planeten?

TOM: Euer Planet ist ein Planet der Ausgewogenheit, damit ihr lernt, ein Gleichgewicht zwischen den physischen und geistigen Welten herzustellen. Die Erde ist der einzige Planet dieser Art, der einzige Planet der freien Entscheidung im ganzen Universum, der einzige, der erschaffen wurde, um das Spirituelle mit dem Körperlichen in Einklang zu bringen - mit anderen Worten: er wurde erschaffen, um das Paradies ins Leben zu rufen. Die Menschheit hat Korruption in ihrem Innern geschaffen, und dies geschah, weil sie sich mehr mit dem Physischen befaßt hat, statt nach Ausgewogenheit und Verständnis zu streben. Doch nun befindet sich euer Planet Erde an einem Punkt, an dem er schneller aus dem Gleichgewicht geraten kann als je zuvor. Dieses Zeitalter, in dem ihr lebt, ist ein Zeitalter des Wandels. Es ist an der Zeit, daß die Menschen anfangen, dies zu verstehen und auf diesem wunderschönen Planeten in einem wahren Gleichgewicht zwischen Körper und Geist und in Einheit mit dem Schöpfer zu leben. In Liebe und Verbundenheit mit dem Schöpfer und dem, was er geschaffen hat.

JOHN: Das ist die Botschaft vieler Weltreligionen, und die Menschheit hat sie nie wirklich angenommen. Kannst du uns erklären, warum wir diese positive Botschaft nicht akzeptieren?

TOM: Tief im Innern weiß oder spürt die Menschheit, daß sie woanders herkommt, als nur aus sich selbst. Aber die Menschen auf Erden haben einen Wettkampf mit dem Schöpfer begonnen. Wir verstehen das, denn die Menschen begreifen, daß sie eine Seite in sich tragen, die ihnen erlaubt, alles tun zu können, aber sie versäumen, den Schöpfer darin zu erkennen. Sie wollen alleine Schöpfer sein. Das ist unmöglich. Wir haben die Erde oft besucht und hatten immer wieder dasselbe Problem: Wir kamen, um zu helfen, und man erwartete von uns, daß wir tun, was wir nicht tun können, weil dieser Planet es für sich selbst tun muß. Ihr seid ein Teil dieses Planeten; denn ihr habt ihn ausgewählt, um ihm zu helfen.

JOHN: Ich möchte gerne sagen - und ich spreche jetzt für mich selbst -, daß ich wirklich bereit bin, die Verantwortung zu übernehmen. Ich weiß, daß wir die Dinge selbst in die Hand nehmen müssen. Aber es ist eben sehr schwierig und kompliziert, auf dem Planeten Erde zu leben.

TOM: Eure Welt ist sehr einfach; doch die Menschen machen sie sehr kompliziert. Wenn ihr euch um Einfachheit bemüht, könnt ihr viele Probleme rasch und ohne großen Energieverlust lösen, und ihr könnt vieles erreichen. Sorgen und Ängste kosten mehr Energie als die aktive Auseinandersetzung mit den Problemen.

ANDRIJA: Wir leben also auf dem Planeten Erde, auf einem winzigen Staubkorn in diesem riesigen, endlosen Universum. Warum interessiert ihr euch eigentlich für dieses kleine Staubkorn, das wir Erde nennen?

TOM: Damit das Universum sich entwickeln kann, muß die Erde sich entwickeln. Die Seelen, die auf diesen Planeten kommen, sind in ihren physischen Körpern unverantwortlich geworden. Die Erde ist zu einem Planeten der Begierde geworden. Die Seelen, die hier sind, verhalten sich so, als ob sie im Treibsand steckten und von dieser Begierde verschlungen würden.

Es ist wichtig für euch, daß ihr euch weiterentwickelt; denn wenn dieser Planet sich nicht entwickelt, können auch die anderen Planeten im Universum keine Fortschritte machen. Die Erde hat das Wachstum des Universums aufgehalten. Es ist wichtig, daß die Bewußtseinsebene dieses Planeten angehoben wird. Die Liebe dieses Planeten ist die Energie, die Gott speist. Und dieser Planet verhindert, daß ein Teil des Universums wächst, statt sich zu entwickeln, wie er sollte, um eins mit dem Göttlichen zu werden. Ich werde in meiner Erklärung noch einen Schritt weitergehen: Viele Seelen, die hier leben, bleiben nach ihrem Tod in der Atmosphäre des Planeten gefangen. Sie reinkarnieren immer wieder auf derselben Welt und kommen offenbar nicht weiter. Ursprünglich wurde dieser Planet geschaffen, um das Gleichgewicht zwischen der geistigen und der körperlichen Welt zu lehren. Doch in dieser physischen Welt sind die Wesen materialistisch gesinnt und entwickeln sich daher nie über diesen Planeten hinaus. Ihre Begierde steckt immer noch in ihrem Verstand und in ihren Gefühlen und fesselt sie an diese Welt. Damit entsteht eine Vervielfachung, die so lange weitergehen wird, bis dieser Planet versinkt.

ANDRIJA: *Ist dies der Grund dafür, daß so viele Seelen auf diesem Planeten leben? Weil sie einfach nicht über ihn hinauskommen?*

TOM: Sie können ihn nicht überwinden aufgrund von Verlangen, Gier, Haß und körperlichen Vergnügungen, die Freude bereiten. Wir haben nichts gegen körperliche Aktivitäten auf diesem Planeten einzuwenden - außer, wenn sie zum Hauptanliegen werden und die Wesen sich nicht mehr um die Weiterentwicklung des Planeten, um ihre Mitmenschen und um die Entdeckung ihrer Göttlichkeit kümmern. Du hast das neulich, als wir dir zuhörten, erklärt, indem du es als »Flaschenhals« bezeichnet hast. Wir haben das besprochen und sind der Meinung, daß deine Beschreibung zutrifft: Wenn wir in eine Flasche schauen würden und den Stöpsel nicht lösen könnten, stünden wir vor derselben Situation wie die Erde.

ANDRIJA: *Danke. Könntest du erklären, wie es möglich ist, daß ein paar unbedeutende, sehr einfache Geschöpfe wie wir dazu beitragen können, den Stöpsel aus dem Flaschenhals zu entfernen?*

TOM: Die Energie, die euch umgibt, erzeugt einen Wirbel, der nach außen strahlt und das Bewußtsein dieses Planeten anheben kann. Vielleicht haltet ihr das für eine unlösbare Aufgabe - aber das ist nicht der Fall. Ihr habt euch diese Situation ausgesucht, ihr seid freiwillig auf diese dichte, schwere Erde zurückgekehrt. Menschen wie ihr sind häufig auf diesem Planeten wiedergeboren worden - oft nicht aus Notwendigkeit, sondern weil ihr verstehen lernen und ein Gefühl für diesen Planeten entwickeln mußtet, um sein Bewußtseinsniveau zu heben. Mit dieser Energie erzeugt ihr einen Strudel aus Liebe und Frieden und Harmonie, und andere werden zu euch hingezogen, so daß ihr ihnen erklären könnt, wie sie helfen können, das Niveau anzuheben. Alles braucht eine Basis von Energie. Wir sind Energie, und durch Menschen wie ihr wird dieser Planet gerettet werden. Wir arbeiten durch Menschen.

Was für den Planeten Erde geplant war, ist nicht eingetroffen. Während wir entdeckt haben, daß die Erde mehr Schönheit und Vielfalt besitzt als alle anderen Planeten im Universum, haben wir auch erkannt, daß die Bewohner der Erde eine Körperlichkeit an sich haben, die wir nie zuvor auf anderen Planeten gesehen haben.

JOHN: Ich verstehe nicht ganz, woher diese Körperlichkeit kommt.

TOM: Von der Schwerkraft, der Schwere und der Dichte des Planeten und von den Sinnen, durch die ihr die Erde wahrnehmt. Sie existieren nicht auf anderen bewohnten Planeten. Die Seelen auf der Erde begannen zu spüren, daß sie über eine Substanz verfügen, die sie nicht auf anderen Planeten fühlen. Ihr versteht eure Arten der Fortpflanzung?

JOHN: Du meinst Sex?

TOM: Sex war anfangs eine Art der Fortpflanzung, und er ist mit Empfindungen des physischen Körpers verbunden, die ihn erfreulich machen. Doch im Laufe der Zeit wurde er zur Priorität und zum Beginn der Herrschaft eines Menschen über den anderen. Diese Art Herrschaft gibt es auf anderen Planeten nicht. Dadurch wurde das Verlangen im Unterbewußtsein und im Verstand der auf Erden wiedergeborenen Seelen stärker. Andere Planeten kennen ein Begehren dieser Art nicht. Darum ist es sehr wichtig, daß der Planet Erde ins Gleichgewicht kommt. Im Universum gibt es keinen Einwand gegen diese Art der Fortpflanzung; denn sie beruht auf der Entscheidung, daß der Planet Erde sich auf diese Weise bevölkern soll. Widerstand gibt es nur dagegen, daß sie allem anderen vorgeht und alle Seelen in ihren Bann schlägt. Wenn ihr die Bewohner der Erde betrachtet, ist dann Sex nicht die Quelle der meisten Probleme?

JOHN: *Ich nehme an, dies ist der einzige Planet, der euch diese Art von Schwierigkeiten bereitet?*

TOM: Ja. Dies ist der einzige Planet, der einen »Flaschenhals« geschaffen hat. Die Seelen, die auf der Erde leben, weil sie immer wieder reinkarnieren, weigern sich, den Planeten zu verlassen. Alle Planeten, auf denen Seelen leben oder geboren werden, sollen ihnen etwas beibringen; aber ihr Verlangen nach diesem physischen Planeten Erde ist so stark, daß sie sich nicht weiterentwickeln. Hier gibt es Versuchungen, hier gibt es Habgier, und hier gibt es Verlangen.

JOHN: *Wie ist es zu diesem Problem gekommen, und warum wurde es nicht früher erkannt?*

TOM: Es lag daran, daß wir nicht erkannten, welche Probleme Körperlichkeit und Gefühle von Schwere und Lust aufwerfen würden. Dies ist der einzige Planet im Universum, der die physikalischen Voraussetzungen hat, um dieses Problem hervorzurufen. Er hat weder einen Schwester- noch einen Bruderplaneten.

JOHN: *Ist er der dichteste der bevölkerten Planeten im Universum?*

TOM: Ja.

ANDRIJA: *Ich meine, wenn es dieses Problem mit dem Begehren und mit der Lust gibt, müßte man es doch vielleicht auf den Einfluß, sagen wir mal, eines einzigen Elementes wie Natrium oder dergleichen zurückführen können. Habt ihr so eine Ursache finden können?*

TOM: Ich werde nachfragen ... Man hat mir gesagt, das Problem entstehe in der Seele des Individuums. Die Erde ist ein dichter Planet, und das verleiht dem Körper ein anderes Gefühl. Aber die Ursache liegt wirklich in der Seele des Individuums.

ANDRIJA: *Du meinst also, diese dichte Materie könne die Seele tatsächlich so stark beeinflussen? Das hätte ich nicht für möglich gehalten.*

TOM: Sie fühlt Schmerzen, Lust, Kummer und Glück. Der physische Körper hat auf der Erde andere Empfindungen als auf allen anderen Planeten und in allen anderen Seelen, die es gibt. In anderen Sonnensystemen, in anderen Galaxien gibt es andere physische Wesen, die nicht die Dichte haben wie ihr auf der Erde. Auf eurem Planeten beginnt die Seele andere Gefühle zu entwickeln als zuvor, und das vermittelt ihr das Gefühl von Lust und Begehren.

Bei anderer Gelegenheit gaben die Neun auf eine ähnliche Frage folgendes Beispiel:

ANDRIJA: Warum sitzen Seelen auf dem Planeten Erde fest?
TOM: Dieses Festsitzen wird von der Dichte der Schwerkraft verursacht, aber auch von der Illusion, daß die Schwerkraftdichte eine Realität ist. Das Festsitzen ist emotional; es geht zurück auf die Unfähigkeit, in der Dichte der Schwerkraft das Selbst vom Selbst zu trennen. Wenn ihr das Selbst vom Selbst trennt, löst ihr Sperren und lockert die emotionale Gravitationsdichte auf, und es ist euch erlaubt, die wahre Wirklichkeit zu sehen. Dieser Planet wurde geschaffen, um das Paradies zu sein, und damit die Erde all ihre Vielfalt erlangen konnte, mußte sie die Dichte der Schwerkraft haben.
ANDRIJA: Willst du damit sagen, daß die Schwerkraft eines der Dinge ist, mit denen wir zurechtkommen und die wir möglichst überwinden müssen, damit wir wachsen und uns weiterentwickeln?
TOM: Es ist wichtig, daß ihr euch selbst ins Gleichgewicht bringt. Der zu manifestierende Zweck der Menschheit ist die Verbindung des Körperlichen mit dem Geistigen. Doch die Menschheit tappt im Dunkeln, weil sie in ihrer Dichte verharrt und die Natur ihres geistigen Selbst nicht erkennen kann.
Die religiösen Führern eurer Welt, die versuchung die Menschheit zu beherrschen legen es falsch aus und führen sie in die Irre. Und die Religionen, die das Physische verleugnen möchten, sind ebensowenig ausgewogen wie die Menschen, die das Geistige verleugnen möchten. Einige Seelen haben nicht deshalb beschlossen, in dieser Zeit geboren zu werden, weil sie selbst wachsen und sich weiterentwickeln wollten, sondern um dem Planeten Erde zu dienen, um deutlich zu machen, was für eine wichtige Rolle der Planet Erde und seine menschlichen Bewohner im Universum spielen. Viele, die jetzt zur Erde kommen, tun es im Dienste des Universums, um zu helfen, ja.
ANDRIJA: Von unserem wissenschaftlichen Standpunkt aus betrachtet müssen wir also die Beziehung zwischen zwei Kräften, der Gravitation und dem Geist, ins Gleichgewicht bringen?
TOM: Wenn ihr eure Verbindung mit dem Universum anerkennt und vollkommen versteht, wenn ihr eurem Selbst völlig vertraut und glaubt, dann

stellt ihr das Gleichgewicht her und seid nicht mehr gefesselt. Wenn ihr den Geist von dem löst, woran er haftet, wird er befreit. Die Loslösung kann schrittweise erfolgen, damit ihr darauf vertrauen und daran glauben lernt, daß ihr eure innere Verbindung mit dem Universum aufrechterhalten könnt. Dann seid ihr frei. Wenn die kritische Masse in der Menschheit erreicht ist, wenn genügend Seelen befreit werden, dann steuert das Raumschiff Erde auf seine evolutionäre Erfüllung zu.

ANDRIJA: Wie weit sind wir von diesem Prozeß noch entfernt?

TOM: Ihr sollt wissen, daß ihr ihn beschleunigen könnt, wenn jeder von euch Menschen sich dafür einsetzt, und daß er dann schnell und ohne Zerstörungen ablaufen wird. Anders wäre es, wenn die Beschleunigung von selbst käme, aufgrund der Umstände, ohne euren Einsatz.

ANDRIJA: Das ist schön.

TOM: Wenn es zu Veränderungen auf der Erde kommt und wenn eure Fesseln gelockert werden, wird das, was euch fesselt, verzweifelt versuchen, die Fesseln noch mehr zu stärken. Versteht ihr?

JOHN: Ja.

TOM: Ihr müßt wissen, daß ihr alle auf diesen Planeten gekommen seid, um ihn zu verschönern, zu reinigen, zu lieben und euch daran zu freuen. Und ihr müßt wissen, daß ihr in eurer Zeit - durch eure Hingabe und die Hingabe anderer, durch die Qualität eurer Existenz auf der Erde - dem Planeten die Erfüllung des Zwecks seiner Erschaffung bringen könnt. Das macht uns große Freude, und wir danken euch.

Der kosmische Aspekt dieses Dramas besteht darin, diesen Planeten Erde, auf dem so viele Seelen gefangen sind, zu retten. Wenn dieser Planet nicht gerettet wird, wissen weder wir noch ihr, wie viele hundert oder tausend eurer Jahre er sich in einem Zustand der Stagnation befinden wird. Wir wissen nicht wirklich, welche Folgen das auf die gefangenen Seelen haben wird. Ihr wißt, daß eine Krankheit sich ausbreiten kann, wenn sie nicht eingedämmt wird?

ANDRIJA: Ja.

TOM: Versteht ihr, daß der Rest des Universums verseucht werden kann, wenn ihr diese Situation nicht richtig handhabt? Seid ihr euch dieses Potentials bewußt?

ANDRIJA: Nun, nach dem, was du uns sagst, ja. Wir wissen es natürlich nicht aus eigener Erfahrung.

TOM: Wißt ihr auch, daß alles Gute, alles, was Liebe ist, vernichtet würde, wenn das gesamte Universum verseucht würde und wenn diese Seuche sich manifestieren würde? Seid ihr euch dessen bewußt?

ANDRIJA: Nein, das waren wir nicht.

TOM: Wenn die Verseuchung sich von diesem kleinen physischen Planeten Erde ins übrige Universum ausbreiten würde, müßten alle Seelen in Furcht und Haß leben, ohne Hoffnung, in Dunkelheit. Und wenn es so weit kommen sollte, gibt es vielleicht nur noch wenige von uns, die sich um diese Situation kümmern können.

IRENE: Eine der Fragen, die ich stellen wollte, betrifft das Konzept vom Leiden des Menschen und woher es kommt. Soweit ich verstehe, gab es wahrscheinlich kein Leiden, als die Menschen noch in Unschuld wandelten. Wie ist es entstanden, und was ist sein Zweck? Hat sein Zweck mit der Angst der Menschen vor Weiterentwicklung zu tun? Warum gibt es Leiden?

TOM: Zunächst mußt du folgendes wissen: Die Erde ist der einzige Planet im gesamten Universum, der Wahl hat. Anfangs wandelte die Menschheit mit den Göttern. Und ihr kennt die Geschichte vom Baum des Lebens und von der Versuchung: Die Menschen wurden dazu verführt, die Freude der Einheit mit der einen Schöpfung zu erfahren. Dann sagte der Schöpfer: »Dies ist euch verboten« und erlaubte ihnen dennoch, frei zu entscheiden. Sie trafen ihre Wahl. Von diesem Tag an hat nicht der Schöpfer die Menschheit bestraft, sondern sie hat sich selbst bestraft; denn die Menschen hatten in Wahrheit das Wissen darüber, wer sie sind, berührt, und das machte ihnen Angst, weil sie sahen, daß sie nicht in der Verfassung waren, vollkommen zu verstehen.

Dann wurde es notwendig, die Erde zu bevölkern, so daß alle Zellen des Schöpfers Individuen und freie Seelen werden konnten, um dann wiederum frei wählen zu können, in Einklang und Harmonie eins zu werden.

Darum ist die Erde auch der einzige Planet, dessen Bewohner ein Gewissen haben, und die Menschen beschlossen, Trauer darüber zu empfinden, daß sie das Vertrauen zerstörten, das ihnen entgegengebracht worden war. Sie begannen, sich selbst und ihre Kinder zu opfern. Es ist Zeit, diese Farce des Opferns zu beenden; denn sie hält sie gefangen. Befreit die Menschheit!

IRENE: Also haben einige religiöse Führer diese Schuldgefühle ausgenutzt?

TOM: Genau. Sie haben sie ausgenutzt, weil sie dadurch die Menschen gefangen halten konnten. Hört jetzt genau zu: Wenn jemand die Energien aller Geschöpfe versteht und weiß, wie er diese Energien benutzen kann, um sich zu einem Gott zu machen, dann hält er damit die Menschen in Fesseln.

IRENE: Warum hat der Schöpfer dem Menschen am Anfang das Wissen verboten?

TOM: Es war wichtig für die Menschen, ohne Wissensverbot zu beginnen, nur mit freiem Willen und Vertrauen.

IRENE: Der Schöpfer sagte also nicht: »Das Wissen ist euch verboten«, sondern: »Also gut, jetzt könnt ihr euren freien Willen zum erstenmal anwenden. Ich sage euch, ihr dürft dieses Wissen nicht haben. Jetzt steht es euch frei, zu gehorchen oder nicht zu gehorchen.«

TOM: Das ist richtig. Und ihr müßt auch verstehen, daß Gehorsam eine Art Übung ist. Danach braucht ihr nicht mehr zu gehorchen.

IRENE: Der Gehorsam macht also den freien Willen nicht zunichte, sondern fördert ihn sogar, weil man den Gehorsam nicht überbewertet.

TOM: Das ist die große Wahrheit. Ja.

MIKI: Manche Menschen tragen anscheinend eine viel größere Bürde als andere, sie leiden mehr. Soll diesen Seelen damit nur Gelegenheit gegeben werden, eine bestimmte Lektion zu lernen oder andere zu lehren, oder handelt es sich um Unglück?

TOM: In eurer Welt ist alles, was du erwähnt hast, möglich. Es gibt Menschen, die aus Unbewußtheit gegenüber ihrer Umwelt oder aufgrund der Technologie in eurer Welt großes Unglück hervorrufen. In diesem Zeitalter gibt es im Grunde niemanden, der bewußt beschließt zu leiden. Leiden entsteht durch falsches Denken derjenigen, die andere beherrschen. Es gibt nur wenige, die beschließen zu leiden, damit andere daraus lernen.

MIKI: Ich glaube daran, daß der Schöpfer alles weiß, was jetzt geschieht und was künftig geschehen wird. Wie können Menschen dann einen freien Willen haben? Kannst du mir das erklären?

TOM: Ja. Jede Seele ist allwissend, so wie der Schöpfer allwissend ist, und es gibt verschiedene Wege, die jede Seele einschlagen kann. Bevor sie auf die Erde kommen, entwerfen die Seelen ihren Plan, sie beschränken ihre eigenen Wahlmöglichkeiten, aber sie bringen einen Plan mit, und darum können sie entscheiden, ob sie ihm folgen oder nicht. Daß der Schöpfer alles weiß, bedeutet nicht, daß er ins Leben der Menschen eingreift. Wenn deine Kinder sich in der Privatsphäre ihres Schlafzimmers befinden, platzt du auch nicht einfach in ihr Zimmer; denn es könnte sein, daß sie etwas Privates tun, und du würdest sie nicht demütigen oder absichtlich ihre Privatsphäre verletzen wollen, oder? Du bist ein Schöpfer. Du hast eure Kinder geschaffen. Und als Elternteil und Schöpfer deiner Kinder versuchst du sie zu leiten. Und zuweilen zwingst du ihnen deinen Willen auf, um sie zu schützen. Der Schöpfer gibt eurem Verstand nur einen Schubs, aber er zwingt euch nichts auf. Er prüft euch und versucht, euch einen Anstoß zu geben, damit ihr der Richtung folgt, für die ihr euch einst entschieden habt. Wenn ihr eine Richtung gewählt habt und dann bewußt eine andere einschlagt, gibt es kein Eingreifen. Aber in Wirklichkeit, da der Schöpfer nicht eure Privatsphäre verletzen will, wählt er nicht zu sehen, was ihr tun werdet. Das bleibt verborgen, bis ihr es tut. Wenn du deine Kinder zwingen würdest, die Tür zu ihrem Schlafzimmer stets offenzulassen, damit du sie sehen kannst, und wenn du bewußt in ihre Privatsphäre eindringen würdest, dann wüßtest du, was deine Kinder tun würden, oder nicht? Sie würden sich vor dir schützen. Auch der Schöpfer hat beschlossen, eure Türen nicht zu öffnen und nicht vorsätzlich einzudringen.

Im Laufe der Jahre kam es vor, daß die Erwartungen der Gruppe sich nicht erfüllten, und das warf Fragen auf, für die das folgende Gespräch ein Beispiel darstellt:

JOHN: *Wenn ihr das seid, was du sagst, dann könnt ihr irgendwo in der Zeit sein, in der Vergangenheit, in der Gegenwart und in der Zukunft. Wie kommt es dann, daß ihr uns gesagt habt, bestimmte Ereignisse würden eintreten, und sie sind dann nicht eingetreten? Wenn ihr in der Zukunft sein könnt, müßt ihr doch wissen, ob etwas geschieht oder nicht. Könnt ihr mir das erklären?*
TOM: Wir werden versuchen, es auf diese Weise zu erklären: Wir sitzen auf einem Berg. Stellt euch das in eurem Geist vor. Vom Gipfel aus können wir die ganze Erde überblicken. Unter uns befinden sich andere Berge, durch die ihr mit euren physischen Augen nicht hindurchsehen könnt. Wir können das, was hinter uns liegt - ihr nennt es Vergangenheit - voll-

ständig überblicken. Wir können uns daran erinnern, wie es auf der anderen Seite des Berges in der Vergangenheit ausgesehen hat. Vor uns sehen wir andere Berge; aber wir können nicht sehen, was hinter ihnen liegt - wir sehen nur, was über und zwischen ihnen ist. Und wenn ihr vom Berg herabsteigt, um in die Zukunft zu gehen, könnt ihr nicht mehr die ganze Landschaft sehen. Wenn ihr um einen Berg herumgeht, findet ihr mehrere Wege oder Straßen, die jeweils in die Zukunft führen. Wenn alle Wege außer einem versperrt sind, könnt ihr nur einen gehen. Wenn ihr aber wißt, wie man Hindernisse entfernt, könnt ihr einen der anderen Wege einschlagen. Und ihr habt eine größere Auswahl.

Es gibt nie eine einzige Zukunft. Es gibt mehrere mögliche Zukünfte. Das hat mit eurem Willen zu tun. Würden wir die Zukunft kennen, dann würden wir eingreifen und euren freien Willen manipulieren. Das steht uns nicht zu. Wir sehen viele Zukünfte. Nehmen wir dein Land (Großbritannien) als Beispiel. Wäre Churchill vor dem Zweiten Weltkrieg nicht bei guter Gesundheit gewesen oder wäre er ermordet worden, wäre die Geschichte deines Landes möglicherweise ähnlich verlaufen wie gehabt, aber auf andere Art und Weise. Und sie hätte die Zukunft deines Landes vollständig verändert. Wäre die Geschichte nicht so abgelaufen, wie sie es tat, wäre der Unterschied sehr groß. Wir verstehen, daß dies keine befriedigende Antwort ist; aber wir wissen nicht, wie wir es erklären sollen. Wir bestimmen eure Zukunft nicht.

JOHN: Ja, ich verstehe es jetzt besser. Ich glaube, es war ein Mißverständnis. Als ihr sagtet, dieses oder jenes werde geschehen, dachte ich, das sei eine Gewißheit. Ich hätte es als eine von mehreren Möglichkeiten ansehen sollen.

TOM: Das war unser Fehler, nicht deiner. Wir befürchteten, ihr könntet euer Engagement und eure Bemühungen nicht länger aufrechterhalten, wenn wir diesen Fehler einräumen würden.

Eines können wir euch zusichern: Wir werden die Zerstörung des Planeten Erde nicht zulassen. Diese Garantie können euch nicht die 24 Zivilisationen geben, denn es steht nicht in ihrer Macht, sie haben auch ihre Grenzen. Nur wir können das versprechen. Aber wir würden unsere Macht mit der ihren einsetzen, um die Vernichtung der Erde zu verhindern. Damit meinen wir die totale Vernichtung des Planeten, ja.

Kapitel 8

Wie die Evolution der Erde beschleunigt wird

Der erste Teil dieses Kapitels behandelt spezifische Themen, die dann eine philosophische Wende nehmen, wenn Irene dazustößt und mit Tom verschiedene Ideen und Einstellungen erörtert. Das Kapitel hält, was der Titel verspricht - es scheint sich das Tempo zu steigern.

JOHN: Ich glaube, die wichtigste Frage, die sich den Menschen auf der Erde stellt, lautet: Was können sie als Individuen tun, und wie können sie als Individuen die Dinge dahingehend ändern, daß unser Planet seine Erfüllung findet?

TOM: Zuerst und vor allem müssen sie erkennen, daß jeder von ihnen das ganze Universum in sich trägt. Jeder von ihnen trägt die gesamte Schöpfung in sich. Wenn sie das verstanden haben, begreifen sie hoffentlich, daß sie die Integrität des Universums beeinträchtigen, wenn sie wider ihre eigene Integrität handeln. Sie müssen bei allem, was sie tun, in ihrem Innern ihre Motive prüfen; sie müssen lernen, sich selbst zu lieben, und sie können sich nur dann selbst lieben, wenn sie nichts tun, wofür sie sich selbst verachten würden. Es ist wichtig, daß jeder Mensch auf diesem Planeten Erde versteht, daß es anderswo Existenzen gibt. Die Menschen müssen begreifen, daß sie den Schlüssel zur Evolution des Universums in ihrer Hand halten. Dies ist eine Zeit des Erwachens. Es ist eine Zeit, in der die Menschen verstehen müssen, daß sie in ihrem Selbst den Schlüssel tragen, welcher der Erde die Erfüllung bringen kann, ohne daß der freie Wille jemals beeinträchtigt wird. Die Vernichtung des Planeten Erde ist nicht notwendig. Das muß klar verstanden sein, denn der freie Wille der Menschen kann der Erde die Erfüllung bringen.

JOHN: Viele reden von einer bevorstehenden Transformation, und es scheint, als ob wir uns dieser Zeit nähern würden. Kannst du uns etwas darüber sagen und was diese Transformation bedeutet?

TOM: Es ist wahr, daß die Erde an der Schwelle der Transformation steht. Sie steht an der Schwelle zur Befreiung der Seelen und Wesen von ihren Fesseln, so daß sie die Erde emporheben und läutern können, damit das Universum seinen Weg fortsetzen kann. Es ist eine glorreiche Zeit jetzt, um auf eurem Planeten in physischer Form zu leben. Vergeßt nie, daß diese Energie der Individuen individuell bleiben wird. Aber was ihr verstehen werdet, ist die Macht des Gedankens, die Energie der Liebe und die Macht, die ihr in euch tragt, um aus eurer Welt eine Verkörperung des Universums zu machen. Eure Welt ist für alle Teile des Universums ein glorreicher Ort, um zu sein, zu vollbringen und in großer Freude mit der Schöpfung eins zu sein.

JOHN: Wenn es eine einzige Botschaft gäbe, die ihr allen Menschen übermitteln wolltet, was wäre das?

TOM: Seid euch dessen völlig bewußt, daß ihr, jeder von euch Menschen, in eurem Innern den Schlüssel tragt, um Veränderung herbeizuführen. Es ist eure Verantwortung, euer freier Wille, eure Entscheidung.

JOHN: Es gibt zur Zeit viele verwirrende Botschaften aus verschiedenen medialen und prophetischen Quellen. Welche Maßstäbe können wir benutzen, um zwischen ihnen zu unterscheiden?

TOM: Zunächst und vor allem möchten wir es so erklären: So wie es Direktoren von Firmen gibt, die alles wissen, und verschiedene Abteilungen unter ihnen, die sich in ihrem Bereich auskennen, so verhält es sich auch mit Übermittlungen von Wesen aus anderen Ebenen. Einige wenige kennen das ganze Bild, und viele kennen Teile davon. Seid aber auf der Hut, wenn sie euch schmeicheln. Seid stets kritisch, sucht nach Folgerichtigkeit und akzeptiert nichts, was eurer natürlichen Veranlagung oder eurem höheren intuitiven Selbst widerspricht. Achtet darauf, daß sie nicht euer Ego füttern, um euch manipulieren zu können, denn es gibt auch Wesen, die den Planeten Erde vernichten wollen. Laßt euch nicht einreden, daß die Erde vernichtet werden wird.

In eurer Welt gibt es viele, die sprechen, viele, die informieren. Wir geben euch Informationen, die ihr in der Vergangenheit nicht erhalten habt, und das ist der nächste Schritt nach vorne in eurer Entwicklung. Es ist wichtig, daß die Menschen der Erde wissen, daß sie nicht alleine sind und daß sie in ihrem Innern den Kode tragen, der den Planeten Erde zur Erfüllung seines eigentlichen Zwecks führen kann.

Denkt daran: Jene, die darauf aus sind zu beherrschen, haben einen hohen Rang in der Gesellschaft, und sie führen die Menschen in eine Richtung, die ihnen hilft, sich ihrer Verantwortung zu entziehen. Aber vergeßt nicht, daß Beschleunigung jetzt äußerst wichtig ist. Wir stehen am Beginn der Beschleunigung der Evolution des Planeten Erde.

Die Notwendigkeit für diese Beschleunigung ist sehr groß, denn die Meere des Planeten Erde, die Wälder und Bäume, der Himmel und die Atmosphäre, welche die Wesen atmen, die Lebenskraft, sind schon so verschmutzt, daß der Erde die Vernichtung droht. Wir fordern eure Energie und eure Hingabe, um die Menschen dieses Planeten, die Regierungen und die Gemeinden der Erde aufzurütteln. Der innerste Kern der Menschheit beginnt zu wachsen und zu strahlen, die Natur und das Wissen über ihre Anfänge erwacht, um Wandel zu bringen.

Ihr seid Teil dieses Wandels, ihr seid seine Kinder, und ihr seid für ihn verantwortlich. Wenn ihr euch nicht um Beschleunigung bemüht, kommt der Wandel zu seiner eigenen Zeit, ohne euer Zutun, und dann wird auf dem Planeten ein Zustand herrschen, in dem die meisten Menschen nicht mehr existieren können. Akzeptiert eure Fähigkeit, den Hintergrund zu schaffen, der die Einsicht und die Wahrheit über das, wer ihr seid, ans Licht bringt. Die Erde wurde geschaffen, um das vollkommene Paradies aller Paradiese zu sein. Es ist Zeit zu vergeben, sich selbst zu vergeben. Und es ist Zeit für die Menschheit zu verstehen, daß die Aufrechterhaltung von Furcht und Uneinigkeit die Aufrechterhaltung von Vernichtung bedeutet. Die Menschheit hat den Prozeß der Vernichtung bereits eingeleitet. Dennoch gibt es eine große Chance, die Bestimmung der Erde zu erfüllen.

Akzeptiert, daß ihr dazu beitragen könnt, diese Bestimmung zu erfüllen. Ihr seid keinen Grenzen unterworfen. Eure Grenzen und Beschränkungen werden nur durch eure Ängste geschaffen. Das heißt nicht, daß ihr einen tausend Meter hohen Berg erklimmen und dann herunterspringen sollt. Es bedeutet, daß ihr euch selbst, euer wahres Wesen, verstehen und daraus praktische Folgerungen ziehen müßt. Es bedeutet, daß ihr beginnen müßt, euch selbst mit Hilfe der Fähigkeit eures Geistes und eures Denkens zu erweitern.

Euer physischer Körper ist auf diesem physischen Planeten Grenzen unterworfen; doch euer Geist und euer Denken können wachsen und sich erweitern und alle Winkel des Universums erreichen. Und wenn der Geist die Wahrheit des Selbst versteht, kann das die Bürden dieser physischen Welt erleichtern, die euch gefangen halten. Ihr Menschen seid ein Kaleidoskop, und manchmal zeigt ihr ein verworrenes Bild - aber mit nur einer Drehung könnt ihr zu Bildern der Schönheit und Reinheit werden, und so könnt ihr die Sphären des Universums bereisen.

JOHN: Nehmen wir einmal an, alles bleibt, wie es ist, die Menschheit erweitert ihr Bewußtsein, ihr Verständnis für die Umwelt, ihr Verantwortungsbewußtsein nicht - wie lange würde es dauern, bis wir unsere Umwelt dann völlig zerstören? Es wäre nützlich für uns, das zu wissen.

TOM: Was die Atmosphäre eures Planeten betrifft, so bleiben euch nicht mehr als 20 bis 25 Jahre eurer Existenz. Ohne Sauerstoff ist kein Leben auf eurem Planeten Erde möglich. Wenn die Völker auf eurem Planeten Erde nicht zur Vernunft kommen, werden sie sich selbst vernichten.

Diese Antwort gab Tom 1978. Das folgende Gespräch stammt aus dem Jahre 1989:

ANDRIJA: Du hast einmal einen interessanten Ausdruck verwendet: daß »die Zeit sich beschleunigt«. Was ist darunter zu verstehen?

TOM: Wenn dieser Planet auf seinem Weg weitergeht, wie er es bisher getan hat, ohne diese Beschleunigung, dann führt das zur Vernichtung. Ist euch das klar?

ANDRIJA: Ja.

TOM: Dank der Meditationen der Menschen auf diesem Planeten Erde beginnt die Zeit sich nun zu beschleunigen, und die Folge ist, daß die Erde zu einem Lichtfahrzeug wird und die Menschheit plötzlich Bewußtheit erlangt. Es ist ähnlich wie mit den Folgen, die der »hundertste Affe« in Gang setzen kann. Wenn ihr also jetzt zu verstehen beginnt, welche Macht die Meditationen in kleinen Gruppen wie der euren hat, könnt ihr die Welt verändern.

Die folgende Frage zum Hunger in der Welt wurde 1989 gestellt:

ANDRIJA: Mir fällt auf, daß es auf diesem Planeten immer mehr Hunger gibt. Es kommt zu Aufruhr, weil Lebensmittel knapp werden und die Preise zu hoch sind. Was können kleine Menschen wie wir dagegen tun?
TOM: Es ist nicht notwendig, daß irgendjemand auf diesem Planeten wegen Unterernährung stirbt. Hunger gibt es nur, weil es Unwissenheit gibt und weil einige Regierungen der Welt versuchen, andere zu beherrschen. Wir werden es nicht zulassen, daß irgendeine Gruppe von Menschen ausgelöscht wird. Versteht ihr? Aber ihr müßt dieses Problem nun in eure Meditationen aufnehmen. Durch Meditation könnt ihr die Vernichtung verhindern.
IAN: Wie groß sind die Chancen für eine Evolution dieses Planeten? Wie groß ist unsere Aussicht zu überleben?
TOM: Die Zeit war noch nie so günstig wie jetzt, um die Evolution eures Planeten zu fördern. Alles ist möglich, und der Wandel kann schnell eintreten. Wir möchten euch ein Beispiel geben: Vor einem Jahr (1987), zur Zeit des Passahfests, verunstalteten die Menschen in Israel ihr Land mit Abfall. Es war ein sehr trauriger Anblick. Und in einem Jahr geschah etwas, das auf Erden als Wunder bezeichnet wird, denn innerhalb dieser Zeit wurde das Land gesäubert. Es lag kein Abfall mehr herum, und die Leute hatten größeren Respekt vor sich selbst und vor anderen. Wenn das in der Nation Israel möglich ist, wo die Menschen größtenteils eigensinnig sind, dann könnt ihr alles erreichen, was ihr erreichen wollt! Der Wandel hat bereits begonnen. Jene, die wissen, können das Übel des Hungers auf der Erde beseitigen; sie können auch Katastrophen verhindern, die der Mensch herbeiführt; und sie können aus eurem Planeten das machen, wozu er geschaffen wurde.
IAN: In welchem Ausmaß beeinflußt und fördert ihr die Evolution und die Menschen, die dabei helfen möchten?
TOM: Wenn jemand fragt: »Was können wir tun?«, dann sind wir da. Seht ihr, wir können nicht das Geringste tun, ohne daß jemand bittet. Wir dürfen, können und werden nicht in die Willensfreiheit eingreifen. Doch wenn ein Mensch bittet - zuweilen bitten sie nur aus Jovialität, nicht aus der Tiefe ihrer Seele -, dann dürfen wir ihm helfen, sich weiterzuentwickeln. Es

ist wichtig, daß den Menschen bewußt wird, daß sie nicht allein im Universum sind und daß sie Verantwortung übernehmen müssen, denn sie können der Verantwortung nicht entgehen.

JOHN: Kannst du Einzelpersonen einen Rat geben? Denn viele sagen: »Ach, was kann ich schon alleine tun?« Gibt es einen kleinen Beitrag, den auch einzelne leisten können?

TOM: Es ist sehr einfach: Verhaltet euch so, daß ihr euch selbst dafür lieben könnt. Behandelt andere so, wie ihr von ihnen behandelt werden möchtet. Tut nichts und denkt nichts, was euch in eurer Seele, in eurem Bewußtsein die Selbstachtung nimmt. Wenn ihr damit beginnt, wird sich alles ändern. Und es wird sich alles ändern, wenn die Menschen akzeptieren, daß jene, die in anderen Teilen des Universums leben, ihnen ebenfalls Liebe und Verständnis geben können. Alles wird sich ändern, wenn die Menschen ihre innern Energien verstehen.

Wir haben sehr hart gearbeitet - obwohl das nicht der richtige Ausdruck dafür ist, denn wir arbeiten nicht wirklich. Aber es gibt kein anderes Wort in eurer Welt, darum verwende ich dieses. Wir arbeiten daran, die Krise abzuwenden, und bisher (1974) hatten wir noch keinen Erfolg. Vor Tausenden von Jahren wurde vieles in Gang gesetzt. Aber ihr müßt auch erkennen, daß es Dinge gibt, die kein Teil des Plans sind, menschliche Dinge, hervorgebracht durch Habgier und Eitelkeit und Verlangen. Wir sprechen von den Regierungen, welche die Welt beherrschen. Sie rufen die Krise hervor. Sie war kein Teil des Plans, versteht ihr?

ANDRIJA: Ja, und wir finden dieses Gespräch sehr nützlich.

TOM: Es ist Zeit, daß die Völker der Erde von ihren Regierungen, von ihren religiösen Führern, von ihren Lehrern Wissen und Einsicht fordern, um zu erfahren, was wirklich vor sich geht. Dies ist die Zeit der Menschen.

Bisher haben eure Regierungen, eure Religionen und eure Gesellschaft euch in Unwissenheit und in Fesseln gehalten. Die Beschleunigung wird die Menschen eurer Welt veranlassen, von der Wissenschaft und den Regierungen Antworten zu verlangen. Letztlich sind wir jedoch zu der Schlußfolgerung gelangt, daß wir die Menschen nur durch ihren physischen Körper und durch die Heilung des physischen Körpers erreichen können. Viele Menschen werden geheilt werden, und viele werden sich der Heilung öffnen. Und durch die Heilung werden sie sich des größeren Universums bewußter werden. Die Menschheit muß wissen, daß sie Verantwortung für die Erde übernehmen muß, und die Wissenschaft muß verstehen, daß sie in ihrem Innern nicht die Macht besitzt, der gesamten Menschheit Vorschriften zu machen, höchstens einem Teil. Die Wissenschaft hat aus Liebe zu ihrer Führungsposition die anderen Gesellschaftsstufen der Menschheit ausradiert. Die Wissenschaft ist zu einer Religion geworden, die manipuliert und beherrscht, und die führenden Wissenschaftler müssen jetzt anfangen, ihre Verantwortung zu akzeptieren.

Dies ist eine traurige Zeit für die Welt, denn wie in der Vergangenheit und in allen emotionalen Krisen machen die physischen Wesen auf diesem Planeten alles andere außer sich selbst für ihre Probleme verantwortlich. In Wahrheit haben sie die Probleme selbst verursacht. Es ist, als wollten sie einander die Schuld geben, um sich selbst zu entlasten - sie möchten einander am liebsten in eine Schlangengrube werfen. Eines Tages werden sie sich dafür schämen; doch dies ist die Geschichte der Erde. Wir können dies weder in der Zukunft, noch jetzt, gebrauchen. Es ist Zeit, daß jeder einzelne und alle Nationen innehalten und reagieren und erkennen, daß die Schuld in ihnen selbst liegt und in keinem anderen. Wie können die Völker in Frieden leben, wenn die Menschen keinen Frieden mit sich selbst finden?

ANDRIJA: Ja, das ist die große Frage: Wie kann jeder Mensch Frieden in seinem Herzen finden?

TOM: Kannst du Frieden in deinem Herzen finden?

ANDRIJA: Nein, das fällt mir sehr schwer. Aber ich glaube, ich bin wahrscheinlich in besserer Verfassung als viele andere.

TOM: Bist du sicher?

ANDRIJA: Soweit ich es beurteilen kann, ja.

TOM: Dann hast du einen großen Schritt getan, und wir würden sagen: Ja, du hast Frieden gefunden.

JOHN: Es wäre sehr wichtig für uns, wenn ihr uns eine Vorstellung von der idealen Erde in, sagen wir, 50 oder 100 Jahren vermitteln könntet. Wie würde eine solche Erde in materieller und physikalischer Hinsicht aussehen?

TOM: Sie wäre ein Planet des Gleichgewichts. Sie wäre für das Auge schön und friedlich und von sanften Farben. Es gäbe Sanftheit und Frieden zwischen den Arten des Planeten Erde unter der Fürsorge der Menschen, aber vor allem wäre die Aufgabe der Menschheit, in ihrem friedvollen, freudigen Dasein eine Lebensqualität zu schaffen, welche die Kenntnis und das Wissen über die große Freude des Einsseins mit dem Universum ans Licht bringen wird. Wenn die Menschen an Liebe und Freude und Frieden und Musik und Farbe und Ausgewogenheit denken, dann ändert sich vieles. Die Menschen haben sich bereits so sehr an Streit, Konflikt und Hochmut gewöhnt, daß sie sich ohne diese vor Langeweile fürchten. Wir versprechen euch, es wird nicht langweilig sein. Ihr werdet keine Zeit für Langeweile haben; denn die Aufgaben auf diesem Planeten Erde in seiner Rolle als das Beispiel für das Paradies werden endlos sein, und das Universum wird sich unaufhörlich erweitern. Darum wird es immer neues Wissen, neue Farben, neue Laute geben. Die Vervollkommnung der Erde wird eine Ekstase bringen, die auf andere Weise nicht zu erreichen ist. Allerdings wird die Erde niemals ein Planet sein, auf dem durchgehend nur Urlaub gemacht wird, das versichern wir euch.

JOHN: Ich habe noch zwei praktische Fragen: Ich glaube, die Umwelt wird sich verändern, und es wird reicheren, üppigeren Pflanzenwuchs geben. Ist das ...?

TOM: Das ist richtig. Denn negative Energie ist lebensfeindlich.

JOHN: Und die Pflanzen werden die häßlichen Bauwerke von heute überwuchern, die ...?

TOM: Das ist richtig. Ein Teil wird erhalten bleiben, um an die alte Zeit zu erinnern.

JOHN: Das andere ist die Frage des Transports. Auf dem ganzen Planeten gibt es enorm viel physische Beförderung von Menschen und Dingen von einem Platz zum anderen, und das trägt erheblich zur Zerstörung unserer Umwelt bei. Werden alternative Kommunikationsmethoden dafür sorgen, daß es weniger Transport gibt?

TOM: Nicht weniger Transport, denn es wird gebräuchlich sein, verschiedene Teile der Erde zu bereisen und kennenzulernen. Aber der Transport wird nicht mehr zu Staus, Umweltverschmutzung und Zerstörung führen. Ihr müßt wissen, daß die Erde nicht überall gleich aussehen wird. Darum wird es immer noch notwendig sein zu reisen, ja ... Es wird möglich sein zu reisen.

JOHN: Mir scheint, gewisse Institutionen, die Wirtschaft, das politische und gesellschaftliche Gleichgewicht und so weiter werden sich wahrscheinlich verschlechtern oder zusammenbrechen, und ich glaube, dieser Prozeß wird ziemlich bald beginnen. Ist das ein allgemeines Vorzeichen?

TOM: Aber weißt du, warum das geschieht?

JOHN: Nun, ich denke, es muß geschehen, bevor wir neu aufbauen können. Oder?

TOM: Das ist eine von mehreren Möglichkeiten. Aber wir möchten euch erklären, daß die Schwierigkeiten in euren wirtschaftlichen Systemen, die Verschmutzung der Luft, des Wassers und des Bodens, die Verschmutzung der spirituellen Welt um die Erde herum und das Verlangen der Seelen nach Dingen, die ihnen ein falsches Bild von sich selbst geben (Drogen), daß all diese Manifestationen ebenfalls der Beginn des Zusammenbruchs sind.

JOHN: Wie sieht die Zukunft der Erziehung und der Schulen aus?

TOM: Hier kann es einen Zusammenbruch geben. Es gibt Gründe dafür, das jetzige Erziehungs- und Bildungssystem nicht beizubehalten. Gifte haben den Geist der Menschen rebellisch gemacht; außerdem können sie das in öffentlichen Schulen angebotene Wissen nicht aufnehmen, weil es nicht wahr ist. Das ist ein Prozeß. Wenn ihr eure Erziehungssysteme während der letzten zwanzig bis dreißig Jahre (bis 1975) unter die Lupe nehmt, dann seht ihr, daß es keine Verbesserung, sondern nur Verschlechterung gegeben hat. Denn sie haben keine Seele.

Der Rat sagt, ich habe deine Frage nicht beantwortet - deine Annahme, daß vor dem Neuaufbau irgendeine Art von Zusammenbruch notwendig ist. Die Antwort lautet ja. Ihr müßt jetzt für Ausgewogenheit sorgen; denn die Erde, auf der ihr lebt, kann nicht mehr lange bestehen, nach euren Jahren gerechnet. In zweihundert eurer Jahre wird es auf diesem Planeten eine Eiszeit geben, wenn ihr nichts dagegen unternehmt. Dann werden die Seelen, die auf diesem Planeten gefangen sind, für immer gefangen sein, weil die Menschen negativ denken und ihre Seelen verkaufen. Sie werden dann unfähig sein, sich zu entwickeln und zu verstehen, weil sie ständig mit dem Verlangen und den Leiden des Physischen zu tun haben werden. In unmittelbarer Zukunft werdet ihr großen Herausforderungen gegenüberstehen, zahlreichen Problemen in der Welt, Umweltverschmutzung, Hunger, Schwierigkeiten innerhalb eurer Regierungen. Vergeßt aber nicht, was wir euch sagen: Innerhalb von zweihundert eurer Jahre wird dieser Planet gefroren sein. Der Grund dafür, daß wir kommen, und der Grund für eure

Arbeit ist, die Menschen bewußt zu machen, damit wir die Seelen auf diesem Planeten retten und das Problem beseitigen können, das für das Universum entstanden ist. Wir befinden uns nun (1975) in einer gefährlichen Zeit, und die negative Energie baut sich auf.

Zurück zu den technologischen Aspekten unserer Evolution:

TOM:. Mit unserer Technologie können wir die Erde von den Problemen befreien, die eure Umweltverschmutzung und eure Technologie geschaffen haben.

ANDRIJA: Kannst du kurz beschreiben, wie ihr dieses Wissen von eurer Welt in unsere Welt übermitteln werdet?

TOM: Es wird notwendig sein, daß wir auf eurem Planeten sichtbar und körperlich werden. Es ist nicht genug Zeit dafür da, euch lediglich die Daten zu geben und euch die Technologie selbst ausarbeiten zu lassen, das würde Jahre dauern. Wie ihr wißt, wird dieser Planet nicht imstande sein, sich selbst zu erhalten. Sein Wasser wird schmutzig sein, der Boden wird nicht die notwendige Nahrung hervorbringen. Und die Erde wird mit Wesen und Seelen übervölkert sein, die sich immer wieder auf ihr inkarnieren, weil sie sich an ihre körperlichen Verlangen erinnern - essen, berühren, sich fortpflanzen. Dies ist der eigentliche Grund dafür, daß sie im Äther dieses Planeten gefangen sind.

ANDRIJA: Wenn morgen jemand voll guten Glaubens und Willens zu mir käme und sagte: »Ja, ich gebe zu, daß es so ist, wie du sagst, und daß diese Dinge tatsächlich geschehen. Doch was kann ich als einzelner in der Praxis tun, um die Entwicklung umkehren zu helfen?« - Welchen Rat würdest du ihm geben?

TOM: Wenn dieser Mensch glaubt und einen anderen informiert und dieser wiederum einen anderen informiert und so weiter, dann können die Dinge sich ändern. Dann werden viele zu Leuten wie euch kommen und Fragen stellen. Dies wird die Zeit der Massen sein, nicht die Zeit der Regierungen, der Religionen, der Gesellschaften, welche die Massen beherrschen. Die Massen werden informiert werden - durch euer Radio, euer Fernsehen und eure Publikationen. Sie werden hören und zuhören, weil die Beweise unter ihnen sein werden.

ANDRIJA: Es geht also darum, an eure Existenz zu glauben und entsprechend zu handeln. Ist das der Kern der Botschaft?

TOM: Ja. Wenn ihr nämlich unsere Existenz nicht anerkennt, können wir euch nicht helfen. Die Vorbereitung besteht darin, den Menschen das Wissen zu vermitteln, daß wir helfen können und werden und daß wir keine Gefahr sind, weil wir in Liebe und Frieden kommen, um zu helfen. Viele Menschen werden die Lebensform, von der wir sprechen, nicht verstehen. Sie werden außerstande sein, den Kosmos zu begreifen und den Flaschenhals, den dieser Planet geschaffen hat. Aber denkt daran: Das ist nicht immer notwendig. Die Tatsache, daß wir existieren, und die Tatsache, daß sie dies akzeptieren, und die Tatsache, daß wir ihnen nicht schaden wollen, daß wir in Liebe kommen und daß sie das erkennen werden - darauf kommt es an. Und wenn wir diesem Planeten technologisch helfen, können wir auch Wahrheit und Liebe verbreiten, damit die Seelen dieses Planeten sich weiterentwickeln und die Probleme beseitigen können, die das Universum auf den Kopf stellen.

ANDRIJA: Wenn das Wissen durch das Fernsehen, durch Zeitungen und so weiter verbreitet wird, wie sollen dann Völker davon erfahren, die einfach leben und keinen Zugang zu den Massenmedien haben, zum Beispiel Völker in Teilen von Afrika und Asien?

TOM: Sie brauchen kein zusätzliches Wissen, weil sie jetzt schon wissen. Was Afrika und Asien angeht, so wissen die Menschen zwar nicht genau, was geschehen wird, aber sie wissen, daß etwas geschehen wird. Auch die religiösen Führer Indiens wissen sehr genau, daß etwas im Gange ist. Es sind die fortgeschrittenen, die sogenannten entwickelten Länder, die ein Problem darstellen.

Wenn der Planet Erde gerettet werden kann - und er wird gerettet werden - wird das ganze Universum auf eine Ebene emporgehoben, auf der alle Seelen das erlangen, was sie seit Anbeginn der Zeit gesucht haben. Und denkt daran: Wenn die Seelen des Universums in ihrem Herzen ruhig und fröhlich und friedvoll sind und diese Liebe hinaustragen, dann werden selbst jene Seelen, die negativ und dunkel sind, von Leben und Liebe eingeholt. Könnt ihr euch vorstellen, daß das gesamte Universum in einem nahezu blendenden Licht, in einem Licht aus reiner Liebe strahlen wird, wenn ihr erreicht, wozu ihr auf diesen Planeten gekommen seid? Alles wird eins werden, und das ist es, wonach alle gestrebt haben. Wir bitten nur darum, daß ihr niemals vergeßt, was wir euch gesagt haben, nicht einmal in euren dunkelsten Momenten, nicht einmal, wenn es Schwierigkeiten unter euch oder unter den Nationen und Völkern gibt. Wenn wir den Planeten heute betrachten, sehen wir nur hier und da ein kleines Glühen, und es gibt viele dunkle Gebiete. Aber wir wissen, daß reine Liebe das Universum erfüllen wird, wenn ihr das vollbringt, wozu ihr auf die Erde gekommen seid.

IRENE: Wir haben früher einmal über Regeln gesprochen. Ich möchte dieses Gespräch gerne fortsetzen und dabei meinem Instinkt folgen. Ich glaube, daß es keine Regeln mehr gibt. Es mag Regeln geben, wie ihr sie versteht, aber keine Regeln, wie wir sie verstehen, weil wir uns auf eine neue Ebene zubewegen. Außerdem bin ich der Meinung, daß wir Menschen das nicht zum ersten Mal erleben. Allerdings könnt ihr euch wohl deutlicher als wir daran erinnern. Stimmst du mir zu?

TOM: Aber wir können uns doch alle erinnern.

IRENE: Okay, wir stimmen dir zu. Wir waren alle schon mal hier.

TOM: Das ist richtig, und du erinnerst dich richtig, daß ihr schon mal in einer Zeit hier ward, als es keine Spielregeln gab. Es ist völlig richtig, es gibt keine Grundregeln, wie ihr es nennt.

IRENE: Genau. Und unsere menschliche Natur wird es uns ermöglichen (sobald wir vollständig verstehen), den Evolutionssprung zu schaffen, den wir das letztemal nicht geschafft haben.

TOM: Das ist richtig. Was in eurem innern Selbst am Werk ist, ist euer Vertrauen, euer Glaube, euer inneres Wissen, das beginnende innere Verständnis von Existenzen in der Vergangenheit und die Verantwortlichkeit, die sich aus der Notwendigkeit entwickelt.

IRENE: Gut. Meiner Meinung nach haben wir uns innerhalb unserer menschlichen Natur so weit entwickelt, daß wir nun das Spirituelle in unsere menschliche Natur integrieren müssen.

TOM: Das ist richtig. Dafür ist die Erde da.

IRENE: Und diese Alchemie, richtig ausgeführt, bringt die Transformation zustande.

TOM: Das ist richtig. Bis die Erde ein Lichtfahrzeug wird. Das ist ewige Unsterblichkeit.

IRENE: Sobald die Menschen ihre Freude akzeptieren und sobald sie wissen, daß sie nicht mehr leiden müssen, um zu überleben, brauchen sie keine Angst vor Langeweile im wiedergewonnenen Paradies zu haben. Ich habe da plötzlich etwas verstanden, und zwar, wenn man die Geschichte der Menschheit betrachtet, dann erkennt man, daß sie seit Anbeginn der Zeiten Probleme, Kriege, Uneinigkeiten, Kampf, Tod, Töten und so weiter ins Leben gerufen hat, nur um diese überwinden zu können. Dann kann sie eine Zeitlang Frieden haben, und dann geht es wieder von vorne los. Was können wir tun, um dieses Muster zu durchbrechen? Wie sollen wir anfangen? Ich weiß jetzt, daß es auch etwas mit der Integration des Körperlichen, des Spirituellen und so weiter zu tun hat. Aber worauf kommt es sonst noch an?

TOM: Sieh mal: Es ist notwendig, den natürlichen Mut des Menschen, der sich in Arroganz verwandelt hat, wieder in Mut zurückzuverwandeln. Habt Mut zu sein, was ihr wirklich seid, ohne die Arroganz, die als unerläßlich galt, weil die Menschen sich für etwas ganz Besonderes hielten. Ja. Nehmt das in eure Meditation auf; denn wenn die Menschen zu verstehen beginnen, dann werden sie sich beeilen. Verstehst du jetzt?

IRENE: Ja. Mut wird also einer der Eckpfeiler des menschlichen Fundaments sein, das die höhere Ebene trägt, auf welche die Erde emporgehoben wird.

TOM: Und Nächstenliebe.

IRENE: Und?

TOM: Mitgefühl.

IRENE: Und?

TOM: Güte.

IRENE: Das ist also das Fundament. Und darauf müssen wir unsere Struktur errichten. Und von da aus können wir uns mit anderen Welten in Verbindung setzen.

TOM: Und das erzeugt, was Menschen ein Hochgefühl nennen.

IRENE: Während wir uns unterhalten, existiert noch etwas anderes, in einer anderen Zeit und an einem anderen Ort?

TOM: Richtig.

IRENE: Ihr und wir können zusammen diese Verbindung herstellen.

TOM: Richtig.

IRENE: Soweit kapiere ich es noch. Diese Verbindung hat etwas mit einer Realität außerhalb unserer Realität zu tun. Du sprichst über ein Fundament, auf dem wir eine menschliche Struktur bauen sollen. Aber gleichzeitig brauchen wir die Verbindung mit einem anderen Raum und einer anderen Zeit.

TOM: Das ist richtig.

JOHN: Kannst du uns etwas über diese andere Wirklichkeit sagen?

TOM: Sie ist der Spiegel. Verstehst du, daß der Schleier, der von euch abgezogen wird ...

IRENE: Warte mal, warte. Du willst also damit sagen, daß wir in einer anderen Zeit und in einem anderen Raum - so lächerlich das auch klingen mag - daß eine Zeit kommen wird, in der wir imstande sein werden, uns lediglich durch Gedanken zu verständigen, richtig?

TOM: Genau.

IRENE: Schön - aber wir sind noch nicht soweit.

TOM: Das ist richtig. Und dann werdet ihr euch weiter und weiter und weiter entwickeln, und die Ewigkeit hat kein Ende. Wenn du gleichzeitig in zwei Spiegel schaust, was siehst du? Du siehst dich selbst in Unendlichkeit.

IRENE: Stimmt.

TOM: Ihr müßt auch wissen, daß Energie aufbaut, erschafft, ermutigt und Kraft verleiht ... Ihr müßt den Schleier von euch abstreifen, den Film, der vorspiegelt, daß die Erde euch gefangen hält. Am Anfang, als die Schuld ... Versteht ihr die Schlange im Garten Eden?

IRENE: Der »Eine«, der vor der Schöpfung war, wußte. Aus diesem Wissen entstand vieles, auch der Wunsch, die Erde zu erschaffen oder vielleicht, sie neu zu erschaffen. Ich überspringe einige Stufen: Adam und Eva im Garten, die Lektion des Gehorsams, das Verständnis des freien Willens und die Ausübung des freien Willens im bewußten Ungehorsam.

TOM: Auch die Ausübung des freien Willens im Gehorsam ist wichtig, Siehst du die Gegensätze?

IRENE: Absolut.

TOM: Ja. Ihr müßt verstehen, daß ihr diese Offenbarung selbst entdecken müßt. So wie jeder von euch offenbart werden muß.

JOHN: Mir ist nicht klar, was du mit »offenbart« meinst.

TOM: Wenn du das verstehst, dann verstehst du auch, was wir gesagt haben.

JOHN: (seufzt)

TOM: Das ist keine Übung im Spielen. Es ist eine Übung, damit ihr für euch selbst zu denken beginnt.

JOHN: Mein Gehirn ist im Moment wie Rührei!

TOM: Wenn ihr versteht, wer ihr seid, dann können wir alles, was wir sind, und das Wissen in uns vollständig auf euch übertragen.

IAN: Ist es nicht so, daß Teile von uns im Prozeß des Strukturierens offenbart werden?

TOM: Das ist richtig.

IAN: Und wir brauchen uns über diese hypothetischen Dinge keine Gedanken zu machen?

TOM: Das ist richtig. Wenn ihr damit beginnt, dann kommt es in vielen Menschen zu einer Offenbarung. Denn diese eure Welt, auch dieses Universum, mußten strukturiert werden. Jetzt beginnt eine sehr wichtige Zeit für euch, aber sie ist noch wichtiger für uns. Ihr werdet euch selbst und die Erde heilen. Die Heilung beginnt in jenen, die das Selbst und ihre geistige Blockade überwunden haben. Versteht bitte, daß wir euch sehr lieben und uns sehr über euch freuen. Und denkt daran und versteht, daß wir die Erde von unserer Liebe und von unserer Existenz informieren wollen. Wir geben euch Liebe, wir bringen euch Frieden, und wir sind dankbar dafür, daß ihr bei uns seid. Wir verlassen euch jetzt.

Kapitel 9

Scheideweg

Dieses Kapitel handelt von unseren Entscheidungen und davon, wie unser Verhalten sich auf dem ganzen Planeten widerspiegelt. Es geht um unsere Einstellung zum Materialismus und zur Ökologie. Toms erste Botschaft scheint zu wiederholen, was er in einem früheren Kapitel gesagt hat - doch wieder einmal fügt er etwas hinzu.

TOM: Der Planet Erde mit seinen Menschen ist ein riesiger Flaschenhals im Universum. Die physische Erde ist der physischste Planet des Universums und wegen seiner Vielfalt auch der schönste. Diejenigen, die auf der Erde leben und bereits auf anderen Planeten gelebt haben, müssen zu einem Gleichgewicht zwischen dem Physischen und dem Geistigen finden, wenn sie auf der Erde geboren werden.
Aber wegen der Dichte des Planeten Erde werden die Seelen, die auf ihm leben, noch physischer, und wenn ihre physischen Körper sich zu Erde verwandeln, möchte ihr Geist den Planeten nicht verlassen - er sorgt für ein »Recycling«. Und jede dieser Wiedergeburten bewirkt, daß sie noch mehr nach Vergnügen und Freuden verlangen.
Wir hätten dagegen keine Einwände, wenn es tatsächlich zu einem Gleichgewicht mit der Natur des Planeten führen würde und wenn dabei gelehrt und aufgenommen würde, worin der Zweck der Erde besteht. Als dieses Recycling begann, gab es Wesen von anderen Planeten, die das Bedürfnis hatten, auf die Erde zu kommen, und daher gab es bei euch eine Bevölkerungsexplosion. Diese Wesen leben sowohl in ihrem Körper auf der Erde als auch in den Chakren der Erde und in den Geistern, die den Planeten umringen. Und in sich tragen sie den Wunsch nach Wiedergeburt.

MIKI: Ich beteilige mich an einer Aktion, die dazu aufruft, den Hunger auf der Welt bis zur Jahrhundertwende zu beseitigen, und ich wüßte gerne, was unser Hauptziel sein sollte - alle Menschen auf Erden zu ernähren, einerlei, wieviele es sind, oder die Zahl der Menschen zu begrenzen?

TOM: Wenn euer Planet sich durch eure Hilfe und die Unterstützung von anderen ins Gleichgewicht gebracht hat und wenn er sich dann zu einer höheren Schwingung hinentwickelt hat, wird auch die Bevölkerungsexplosion aufgehalten, denn negative Energien sind dann nicht mehr imstande, das Gleichgewicht zwischen dem Positiven und dem Negativen zu stören. Wenn alle in bezug auf die Befriedigung körperlicher Bedürfnisse Frieden in sich haben können, so ist auch das ein stabilisierender Faktor, und es wird dazu beitragen, daß nicht zu viele Menschen geboren werden. Dann wird die Mehrheit der Seelen hoch entwickelt sein und euren Planeten Erde zu dem Paradies gestalten, zu dem er bestimmt war. Ja.

JOHN: Ich weiß, ihr habt Schwierigkeiten mit unserem Zahlensystem. Aber es gibt zur Zeit fünf Milliarden Menschen auf der Welt. Wenn ich mir überlege, was du eben gesagt hast, stellt sich die Frage, wie viele Bewohner die Erde bequem verkraften könnte.

TOM: Wenn die meisten Menschen einen hohen Entwicklungsstand erreicht hätten, könnte die Erde ohne Schwierigkeiten neun Milliarden Menschen beherbergen und mit allem Nötigen versorgen (Nahrung, Rohstoffe usw.). Versteht ihr, was das wichtigste daran ist, Hunger zu beenden? Der Wille dazu ist Gedankenenergie. Wenn die Vorstellung, daß Hunger beendet werden kann, allmählich verstanden wird und darüber gesprochen wird und wenn ausreichend viele daran glauben, wird sie zur Realität. Es ist wichtig, daß ihr versteht, welche Macht diese Art des Denkens hat. Wenn ihr das versteht, ist alles möglich.

MIKI: Ja. Das eigentliche Ziel unseres Projekts sollte also darin bestehen, den Leuten bewußt zu machen, daß Hunger beendet werden kann. Ist das die Hauptarbeit, die getan werden muß, um Hunger endlich zu beenden?

TOM: Ja. Das ist sehr wichtig. Damit die Menschen auf diese Idee eingestimmt bleiben, sollte es eine Form von Publikation geben, die ihnen versichert, daß sie gebraucht werden und daß sie es schaffen werden. Daß Regierungen Ausschüsse einsetzen, die sich mit dieser Frage befassen, ist ein Nebenprodukt, aber es ist wichtig, damit die Welt sieht, daß sich etwas bewegt. Am wichtigsten ist es aber, daß alle Individuen auf eurem Planeten - einerlei, in welcher Position sie sich befinden - verstehen, daß sie Teil eines Ganzen sind und etwas bewirken können. Denn viele Tropfen bilden einen See, und dieser See kann Leben hervorbringen. Versteht ihr das?

MIKI: Ja, sehr gut. Danke.

ANDRIJA: Was Katastrophen betrifft - sind sie mehr oder weniger vorherbestimmt und bereits im Gange? Kann das, wovon du gesprochen hast, nur die Auswirkungen lindern, die wir zu spüren bekommen, oder ist es eine grundlegende Lösung?

TOM: Jeder von euch hat freien Willen. Jeder von euch in eurer zivilisierten Welt kann mit der Energie des positiven Glaubens arbeiten. Ein Beispiel: Wenn ihr ungefähr hundert Leute habt, können diese eine Million Menschen in eine andere Richtung lenken. Versteht ihr?

ANDRIJA: Ja. Wir verstehen, daß dies möglich ist, wenn man die richtige Einsicht und Reinheit hat, um die Dunkelheit zu vertreiben.

TOM: Ja. Das heißt also, daß es nicht zu Katastrophen kommen muß.

ANDRIJA: Sie sind nicht unvermeidlich?

TOM: Dies ist eine Zeit des Wandels auf diesem Planeten. Es ist nicht vorherbestimmt.

ANDRIJA: Ja. Wir haben zur Zeit ungewöhnliche Wetterverhältnisse. Wir haben Überschwemmungen, Dürren und viele kleinere Unbilden; aber sie treffen bestimmte Regionen des Planeten sehr hart. Es gibt auch mehr Vulkanausbrüche als früher. Eine Wolke umkreist die Erde, die angeblich Tonnen von Schwefelsäure enthält. Das ist doch verheerend. Was ist die Ursache dieser Phänomene? Handelt es sich nur um geologische Vorgänge, oder hat der Mensch sie ausgelöst, oder gibt es außerirdische Einflüsse?

TOM: Das ist nicht natürlich. Es wurde von Menschen verursacht, die die Atmosphäre beeinflussen.

ANDRIJA: Ich verstehe. Es ist also unser Mißbrauch des Planeten, der das alles herbeiführt?

TOM: Ja. Bei euch und in anderen Ländern gibt es Bürgerinitiativen, lauter kleine Leute, die kämpfen, um die Macht jener Gruppen zu brechen, die an der Umweltverschmutzung schuld sind. Sie werden Erfolg haben, wenn sie mit diesem Gedanken weitermachen. Wenn die Menschheit nicht dazu übergeht, alles, was auf der Erde existiert, ohne Zerstörung zu nutzen, werdet nicht ihr selbst, sondern eure Jüngsten, in eine trostlose Lage geraten. Die Menschheit ist nicht nur für diesen Planeten verantwortlich, sondern auch für das Universum, da die Erde für das Überleben des Universums von größter Notwendigkeit ist. Wir möchten, daß ihr versteht, welche Folgen es hat, wenn ihr diesem Planeten den Sauerstoff nehmt, wenn ihr Delphine jagt und tötet und wenn ihr das Wasser eures Planeten verschmutzt.

Es gibt Völker, die nicht genug von der Lebensquelle Wasser haben. Stellt euch vor, wenn das mit der ganzen Erde geschieht, weil ihr den Sauerstoff zerstört, den eure Pflanzen euch geben. Und dann geht einen Schritt weiter und begreift, daß die Verschmutzung und Zerstörung der Meere euch jede Möglichkeit nimmt, den Planeten wiederaufzubauen. Denn es gibt verschiedene Methoden, das Salz aus dem Wasser zu entfernen, um jenen Nationen zu helfen, welche die Quelle des Lebens (Wasser) nicht haben; aber wenn eure Ozeane verschmutzt und mit euren Chemikalien vergiftet sind - wie könnt ihr dann wiederaufbauen?

Ihr habt zwei Wege, und ihr habt die Wahl. Ihr seid der Planet Erde. Und die Völker der Erde müssen anfangen, Verantwortung zu übernehmen. Die Zukunft eurer Kinder steht auf dem Spiel.

Wie ihr wißt, gibt es Unruhe in der Menschheit und auch Unruhe im physischen Aspekt des Planeten: Korruption und Eruptionen. Die Wesenheit Erde versucht, sich selbst zu reinigen und zu läutern. Und die Sonne verbrennt euren Planeten, weil eure schützende Ozonschicht zerfällt. Deshalb müßt ihr verstehen, daß ihr die mentale und emotionale Fähigkeit habt, diese Entwicklung umzukehren. So wie ihr die Kraft habt, die Erde zu schützen, gibt es auch diejenigen, die imstande sind, der Erde zu schaden - meist aus Unwissenheit und weniger durch bewußte Umweltverschmutzung. Darum ist es jetzt Zeit, die Menschen in Meditationen zu vereinen, um den Baldachin neu zu weben, der die Erde umgibt, damit der Planet nicht verbrannt wird und damit es nicht zu Zerstörung oder Krankheit kommt.

JOHN: *Willst du damit sagen, daß die Ozonschicht das dringendste ernsthafte Problem ist, dem die Erde heute gegenübersteht?*

TOM: Das ist richtig. Ihr könnt alle mit Schwingungen weben, und eure Wissenschaftler werden die Wirkung sehen.

JOHN: Sind FCKWs die Hauptursache, wie die Umweltschützer glauben, oder gibt es andere Faktoren, die der Atmosphäre schaden und die wir nicht erkennen?

TOM: Euer Planet selbst erzeugt Gase, die ein Problem für die Atmosphäre darstellen. Und die Menschen verschlimmern es noch, indem sie so viel Fleisch produzieren. Tiere erzeugen Gas, und Menschen erzeugen Gas. Das mag für euch zunächst so aussehen, als hätte das keine großen Konsequenzen, aber ihr zerstört zuerst die Wälder, die Sauerstoff erzeugen, und setzt dann Vieh, das Gas erzeugt, auf das Land, und damit schafft ihr eine doppelt gefährliche Lage. Wäre es deshalb nicht wichtig, daß jeder von euch alles in seiner Macht Stehende tut, um diese Situation zu beheben? Verringert euren Transport, erzeugt weniger Gas, teilt eure Zeit und euren Raum besser ein, so daß ihr nicht unnötig Gas erzeugt, und entwickelt Verfahren, bei denen kein Gas freigesetzt wird.

Wenn ihr eure Denkweise ein wenig ändert, versteht ihr, daß ihr euch von allen Bindungen an Dinge, die ihr für notwendig haltet, befreien könnt. Denn wenn ihr versteht, wer ihr seid, fliegt ihr mit euren eigenen Flügeln. Wir benutzen eine Analogie, um zu erklären, daß ihr alle die Macht habt, die Erde völlig umzugestalten - wenn ihr euer Denken ändert. Wenn die Menschen allerdings keine Verantwortung übernehmen möchten, sagen sie, das sei nicht möglich. Dann wird das Problem noch größer.

GAST: Ist dafür auch eine größere Ernährungsumstellung der Menschen auf dem Planeten Erde notwendig?

TOM: Eine vollständige Umstellung ist derzeit auf der Erde nicht möglich, weil bestimmte Menschen nicht ohne tierisches Eiweiß auskommen. Notwendig ist ein Erziehungsprozeß, damit die Menschen einsehen, daß sie bereits genügend tierisches Eiweiß zu sich nehmen und daß alles ausgewogen sein muß. Es wird soviel Eiweiß tierischer Herkunft gegessen, daß es unausgewogen ist, und darum wird mehr Vieh gezüchtet als notwendig. Es wird noch viele Generationen dauern, bis die Menschen keine Tiere mehr essen müssen. Es gibt Menschen und Kulturen, die kein Fleisch brauchen - sie sind genügend entwickelt -; aber andere würden dabei krank werden.

Wißt ihr, daß ihr das Problem lösen könnt, indem ihr die Welt eint und für Gleichgewicht und Ordnung auf dem Planeten sorgt? Es ist sehr wichtig, daß alle Nationen sich bemühen, die Löcher in der Ionosphäre zu flicken. Und es ist äußerst wichtig, daß diese Nationen selbst ins Gleichgewicht kommen. Denn solange die Nationen innerlich unausgewogen sind, zeigen sich die Folgen auch äußerlich. Heimtückische Krankheiten führen allmählich zum Untergang der Menschheit. Denn die Menschheit ist nicht im Gleichgewicht, und schädliche Mikroben erlauben es ihr nicht, so zu leben, daß sie erfüllen kann, was ihr bestimmt ist: diesem Planeten seine rechtmäßige Stellung zu verschaffen. Wenn ihr euch wirklich darauf konzentrieren wollt, in euren Ländern einen Wandel herbeizuführen, dann verändert die Köpfe der Mediziner - steckt sie in den Sand, wie die Strauße es tun, aber erlaubt ihnen nicht, wieder aufzutauchen.

ANDRIJA: Das sind zähe, alte Vögel. (Er lacht)

TOM: Ihr müßt Verantwortung übernehmen und die Verwüstung aufhalten. Beginnt bei euch selbst, und macht dann bei eurer Familie und in eurer Gemeinde weiter. Hört auf, Ressourcen zu vernichten, die zum Wohle der Menscheit und ihres Paradieses da sind.

JOHN: Es ist umstritten, ob die Klimaveränderungen durch Umweltschäden verursacht werden oder zumindest teilweise durch langfristige Klimazyklen.

TOM: Beides spielt eine Rolle. Aber die Vorgänge sind aus dem Gleichgewicht geraten. Die Veränderungen gehen nicht fließend, sondern plötzlich vonstatten.

ANDRIJA: Ja, wir haben alle schreckliche Stürme erlebt. Sie hatten sehr, sehr schlimme Folgen für Pflanzen, Bäume und so weiter.

TOM: Wißt ihr, wenn ihr dabei seid zu gewinnen, versuchen die zerstörerischen Kräfte, euch zu hindern.

JOHN: Ich möchte gerne wissen, was ich selbst tun kann, um das Wachstum der Ozonlöcher aufzuhalten.

TOM: Verwende keine Produkte, die verschmutzen, auch keine Produkte, die anderen Dingen schaden und nicht abbaubar sind. Auf der Erde gibt es natürliche Elemente, die Emissionen freisetzen, ohne daß ihr sie kontrollieren könntet. Aber ihr könnt die Emissionen in eurem eigenen Bereich kontrollieren. Außerdem könnt ihr eure Mitmenschen informieren, und ihr könnt meditieren und so eure Energie zur Wiederherstellung spenden. Ihr habt keine Zeit mehr, »um morgen anzufangen«, denn ihr hättet es schon gestern tun sollen. Wenn eure Regierungen unverantwortlich handeln und die Herstellung von schädlichen Produkten nicht verbieten, müssen sich die Mütter zusammenschließen; denn dies ist die Welt ihrer Kinder. So wie ihr andere Dinge boykottiert habt, müßt ihr auch Produkte boykottieren, die der Umwelt schaden. Die Hersteller werden sich danach richten, wir versprechen es euch. Benutzt keine Produkte aus buntem Papier. Hütet euch auch vor Papierprodukten, die Bleichmittel enthalten. Es kann sein, daß ihr diese Gifte in euren Organismus aufnehmt. Wenn euer Organismus vergiftet ist und wenn die Gifte freigesetzt werden, trägt auch das zur Umweltverschmutzung bei. Eine Kleinigkeit hier, eine Kleinigkeit da, und viele Kleinigkeiten zusammen haben eine große Wirkung und können die Vernichtung der Menschheit verhindern. Informiert euch besser und gebt eure Informationen an andere weiter. Organisiert euch, um Informationen publik zu machen. Dies ist euer Planet und die Welt eurer Kinder und Enkel. Es ist ein schöner Planet, der weiter existieren muß. Ihr wollt auch künftig auf ihm geboren werden, aber auf einem heilen Planeten, so wie er von Anfang an gemeint war. Ihr seid nicht allein im Universum; seid fröhlich untereinander.

JOHN: Ich glaube, solange es Habsucht auf diesem Planeten gibt, wird es auch Not geben. Viele bewußte Menschen scheinen dieses Konzept nicht zu verstehen, und ich fühle mich sehr allein und frage mich, ob meine heftigen Gefühle diesbezüglich tatsächlich berechtigt sind?

TOM: Du hast eine große Einsicht von dir gegeben. Was du sagst, ist wichtig, du verstehst einen Mythos. Laß es uns so erklären: Es ist wichtig, von Geldproblemen befreit zu sein, es ist wichtig, daß die Benachteiligten in Frieden und Harmonie leben können und daß alle Menschen in der Matrix Platz haben, unabhängig davon, wieviel sie verstehen. Sie brauchen Wärme und Liebe und vor allem Ordnung; denn ohne Ordnung wird der Verstand chaotisch. Wenn mechanische oder elektronische Geräte die Bürde des einzelnen erleichtern, haben wir nichts dagegen.

Die Schwierigkeit liegt in Folgendem: Wenn diese Hilfsmittel zum wichtigsten werden, wenn das Aussehen oder der Preis oder der Besitz am wichtigsten sind, wenn es am wichtigsten ist, immer mehr zu besitzen, und wenn das Zurschaustellen des Besitzes als Erfolg gilt, dann gleicht das einer zerbrechlichen Schale, versteht ihr? Ein Hummer hat festes Fleisch;

aber manchmal ist es weich, breiig und nicht eßbar. Wir sprechen von einer Menschheit, die sich als schöner Hummer darstellt, aber innerlich breiig ist. Solches Fleisch schmeckt bitter; ihr könnt es nicht essen, und es kann euch sogar vergiften.

JOHN: Ja, das verstehe ich sehr gut. Dann ist es also wahr, was Jesus gesagt hat: Es ist für einen Reichen schwerer, ins Himmelreich zu gelangen, als für ein Kamel, durch ein Nadelöhr zu gehen. Obwohl Reichtum an sich nichts Böses ist - die Art und Weise, wie die meisten Menschen mit ihm umgehen, macht ihn schädlich.

TOM: Das ist richtig. Du hast es vollkommen verstanden. Noch etwas ist wichtig: Geschäfte sind eine Möglichkeit zu geben. Versteht ihr das?

JOHN: Okay, ja, danke. Ich habe noch eine Frage zur Armut, eine Frage, die mich quält. Warum sind gerade Völker, die ohnehin schon leiden, von den großen Katastrophen unserer Tage (1985) betroffen? Ich meine die Hungersnot im Sudan und in Äthiopien und die Überschwemmungen in Bangladesch. Mir scheint, hier müssen arme, demütige Menschen leiden, die es am wenigsten verdient haben. Ich verstehe das nicht.

TOM: Wer an das Gesetz des Karma glaubt, würde sagen: »Es liegt an ihrem Karma«. Wir möchten euch versichern, daß das nicht wahr ist. Schuld daran ist das Karma der Welt. Es ist eine Situation wie im Tempel, als der Nazarener die Geldverleiher hinausjagte. Es ist eine Situation der Habsucht und der politischen Interessen. Das alles bewirkt, daß die Wasserfluten die Nahrung wegspülen. Diejenigen, die darunter leiden müssen, haben dieses Leiden nicht verdient. Schuld ist die karmische Situation der Welt. Jene, die sich abwenden, jene, die glauben, das Leiden sei notwendig, um den Bevölkerungsüberschuß zu verringern oder um dem Planeten einen klareren Platz zu verschaffen, jene, die gefühllos sind - wir möchten in der Zukunft nicht in ihrer Haut stecken. So wie die sechs Millionen Juden, die die israelische Nation hervorgebracht haben, opfern sich auch diese Seelen im Bemühen, dem Planeten Erde die Position zu verschaffen, die ihm bestimmt ist. Er soll ein Planet der Liebe sein, der völliges Gleichgewicht zwischen dem Körperlichen und dem Geistigen, zwischen dem Negativen und dem Positiven erreicht hat.

JOHN: Es kommt mir immer noch seltsam vor, daß habgierigen Menschen und Nationen auf diese Weise eine Lektion erteilt werden soll. Ist es denn leichter, aus dem Leid anderer, weit entfernter Menschen zu lernen, als aus eigener Erfahrung?

TOM: Die Menschen aller Nationen müssen aktiv werden, um etwas zu ändern. Eine Nation hat die Regierung, die sie verdient. Darum ist es wichtig für die hochentwickelten Völker eurer Welt, für diesen Wandel zu sorgen. In diesen Nationen müssen die Menschen aufwachen und begreifen, daß sie sich stark machen und ihre Regierungen daran hindern müssen zu tun, was sie ihnen bisher erlaubt haben. Es ist Zeit, daß die Menschen die Dinge in die Hand nehmen.

III. DIE FRÜHGESCHICHTE DER ERDE IN NEUEM LICHT
Kapitel 10

Das Aussäen der Menschheit und die Aksu-Kultur

In den frühen vierziger Jahren fand ein chinesischer Archäologe in Höhlen in den Bergen von Bayan Kara Ula an der Grenze zwischen Tibet und Westchina fünfundzwanzig steinerne Scheiben. Diese seltsamen Scheiben gehörten den Stämmen, die immer noch in diesen Höhlen leben. Die Ham und Dropa sind anscheinend mit keiner anderen ethnischen Gruppe verwandt. Sie sind zierlich gebaut und etwa einen Meter zwanzig groß. Etwa fünfundzwanzig Jahre nach ihrer Entdeckung waren die Scheiben endlich entziffert. Die Schriftzeichen auf einer Scheibe lauteten: »Die Dropas kamen in ihren Gleitern vom Himmel. Unsere Männer, Frauen und Kinder verbargen sich zehnmal vor Sonnenaufgang in den Höhlen. Als sie schließlich die Zeichensprache der Dropas verstanden, erkannten sie, daß die Neuankömmlinge friedliche Absichten hatten.«

Der chinesische Forscher vermutete, daß diese Scheiben und die heutigen Höhlenbewohner etwas mit alten chinesischen Sagen zu tun haben, die von Männern berichten, welche von den Wolken herabkamen.

Auf Fragen über den Ursprung des Lebens sagte Tom: »Alle Wesen auf diesem Planeten haben auf anderen Planeten gelebt; aber es gibt auch Mischlinge. Körperliche Wesen können auf anderen Planeten wiedergeboren werden. Eine ›Spezies‹ ist während ihrer körperlichen Existenz eine Mischung aus Bewohnern von zwei oder mehr Planeten. Sie hat ein starkes Ego und freien Willen.«

Beachten Sie bitte, daß Tom, wenn er von »eurer Zeit« spricht, die Zeit nach Christus meint.

MIKI: *Seit wann haben die Menschen Seelen, seit wann sind sie wahre menschliche Wesen?*

TOM: Seit Vernunft in den höher entwickelten Angehörigen der Spezies dämmerte; seit die Eingeborenen des Planeten Erde sich körperlich weiterzuentwickeln begannen; seit sie Werkzeuge herzustellen und eine Kommunikationsform zu entwickeln begannen. Seitdem gibt es Seelen auf diesem Planeten.

JOHN: *Wir haben über eine Zeit gesprochen, die 32.000 Jahre zurückliegt, aber nicht von der Zeit davor. Stimmt es, daß es vor Millionen von Jahren hochentwickelte Kulturen auf diesem Planeten gegeben hat? Man hat Gegenstände aus Metall und so weiter gefunden, die sehr, sehr alt sind und die auf eine vergangene intelligente Kultur hindeuten.*

TOM: Ich werde um Erlaubnis fragen ... Dieses können wir euch sagen: Ja, vor ungefähr 20 Millionen Jahren gab es Wesen mit einer Seele auf diesem Planeten.

JOHN: *Waren sie technisch so weit entwickelt wie Altea oder wie wir es heute sind?*

TOM: Nein, bei weitem nicht. Einige von ihnen waren auf dem Planeten Erde, um ihn in bezug auf Pflanzen und Tiere und Verstehen vorzubereiten. Auch einige der Anderen waren da.

GAST: *Kannst du uns sagen, ob sie ihre Aufgabe erfüllt haben?*

TOM: Ist die Erde kein schöner Planet?

GAST: *Doch, gewiß.*

TOM: Hast du deine Frage damit selbst beantwortet?

GAST: *Ja, offenbar habe ich das getan! Ich wüßte aber gerne, was genau sie vor 20 Millionen Jahren vorbereitet haben.*

TOM: Sie richteten die Äther und Chakren - was ihr Chakren nennt - um den Planeten herum und in den anderen Sphären ein, für die Seelen, die auf die Erde kommen würden, um dort zu lernen. Und sie bereiteten die Energiefelder eurer Fauna und Flora vor. Ja.

GAST: *Wenn du von Chakren des Planeten sprichst, meinst du damit Kraftzentren in der Landschaft an verschiedenen Stellen der Erde?*

TOM: Ich meine das, was ihr Kraftlinien nennt, ja.

GAST: *Und was haben die Anderen damals gemacht?*

TOM: Sie versuchten, die Kraftlinien zu durchtrennen.

GAST: *Ist es ihnen gelungen, Schwierigkeiten zu bereiten?*
TOM: Sie hatten Erfolg mit der Schlange, nicht wahr? Darum geriet die Menschheit in die Falle.

Das folgende Gespräch fand 1975 statt:

GENE: *Haben die Zivilisationen, die den Neun angehören, die Erde in der Urgeschichte der Menschheit besucht?*
TOM: Ja, viele Male.
GENE: *Stimmt es auch, daß einige von ihnen auf der Erde blieben und sich mit Menschen gepaart haben?*
TOM: Es gab Zivilisationen, die den Planeten Erde kolonisierten. Die Wesen, die sich ursprünglich auf der Erde entwickelt haben, gehörten der schwarzen Rasse an, wie ihr sie nennt.
GENE: *Heißt das, daß die anderen Rassen das Ergebnis einer Vermischung der schwarzen Rasse mit den Zivilisationen sind?*
TOM: Nein. Die Orientalen, die Weißen und die Roten sind kolonisiert worden. Sie stammen von anderen Zivilisationen ab.
GENE: *Sind sie das Ergebnis einer Zucht auf der Erde, oder wurden sie zur Erde gebracht?*
TOM: Sie wurden auf der Erde gezüchtet.
GENE: *Wenn die Weißen, die Roten und die Gelben von hochentwickelten Zivilisationen gezüchtet wurden, sind die Schwarzen dann anderen Rassen unterlegen, oder sind sie nur anders? Kannst du uns den Unterschied erklären?*
TOM: Die schwarze Rasse ist den anderen ebenbürtig. Jene, die von anderen Zivilisationen kamen, um die Erde zu kolonisieren (die Falken-Zivilisation war mit daran beteiligt), versuchten ... wie sollen wir das erklären? Vor mehr als 34.000 eurer Jahre wurden auf dem Planeten Erde Samen ausgesät. Daraus wurden vor etwa 34.000 Jahren menschliche Wesen. Zu jener Zeit kamen die anderen Zivilisationen mit einem Wesen, das wir den Falken nennen können, zur Erde, um die gesäten Menschen mit Wesen anderer Zivilisationen zu kreuzen. Die Schwarzen entwickelten sich aus diesem Planeten heraus. Es war ein Experiment, um festzustellen, wie die nicht gesäten Originale sich im Vergleich zu den kolonisierten Menschen entwickeln

würden. Nach einiger Zeit begannen die Kolonisierten zu glauben, sie seien den Schwarzen überlegen, weil sie von anderen, vielleicht technisch fortgeschritteneren und intelligenteren Zivilisationen abstammten. Es gelang ihnen, die Schwarzen zu unterwerfen. Was für die Erde geplant worden war, traf nicht ein. Nach dem Aussäen entdeckten die Zivilisationen, daß die Erde der schönste Planet im Universum ist, daß kein anderer Planet eine solche Artenvielfalt und eine derartige Dichte hat. Sie fanden außerdem heraus, daß die Menschen auf dem Planeten Erde stärker von ihrem Körper und ihrer Sexualität geprägt sind als die Wesen auf irgendeinem anderen Planeten. Und die Kolonisatoren begannen sich nach Körperlichkeit zu sehnen, und sie reinkarnierten sich immer wieder auf der Erde. Und sie begannen die ursprünglichen Menschen in Knechtschaft zu halten.

Ein weiteres Gespräch zu diesem Thema mit anderen Teilnehmern:

STEVE: Ich habe eine Frage zu der Information über die Zivilisationen auf der Erde vor 34.000 Jahren. Wenn ich es richtig verstanden habe, waren die Schwarzen zu diesem Zeitpunkt die einzigen Menschen auf der Erde, ist das richtig?
TOM: Sie haben sich auf der Erde entwickelt. Sie waren die ursprünglichen Menschen auf der Erde.
STEVE: Sie lebten nicht nur in Afrika, oder? Denn soviel ich weiß, gab es Funde in China und Sibirien.
TOM: Sie entwickelten sich auf allen Kontinenten der Erde.
STEVE: Dennoch sind die Menschen in China, Sibirien und Südamerika nicht negroid.
TOM: Was die anderen - die Roten, die Gelben und die Weißen - angeht, so stammen sie von Kolonisatoren anderer Zivilisationen ab, die vor vielen tausend Jahren kamen. Das ist etwas anderes als die Kolonisierung durch die höheren Zivilisationen vor 34.400 eurer Jahre. Die ursprünglichen Menschen waren die Schwarzen.
JOHN: Das heißt also, daß die Schwarzen als einzige Rassse eine vollständige Evolution auf der Erde durchmachten.
TOM: Ja. Die Angehörigen der schwarzen Rasse waren die Eingeborenen dieses Planeten. Sie können, wenn sie wollen, als Seelen auf andere Planeten

gehen, um sich weiterzuentwickeln, oder sie können sich in verschiedenen Situationen auf diesem Planeten entwickeln. Sie haben die Wahl.

JOHN: Wir sprechen oft vom Ost-West-Konflikt (im Jahre 1981). Doch mir scheint, den meisten von uns wird immer mehr bewußt, daß der Nord-Süd-Konflikt das eigentliche Ungleichgewicht darstellt. Der Norden ist relativ wohlhabend, der Süden ist arm. Es fällt mir schwer zu verstehen, woher dieses Ungleichgewicht kommt. Kannst du etwas dazu sagen?

TOM: Dieser Planet hat sich seit vielen tausend Jahren entwickelt. Wir haben bereits über die Kolonisierung der Erde durch andere Zivilisationen gesprochen. Die Menschen, die nach eurer Definition im Süden leben, stammen zu einem großen Teil vom Planeten Erde. Ihre Evolution erhielt keinen Anstoß durch andere Zivilisationen.

JOHN: Ja, aber gab es irgendeine Energie, die die Kolonisatoren veranlaßte, sich im Norden anzusiedeln und nicht gleichmäßig verteilt über den ganzen Planeten?

TOM: Du meinst Kraftlinien?

JOHN und ANDRIJA: Ja.

JOHN: Ich meine, das war vor langer Zeit, und dennoch scheint der Norden immer noch »stark« zu sein.

TOM: Das war der Siedlungsplatz, ja.

JOHN: Hältst du das auch für ein ernstes Ungleichgewicht, das noch lange ein Problem sein wird?

TOM: Das Tragische ist, daß die kolonisierten Menschen und Spezies sich für überlegen hielten. So war das nicht geplant. Das ist das Ungleichgewicht. Sie hätten den anderen die Hände reichen sollen. Der Same Abrahams hätte sich auf dem ganzen Planeten Erde ausbreiten sollen - dann wäre es nicht zu dieser Situation gekommen. Aber weil das nicht geschehen ist, weil manche den Kolonisatoren mißtrauten und sie beneideten, blieben die Kolonisatoren unter sich, um zu überleben und sich zu schützen. Insofern, ja, gibt es ein Ungleichgewicht.

JOHN: In welchem Stadium befanden sich die Menschen, als der »Falke« zur Erde kam? Sie hatten damals ja noch keinerlei Kontakte mit den Zivilisationen gehabt. Waren sie nach unserem Verständnis Barbaren oder ...?

TOM: Ihr könntet sie einfach strukturierte Gesellschaften nennen.

JOHN: Ja, und dann wurden die Gene vermischt?

TOM: Ja. Das war der Beginn einer höheren Kultur auf der Erde.

ANDRIJA: Welche Rasse benutzten die Gentechniker - die schwarze, die weiße oder die gelbe?

TOM: Die Zivilisationen haben sich nie mit der ursprünglichen Rasse der Erde, der schwarzen, vermischt. Aber andere Zivilisationen haben andere Wesen auf die Erde gebracht - Zivilisationen, die euch an Intelligenz überlegen sind, die aber nicht direkt mit den Vierundzwanzig zusammenarbeiten. Sie brachten Gruppen von Wesen, die Ausgestoßene waren. Diese entwickelten sich zu Menschen und wurden mit jenen vermischt, die im Jahr 32.400 v. Chr. landeten. Sie wurden ausgesetzt. Wir können nicht das Wort ausgesät verwenden, weil es nicht zutrifft.

JOHN: Danke. Noch eine andere Frage: Vor etwa 34.000 Jahren hat der Neanderthaler sich nicht etwa plötzlich ein großes Gehirn zugelegt, ist plötzlich gestorben und wurde vom Cro-Magnon-Menschen abgelöst, soweit wir das verstehen. Kannst du uns diese spezielle Begebenheit erklären?

TOM: Die Neanderthaler waren nicht der Beginn der Menschheit.

JOHN: Und sie starben aus. Woher kam dann der Cro-Magnon-Mensch? Man glaubte immer, der eine habe sich aus dem anderen entwickelt; aber jetzt sieht es so aus, als gehörten sie verschiedenen Stämmen an.

TOM: Wie könnten die einen von den anderen abstammen, wo sie doch von verschiedenen Zivilisationen kamen, nicht von der Erde? Ihr versucht es anhand der Rekonstruktionsversuche eurer Anthropologen zu erklären, die das Aussäen nicht berücksichtigen.

JOHN: Der Cro-Magnon-Mensch, so wie unsere Wissenschaft ihn kennt, ist also zum erstenmal im Tarimbecken in Aksu aufgetaucht?

TOM: Das ist richtig.

Im Jahre 1974 hatten Andrija und Tom ein Gespräch zum selben Thema:

ANDRIJA: Wie ging die erste Kolonisation vor sich?

TOM: Eine kleine Zahl von Wesen kam auf die Erde und gründete die erste Zivilisation. Sie waren nicht wirklich die erste Zivilisation, aber sie waren die ersten von uns. Und das war vor über 34.000 Jahren eurer Zeitrechnung.

ANDRIJA: Und wo war das?

TOM: Bei Akisu in der Nähe dessen, was ihr Tarimbecken nennt. (Geschrieben »Aksu«, von Tom »Akisu« gesprochen. Aksu liegt in der chinesischen Provinz Xinjiang auf 41,01 N, 80,20 O.)

ANDRIJA: Aha. Wenn ich es richtig verstehe, hatte diese Zivilisation letztendlich keinen Erfolg.

TOM: Daran waren nicht diejenigen schuld, die landeten.

ANDRIJA: Ich frage mich nur, woran es dann gelegen hat. Kamen sie zu früh?

TOM: Sie kamen zu früh. Der Verstand und die Seele der Geister waren zu dicht. Es war eine hohe Kultur, aber sie war nicht gut an den Planeten Erde angepaßt.

ANDRIJA: Gibt es Überreste dieser Kultur?

TOM: Ich werde nachfragen. Wartet einen Augenblick. Sie sagen, ja. Aber man kann sie nicht sehen. Sie befinden sich unter der Oberfläche.

ANDRIJA: Was für eine Art Kultur wollten die Besucher damals gründen? Was waren ihre Ziele? War es Landwirtschaft oder Medizin oder Schreiben oder Astronomie?

TOM: Es war die Sprache. Um die Menschen auf dem Planeten, die fast noch Tiere waren, emporzuheben. Es ging um eine Kommunikationsform.

ANDRIJA: Kannst du uns an Beispielen erklären, wie diese Sprache sich anhörte? Wie hieß beispielsweise dieser Herr, der »Falke«?

TOM: Ich werde es euch in eurem Alphabet erklären, obwohl sie nicht dieses Alphabet hatten. Ihr Alphabet enthielt keine Vokale; aber die gesprochene Sprache hatte Vokale.

ANDRIJA: Aha, die gesprochenen Vokale hatten keine schriftliche Entsprechung.

TOM: Es ist T, R, H, K, R, H, K. Das Problem besteht darin, daß unser Wesen nicht über die Laute verfügt, die wir benötigen.

ANDRIJA: Danke, wir werden herausfinden, wie man das ausspricht.

TOM: Als diese Kultur untergegangen war, blieben kleine Gruppen übrig - wie bei allen untergegangenen Kulturen -, die große Entfernungen zurücklegten, um ihre Gegend zu verlassen.

ANDRIJA: Ja, und wo sind diese Menschen hingegangen? Ich meine, in welcher Kultur können wir sie wiederfinden, wenn überhaupt?

TOM: Sie existieren nicht. Aber sie wanderten in drei Gebiete aus. Es war

eine große Kultur, und außerhalb der Aksu-Kultur gab es noch eine untergeordnete Kultur. Der Falke versuchte auch das Konzept eines einzigen An-
führers einzuführen.

ANDRIJA: Wie nannte man diesen Anführer in jener Sprache?

TOM: Es waren ein Y und ein K und ein Vokal-Laut.

ANDRIJA: Ungefähr Akh?

TOM: Ja, aber nicht ganz.

ANDRIJA: Wie lange war der Falke wegen dieses Vorhabens auf der Erde?

TOM: Eintausendsechshundert eurer Jahre.

ANDRIJA: Das ist ja unglaublich! Hatte er Nachkommen?

TOM: Die ganze Welt.

ANDRIJA: Du meinst, er war sozusagen die einzige Quelle der Saat?

TOM: Nein. Die Saat stammte aus einer Zivilisation, und das war der Beginn des wahren Verstehens.

*ANDRIJA: Lebte er als gewöhnlicher Mensch, verglichen mit den anderen
Menschen jener Zeit?*

TOM: Er versuchte es; aber man erlaubte es ihm nicht. Sie nannten ihn
»Falke«, und später hieß er auch bei den Ägyptern so, weil er von uns kam.

ANDRIJA: Sahen ihn diese Frühmenschen vom Himmel kommen?

TOM: Ja.

ANDRIJA: In einem Fahrzeug?

TOM: Ja.

ANDRIJA: Aha. Und das brachten sie mit einem Falken in Verbindung?

TOM: Ja.

*ANDRIJA: Sah er aus wie andere Menschen, als er auf die Erde kam, oder
hatte er ein anderes Aussehen?*

TOM: Da die Menschen noch den Tieren nahe waren, trug er einen Anzug, der ihn einem Vogel ähnlich machte. Damit sie ihn verstehen konnten.

*ANDRIJA: Gelang es dem Falken in den 1600 Jahren seiner Arbeit, Zivili-
sationselemente einzuführen?*

TOM: Etwas mehr als Elemente, aber es kommt dem nahe. Er brachte
die Sprache, so daß die Menschen sich miteinander verständigen konnten. Und Erleuchtung. Er brachte das Wissen und die Technologie, um
starke Bauten zu errichten, um sich zu schützen, um anzubauen und

den Boden für starkes Wachstum zu kultivieren und um sich selbst zu heilen.

ANDRIJA: Geschah das alles durch natürliches Heilen und natürliche Auswahl der Samen und so weiter? Gab es eine Wissenschaft, die wir Physik, Chemie, Mathematik oder Astronomie nennen würden, oder war es dafür noch zu früh?

TOM: Das alles gab es in einer Form, die sie verstehen konnten.

ANDRIJA: Wie lange lebte ein Durchschnittsmensch damals?

TOM: Zwanzig Jahre. Die Kolonisatoren konnten die Lebenserwartung auf 120 bis 150 Jahre steigern, und viele lebten noch länger.

ANDRIJA: Dann müssen sie sehr beeindruckt davon gewesen sein, daß der Falke mehr als tausend Jahre bei ihnen war.

TOM: Ja, er galt als Gott.

ANDRIJA: Und so ist der ganze Irrtum entstanden, so hat sich der Glaube an Götter unter den Menschen verbreitet. Ich verstehe. Wann erschien der Falke wieder auf der Erde?

TOM: In der Zeit zwischen seinen beiden Besuchen setzte ein anderes Wesen seine Aufgabe fort.

ANDRIJA: Das war in Aksu?

TOM: Das ist richtig.

ANDRIJA: Wie lange dauerte das?

TOM: Der Neue war 2020 Jahre bei dieser Kultur. Er kam als Sohn des Falken.

ANDRIJA: Sah er wie ein Sohn der Erde aus, obwohl er von euch kam?

TOM: Die Menschen kannten den Unterschied.

ANDRIJA: Wie hieß er?

TOM: Ich will es versuchen. Ihr habt nicht die richtigen Laute. Der Name hatte einen Vokal, der aber nicht geschrieben wurde. Es war R, T, T, H, R. Aber denkt daran, daß er mit einem ungeschriebenen Laut begann.

ANDRIJA: Ja, mit einem offenen Vokal würde das ungefähr wie »Arthur« klingen.

TOM: Ja.

JOHN: Wie lange nach ihm gab es diese Kultur noch?

TOM: Sie existierte nur noch 600 Jahre.

JOHN: Was brachte ihr das Ende?

TOM: Es war ein Naturereignis.

JOHN: *War es eines jener periodischen Naturereignisse, die man gelegentlich Polverschiebung nennt?*

TOM: Ja. Beide Wesen kehrten zwischen 6000 und 5000 v. Chr. zur Erde zurück. Damals wurden sie von anderen begleitet.

ANDRIJA: *Und in welchen Ländern tauchten sie damals auf?*

TOM: Es war das Land, das ihr Ägypten nennt.

ANDRIJA: *Waren sie auch in Sumer oder Ur?*

TOM: Vorher. Dann in Ägypten.

ANDRIJA: *Kamen sie vom Himmel?*

TOM: Ja.

JOHN: *Du hast gesagt, der Falke sei in einem Fahrzeug gekommen?*

ANDRIJA: *Sie sahen es als die Form eines Vogels.*

TOM: Ja, und seine Begleiter vermischten sich mit den Menschen und schufen so eine neue Spezies.

JOHN: *Sie hatten das, was wir Geschlechtsverkehr nennen, um Kinder zu zeugen?*

TOM: Es war eine höhere Ebene.

ANDRIJA: *Eine Methode, um die Menschenspezies auf der Erde zu verbessern, nicht wahr?*

TOM: Um sie zu stärken.

ANDRIJA: *Und als sie auf der Erde erschienen, fanden sie einige Wesen, die ihrer Ansicht nach dazu beitragen konnten, die Spezies zu stärken, und darum vermischten sie sich mit ihnen und erzeugten eine hybride Rasse. Dann beobachteten sie, was daraus wurde.*

TOM: Das ist im wesentlichen richtig. Das Problem war, daß die ersten Wesen die Besucher als Götter verehrten Diese Wesen erhielten ein großes Geschenk und verfielen dann in Anbetung.

GAST: *Kannst du uns mehr über die Kultur von Aksu sagen? Welche Phasen hat sie durchgemacht? Hatte sie noch andere Merkmale, die für uns interessant wären?*

TOM: Akisu war eine ausgesäte Kolonie, die darauf angesetzt war, die Entwicklung eures Planeten Erde zu fördern und Fortschritt zu lehren. Die Menschheit sollte einen Entwicklungssprung machen. Wir hatten erkannt, daß die Menschen heute noch sechs Zehen hätten, wenn wir darauf gewartet hätten, daß sie sich von selbst weiterentwickeln, versteht ihr? Wenn eine Gruppe sich schnell weiterentwickelt, greift diese Beschleunigung auf andere über, sofern sie nicht völlig isoliert sind. Darum wurden Geräte mitgebracht, um die Kolonie zu organisieren und um Gemeinschaften zu entwickeln. Außerdem gab es Vorposten in dem Land, das ihr China nennt - heute ein großes Gemeinschaftsland. Und allmählich drangen sie auch in andere Gebiete vor. Das war der Anfang von dem, was ihr »die Paarung der Riesen mit den Töchtern der Menschen« nennt, versteht ihr? Mitunter wurden auch neue Spezies durch dieses Vermischen geschaffen: Eine Zivilisation, die sich genetisch mit einer anderen verband, bildete eine neue Spezies. Das war am Anfang.

JOHN: Kannst du uns sagen, wann die Menschen zu sprechen begannen? Gab es vor der Aksu-Kultur überhaupt eine Sprache?

TOM: Meinst du eine gesprochene Sprache oder eine Schriftsprache?

JOHN: Eine gesprochene.

TOM: Würdest du Grunzen und Knurren eine Sprache nennen?

JOHN: Ich meine eine Sprache mit einer gewissen grammatischen Struktur.

TOM: Das gab es nicht.

JOHN: Die Führer, die »Riesen«, die herabstiegen, brachten also eine Sprache mit?

TOM: Sie halfen den Menschen, die Laute zu verstehen. Daraus entwickelte sich mit Hilfe von Geräten Musik, der Versuch, das Geräusch des Schilfs und des Windes in den Bäumen nachzuahmen.

JOHN: Ist es das, was du einmal als Lautsprache beschrieben hast?

TOM: Richtig. Das ist die Lautsprache des Universums. Dann kam allerdings mit der Spaltung das Geplapper. Alle plapperten wie nichtmenschliche Wesen. Die Kultur verbreitete sich über die Ebenen und Gruppen, Grüppchen splitterten sich ab und bewegten sich weiter. Es wurde wieder notwendig, erneut zu säen. Ist euch klar, daß Wissen verlorengeht, wenn Völker sich spalten? Wenn es keine Gruppe gibt, die das Wissen erhält, geht es verloren. Wissen, das nicht angewandt wird, bleibt nicht im Gehirn. Darum waren erneute Genveränderungen notwendig, ja.

GAST: Wurde dies mit neuen Wesen gemacht, die auf die Erde kamen?

TOM: Wesen von denselben Zivilisationen. Vor Abraham gab es einen, der die Menschen lehrte. Man sagte, er komme aus dem Meer.

JOHN: *Ioannes?*

TOM: Ja. Allerdings kam er nicht aus dem Meer.

JOHN: *Von welcher Zivilisation kam er?*

TOM: Er kam aus Altea.

JOHN: *Das dachte ich mir. Übrigens: Der Führer Alteas war die mythologische Gestalt Atlas, stimmt das?*

TOM: Das ist richtig.

JOHN: *Du hast, glaube ich, einmal gesagt, Atlas und Zeus seien ein und dieselbe Person gewesen.*

TOM: Versteht ihr, wie sehr die Mythologie die Dinge verwirrt? Wie ihr wißt, erzählt man, Zeus habe sich mit einem Schwan gepaart, und dieser sei vom Himmel gekommen. Versteht ihr die Komplexität?

GAST: *Ja.*

TOM: Der primitive Mensch stellte Vermutungen an. Der Rat sagt, ich habe die Frage nicht beantwortet. Derjenige, der die Welt auf den Schultern trägt, ist Altea, ja.

JOHN: *Aber ich wollte wissen, ob er mit Zeus identisch ist.*

TOM: Die Menschen haben diesen mythologischen Gottvater geschaffen. Sie gaben den Zivilisationen Eigenschaften, die sie zu Göttern machten, obwohl sie es nicht waren. Zeus mit dem Schwan war ... der Schwan war ein Schiff. Als Zeus das Schiff betrat, nannten sie ihn Gott; denn es war ihr Berg, versteht ihr?

JOHN: *Was meinst du mit »ihr Berg«?*

TOM: Das Schiff kam zu ihrem Berg.

GAST: *Zum Olymp.*

TOM: Die Verfälschung ist Zeus. Atlas wurde Zeus. Aber eigentlich war es Altea.

GAST: *Darf ich noch einmal zu Aksu zurückkehren? Kamen viele Wesen auf die Erde, um die Kultur von Aksu zu gründen, oder nur eine kleine Zahl?*

TOM: Anfangs waren es nur wenige; dann zeigte sich, daß mehr erforderlich waren für die Aussaat.

GAST: *Dauerte es lange, bis es zur Spaltung kam, und worum ging es dabei?*

TOM: Als einige in abgelegene Gebiete gingen, gab es keine Verbindung mehr, und es herrschte Verwirrung. Es kam zu »lokalen Entwicklungen« - so würdet ihr es nennen -, und manchmal vermischten sie sich mit den Menschen dieser Gebiete. Darum verloren sie Wissen und entwickelten sich zurück zu einem primitiveren Zustand. Deshalb wurde es notwendig, die Gene aufzufrischen. Versteht ihr?

GAST: Ja. Dauerte es lange von der ersten Ankunft bis zur Spaltung?

TOM: Auswanderung wäre der bessere Ausdruck. Die Menschen, vor allem jene, die genetisch verändert worden waren, waren neugierig. Es gibt immer neugierige Menschen, nicht wahr? Darum kam es innerhalb von 100 Jahren zu Auswanderungen, und innerhalb von 500 eurer Jahrhunderte wurde die Auffrischung der Gene notwendig. Wir sprechen nicht von jenen, die blieben. Wir meinen jene, die sich anderswo ausbreiteten, ja.

JOHN: Wenn ich es richtig verstehe, war der Falke etwa tausend Jahre lang auf der Erde, und die anderen, die ihm folgten, ungefähr viertausend Jahre.

TOM: Das stimmt. Waren sie nicht Gentechniker? Und es gab Menschen, die auswanderten.

JOHN: Nun, Phyllis hatte neulich einen Traum. Sie war in Aksu, und sie sah eine Art Feier und drei Gruppen, die in verschiedene Richtungen gingen. Fand diese Auswanderung etwa 32.000 v. Chr. statt?

TOM: Ja.

JOHN: Nun, ich vermutete, daß eine Zivilisation für jede dieser Gruppen verantwortlich war. Stimmt das?

TOM: Ja, das ist richtig.

JOHN: Ich vermute, es waren Ashan, Altea und Hoova. Habe ich recht?

TOM: Das ist völlig richtig.

JOHN: Gut. Nun versuche ich zu bestimmen, welche Gruppe in welche Richtung ging. Diejenigen, die nach China gingen - waren sie von Hoova?

TOM: Sie waren von Ashan zusammen mit Hoova.

JOHN: Ach so, sie vermischten sich, ehe sie aufbrachen?

TOM: Es gab Mischlinge, und es gab Kolonisten von anderen Planeten. In Aksu gab es jene, die von reinem Blut waren, jene, die Mischlinge zwischen einer Zivilisation und Erdmenschen waren, und Mischlinge, die sich wiederum mit einer anderen Zivilisation vermischt hatten. Versteht ihr? Wie sollen wir es erklären? Wir werden euer Sonnensystem als Beispiel verwenden:

Nehmen wir an, ihr hättet eine Kolonisierung, sagen wir, von eurem Planeten Venus auf euren Planeten Erde, und die würde mit jenen von Ashan gemischt, dann hättet ihr eine Linie. Und wenn jene von Ashan, gemischt mit Venus, sich mit Hoova vermischen würden, hättet ihr eine zweite Linie, nicht wahr?

JOHN: Ja. Sie zogen also über Land, nachdem sie von Aksu abgesplittert sind?

TOM: Ja.

JOHN: Können wir den Zeitpunkt der drei Aussaaten näher bestimmen? Soviel ich weiß, liegt die erste viele, viele tausend Jahre zurück. Die zweite geschah in der Zeit des Paradieses, im Tarim-Becken, und die dritte zur Zeit Abrahams. Ist das richtig?

TOM: Das ist richtig.

JOHN: Die erste Aussaat geschah also mit der Ankunft des Falken?

TOM: Auch das ist richtig. Eine zweite kam nach einem Jahrtausend.

JOHN: Tausend Jahre nach dem Falken?

TOM: Ungefähr.

JOHN: Gut. Wie verhält es sich nun mit den Gruppen von Wesen, die im Tarim-Becken lebten - waren sie reinrassig, oder hatten sie sich mit anderen genetisch veränderten Gruppen vermischt?

TOM: Sie waren von Hoova.

JOHN: Sie waren reinrassige Hooviden und hatten sich nicht als Nomaden mit den anderen, ebenfalls gentechnisch aufgefrischten Gruppen vermischt - sehe ich das richtig?

TOM: Ja, das ist richtig.

JOHN: Und Altea war eine der anderen Zivilisationen, die kolonisierten?

TOM: Ja.

JOHN: Du hast einmal die »kleinen Leute« erwähnt, und ich habe nie verstanden, was das heißt. Hast du damit die Menschen gemeint, die von Hoova kolonisiert wurden? Waren sie kleiner?

TOM: Wir haben gesagt, daß die Menschen zur Zeit der Landungen kleiner waren. Diejenigen, die kamen, waren Riesen im Vergleich zu den Bewohnern der Erde.

ANDRIJA: Gehen wir in die frühe Zeit des Vermischens und Hybridisierens zurück. Unsere Wissenschaftler sagen uns, eine Hauptphase der Eiszeit sei

etwa um die Zeit der ursprünglichen Landung, also im Jahr 32.400 v. Chr.,
zu Ende gegangen. Kannst du uns darüber etwas sagen? War sie wirklich
zu Ende, oder dauerte sie noch an?
TOM: Sie war bereits beendet.
ANDRIJA: War Aksu damals ein fruchtbares grünes Gebiet, keine Wüste?
TOM: Dieses Gebiet war noch nicht aufgeblüht. Aber das Klima wurde wärmer.
ANDRIJA: Es war dort immer noch relativ kühl?
TOM: Ja. Die Vegetation war nicht üppig, sie war braun und rot.
JOHN: Ich möchte gerne eine Frage zur Geschichte von Adam und Eva
stellen. Wir haben darüber gesprochen und waren uns einig, daß zuerst ein
Wesen aus dem Weltraum, Falke genannt, kam, um Vorbereitungen zu tref-
fen. Dann kam ein anderes Wesen mit dem Auftrag, Geschlechtsverkehr
mit den Menschenfrauen zu meiden, solange die Zeit nicht reif war. Aber
es geriet in Versuchung, nicht?
TOM: Das erste Wesen kam, um den Eingeborenen des Planeten Erde Wissen über Tiere und Pflanzen zu vermitteln. Dann kam das zweite Weltraumwesen, und es wurde sehr traurig, als es sah, wie die Eingeborenen und die Tiere der Erde sich paarten. Es war nicht so sehr traurig über die Paarung, sondern weil es keine Gefährtin zum Kommunizieren hatte. Darum wurde ihm eine gegeben.

Damals hatte er den Auftrag, sich nicht zu paaren, wie die Wesen auf dem Planeten Erde es taten; denn er war so hoch entwickelt, daß es eine Katastrophe für ihn gewesen wäre, sich körperlich zu paaren, ohne sich vorher anzupassen, ohne seinen Körper in ein neues Gleichgewicht zu bringen. Darum wurde ihm aufgetragen, sich davon fernzuhalten, um sich an den Druck in seinem Körper anzupassen, und damit er die Funktionen verstehen lernte, die sich in seinem Körper heranbilden würden. Er sollte auch den Eingeborenen ein Beispiel geben, so daß Paarung nur für höchste Zwecke benützt würde. Dann kam der Eine, der Gefallene, zu ihm und zu seiner Gefährtin und flößte ihm das Verlangen nach wahrer Erkenntnis ein, das Verlangen, wie Gott zu sein. Die Tragödie war, daß er ursprünglich von Gott gekommen war und daß er dies vergessen hatte. Daher war es sinnlos zu versuchen, Gott gleich zu sein. Doch während er auf der Erde war, hatte er dieses Verlangen.

JOHN: Ich würde gerne mehr über den Gefallenen in diesem Zusammenhang wissen.

TOM: Er war der Erzengel, den ihr kennt. Wir möchten seinen Namen nicht benutzen. In eurer Adam-und-Eva-Geschichte war er die Schlange. Ihr müßt wissen, daß die beiden Seiten ursprünglich nicht vorgesehen waren; alles sollte einheitlich sein.

JOHN: Meinst du das Männliche und das Weibliche oder das Negative und das Positive?

TOM: Das Negative und das Positive.

IRENE: Als Adam und Eva sich entschlossen, die Definition von Gehorsam nicht zu verstehen - und darum ging ein Teil des Gesprächs, das ihr mit ihnen im Paradies geführt habt -, und als sie dann verstanden, was Gehorsam wirklich bedeutet, und sie sich von der damit verbundenen Verantwortung abkehrten, wurde der Menschheit auferlegt, selbst zu entscheiden, was gut und böse ist?

TOM: Das ist richtig.

IRENE: Und vor dem Fall waren die Menschen rein. Und durch diese Reinheit wird auch unsere heutige Welt transformiert werden ... ?

TOM: Das ist richtig. Diese heutige Welt ist die Folge jener Verunreinigung, und darum würde Transformation die Folge von Reinigung sein.

IRENE: Ja. Und darum verändert sich die Realität in der heutigen Zeit, und dieser Prozeß durchlöchert den Schleier - weil die Realität immer nur widerspiegelt, wo wir uns seit dem Fall befinden.

TOM: Das ist richtig. Es ist die Illusion, daß ihr Menschen der Schöpfung und dem Schöpfer ebenbürtig oder überlegen seid, und das, was ihr für real haltet, ist eine Illusion.

IRENE: Was wir also heute brauchen, ist eine philosophische Konstruktion von Eden, damit alles andere in Ordnung kommt.

TOM: Damit es ein Wasserfall der Reinheit wird.

IRFNE: Oh, das ist großartig.

ISRAEL: Dann tun wir es doch!

TOM: Es wird getan werden. Es ist bereits im Gange; aber es gibt störende Kräfte. Wißt, wer ihr seid, vertraut euch selbst, vertraut uns, und glaubt daran, daß es getan wird. Prüft unaufhörlich eure Motive, damit ihr immer euer höchstes Ziel im Auge behaltet. Das braucht der Planet Erde; denn ihr wißt, daß der Planet verschmutzt ist und daß manche Menschen versuchen werden, diesen Eifer und das Dämmern des Paradieses falsch auszulegen.

IRENE: Würdest du etwas über die Identität Evas oder ihre symbolische Identität sagen?

TOM: Nicht zu diesem Zeitpunkt. Wie ihr wißt, wurde Eva mit der Erbsünde identifiziert. Und Eva, das Weibliche, wurde begraben, und der männliche Aspekt vereinnahmte die Erde. Da der männliche Aspekt damit aus dem Gleichgewicht geriet und das Weibliche bestrafen wollte, behauptete er, das Weibliche habe Verderben über die Erde gebracht. In Wahrheit übernahm der Mann nie die Verantwortung für seine eigene Entscheidung. Jetzt ist es Zeit, daß er diese Verantwortung übernimmt. Adam und Eva lebten in völliger Harmonie und Eintracht mit der Natur. Sie verstanden die Riten und alle Vorgänge der Natur. Sie sprachen nicht nur mit Tieren und Pflanzen, sondern auch mit den Felsen, dem Boden, dem Wasser, dem Wind, dem Mond und der Sonne. Heute dämmert die Ära des Weiblichen, und die Essenz Evas kommt ans Licht. Das Männliche und das Weibliche müssen sich vollständig vereinigen. Nicht, damit der Mann die Frau fesseln kann, und nicht, damit die Frau den Mann unterdrücken kann, sondern damit sie in ungetrübter Freude, in Harmonie und Einheit zusammenarbeiten können, als zwei Säulen, welche die Welt stützen, getrennt und doch eins. Ja.

STEVE: Was nun das Gleichgewicht zwischen dem Positiven und dem Negativen in der Geschichte der Menschheit angeht - hat es je eine Zeit gegeben, in der das Positive ausuferte und zum Problem wurde?

TOM: Ja. Ich sollte euch davon erzählen. Es gab einen solchen positiven Zustand: Alle Vögel sangen, alle Tiere liebten, alle Blumen blühten. Das war zur Zeit von Adam und Eva, zur Zeit von Aksu. Es war eine paradiesische Zeit, doch auch eine Zeit, in der das Positive aus dem Gleichgewicht geriet. Es war unser Fehler.

STEVE: Es war also notwendig, das Negative zu stärken, um die Evolution zu fördern?

TOM: In einem gewissen Sinne, ja. Wir hatten die Folgen des Begehrens nicht vorausgesehen. Ohne Herausforderungen wachsen die Menschen nicht, sondern sie vergeuden ihre Energie.

STEVE: Wie kam es zum Mythos vom Paradies und vom Garten Eden?

TOM: Die Erde ist der schönste Planet im Universum. Er hat eine Artenvielfalt, die es auf keinem anderen Planeten gibt. Er hat verschiedene Klimazonen, die kein anderer Planet hat. Wenn die Seelen sehr hoch entwickelt wären, könnte man die Erde tatsächlich als Paradies ansehen. Dieser Planet Erde kann zum Paradies werden, wenn er seine Dichte verliert. Damit meinen wir ein Paradies der Kreativität, das Wissen, Freude und Liebe schenkt. Ein Paradies, in dem die Menschen sich selbst heilen oder, wenn sie es wünschen, Schmerzen erdulden können. Aber die Erde wird kein Paradies ohne jede Herausforderung, ohne Wachstum, ohne Leiden sein. Sie wird ein Paradies sein, das die Menschen selbst schaffen können - durch ihre Evolution, durch ihr Wissen um ihre Verbindung mit dem Universum, durch die Übernahme der Verantwortung für sich selbst, für ihre Mitmenschen und für den Planeten Erde. Alles wird vollkommen werden.

Kapitel 11

Atlantis - das Experiment Alteas

Die folgenden Übermittlungen könnten viele unserer Vorstellungen von Atlantis verändern. Wie bereits erwähnt, bedeuten einige hundert Jahre mehr oder weniger für die Neun keinen großen Unterschied. Der folgende Text enthält alle in der ursprünglichen Übermittlung erwähnten Daten, »v. Chr.« wurde dort verwendet, wo es gesagt wurde. Im allgemeinen zieht Tom jedoch den Ausdruck »nach eurer Zeit« vor.

In diesem Kapitel finden Sie auch das Wort »Altima«, so wie es in den frühen Übermittlungen benutzt wurde. Als Tom Anfang der siebziger Jahre nach Altima gefragt wurde, sagte er, es sei der Name einer Einheit, die mit den Neun zusammenarbeite. Später wurde daraus »Altea«.

Atlantis ist offenbar so tief in unserer Psyche verwurzelt, daß die Leute ziemlich erregt und emotional werden, wenn man darüber spricht. Über Atlantis wurden mehr Bücher geschrieben als über die meisten anderen Themen, und die Liste wird zweifellos länger werden, je mehr das nächste Jahrtausend naht. Vielleicht kann Atlantis uns unter anderem zu klaren Betrachtungen anregen.

ANDRIJA: Die nächsten Mythen, von denen wir hören, handeln von der atlantischen Kultur. Hat sie existiert, und wenn ja, wie lange? Wir vermuten, daß sie kurz nach der Aksu-Kultur begonnen hat.

TOM: Wir haben darauf gewartet, daß ihr uns diese Frage stellt. Laßt mich kurz erklären: Atlantis ging vor 11.000 Jahren eurer Zeit unter, und es begann vor 32.000 Jahren. Was ihr Atlantis nennt, war eine Kolonie, die sich entwickelte und mit der wir Kontakt hatten. (Wenn ich »wir« sage, meine ich nicht die Neun selbst, sondern andere Zivilisationen.) Diese Zivilisationen brachten Technologien mit. Von Atlantis aus wurden andere Kolonien gegründet, die das Wissen und die Technologie mit sich nahmen. Damals war die Technologie wegen der Schwerkraft nicht immer für den Planeten Erde geeignet. Jetzt ist die Zeit gekommen, all diese Technologie zu benützen.

ANDRIJA: Ja. Wie nannten sie sich selbst? Ich wüßte gerne den wirklichen Namen.

TOM: Sie waren in Wirklichkeit Alteaner. Sie kamen von der Zivilisation Altima.

ANDRIJA: Oh, sie waren von Altima. Darum also werden sie Alteaner genannt, und aus Altea wurde irgenwie »Atlantis«. Jetzt verstehe ich. Danke.

JOHN: Geschah dies ungefähr zur Zeit der Sintflut?

TOM: Es war vorher.

JOHN: Befand sich Atlantis im heutigen Bermuda-Dreieck?

TOM: Es reichte von Griechenland bis zu dem Land, das ihr jetzt USA nennt.

JOHN: Oh, es war sehr groß.

ANDRIJA: Diese Kultur hatte also viele Städte?

TOM: Ja. Die Kultur der Mayas war einer der Überreste. Sie war eine Kultur, die den Kontakt verlor und sich zurückentwickelte.

JOHN: Es gab auch eine Kultur im Pazifik, die wir Mu oder Lemuria nennen. War das vor oder nach Atlantis?

TOM: Sie waren ein und dasselbe. So wie es eine Kultur in Ägypten und eine in Ur gab, die ein und dasselbe waren.

ANDRIJA: Welche Transportmittel verwendeten die Atlanter hauptsächlich, um sich auf dem Planeten umherzubewegen? Hatten sie nur Segelboote oder Schiffe, oder hatten sie Flugzeuge?

TOM: Sie hatten Flugzeuge. Sie konnten auch ihre Körper zur Fortbewegung nutzen.

ANDRIJA: Mich interessiert vor allem die Beziehung zwischen den Resten der atlantischen Kultur, der Hochkultur, und den Anfängen der ägyptischen ...

TOM: Ägypten war eine Kolonie, und sie war sehr ... wir werden den Ausdruck »starr« verwenden.

STEVE: Atlantis war also ursprünglich eine Kolonie von Hoova, eine Erweiterung von Aksu, und doch wurde es von Altea beeinflußt?

TOM: Ursprünglich, als die Menschen in Aksu genetisch ausgesät wurden, entwickelte sich eine Kolonie zu Atlantis, und eine andere wurde in Ur und Kanaan von Hoova entwickelt - durch Abraham.

STEVE: Ich habe ein Problem mit den Daten. Atlantis ging um 9000 v. Chr. unter, wenn ich es richtig verstehe. Und es begann nach der Aksu-Kultur, etwa um 32.000 v. Chr.

TOM: Das war nicht der Beginn der Kultur von Atlantis. Die atlantische Kultur war eine Aussaat, ähnlich wie die genetische Aussaat, die mit Hoova, Aksu und Abraham zu tun hatte. Die Kolonie Atlantis wurde im Laufe der Zeit von Altea gesät. Sie existierte in verschiedenen Phasen etwa 12.000 bis 17.000 Jahre lang, aber nicht ununterbrochen.

GAST: Das ist ein sehr langer Zeitraum in der Geschichte der Menschheit. Gibt es wichtige Perioden in der Entwicklung von Atlantis, von denen wir wissen sollten?

TOM: Atlantis wurde von Altea entwickelt, einer der großen Zivilisationen der Vierundzwanzig, die auf vielen Gebieten technologisch fortgeschritten war. Die Alteaner vermischten sich erneut mit jenen, die bereits genetisch verändert worden waren, und verbesserten sie weiter. Als Atlantis sich über ein enormes Gebiet ausdehnte und ferne Gegenden der Erde kolonisierte - denn sie hatten die Technologie, dies zu tun -, gab es Schwierigkeiten. Die Gründe dafür waren die Schönheit, die Vielfalt und die Emotionen des Planeten Erde, die Liebe und der technologische Fortschritt der Atlanter und ihr Versuch, dem Planeten Erde zu seiner paradiesischen Erfüllung zu verhelfen. Sie wurden immer mehr von den Emotionen des physischen Körpers gefesselt und befaßten sich intensiv damit, größere und auffälligere Fortpflanzungsorgane zu schaffen. Außerdem versuchten sie mit Hilfe ihrer wissenschaftlichen Kenntnisse, durch Transplantationen Seelen in Kreaturen zu pflanzen. Versteht ihr, was wir meinen?

GAST: Nein, nicht ganz.

TOM: Du bist eine Seele, nicht wahr? Wenn wir deinen Kopf auf eine Kuh setzen würden, wäre das nicht die Verpflanzung einer Seele in einen nichtmenschlichen Seelenkörper?

GAST: Ja, ich verstehe.

TOM: Ihre hohe Intelligenz und ihr Wissen veranlaßte sie zu dem Versuch, sich nicht auf das Denken des Planeten Erde einzulassen. Sie glaubten, sie könnten vielleicht die Kraft dieser von ihnen geschaffenen Kreaturen erlangen oder diese Kreaturen könnten ihnen dienen oder sie könnten größere körperliche Lust entwickeln. Und das entsprach nicht ihrem Auftrag. Und sie erkannten auch, daß sie den Rahmen ihrer Vereinbarung überschritten hatten.

ANDRIJA: Was führte zum Untergang dieser atlantischen Kultur, die sich von Griechenland bis nach Amerika ausgebreitet hatte? Waren es Krankheiten? War es ...

TOM: Es kam zu einer großen Zerstörung. Es war nicht Harmagedon. Es war die Ausbreitung der Kolonien und die Schwächung der Kulturen, und es war ein Naturereignis.

ANDRIJA: Wir würden es als Niedergang einer Kultur bezeichnen.

TOM: Ja.

ANDRIJA: Und in Südamerika, Nordamerika und so weiter gab es Überreste dieser Kultur, nehme ich an.

TOM: Überall.

JOHN: Eine hypothetische Frage: Wenn sie von ihren Fähigkeiten einen besseren Gebrauch gemacht hätte, wäre diese Kultur dann ebenfalls physisch vernichtet worden?

TOM: Ihr würdet das gerne so sehen. Wir erklären gerade, daß diese Kultur aufgrund von Naturereignissen unterging: durch Ozeane, Erdbeben. Denkt daran, daß ihr auf einem physischen Planeten lebt. Versteht ihr?

JOHN: Ja, wir wissen, daß es auf der Erde immer wieder gewaltige Katastrophen gibt; dann nehme ich also an, das war eine davon.

TOM: Aber eure Weltreligionen würden diese Katastrophen gern den Göttern zuschreiben.

JOHN: Ja.

ANDRIJA: Die Religion spricht sowieso von der Sintflut.

JOHN: Die Schöpfungsgeschichte hat also etwas mit der Flut vor 11.000 Jahren zu tun?

TOM: Ja.

GAST: Sind die Lehren der Kahuna auf Hawaii ein Überrest des alteanischen Wissens?

TOM: Sie sind ein Gemisch, und sie gehen auf den Stamm Cohen zurück.

GAST: Hmm. Die Periode Alteas dauerte 12.000 bis 17.000 Jahre. Wann wurde die ungewöhnliche technologische Entwicklung der Alteaner problematisch?

TOM: In den letzten tausend Jahren.

GAST: Vor dieser Zeit handelte es sich also um eine ziemlich gesunde Zivilisation?

TOM: Sie stagnierte nicht. Sie umfaßte auch jene Kolonie, die ihr heute Mu nennt.

GAST: Und woher kamen die Menschen von Mu?

TOM: Von Ashan.

GAST: Mu befand sich im pazifischen Ozean?

TOM: Das ist richtig.

JOHN: Ich nehme an, sie hatten während dieser Zeit Kontakt mit Altea.

TOM: Sie hatten Flugzeuge. Aber alles ging verloren, und die Menschheit mußte von vorne beginnen. Dann kam Ioannes.

GAST: Wann begann die Kultur von Mu?

TOM: Etwa um dieselbe Zeit wie Atlantis, nach der Besiedlung von Atlantis und der Kolonisation durch die Wanderungen. Ihr wißt, daß die Völker der Philippinen Abkömmlinge von Mu sind, so wie die Völker, die auf Inseln leben und bunte Röcke tragen ...

JOHN: Die Polynesier?

GAST: Die Balinesen?

TOM: Ja.

GAST: Und sie schlossen sich schließlich mit den Alteanern zusammen und vermischten sich mit ihnen?

TOM: Sie kamen ursprünglich von Altea und wurden dann von Ashan genetisch verändert. Einige Atlanter stammten aus Ashan. Es gab drei Aussaaten. Ja.

ANDRIJA: Hatte der Falke etwas mit Atlantis zu tun?

TOM: Es gab eine Rückkehr im Jahr 11.000 v. Chr. nach eurer Zeitrechnung, und der Falke blieb mit seinen Leuten die ganz Zeit auf der Erde. Die Erdenmenschen gaben ihnen unterschiedliche Namen.

JOHN: Wurden die Menschen dieser alteanischen Kultur damals nach unserem Verständnis normal geboren, und war ihr Lebensweg so wie unserer?

TOM: Nein. Eine normale Geburt steht gewöhnlich am Beginn eines Lebens, das die Seele gewählt hat, um zu lernen. Die Geburten, von denen wir reden, waren Geburten von Seelen, die kamen, um zu dienen. Es waren Wesen, die sich selbst kannten und in ihrem Herzen andere Absichten hatten. Diese Wesen, die als Gründer oder als ein Gott erkannt wurden - wie zum Beispiel Horus in Ägypten und Ea (Ioannes) in Ur -, waren nicht geboren worden. Die Geburt dient dem Lernen. Wer nicht geboren wird, hat nicht die gleichen Emotionen wie physische Menschen.

JOHN: Würdest du uns sagen, welche Aufgabe der Falke und seine Gruppe in Atlantis hatten?

TOM: Sie waren Lehrer; aber sie paarten sich auch mit den Körperlichen.

ANDRIJA: Wo war damals ihr Stützpunkt auf der Erde?

TOM: Der Falke lebte auf der Insel, die ihr heute Kreta nennt. Ein anderer befand sich an einem anderen Ort; aber sie blieben in Verbindung. Sie hatten Fahrzeuge, die es ihnen ermöglichten, denn sie waren Führer.

JOHN: Sie wurden also nicht als Götter verehrt?

TOM: Doch. Ein anderer Führer lebte nahe dem Gebiet, wo jetzt Florida und die Bahamas sind. Diesen Ort gibt es heute nicht mehr. Und derjenige, welcher der Nachfolger des Falken in Akisu war, war ein Führer an einem Ort vor der Küste eures Südamerikas. Heute sind dort ein paar Inseln, aber sie sind unbedeutend. Es war einmal eine sehr große Landmasse, und zwischen diesen Ländern waren Meere.

ANDRIJA: Welchen Namen hatte der Falke in dieser kretischen Zeit um 11.000 v. Chr.? Und wann verließ er die Erde?

TOM: Ich kann den Namen im Gehirn unseres Wesens nicht finden. Aber er klingt wie »Heronimus«. Er verließ die Erde nicht. Er blieb, bis er in Ägypten Horus wurde, nach dem Ende der alteanischen Kultur.

ANDRIJA: Aha. Und wenn ich es richtig verstehe, verschwand diese Kultur zusammen mit der sogenannten atlantischen Kultur?

TOM: Sie wurde verschlungen. Es gibt Überreste, und es gibt Überreste von Völkern, die vergessen haben, die aber die gleichen Götter verehren wie früher. Versteht ihr, warum sie verschlungen wurde?

ANDRIJA: Nein.

TOM: Möchtet ihr es wissen?

ANDRIJA: Ja, sehr gerne.

TOM: Als die Führer sich vereinigten, gab es Gegner dieser Vereinigung. Der Falke und andere Führer glaubten, sie seien gemeinsam stark genug,

196

diesen Widerstand zu überwinden. Sie wußten aber nicht, daß die Gegner ein viel stärkeres Verlangen hatten. Dann kamen die drei Führer zusammen, und von da an trauerten sie über ihren großen Verlust. Dann beschlossen sie in Absprache mit uns, Ägypten zu gründen. Einer von ihnen gründete Ur, und später kamen sie wieder zusammen.

ANDRIJA: Ich verstehe. War das Auftauchen oder Verschwinden der atlantischen Kultur, so ausgedehnt wie sie war, »höhere Gewalt« oder ...

TOM: Wir waren zornig.

ANDRIJA: Ihr wart zornig? Wart ihr zornig, weil die Führer die Situation nicht richtig gehandhabt haben?

TOM: Nein. Es war, weil wir versäumt hatten, die Dichte des Planeten Erde zu verstehen. Im Grunde war es eher Verzweiflung als Zorn. Heute sind wir mitfühlender.

ANDRIJA: Kannst du uns ein wenig darüber sagen, welche Kulturstufe die Atlanter erreicht hatten?

TOM: Ihr habt in der Kultur, in der ihr heute lebt, nur einen Bruchteil dessen erreicht, was die Atlanter schufen.

ANDRIJA: Aha, wir sind also sehr primitiv! Welches war, soweit es dir bekannt ist, die größte Errungenschaft der atlantischen Kultur?

TOM: Ihre Medizin war eurer Medizin weit überlegen. Ihr habt eine primitive Elektronik; sie besaßen alles Wissen, um Gegenstände und sich selbst mit dem Geist zu bewegen. Hätte es nicht das gegeben, was unterhalb ihrer Gürtellinie lag, wäre es eine wunderbare Kultur gewesen.

ANDRIJA: Ich verstehe. Und ihre Medizin konnte ihnen bei diesem Teil ihres Problems nicht helfen?

TOM: Sie hatten Spaß daran. Wir sind nicht gegen Spaß - es sei denn, er wird zum höchsten Ziel. Und er wurde ... wollt ihr wirklich die Wahrheit wissen? Wir wissen nicht, ob die Menschen auf eurem Planeten damit umgehen können.

JOHN: Nun, wir können uns ja überlegen, ob wir diese Information weitergeben.

TOM: Anstatt ihr medizinisches Wissen zu nutzen, um ihre geistigen oder körperlichen Fähigkeiten zu verbessern, benutzen sie es, um ihre Geschlechtsorgane zu verbessern.

ANDRIJA: Aha. Gibt es Nachkommen dieser Spezies oder Rasse auf der Erde, oder sind sie alle ...?

TOM: Sie wurden ein Wesen, aber sie existieren nicht mehr als Wesen.

JOHN: *Eine Frage zu China: Stammt das medizinische Verfahren, das sie dort haben, die Akupunktur, aus der atlantischen Zeit?*

TOM: Es ist primitiv im Vergleich zum Wissen Altimas, aber es ist fortgeschrittener als das Wissen Amerikas. Die atlantische Medizin war in der Lage, sogar das echte Herz und das echte Gehirn zu ersetzen. Dagegen kann eure Medizin zwar einen Arm ersetzen, aber er hat kein echtes Herz (keinen Lebensfunken) in sich. Damals konnte man sämtliche wichtigen Organe ersetzen, ohne Schwierigkeiten und ohne ernste Probleme für den physischen Körper. Außerdem waren die transplantierten Organe viel besser als jene, die sie ersetzten.

ANDRIJA: *Das ist unglaublich. Wenn sie all diese Fähigkeiten hatten, die du schilderst, dann müssen sie ziemlich lange gelebt haben. Ich meine, sie konnten ihr Leben beträchtlich verlängern, nicht wahr?*

TOM: Das war damals in der Tat ihr Plan.

ANDRIJA: *Wie hoch war die Lebenserwartung in der Zeit Alteas, gute medizinische Versorgung vorausgesetzt?*

TOM: Sie konnte durchaus einige tausend eurer Jahre betragen.

ANDRIJA: *Und trotz dieses langen Lebens erlangten sie keine umfassende Weisheit?*

TOM: Sie waren mit Transplantationen beschäftigt.

ANDRIJA: *Ja, ich verstehe. Nun, ich nehme an, wir können all dieses Wissen eines Tages wieder erwerben.*

TOM: Es ist im Geist des Delphins. Der Delphin hat die Antwort. Ja. Wir möchten euch folgendes sagen: Es ist wichtig für die Menschheit, die Katastrophe zu verstehen, die sich in vergangenen Zeiten ereignete, als die Alteaner auf der Erde lebten. Und es ist wichtig, daß sie versteht, warum sehr viele Seelen jener Zeit sich dafür entschieden, die Gestalt eines Tümmlers oder Delphins anzunehmen. Und einige von ihnen leben jetzt auf der Erde, um die Menschheit davon zu unterrichten, daß sie diese Form angenommen haben, damit sie jene wissenschaftlichen Experimente nicht mehr wiederbeleben können, die der Ursprung der den Menschen bekannten Mythen sind. Sie haben ihr Verlangen nach Paarung nicht beseitigt, versteht ihr? Wir wollen es nicht beseitigen, sondern wir wollen, daß es richtig verstanden wird.

Zur Zeit der größten Verzweiflung und der größten Wut über das, was in Atlantis getan worden war, und über jene, die ihr Wissen nur zu ihrem eigenen Vorteil nutzen, gab es auch Kolonien, die keinen destruktiven Charakter hatten - diese wurden nicht vernichtet. Aber auch in der atlantischen Kultur gab es Menschen, die nicht so destruktiv waren wie die Mehrheit, die jedoch in Gebieten lebten, deren Landmassen zerstört wurden und dabei viele Menschenleben mit sich nahmen. Dennoch verstanden sie, daß dieses Ereignis notwendig war. Einige dieser Seelen haben gewählt, jetzt auf diesem Planeten Erde zu leben, und sie gehören einer Spezies an, die beschlossen hat, eine Gestalt anzunehmen, die nicht mit der Form ihrer vorherigen Existenz übereinstimmt. Wir waren nicht sicher, ob die Wahl dieses physischen Körpers ihrem künftigen Seelenwachstum nützen würde; aber es war ihr Wunsch, eine Entscheidung, die sie in ihrem Intellekt und aufgrund ihrer Erfahrung mit der Gestalt ihrer vergangenen Existenz getroffen hatten. Sie glaubten, daß sie vielleicht auf diese Weise gebührend von Diensten sein könnten. Und darum existieren sie jetzt auf eurem Planeten Erde in einer anderen Form als früher. Sie sind nicht als menschliche Spezies anerkannt; aber ich möchte euch sagen, daß sie menschlicher sind als jeder andere Mensch auf eurem Planeten. Sie sind Delphine.

ANDRIJA: *Können wir Kontakte zu ihnen herstellen?*

TOM: Sie sind sehr angetan von jeglicher Arbeit, die das Bewußtsein anhebt. Aber sie sind auch Hüter des Meeres, und viele, die sich der Transformation der Erde widersetzen, leben ebenfalls im Meer. Sie beobachten und wachen, und wenn nötig beobachten sie auch andere Zivilisationen, die sich in fragwürdiger Absicht der Erde nähern, und sie versuchen, sie mit Hilfe ihres starken Geistes zu entfernen. Sie sind Wächter. Sie leisten ähnliche Dienste wie viele Menschen. Ihre Sprache ist schwierig für euch, aber viel besser für uns. Unsere Art der Kommunikation ist der ihren ähnlicher.

ANDRIJA: *Wenn wir also die Sprache der Delphine erforschen würden, fiele es uns leichter, eure Sprache zu lernen?*

TOM: Ja. Und habt ihr verstanden, daß die Seelen, die als Delphine leben, diese Form gewählt haben, um nicht vom Körperlichen versucht zu werden?

ANDRIJA: *Nun, ich finde, es ist sehr schlau und intelligent von ihnen, diese Gestalt und Lebensweise zu wählen. Sie haben weniger Probleme als*

Menschen und wahrscheinlich mehr Freude am Leben. Und, wie du gesagt hast, sie können dienen.

TOM: Aber aufgrund ihrer Gestalt und ihrer Denkweise fällt es ihnen schwer, wirklich zu dienen, ohne mit Menschen in Verbindung zu stehen.

ANDRIJA: Nun, vielleicht können wir diese Verbindung herstellen.

TOM: Die Einsicht über den Zusammenhang zwischen Atlantis, den Delphinen und den Menschen wird das innere Wissen von der Zerstörung, welche die Menschen in vergangenen Zeiten verursacht haben, freisetzen. Ihr müßt wissen, daß Menschen, die zur Zeit Alteas lebten, heute zurückkommen, um auch in eurer Zeit zu existieren. Einige, die als Delphine lebten, sind jetzt nicht mehr im Wasser und gehen aufrecht. So wird das innere Wissen befreit. Das ist sehr wichtig; denn wenn diese Verbindung hergestellt wird und die Wahrheit ans Licht kommt, wird das Verständnis die Menschen erleuchten. Ja.

STEVE: In einem Gespräch hast du gesagt, das Ende sei eine Naturkatastrophe gewesen, und es sei töricht, sie den Göttern zuzuschreiben. Ein anderes Mal hast du gesagt, das Ende sei die Folge eures Zornes und eine Vergeltung gewesen. Das kann ich nicht miteinander in Einklang bringen.

TOM: Der Rat sagt, ich soll es so erklären: Die atlantische Kultur wurde durch die Alteaner für uns geschaffen. Dabei wurden Fehler begangen. Altea brachte mit seinen Experimenten und mit seiner Wasserstoff-Technologie die Seelen in Atlantis in Schwierigkeiten. Hätten wir eingegriffen und diese Gefahr gebannt, hätten wir Atlantis retten können. Aber in unserem Kummer über Altea führten wir die Vernichtung herbei. Versteht ihr?

STEVE: War es also eine Naturkatastrophe?

TOM: Sie wurde durch die Experimente mit Wasserstoff ausgelöst. Enthalten eure Meere keinen Wasserstoff?

STEVE: Ach so, diese Experimente wurden von den Alteanern gemacht. Ist das richtig?

TOM: Ja.

GAST: Du hast gesagt, die Atlanter hätten eine Wasserstoff-Technologie benutzt. War das eine Waffen-Technologie, oder sollte sie anderen Zwecken dienen und wurde dann gefährlich?

TOM: Versteht ihr, wozu man Wasser verwenden kann? Es war nicht zur Vernichtung anderer gemeint, aber es wurde nicht vollständig verstanden, und es ist ein gefährliches Mittel, das eine Kettenreaktion hätte auslösen können, weil alle Ozeane und die Atmosphäre und das Land Wasser enthalten.

GAST: Hat es etwas mit dem zu tun, was wir heute »schweres Wasser« nennen?

TOM: Ja.

GAST: Und versuchten sie, Energie zu erzeugen, oder ...

TOM: Die Elemente des Planeten Erde erregten ihre Neugierde. Sie versuchten sie zu verstehen und waren dabei sorglos und ohne Vernunft. Darum sind die Tümmler Seelen, und sie und die großen Wale, die ihre Jungen säugen, waren Bürger von Atlantis. Viele Bewohner von Atlantis und Mu kehren jetzt zurück, um dem Planeten Erde zu helfen, um ihn seiner Bestimmung zuzuführen und um zu dienen. Viele erinnern sich. Diejenigen, die im Meer leben, waren sich nicht sicher, ob sie in einer aufrechten Form leben könnten, ohne Schmutz zu erzeugen. Sie wußten, daß sie im Meer keinen Schaden anrichten können, und sie genießen freudvolle Paarung.

GAST: Ich bin jetzt etwas verwirrt, was das Ende von Atlantis angeht. Einerseits hast du gesagt, es sei durch Naturereignisse ausgelöscht worden - ich nehme an durch den Anstieg des Meeresspiegels am Ende der Eiszeit -; andererseits hast du von eurem Zorn gesprochen und dem plötzlichen ...

TOM: Die Eiszeit endete aufgrund unserer Aufregung. Versteht ihr, daß Ärger - komme er von den unsrigen oder anderen -, eine Energie ist, die Macht hat? Und wie ich bereits gesagt habe, war es eher Verzweiflung als Zorn. Es war eine Kettenreaktion. Die Atlanter verursachten Stürme auf dem Planeten, die sie nicht verstanden. Sie führten ihr eigenes Ende herbei, weil sie in das Wesen der evolutionären Entwicklung eingegriffen hatten.

JOHN: Einige dieser problematischen Charakteristiken tauchen auch heute wieder auf, sowohl in bezug auf die Zerstörung des Planeten, als auch in bezug auf unser Herumpfuschen mit Gentechnik.

TOM: Das ist richtig, ja.

GAST: War Altea während der atlantischen Kultur selbst anwesend?

TOM: Das war nicht möglich. Er ist das Oberhaupt Alteas. Es war eine wichtige Erfahrung für diese Zivilisationen zu verstehen, was Menschen erdulden müssen. Versteht ihr? Ich sage zu oft »Versteht ihr?«!

JOHN: *Kannst du uns genau sagen, wann Atlantis versank? Ging das sehr schnell vor sich oder ...?*

TOM: Es geschah über Nacht ... Ihr müßt verstehen, daß wir betrübt sind, wenn wir über diese Zeit sprechen. Ihr Menschen erinnert euch nicht - aber wir erinnern uns. Wenn es etwas gibt, was den Rat der Neun betrübt, dann das. Wir haben Wölfe übersehen, die als Schafe verkleidet waren, wie ihr es ausdrücken würdet. Vielleicht haben wir den Einfluß jener übersehen, die gerne unsere Position einnehmen würden, versteht ihr?

GAST: *Du hast gesagt, nach dem Ende von Atlantis seien Menschen nach Ägypten und Ur gezogen und hätten einen großen Teil ihres Wissens mitgenommen. Ich nehme an, sie gingen auch in andere Teile der Welt, einschließlich Mittelamerika - die Olmeken, Mayas und Azteken - und bildeten auch die alten Megalith-Kulturen von Nordwesteuropa einschließlich Britanniens.*

TOM: Auch jene, die ihr Hellenen nennt. Von Troja.

GAST: *Die hellenistischen Völker in Griechenland und im Mittelmeerraum?*

TOM: Das ist richtig. In der Zeit der Zerstreuung und des Traumas nach dem Fall von Atlantis wurden um 8000 v. Chr. Zivilisationen auf Kreta aufgebaut ... Außerdem in Mittelasien in den Gegenden von Israel, Jordanien und im Gebiet des Saddam ...?

GAST: *Im Irak?*

TOM: Ja.

GAST: *Was ist mit Zentralasien?*

TOM: Auch in Teilen von China, Indien und Tibet.

GAST: *Und in Nord- und Südamerika?*

TOM: Sie wurden ebenfalls von Regionen in Israel aus kolonisiert. Gab es nicht die Phönizier, und die vermischten sich mit Eingeborenen?

GAST: *In Amerika? Was das betrifft, hast du sonst noch Informationen über Besucher in Amerika in der Urzeit?*

TOM: Es wurde von den Phöniziern kolonisiert.

GAST: *Aha. Könnten wir nun die Reihenfolge der Ereignisse in der Geschichte von Atlantis noch einmal zusammenfassen und dann ...*

TOM: Du versuchst, eine Chronologie herzustellen. Wäre es nicht sinnvoller, den Sinn des Ganzen herauszuarbeiten?

JOHN: *Du willst also mit alldem sagen, daß verschiedene Zivilisationen,*

wenn sie Kolonien gründen, verschiedene Eigenschaften mitbringen, die gut und notwendig für die Menschen sind?
TOM: Und für den Planeten Erde. Wir können euch hier kein vollständiges Bild geben, weil ihr Teile des Mosaiks nicht verstehen würdet. Ja.

Kapitel 12

Das alte Ägypten

Aus dem Blickwinkel der Neun ist Ägypten offenbar aus dem gescheiterten Experiment Alteas entstanden. Für die Menschheit bleibt Ägypten zusammen mit Sumer ein faszinierendes Beispiel für eine hochentwickelte Zivilisation, die Mitte des vierten Jahrtausends v. Chr. plötzlich entstand. Wir können vermuten, daß die Ägypter und Sumerer ihr umfangreiches Wissen nicht mühsam erworben haben, sondern daß jemand es ihnen schenkte. Dieses Kapitel ist voll von erstaunlichen, manchmal kontroversen Informationen. Es lohnt sich, sorgfältig und geduldig zu lesen - viele Sätze enthalten mehr, als wir auf den ersten Blick erkennen können.

ANDRIJA: Trifft die von Platon überlieferte Geschichte zu, wonach einige Atlanter die wünschenswerten Elemente der atlantischen Kultur nach Ägypten brachten? Mich interessiert beispielsweise die Sage von Horus und der geflügelten Scheibe.
TOM: Er kam in einem Raumfahrzeug. Denkt daran, daß er nicht geboren wurde. Die Alteaner waren Meister der Raumfahrt. Aber später lernten sie, mit Hilfe des Geistes ohne Fahrzeug zu reisen. Horus, Tehuti, Isis und andere Führer brachten es ihnen bei.
ANDRIJA: Was waren die Abmachungen, unter denen Horus, Tehuti und Isis zusammen nach Ägypten gingen, um dort eine neue Kultur zu gründen?
TOM: Sie kamen alle gleichzeitig. Wißt ihr, daß sie gleichzeitig an verschiedenen Orten sein konnten? Horus kam nach Ägypten, und Isis ging nach Ur, und andere gingen in andere Gebiete. Aber sie konnten sich gleichzeitig an jedem dieser Orte versammeln.
ANDRIJA: Ich verstehe. Sie waren austauschbar - das ist äußerst interessant. Nun, viele Historiker haben bemerkt, daß die Kulturen von Ur und

Ägypten Gemeinsamkeiten hatten. Anderen Leuten fiel auf, daß es auch eine Ähnlichkeit mit der chinesischen Kultur gab.

TOM: Das ist richtig. Sie wurde von denselben Wesen gegründet.

ANDRIJA: Und wer kümmerte sich um China?

TOM: Derjenige, der an dem Ort in der Nähe von Südamerika gewesen war. Jeder von ihnen war imstande, sich gleichzeitig an jedem Ort aufzuhalten.

ANDRIJA: Ich verstehe. Und welche anderen Gebiete der Erde wurden damals gleichzeitig entwickelt?

TOM: Es waren nur drei Gebiete, und von diesen dreien breitete sich die fortgeschrittene Kultur über den ganzen Erdball aus.

JOHN: Ich bin sehr an der Großen Pyramide und ihrer Bedeutung interessiert.

TOM: Die Sphinx hatte mit dem Beginn der ägyptischen Kultur mehr zu tun als die große Pyramide. Wenn die Menschen auf diesem Planeten eines Tages verstehen und wenn andere Zivilisationen auf die Erde kommen, um ihr zu helfen, dann werden wir euch alle Geheimnisse, nach denen ihr fragt, enthüllen.

Im Jahre 1976 hat Andrija einige Fragen über die Pyramiden gestellt und von Tom folgende Antworten erhalten:

ANDRIJA: Wir haben ein paar Fragen über die Große Pyramide. Kannst du uns sagen, wer sie gebaut hat?

TOM: Es war eine Gemeinschaftsarbeit von Hoova, Ashan, Altea und Myrex. Es waren vier Zivilisationen. Es waren also die vierundzwanzig Zivilisationen.

ANDRIJA: Heißt das, daß die Menschen keinen Anteil an diesem Bauwerk hatten?

TOM: Sie hatten großen Anteil daran. Die Planung und die technische Durchführung lag in den Händen der vier Zivilisationen. Die Übertragung und die Übermittlung des Wissens kam von den Zivilisationen. Stonehenge kam auch von den Zivilisationen. Ja.

ANDRIJA: Kannst du uns sagen, wann der Bau der Großen Pyramide begann und wann er beendet war?

TOM: Die Große Pyramide und andere, die ähnlich waren, wurden etwa 150 Jahre vor der Zerstörung von Atlantis begonnen, also vor 13.000 eurer Jahre - in der Kolonie, in der Atlantis begonnen hatte. Dann, vor ungefähr 7000 Jahren, wurde sie vervollständigt.

ANDRIJA: *War sie ursprünglich oben flach und wurde dann als Pyramide weitergebaut, oder war sie von vornherein als Pyramide geplant?*

TOM: Urspünglich war sie als Dreieck geplant. Sie wurde aber lange Zeit nicht vollendet. Zwischen Beginn und Vollendung lagen 6000 Jahre, weil es Schäden und Veränderungen gab.

ANDRIJA: *Aha. Ich bin in einen sehr geheimen Teil der Pyramide geklettert, in die Kammern über der Königskammer, und ich fand und fotografierte die Unterschrift des Pharaos Khufu (Cheops). Hat er diesen Teil der Pyramide vollendet?*

TOM: Sie wurde vorher vollendet. Khufu verstand.

ANDRIJA: *Du meinst, er verstand die Bedeutung der Pyramide?*

TOM: Ja. Er war die Reinkarnation des Falken.

ANDRIJA: *Und wann lebte er, in welchem Jahr?*

TOM: Altea sagt, es war 6.257 Jahre vor dem Nazarener.

ANDRIJA: *Ich danke dir. Kannst du uns sagen, was der Zweck der Pyramide war und worin ihr Geheimnis besteht, über das so viele Menschen sich Gedanken machen?*

TOM: Zum Teil ist es die Regeneration der Zellen. Sie überträgt die Energie der Zivilisationen. Die Große Pyramide und andere Pyramiden senden eine Energie nach oben. Aber auch die Zivilisationen senden dem Planeten Erde Energie durch die Pyramiden. In den Kammern der Pyramiden gibt es Bereiche, die ihr Verjüngungskammern nennen würdet. Sie regenerieren die Zellen. Das ist nicht alles; aber mehr können wir jetzt nicht sagen.

JOHN: *Ja. Sind die anderen zwei Pyramiden neben der Großen Pyramide viel jünger? Wann wurden sie gebaut?*

TOM: Ungefähr 1500 bis 2000 Jahre nach der Vollendung der großen Pyramide.

ANDRIJA: *Wann wurde der legendäre Turm von Babel errichtet?*

TOM: Das war in Ur, nach der Zerstörung von Atlantis. Ur war eine atlantische Kolonie. Der Turm wurde innerhalb von 200 Jahren nach Khufu gebaut und 3000 Jahre später zerstört. Ja.

Im Jahre 1991 beantwortete Tom noch mehr Fragen über die Pyramide:

MIKI: Vor einigen Jahren fragte ich dich, wann du das Geheimnis der Pyramiden enthüllen würdest. Heute frage ich wieder: Kannst du uns das Geheimnis offenbaren?

TOM: Die Antwort kommt in dieser Zeit ans Licht. Eure Kreise ...

JOHN: Meinst du die Kornkreise?

TOM: Ja. Auf diesem Planeten Erde in Beziehung zu euch ... in einer Anordnung für euren Planeten Erde, in Aufrechterhaltung der Rotation haben eure Kornkreise eine Energie, die jener der Pyramiden gleicht. Die Pyramiden lieferten dem, was um euren Planeten Erde kreiste, Energie. Einst enthielt die Pyramide Kristallelemente, die Energie abgaben. Unüberlegte Menschen entfernten diese Kristalle und riefen dadurch Probleme hervor, weil die Pyramide nicht mehr genügend Energie erzeugen konnte, um ihren Zweck zu erfüllen.

DAVID: Du hast von der Rotationsenergie der Erde gesprochen. Was hast du damit gemeint?

TOM: Sind nicht in letzter Zeit diese Ringe auf eurer Erde erschienen?

DAVID: Ja, die Kornkreise.

JOHN: Ich habe noch einige Fragen: Wie wurden die Pyramiden gebaut, und wurden sie hauptsächlich von Wesen aus anderen Zivilisationen mit Hilfe von Menschen errichtet oder allein von anderen Zivilisationen?

TOM: Es war nicht so wichtig, daß die Menschen der Erde die Formel zur Schaffung dieser Struktur verstanden. Als die Menschheit sie ... gibt es das Wort »entwürdigte«?

JOHN: Ja, als die Menschheit sie entwürdigte ...

TOM: ... weil sie den Zweck ihres Energieaustausches nicht verstand, wurde ein großer Teil des Wissens verschlossen.

JOHN: Ja. Noch eine Frage dazu: Wurden die Pyramiden in Mexiko aus demselben Grund und auf die gleiche Weise gebaut, oder handelt es sich hier um Nachahmungen durch Menschen?

TOM: Einige von ihnen wurden gebaut, um jene zu beobachten, die sie Götter nannten. Sie wollten ihnen helfen, ein Energiefeld zu schaffen, das Schall- und Farbwellen aussenden würde. Und es gab ... wie sagt ihr dazu? Ich weiß es nicht. Eure eingeborenen Völker wünschen sich Segen vom

Himmel; darum errichten sie Bauwerke, von denen sie glauben, daß sie Segen herabholen.

GAST: Ich habe von einer Reihe von Leuten gehört, die zur Großen Pyramide reisen, um zu sehen, ob sie dazu beitragen können, deren Energie freizusetzen. Ist dies die richtige Zeit dafür?

TOM: Vielleicht können sie die Tür ein wenig öffnen; aber wenn sie weiter geöffnet würde, wäre eine Energieflut die Folge, welche die Menschheit nicht verstehen könnte.

GAST: Aha. Ich wüßte außerdem gerne, wie die großen Steinblöcke in die Große Pyramide gebracht wurden. Meiner Meinung nach wurden dazu Kristalle verwendet.

TOM: Es geschah mit Hilfe von Kristallen und mit Hilfe von stimmlichen Tönen, die durch den Laut »OM« auf die Kristalle eingestimmt wurden. Versteht ihr?

GAST: Ja. Ich hatte eine Vision, in der ein Wesen irgendwie über einem Stein stand, und unter dem Kommando und der Anleitung von jemandem anderem wurde dieser Stein auf die Weise, die du beschrieben hast, angehoben und an seinen Platz gesetzt. War das so?

TOM: Ja, aber es gab viele Stimmen.

Am 22. März 1993 gaben Forscher die Entdeckung eines schmalen Schachtes bekannt, so klein, daß sie ihn mit einer ferngesteuerten Kamera erkunden mußten. Der Schacht wurde von einer geheimen Tür versperrt.

ANDRIJA: Wieviel Wissen aus Atlantis wurde den frühen Ägyptern gegeben?

TOM: Den frühen Ägyptern wurde medizinisches Wissen gegeben, mit Ausnahme des Wissens über die Veränderung der Geschlechtsorgane. Ihr müßt verstehen, daß die primitiven Menschen, mit denen sie im Lande Ägyten arbeiteten, sehr furchtsam waren aufgrund ihrer Einfachheit und ihrer unbewußten Erinnerung an die Zerstörung. Darum errichteten sie auf ihrem Glaubensgebäude ein großartiges System der Götterverehrung. Sie verehrten auch jene, die keine gute Gesinnung hatten; aber sie beschlossen, dies zu übersehen, und gaben ihnen aus Furcht vor Schaden ein gutes Aussehen.

ANDRIJA: Soviel ich weiß, galt Isis als Gemahlin des Ra, der einer jener »weniger Guten« war, von denen du sprichst.

TOM: Das ist richtig.

ANDRIJA: *Und Horus galt als Sohn des Ra und der Isis. Meine Frage ist nun: Wie kommt die Göttin Hathor ins Spiel? Denn für uns sieht sie in vieler Hinsicht wie Isis aus.*

TOM: Hathor war eine Göttin der Nacht. Sie war die Gemahlin aller Götter, eine Gefährtin des Abends. Ihr habt Gefährtinnen des Abends in diesem Land, in dem ihr lebt. Das ist dasselbe.

ANDRIJA: *Warum gilt sie dann in der Literatur als Gattin des Horus?*

TOM: Sie war die Gattin aller Götter. Diese Stellung gaben ihr die Menschen, weil sie mächtig war und weil sie die Götter manipulieren konnte. Die Menschen hatten Angst, vernichtet zu werden, wenn sie Hathor nicht verehrten.

ANDRIJA: *Dann gab es noch Sekhmet (eine Feuergöttin). Welche Verbindung bestand zwischen ihr, einer weiteren Katze, und Isis und Hathor? Das ist für uns sehr schwer zu verstehen.*

TOM: In Wirklichkeit waren sie Schwestern.

ANDRIJA: *Ach so. Und Nephthys (die Haushälterin des Osiris und Freundin der Toten) gehörte zur selben Gruppe?*

TOM: Nur Hathor herrschte über die anderen oder versuchte es zumindest. Als die Menschen nicht auf sie hörten, ging sie dazu über, die Götter zu beherrschen. Es ist schwer zu erklären, weil ihr nicht versteht, was aus dem Zeitalter Alteas mitgebracht worden war.

ANDRIJA: *Ja, ich wollte gerade fragen, ob Hathor aus dem Zeitalter Alteas stammt oder direkt aus Altima oder Hoova. Was ist ihr Ursprung?*

TOM: Sie stammte nicht aus Altima, wohl aber ihr Wissen. Sie wußte, wie sie die anderen körperlich beherrschen konnte. Sie gehörte einer Spezies an, die seit Anbeginn ihrer Existenz eine Spezies war, weil sie ein Gemisch aller Zivilisationen des Universums ist. Diese haben das stärkste Verlangen, Gutes zu tun, doch auch das stärkste körperliche Verlangen im Universum.

ANDRIJA: *Gehört sie zu den Anderen oder ... ? Wir verstehen das nicht so ganz.*

TOM: Sie hatte alles Gute und alles Verlangen. Zwei Wesen.

JOHN: *Eine vollkommene Mischung aus beidem.*

TOM: Die Anderen können sie benutzen, und wir können sie benutzen. Es ist ein Opfer. Es ist Versuchung. Versteht ihr?

ANDRIJA: Wurde das zu einer Art Gesetz im Universum?

TOM: Wie sonst könnten wir das körperliche Verlangen der Menschen und Wesen und Spezies ausjäten? Wenn das Verlangen euch gefangenhält und euch austrocknet, seid ihr verloren, nicht wahr? Wir sprechen zu den Bewohnern dieses Planeten.

ANDRIJA: Jetzt verstehe ich. Und das ist ihre Funktion?

TOM: Der Göttin Hathor? So ist es schon immer gewesen.

ANDRIJA: Es gibt eine indische Göttin, die vielleicht verständlicher ist. Ihr Nahme ist Shiva ...

TOM: Es ist immer ein und dieselbe.

ANDRIJA: Aber Shiva wird in unserer Literatur klarer herausgearbeitet. Hathor ist eine mysteriöse Gestalt.

TOM: Versteht ihr, warum? Weil die Ägypter Hathor im Geiste besänftigen wollten. So konnten sie glauben, sie wolle ihnen nur helfen. Darum machten sie Hathor zur Gemahlin der Götter.

ANDRIJA: Vielen Dank für all diese Erläuterungen.

JOHN: Ich hätte gerne einen schnellen Überblick über den Ablauf des Kulturexports nach dem Niedergang von Atlantis. Du hast, glaube ich, gesagt, Sumer sei die erste Kultur danach gewesen - aber ich möchte versuchen, die griechische, die chinesische, die ägyptische und die sumerische Kultur in die richtige Reihenfolge zu bringen.

TOM: Als Atlantis vernichtet wurde, gab es Kolonien. Die erste war Sumer, die zweite China - beide trafen sich gelegentlich, versteht ihr? Auch Ägypten gab es damals. Die griechische Kultur kam zuletzt, nach der ägyptischen. Sie bestand nicht gleichzeitig mit Ägypten und Ur.

JOHN: Ja. Die Griechen bewahrten die atlantischen Sagen anscheinend besser als die anderen. Ist das richtig?

TOM: Das ist wahr. Wegen dem Channelling von Platon. Platon erhielt Eindrücke, die seinen Geist anspornten und Glocken in seinem Kopf zum Klingen brachten.

JOHN: Ja. Du sprichst vom »Channelling von Platon«. Ich habe gehört, Sokrates sei das Medium gewesen, und Platon habe dessen Botschaften aufgezeichnet. Stimmt das?

TOM: Es war Sokrates; aber wichtig waren die Deutungen Platons. Wäre das gesamte Wissen in allen Einzelheiten übermittelt worden, hätte es zu

Verwirrung und Mißverständnissen geführt. Aber Teile davon konnten gegeben werden, und durch Ansammlung dieser Teile und durch Forschung und Diskussion konnte das Wissen erlangt werden.

JOHN: Und die Mensch-Tiergestalten der griechischen und ägyptischen Mythologie?

TOM: Sie kamen von Atlantis.

JOHN: Das waren die Experimente?

TOM: Ja.

JOHN: Gab es zur Zeit der ersten griechischen Kultur irgendwelche Besuche durch die höheren Zivilisationen?

TOM: Ja - die »Götter«.

JOHN: Nun ja, ich war der Meinung, die griechische Mythologie gehe auf eine frühere Zeit zurück.

TOM: Auf Ägypten und Atlantis. Aber Griechenland wurde auch von Altea besucht.

JOHN: Das wußte ich nicht. In welcher Form? In Raumfahrzeugen?

TOM: Da Menschen das Feuer kannten, kamen sie in Gestalt des Feuers.

STEVE: Ich wüßte gerne mehr über mythologische Gestalten wie Merkur, Apollon, Diana und dergleichen. Haben sie tatsächlich irgendwann körperlich auf der Erde gelebt, oder sind sie, wie Jung sagt, Archetypen des Unbewußten?

TOM: Sie waren körperliche Wesen. Aber archetypisch.

STEVE: Auf meiner Suche nach Entsprechungen deiner Übermittlungen bin ich auf die gnostischen Philosophen gestoßen, eine Gruppe von Denkern in der Anfangszeit des Christentums. Viele ihrer Gedanken stimmen offenbar mit deinen Aussagen überein, vor allem der Name »Äonen«, den du, soviel ich weiß, als Bezeichnung für die Neun benutzt hast. Sind diese Übereinstimmungen zutreffend?

TOM: Ja.

STEVE: Der Name »Äonen« bezeichnet die Neun?

TOM: Deren Sprecher ich bin, ja.

STEVE: Diese Offenbarungen in der gnostischen Literatur sind also frühere Channellings ...

TOM: (unterbricht) Ja.

STEVE: ... von Übermittlungen und treffen zu.

TOM: Ja. Das Wissen wurde einigen wenigen gegeben, so wie das Wissen dieser Zeit einigen wenigen gegeben wird - allerdings muß es heute an die Massen weitergegeben werden. Es geht um die Nachprüfbarkeit.

STEVE: Ja, ich fand diese Übereinstimmungen beindruckend.

TOM: Viel Wahres wurde zerstört, um die Massen zu beherrschen.

STEVE: Du sprichst wohl von den Religionen, den Kirchen, die die gnostischen Offenbarungen unterdrückten.

TOM: Menschen und Regierungen und Kirchen unterdrücken, was sie bedroht und was wahr ist. Ist es nicht so?

Später sagt Tom über den Untergang von Kulturen:

TOM: Die Kultur des ersten Besuchs in Aksu brach zusammen, und das, was ihr Atlantis nennt, brach zusammen. Auch Ägypten und viele andere Kulturen dieses Planeten Erde brachen zusammen. Versteht ihr nun, warum sie alle untergegangen sind?

ANDRIJA: Nun, wahrscheinlich deshalb, weil die Begierden das höhere Streben der Seele überwältigten.

TOM: Das ist nur ein Teil der Wahrheit. Um 11.000 v. Chr., in der Zeit von Atlantis, vermischten sich die anderen kolonisierten Wesen mit den Wesen Hoovas. Das war der Anfang dessen, was ihr die hebräische Kultur nennt.

ANDRIJA: Oh, so weit liegt das zurück. War das in Atlantis oder in Ur?

TOM: Es war vor dem Zeitalter von Ur.

ANDRIJA: Und wer war der Führer dieser hebräischen Kolonie?

TOM: Es waren vier Generationen von Abraham.

JOHN: Am Beginn der hebräischen Kultur vermischten sich also die Hooviden mit jenen anderen Wesen, und daraus entwickelten sich die typischen Merkmale des jüdischen Volkes?

TOM: Ja.

JOHN: Ich dachte, auf Atlantis habe es keine Überlebenden gegeben?

TOM: Nein. Es gab Kolonien, die nicht zerstört wurden.

ANDRIJA: Ich dachte, sie seien Delphine geworden.

TOM: Diejenigen, die vernichtet wurden, aber unschuldig waren, wurden Delphine.

ANDRIJA: Das ist schön.

213

JOHN: Und was geschah mit denjenigen, die schuldig waren? Wurden ihre Seelen damals ausgelöscht? Oder was geschah?
TOM: Wie kann man eine Seele auslöschen? Man kann nur für sie beten und hoffen.

IV. WICHTIGE KETTENGLIEDER

Kapitel 13

Die Kolonien von Hoova und der Ursprung der Hebräer

Dieses Kapitel untersucht die Verbindung zwischen den Hooviden und den Ismaeliten im nahen Osten und ist sehr wichtig für unser Verständnis dieses Planeten und unsere Rolle im Universum.

IRENE: Bitte erzähle uns von den »Söhnen des Himmels«, die die »Töchter der Erde« zur Frau nahmen.

TOM: Wie ihr wißt, enthält das Wortbuch (die Bibel), das ihr auf dem Planeten Erde benutzt, einen wahren Kern, aber auch eine Menge menschlicher Korruption, die Menschen gefangen halten soll. Ihr wißt auch, daß die Hooviden und andere Zivilisationen auf die Erde kamen, um Kolonien zu gründen und den Planeten vorzubereiten. Und es gab auch Wesen, die aus dem Schoße des Planeten entsprungen waren. Dann vereinigten sich die Hooviden und die Wesen der anderen Zivilisationen - auf der Erde werden sie »Götter« oder »Söhne der Götter« genannt - mit den Töchtern der Menschen. Darum blicken alle Menschen zum Himmel empor, wenn sie nach ihrem Ursprung suchen. Denn sie stammen vom Himmel. Einige Zivilisationen und untergeordnete Zivilisationen waren ebenfalls in der Lage, die Frauen der Menschen zu befruchten und ihre Linie zu begründen. Und zur Zeit von Aksu kam der »Falke«, und dann wurden die Hooviden auserwählt, um den Menschen Individualität und Entschlossenheit zu geben und vielleicht ein wenig Zähigkeit. Und im Laufe der Zeit sahen wir, daß diese Elemente stärker wurden - manchmal so sehr, daß diese nützlichen Qualitäten korrumpiert wurden. Dann kam der Nazarener, das Oberhaupt von

Hoova, um diesen Individualismus zu mildern. Das war unbedingt notwendig; aber wir beseitigen nicht den Individualismus oder den freien Willen. Doch wir mußten das Mitgefühl verstärken, das sich im Überlebenskampf nicht entwickelt hatte. Das Mitgefühl ist jetzt ein Element, das entwickelt werden muß.

IRENE: Aber dieses Problem des Mitgefühls geht auf die Zeit vor Abraham zurück - auf den Garten, auf Aksu?

TOM: Das ist richtig. Sie waren Hooviden. Seht ihr, das Problem war folgendes: Sie wußten genau, wer sie waren und woher sie kamen, und sie kannten die Versuchungen der Gegenseite. Es war eine Frage des Gehorsams. Doch die Hooviden haben nicht gehorcht und gehorchen bis heute nicht, trotz all ihrer Riten, all ihrer Gebete und all ihrer Bitten um ein Eingreifen des Allmächtigen. Die höheren Elemente, welche die Hooviden in sich tragen, wissen, daß dies sinnlos ist, solange die Hebräer keine Verantwortung übernehmen. Aber diejenigen, die an den Riten festhalten, erkennen diese höheren Elemente, die der Kabbala, nicht an. Riten dienen einem Zweck; aber sie sollen nicht alles andere ausschließen. Hier liegt der Irrtum. Sie glauben, sie müßten das Wort ohne Bezug zu allem anderen studieren, und sie glauben, das sei ihre Verbindung zu Gott. Sie verstehen andere nicht und haben kein Mitgefühl mit ihnen. Sie erhöhen sich selbst, und sie begreifen nicht, daß sie sich dadurch zum Ziel von Gemetzel machen. Versteht ihr?

IRENE: Ja.

TOM: Diese Elemente sind fast überall in der zivilisierten Welt enthalten; denn sie haben sich vermehrt und über den Planeten Erde verbreitet. In der Nation Israel sind sie am intensivsten, aber ihr müßt wissen, daß dies die Folge des Lebens als Mensch ist. Denn im Kern sind sie die reinsten und die sanftesten. Haben wir euch nun verwirrt?

IRENE: Durchaus nicht. Eine meiner Fragen war: Warum steht das jüdische Volk überall auf der Welt so sehr im Brennpunkt des Interesses? Was spielt sich unter der Oberfläche ab?

TOM: Sie sind die Retter dieses Planeten, und sie müssen ihre selbstgewählte Aufgabe erfüllen. Die Hooviden sind dreimal auf die Erde gekommen, um die Barrieren der Eingeborenen zu durchbrechen und zur Evolution des Planeten beizutragen. Die Hooviden konzentrieren sich in der Nation Israel, weil sie als Mikrokosmos den ganzen Planeten Erde repräsentiert. Und deshalb ist Israel wichtig; denn der Planet Erde ist einzigartig, und kein anderer Planet im Universum ist ihm gleich. Und während all dieser Jahre haben die Anderen ihn gefesselt.

IRENE: Wenn die Hooviden also zu ihrem wahren Selbst finden, sind dann die anderen dreiundzwanzig Zivilisationen eher imstande, ihre Arbeit auf der Erde zu verrichten?

TOM: Das ist richtig. Denn sie werden durch dieses Element des Starrsinns in den Hooviden gebunden und behindert. Wir kennen das Wesen der Hooviden, ihre Fähigkeiten, ihren genetischen Code. Die DNS der Hooviden, ihre Lebenskraft, ... wenn das freigesetzt wird, wird das Universum frei. Eine sehr große Aufgabe! Ja.

JOHN: Die Hooviden kamen also dreimal. Handelt es sich um Adam und Eva, dann um Abraham und schließlich um Jesus?

TOM: Du kannst es so ausdrücken; aber in Wirklichkeit kamen sie unmittelbar vor Adam, dann gab es eine Gen-Implantation vor Abraham, und dann wurde das Volk Abrahams entwickelt - verstehst du?

IRENE: Wann begann der Wettstreit mit dem Schöpfer und warum? Und war das ebenfalls eine Prüfung des Gehorsams?

TOM: Es war eine Prüfung des Gehorsams, und sie begann, als sie Ur verließen. Davor hörten sie zu und dachten nach. Seht ihr, die Prüfung begann mit Abraham, denn er wußte, daß der Kern aller Schöpfung in ihm lag. Er wußte auch, daß alles Wissen in ihm war, und er war fest mit der Schöpfung verbunden. Als er aufgefordert wurde, seinen Sohn zu opfern, wußte er in seinem Herzen, daß er es tun konnte und daß es eben deshalb nicht notwendig war. Das war die erste Lektion. Die Menschheit hat sie vergessen. Wir haben immer wieder darauf hingewiesen, wie wichtig das Akzeptieren ist - denn danach braucht ihr nicht mehr zu akzeptieren. Doch die Abkömmlinge Abrahams verloren dieses innere Wissen; sie wußten nur noch, wer sie waren. In ihrem Kampf ums Überleben akzeptierten sie den totalen Gehorsam nicht. Sie versuchten immer zu handeln. Während andere Ehrfurcht vor der Schöpfung hatten, sahen die Hooviden in der Schöpfung etwas, was sie ausnutzen konnten.

IRENE: So haben sie überlebt.

TOM: Das ist richtig. Und während des Überlebenskampfes verloren sie gewisse Elemente der Ehrfurcht und des Gehorsams. Ja.

ANDRIJA: Tom, kannst du uns erklären, warum ihr die Israeliten vor vielen Jahren als Volk für Jehova ausgewählt habt? Was war der Plan, und was ist daraus geworden, wenn man ihre religiösen und historischen Überzeugungen berücksichtigt?

TOM: Sie sind eine starke Nation. Sie kamen von einem starken Planeten.

ANDRIJA: Du meinst, sie sind die Saat eines anderen Planeten?

TOM: Ja. Sie kamen von Hoova. Sie hatten einen starken Charakter, auch deshalb, weil der Planet, von dem sie kamen, eine Art Krieger-Planet war. Als sie hier ausgesät wurden, wurde von ihnen verlangt, stets Frieden zu bewahren.

ANDRIJA: Und was war ihre historische Aufgabe? Sollten sie unter den Völkern der Erde Katalysatoren und Führer sein, so wie es offenbar der Fall ist?

TOM: Wir baten sie, nach dem Plan zu arbeiten. Das einzige Problem tauchte zur Zeit des Nazareners auf, den ihr Jesus nennt. In ihrem Geist, in ihrer Kultur und im Samen ihrer Seele wußten sie ... Wenn ihr wüßtet, wo sie herkommen, könntet ihr auch verstehen, warum sie zweifeln und hinterfragen. Der Grund für ihre Existenz auf diesem Planeten liegt zum Teil darin, daß der Zweifel überwunden werden soll.

ANDRIJA: Das verstehe ich. Hatten sie Erfolg oder nicht?

TOM: Zur Zeit des Mannes, den ihr Jesus nennt, waren sie nicht erfolgreich.

ANDRIJA: Paßte Jesus wirklich in ihre Vorstellung vom Messias?

TOM: Ja. Aber aufgrund ihres Charakters erkannten ihn die meisten von ihnen nicht, und fortan tragen sie seit allen Generationen das Wissen mit sich herum, daß sie einen Fehler begangen haben. Aber aus Stolz wollen sie das nicht zugeben. Versteht ihr?

ANDRIJA: Ja.

TOM: Davon ausgehend entwickelte sich eine Nation mit grimmigem Stolz, und daraus entsprang das Verlangen, ihrer eigenen Nation zu helfen - und damit wurde tatsächlich unser Plan auf den Kopf gestellt. Dennoch ist dies ihre Rettung; denn es zeigt den Völkern der Erde, daß diese Nation nicht unterzukriegen ist - trotz der Tatsache, daß sie einen Fehler begangen hat. Jede Nation hat Fehler begangen.

ANDRIJA: Ja. Gibt es eine Möglichkeit, diesen Fehler zu berichtigen, ohne daß sie ihren Stolz verlieren?

TOM: Sie werden eines Tages akzeptieren.

ANDRIJA: *Noch eine kurze Frage zu den Namen. Worin liegt der Unterschied zwischen dem, den wir Jehova nennen, und dem, den wir Jesus oder Joshua nennen?*

TOM: Sie sind ein und derselbe.

JOHN: *Kannst du uns etwas über das Volk auf der Erde sagen, das mit Altea verbunden ist?*

TOM: Die wichtigste Aufgabe auf diesem Planeten haben die Hooviden. Altea ist hier, um ihnen zu helfen - so wie Brüder einander helfen.

ANDRIJA: *Ja. Aber welcher Zusammenhang besteht zwischen dem, was ihr mit der Kultur in Ägypten vorhattet, und dem, was Moses daraus lernte und in seine Beziehung zu Hoova einbrachte und was dann durch Traditionen in die spätere Periode hineingetragen wurde? Das alles ist sehr interessant. Es sieht aus wie ein roter Faden, obwohl vieles davon verlorengegangen ist. Habe ich recht?*

TOM: Ja.

ANDRIJA: *Es war also überaus notwendig, daß Moses die tiefsten Geheimnisse der ägyptischen Überlieferung kennenlernte, um zu erfahren, wer er war und welche Rolle er spielte?*

TOM: Ja.

ANDRIJA: *Natürlich hat er es nie enthüllt. Ich nehme an, es war damals verbotenes Wissen, nicht wahr?*

TOM: Ja.

GAST: *In der Anfangszeit Israels gab es viel Blutvergießen und Gewalt, vor allem als Josua und das jüdische Volk nach Israel zogen, nach ihren vierzig Jahren in der Wüste Sinai. Kannst du uns erklären, warum die Juden die Nichtjuden als »Feinde Gottes« betrachteten und dabei so weit gingen, daß sie viele Menschen vernichteten, als sie nach Israel zurückkehrten?*

TOM: Warum betrachteten die Christen so viele Menschen als Feinde Gottes, wenn sie Nichtchristen entdeckten?

GAST: *Vielleicht waren die Juden dabei ihr Vorbild?*

TOM: Das ist nicht richtig, und zwar aus folgendem Grund: Hoova verkündete Moses, das Land, aus dem sie vertrieben worden waren, gehöre ihnen. Du hast nicht berücksichtigt, daß die Israeliten entwurzelt und versklavt waren, als ihnen ihr eigenes Land gegeben wurde. Hoova hatte ihnen den einen Gott verkündet, und daß Israel ihre Heimat sei - aber dort gab es bereits andere, die sie nicht einlassen wollten. Versteht ihr jene, die jetzt (Anfang 1992) Serben und Kroaten sind? Ihr Krieg ist ein Stammeskrieg, oder nicht? Ist das Stammesdenken nicht ein fundamentaler tierischer Instinkt? Betrachtet es einmal so. Ist Israel nicht auch ein Stamm? Warum soll Stammesdenken den einen erlaubt sein und den anderen nicht? Habt ihr nicht heute noch Stammeskonflikte - selbst in dieser Zeit der Gedankenfreiheit?

Stellt euch einen Hund vor. Ihr bringt ihn in euer Haus; dann holt ihr noch einen Hund. Anfangs, wenn ihr die beiden füttert, veranlaßt ihr natürlicher Instinkt sie dazu, zu knurren und anzugreifen, nicht wahr? Jetzt denkt an die Menschen. Wenn sie geschlagen werden und unter unerträglichen Bedingungen leben, sind sie wie Hunde. Erst wenn der Hund merkt, daß er gut behandelt wird und immer genug Futter bekommt, hört er auf, den anderen anzugreifen und ihm das Futter streitig zu machen. Menschen haben den Instinkt eines Hundes, aber auch Emotionen, die der Hund nicht besitzt; darum heizt dieser fundamentale Instinkt die Emotionen an, und der Verstand kommt nicht zu Wort. Ihr findet das heute noch bei primitiven Stämmen, die ebenfalls an einen Gott glauben. Auch sie sagen, ihr Gott habe ihnen dies und das versprochen. Warum also seht ihr in den Hooviden einen Sonderfall? Am besten seht ihr die Hooviden so, wie sie sind: ein kleines Volk, das wider jede Erwartung überlebt hat, eine kleine Gruppe, die ihre Mitglieder immer ausgebildet und nach vorne getrieben hat. Das heißt nicht, daß sie vollkommen oder ungemein liebenswürdig wären. Es ist ein Volk, das seine Menschen nicht unterdrückt oder knechtet. Wir fragen euch: Warum sollten die Hooviden nicht ihren eigenen Weg gehen?

GAST: Ja. Darf ich erklären? Soviel ich weiß, kaufte Abraham ein Stück Land, als er in Israel ankam, und das war aus politischer Sicht ein vernünftiger Schritt. Dann gab es Moses, der die Juden durch die zehn Gebote gelehrt hatte, nicht zu töten und nicht zu stehlen. Kannst du dazu etwas sagen?

TOM: Für das Volk von Hoova gab es nur zwei Gebote: »Du sollst keine falschen Götter verehren«, und »Du sollst andere so behandeln, wie du behandelt werden möchtest.« Das sind die zwei einzigen Gebote, die dem Volk von Hoova gegeben wurden. Es gibt viele Gesetze. Die anderen acht

Gebote wurden allen Völkern gegeben. Was das Volk von Hoova jahrtausendelang zusammengehalten hat, sind also diese zwei Gebote. Darum fragen wir euch: Versteht ihr nun?

Sie sind die einzige Nation auf dem Planeten Erde, die ihren Gott täglich herausfordert. Die einzige Nation, die den Drang verspürt, mit ihrem Gott zu kämpfen. Sie sind nicht unterwürfig. Sie fordern heraus, so wie ihr jetzt herausfordert. Sie fordern ihren Gott, ihren Hoova, heraus, und sie werden es weiter tun; denn sie glauben und wissen, daß sie mit ihm eins sind, und darum haben sie das Recht, ihn herauszufordern, auch wenn alle anderen Glaubenssysteme ihnen dieses Recht absprechen. Sie können ganz schön hartnäckig sein, nicht wahr?

GAST: Ja. Nun wurden ja in der Geschichte Israels die Völker des Nordens (die verlorenen Stämme Israels) von Invasoren verschleppt und verstreut. Wurden diese Menschen ausgelöscht, oder haben sie sich mit anderen Völkern vermischt?

TOM: Sie sind überall auf der Welt. Einige sind zum Beispiel in Afghanistan, einige in Äthiopien, einige in Nordamerika - unter den Eingeborenen, die an den Weißen Geist glauben. Sie leben weiter in den Phöniziern, in den Menschen mit der musikalischen Sprache, von denen Cäsar schrieb, und in den Orientalen. Heute beginnt man, die Zerstreuung und Verschleppung zu verstehen.

GAST: Was diese Zerstreuung betrifft - war es eine unbewußte Erfüllung der Aufgabe, welche die Juden auf der Erde erfüllen sollten?

TOM: Willst du damit sagen, daß es gerechtfertigt war, sie zu zerstreuen, weil sie dadurch erfüllen konnten, was sie ursprünglich nicht erfüllt hatten?

GAST: Nicht ganz. Aber soviel ich weiß, hast du erwähnt, daß die Hooviden kamen, um sich mit den Menschen auf dem Planeten Erde zu vermischen.

TOM: Das ist wahr. Aber einige blieben zusammen, weil die anderen zerstreut worden waren. Möchtest du hören, was ich selbst dazu zu sagen habe?

GAST: Ja.

TOM: Ich werde den Rat um Erlaubnis fragen. Sie sagen ja, aber es wird euch vielleicht nicht gefallen. Wir möchten die Menschen warnen, die nach höherem Bewußtsein streben: Seid äußerst vorsichtig, was eure Einstellung gegenüber den Hooviden betrifft; denn es könnte durchaus sein, daß ihr ebenfalls Hooviden seid, ja. Damit wollen wir sagen, daß die meisten Menschen, die sich mit spirituellem Wachstum befassen, die Gene der Hooviden in sich tragen. Darum nehmt ernst, was ich sage, denn vielleicht seid ihr selbst betroffen. Der Rat sagt, ich muß noch hinzufügen, daß wir ebenfalls sehr frustriert sind; denn vielleicht haben wir in vielen eurer Äonen die Situation der Hooviden nicht richtig erklärt. Immer noch gibt es Vorurteile gegen die Hooviden auf dem Planeten Erde. Seht euch um in der Welt, in jeder Nation - überall haben sich negative Eigenschaften entwickelt, welche die Nationen voneinander unterscheiden. Eure Nation (Großbritannien) glaubte, sie sei anderen Nationen überlegen und ihre Rechtschaffenheit sei mehr als gerechtfertigt. Wenn sich viele mit euch zusammenschließen und diese Idee um die Welt geht, dann werden alle vom Zwang befreit sein, das Beste aus ihrer Kultur hervorzubringen.

ANDRIJA: Es gibt eine brennende Frage, auf die jeder Jude der Welt eine Antwort haben möchte: Warum wurde erlaubt, daß während des Zweiten Weltkrieges sechs Millionen Juden umgebracht wurden?

TOM: Wißt ihr nicht, daß auch andere getötet wurden?

ANDRIJA: Doch, ich weiß von vielen anderen; aber sie sind das »auserwählte Volk«, und es muß einen Grund geben - es kann kein Zufall oder blindes Schicksal gewesen sein.

TOM: Es war das letzte Zusammenführen der Juden.

ANDRIJA: Es dürfte schwierig sein, den Juden das zu erklären.

TOM: Wenn ihr die Wahrheit sagt, selbst in aller Aufrichtigkeit, erregt ihr den Zorn der Nation Israel; denn sie werden immer zornig über solche Dinge. Vielleicht ist es besser, wenn ihr versucht, der Welt die Größe der Nation Israel bewußt zu machen.

ANDRIJA: Trotzdem ist es eine sehr heikle Angelegenheit ...

TOM: Erklärt den Leuten, daß kein Tod auf Erden ohne Folgen ist.

ANDRIJA: Was geschah mit den sechs Millionen Seelen, die auf diese Weise geopfert wurden?

TOM: Sie wurden nicht eingelagert.

ANDRIJA: Sie wurden befreit?

TOM: Sie sind zur Zivilisation Hoova zurückgekehrt.

ANDRIJA: Es ist äußerst wichtig, wirklich äußerst wichtig, dies zu wissen.
TOM: Der größte Teil dieser sechs Millionen kam damals auf die Erde, um sich zu opfern, um eurem Planeten Erde bewußt zu machen, daß es Leute gibt, welche die Menschheit beherrschen und kontrollieren wollen. Und vergeßt auch nicht: Diese sechs Millionen haben bewirkt, daß die Nation Israel entstanden ist. Israel ist zornig auf diese sechs Millionen, weil sie gegangen sind, ohne zu hinterfragen, wie Schafe zum Schlachthof. Aber in ihrem Innern wußten sie, daß sie es selbst gewählt hatten. Darum hat sich der Großteil auch nicht gewehrt. Einerseits erregte das Abscheu in den Deutschen; andererseits rief es auch Ehrfurcht hervor, weil sie ruhig und still gingen. Aber in ihrer Seele wußten sie, daß es ihre eigene Entscheidung war, um die Nation Israel hervorzubringen und um dem Planeten Erde bewußt zu machen, daß es negative Kräfte gibt, die versuchen könnten, alles zu vernichten und von der Kraft anderer zu zehren. Wenn die Juden in ihrem Innern akzeptieren können, daß die meisten sich bewußt opferten, dann werden sie verstehen. Die Vernichtungsmethode haben sie sich nicht ausgesucht - das ist das Karma der deutschen Nation, ja.
STEVE: Nachdem das Ziel vermutlich ist, das Bewußtsein auf diesem Planeten zu erweitern und die Völker dieses Planeten zu einigen, fällt es mir schwer mit der Vorstellung umzugehen, daß die Juden das »auserwählte Volk« für diese Aufgabe seien. Heutzutage ist die Vorstellung von einem auserwählten Volk sehr fragwürdig und ziemlich altmodisch.
TOM: Versteht ihr, daß in der Nation Israel alle Nationen der Erde vertreten sind? Versteht ihr, daß wir den Ausdruck »auserwählt« nicht speziell auf die Juden beziehen? Was wir sagen wollen ist folgendes: Wenn sie ihr Programm befolgt hätten, das sie selbst gewählt hatten, dann sähe die Welt heute anders aus; denn alle Völker der Erde wären dann »auserwählt«. Versteht ihr, daß alle Nationen und Rassen auf dem Planeten Erde in der Nation Israel vertreten sind? Wenn ihr die Nation Israel erreichen könntet, dann würde die Energie auf alle auf dem ganzen Planeten Erde übertragen. Was vor Tausenden von Jahren hätte geschehen sollen, wird dann Realität werden. Sie sind nicht besonders auserwählt; denn das, wofür sie sich entschieden haben, gleicht einem Dienst. Man kauft keinen Dienst, man bezahlt, um zu dienen. Sie bezahlen für ihren Dienst. Ein auserwähltes Volk zu sein heißt nicht unbedingt, eine Elite zu sein - denn es bringt große Schwierigkeiten mit sich.

STEVE: Ja. Mir scheint, sie gehören zu den Gruppen, denen es am schwierigsten beizubringen ist, ein höheres Bewußtsein anzustreben. Ich habe den Eindruck, daß eine große Zahl von Menschen, die auf der ganzen Welt verstreut lebt, viel eher ein höheres Bewußtsein erworben hat.

TOM: Wir verstehen, was du meinst. Aber denke auch über folgendes nach: Wenn ihr das Universum als Ganzes betrachtet und wenn ihr im Universum einen schwarzen Fleck - den Planeten Erde - seht, der die Evolution des Universums und das Wachstum der Seelen verhindert ... Und wenn ihr dann die Erde betrachtet und die Nation Israel als schwarzen Fleck auf dem Planeten seht, dann ist es wichtig, die Nation zu erreichen, in der alle Nationen vertreten sind, um das Bewußtsein aller Nationen zu heben. Ja.

STEVE: Ja. Was wir in den letzten Jahren (1976) in der westlichen Welt erleben, ist eine auffällige Bewußtseinserweiterung bei jungen Menschen, deren Ursache die Vereinigung von östlichen und westlichen Überlieferungen ist - ein Strom von Ideen, Methoden des Bewußtseinstrainings und dergleichen. Ist das nicht eine positive Entwicklung?

TOM: Wenn sie diese Ideen nehmen und ins Gleichgewicht bringen. Wir haben bereits erklärt, daß der Osten sich nicht wirklich im Gleichgewicht befindet, ebensowenig wie der Westen. Es ist wichtig für euch zu verstehen, daß beide ins Gleichgewicht gebracht werden müssen - das ist von größter Bedeutung für den Planeten Erde. Die Nation Israel ist ein Mischung aus beiden.

STEVE: Ja, das stimmt, aber ...

TOM: Was du fragst - zu Israel - wird oft gefragt.

STEVE: Nun ja, darum stelle ich diese Frage.

TOM: Die Menschen auf dem Planeten Erde neigen dazu, die Nation Israel abzulehnen; aber sie müssen begreifen lernen, daß die meisten Menschen einen Teil der Nation Israel in sich tragen und somit auch die gleichen Eigenschaften, die sie der Nation Israel zuschreiben.

GAST: Inwiefern sind die Juden anders als andere? Gibt es etwas Besonderes an ihrer Beziehung zum Land Israel?

TOM: Die Angehörigen der Nation Israel kamen vor vielen tausend eurer Jahre zum Planeten Erde. Sie kamen, um euren Planeten weiterzuentwickeln, und in ihren Genen wissen sie, daß sie das gewählt haben, und sie fühlen sich dem Schöpfer eng verbunden, weil die Erinnerung aus ihrer tiefsten

Seele kommt. Aber das bedeutet im Grunde, daß sie eine große Verantwortung haben; denn sie sind imstande, der Menschheit zu einem kollektiven Bewußtsein zu verhelfen, so daß der Planet Erde die Einheit des Universums herbeiführen kann. Sie haben große Energie und große Fähigkeiten in ihren Genen. Das Volk Israel hat auch die Fähigkeit, alles mit seinem Geist zu verwirklichen, was es begehrt - aber auch alles, was es fürchtet. Israel ist ein Mikrokosmos der Erde, und in dem Maße, wie die Nation Israel betroffen ist, ist der Planet Erde betroffen.

GAST: Wie können die Juden das Bewußtsein der Menschheit anheben? Ich habe das nicht ganz verstanden.

TOM: Die Nation Israel hat in sich die Macht, in der Menschheit alles freizusetzen, was verborgen ist, alles, was ans Licht gebracht werden kann. Aber sie besitzen nicht nur den Kode, sie lehnen ihn auch ab, weil sie die größten Skeptiker auf eurem Planeten sind. Sie lehnen ihn ab, weil sie in ihrem Innern wissen, daß er große Verantwortung mit sich bringt. Der Geist der Menschen von Israel verfügt über eine Energie, die verwirklichen kann, was sie fürchten, aber auch ihre positiven Vorstellungen werden real. Jeder Mensch auf der Erde kann seine Gedanken realisieren, aber bei den Juden ist diese Fähigkeit noch größer, und wenn ihre Gedanken emotional oder unklar sind, kann dies ein Ungleichgewicht auf eurem Planeten hervorrufen. Ja.

JOHN: Was würdest du dem Volk Israel empfehlen - was könnte ihm bei seiner Aufgabe helfen, zu seinem Nutzen und zum Nutzen anderer?

TOM: Am wichtigsten ist es zu verstehen, daß das Universum mit ihnen ist. Aber durch ihre Denkweise verhindern sie, daß es in sie hineinströmt. Wenn es einen innern Zwiespalt gibt, ruft dieser einen noch größeren äußeren Zwiespalt hervor. Es ist Zeit, daß alle zusammenkommen und einander verstehen - wir meinen alle Stämme der Nation Israel. Wenn die Israelis fürchten, daß die ganze Welt gegen sie ist, dann machen sie daraus eine Realität. Der Fehler der Nation Israel besteht darin, daß sie ihre besondere Rolle akzeptiert, ohne auch die Verantwortung zu übernehmen. Menschen, die keine Hebräer sind, haben es schwer, ihnen zu sagen, daß sie nichts Besonderes sind, und sie aus ihrer Bequemlichkeit zu reißen. Sie müssen lernen, wie man Apathie überwindet. Sie müssen erfahren, daß niemand es für sie tut, auch nicht Jehova, sondern daß sie es selbst tun müssen - vor allem deshalb, weil sie die Fähigkeit dazu haben. Sie halten sich für berechtigt zu tun, was nach ihrer Meinung das Beste ist. Das muß man ihnen behutsam beibringen.

DAVID: Sie müssen sich also selbst aufraffen?

TOM: Darauf kommt es an. Ein Mensch genügt, um den Prozeß in Gang zu setzen. Die Nation Israel ist zur Zeit (1976) in großen Schwierigkeiten. Israel, in seinem jetzigen Bewußtseinszustand, in seinem Zustand des Unbehagens und der Aggressivität in seinem Innern, strahlt eine Energie aus. Es ist nationalistisch in Gedanken geworden. Es gibt viel Zorn unter den Juden, und sie verstehen nicht, daß sie selbst die Schwierigkeiten hervorrufen. Auch die Nationen, die Israel umgeben, rufen Schwierigkeiten hervor, und das strahlt in die Welt hinaus. Die Folge sind Katastrophen. Wir werden nicht zulassen, daß Katastrophen alle Seelen von der Erde vertreiben.

(Und im Jahr 1980): Wir versuchen, Israel darauf vorzubereiten zu verstehen. In der Nation Israel gibt es mehr Menschen mit großem Geist als in vielen anderen Völkern, aber es gibt auch mehr emotionale Geister, die sich nicht beherrschen können - Geister, die von Emotionen beherrscht werden, statt die Emotionen zu beherrschen. Wegen dieser Energie des Volkes Israel kommen die Menschen auf dem Planeten Erde nicht voran. Die Anderen sorgen dafür, daß die Nation Israel im Ungleichgewicht bleibt, denn sie beeinflussen durch Emotionen. Das Ego der Israelis ist nicht im Gleichgewicht - ihre Emotionen beherrschen ihren Geist. Wir sagen das mit großer Trauer; denn wenn sie versuchen würden, zu lernen und ihren Geist zu beherrschen, dann könnten sie die Nation Israel auf die höchste Ebene emporheben. Hooviden müssen lernen, sich von ihren Emotionen zu lösen, damit jene der Gegenseite sie nicht ausnutzen können. Denn die Anderen sind Schmarotzer des Geistes, die gerne beherrschen, stören, vernichten. Das haben sie mit der Nation Israel gemacht. Die Menschen Israels werden von ihren Emotionen beherrscht, und ihre Emotionen werden von den Anderen beherrscht, die von dieser Energie leben. Diese geniale Nation hat ihr Genie abgegeben.

(Im Jahr 1988): Heute muß der Versuch, auf dem Planeten Erde eine wahre Transformation herbeizuführen, in Israel beginnen. Weil die Nation Israel ein Mikrokosmos der ganzen Welt ist, verfügt sie über die Energie aller.

Da wir wissen, daß die Israelis von Hoova kommen, wissen wir auch, daß die Umwandlung schwierig sein wird. Wir unterschätzten die Wirkung der Dichte auf die Menschen, und wir unterschätzten die von den Anderen ausgelösten Ängste der Menschen. Darum ist die Verzögerung so groß. Wir hatten außerdem gehofft, daß die Hooviden in ihrem Innersten ihre Aufgabe verstehen und die Transformation des Planeten Erde einleiten würden. Wieder unterschätzten wir jedoch den Individualismus des schöpferischen Wesens. Nun ist es äußerst wichtig, daß die Transformation beginnt; denn euer Planet Erde steht an einem Abgrund. Und wenn die Energie dieser Nation Israel (die ein Repräsentant des Planeten Erde ist) erreicht wird, beginnt die Öffnung des Flaschenhalses.

ISRAEL: Was hält Jehova von der heutigen Situation?

TOM: Er ist betrübt über sein Volk, das Volk Israel und seine ... Wir möchten die Situation erklären: Die Nation Israel urteilt darüber, was für sein Image in der Welt wichtig und unwichtig ist. Das ist ein Mangel an Kommunikation, und es führt zu Schwierigkeiten mit dem Rest der Welt, weil die Hooviden glauben, daß sie für sich selbst Bescheid wissen, und sie meinen, dies sei genug. Sie müssen verstehen, daß die Zeit vorbei ist, da sie sich absondern können. Es ist wichtig, daß sie im Austausch mit anderen kein Urteil darüber fällen, was wichtig und was unwichtig ist; denn alle Menschen sind verschieden, und alle Menschen haben das Bedürfnis, andere Menschen zu verstehen. Dies ist das größte Problem. Denn wegen des Mangels an Kommunikation glauben die anderen Nationen, das Volk Israel halte sie für minderwertig. Die Menschen der Welt haben nur eine Möglichkeit, einander zu verstehen: durch Kommunikation. So wie die Völker Europas sich vereinigen, besteht auch die Möglichkeit, daß die Völker anderer Kontinente sich vereinigen.

(Und zu einer Gruppe von Meditierenden im Jahre 1990): Konzentriert euch auch auf die Vereinigung in anderen Gebieten der Welt, und denkt vor allem daran, daß das Volk Israel ein Mikrokosmos des Planeten Erde ist. Es ist wichtig, daß Energie für Ganzheit und Abschluß in die Meditation integriert wird, um Frieden zwischen den Kindern Abrahams herbeizuführen. Denn auch Ismael ist ein Kind Abrahams.

JOHN: Du hast einmal gesagt, es sei wichtig, daß die Juden begreifen, wer Jesus war.

TOM: Viele Hebräer verstehen und akzeptieren, daß der Nazarener ein Lehrer war. Doch es ist für sie schwierig zu verstehen, daß Jehova aus der Zivilisation von Hoova kommt. Wie ihr wißt, galt der »Gott der Hebräer« als eifersüchtiger Gott. Sie haben das völlig mißverstanden. Und ihnen ist auch nicht klar, daß die Wesen, die sie »Götter« nennen - nicht nur die Hooviden, sondern die Götter aller großen Religionen und ihre Abkömmlinge -, körperliche Wesen waren, die von den Menschen zu Göttern gemacht wurden. Jetzt steht eine Revolution-Evolution bevor. Die Abkömmlinge Ismaels sind jetzt (Oktober 1990) in größten Schwierigkeiten; denn ihr Eifer hat keine Achtung vor dem Leben. Die Hooviden hatten und haben diese Achtung. Versteht ihr den Unterschied? Die Abkömmlinge Ismaels erlauben anderen nicht, ihr körperliches Leben auf dem Planeten Erde zu vollenden.

GAST: Mir scheint, daß dem jüdischen Volk und seiner Position in der Welt besonders viel Aufmerksamkeit gewidmet wird. Kannst du uns ein wenig mehr Information über die islamischen Menschen geben, um etwas Ausgleich zu schaffen?

TOM: Wonach du fragst, haben wir oft erklärt. Meinst du, wir äußern uns positiv über die Hooviden, nicht aber über die von Ismael?

GAST: Nicht genau; aber es könnte so aussehen - daß den Juden große Aufmerksamkeit zuteil wird.

TOM: Das ist notwendig. Wir fragen euch: Haben wir nicht auch über die Buddhisten, die Hindus und die vom Großen Weißen Geist gesprochen? Warum fragst du so oft nach den Abkömmlingen Ismaels?

GAST: Ich möchte nur ein wenig Ausgewogenheit herstellen.

TOM: Wie kannst du ausgewogen machen, was nicht ausgewogen ist? Du mußt hören, was wir sagen. Du hast die Aufgabe der Nation Israel nicht verstanden.

GAST: Ich frage mich nur, welchen positiven Beitrag die arabischen Völker zur Welt als Ganzes geleistet haben. Zum Beispiel ist der Generalsekretär der UNO (1992) ein Ägypter, ein Christ, der mit einer Jüdin verheiratet ist. Das scheint mir bedeutungsvoll zu sein.

TOM: Nicht alle Araber sind Moslems. Es gibt Unterschiede. Arabische Völker haben in der Vergangenheit große Beiträge geleistet - in der Literatur, in der Kunst, in der Wissenschaft ... Aber die Konformität der Moslems hat diesen Prozeß zum Stillstand gebracht. Wir werfen nicht alle in einen Topf, so wie wir nicht alle Hooviden in einen Topf werfen. Jene, die Jethro und der Tochter Fatima folgen, sind realistischer.

GAST: Kannst du uns mehr über den Einfluß Jethros sagen?

TOM: Er ist dem Einfluß derjenigen vergleichbar, die sich Nachfolger Christi nennen, Nachfolger Jehovas. Sie sind in Wirklichkeit eine Sekte. Fatima und Jethro sind eine Sekte des Islam, sie folgen dem, den sie Prophet nennen.

GAST: Welchen positiven Beitrag können die Araber in der Welt leisten, und was müssen sie lernen, damit sie dazu imstande sind?

TOM: Wenn du ihnen sagst, daß sie lernen müssen, werden sie zornig über dich sein.

GAST: Ja. Aber wir alle müssen lernen.

TOM: Ihr wißt das, und viele Individuen in der Masse verstehen es. Aber wenn eine Masse völlig von religiösen Führern beherrscht wird, ist sie nicht bereit, von anderen zu lernen. Es ist notwendig, daß sie die anderen ebenfalls leben lassen. Außerdem ist es notwendig, daß sie ihren Müttern eine vollständige Erziehung und Ausbildung geben; denn wenn ihre Mütter unwissend bleiben, geben sie diese Unwissenheit weiter. Wir sprechen von den Führern einer Nation, die glauben, Frauen seien weniger wert. So war es einst auch in euren Ländern. Aber durch Ausbildung und Wissensvermittlung sind sie vorangekommen. Nationen, die Frauen unterdrücken, bringen ihre eigene Entwicklung zum Stillstand. Sie haben diese Mütter davon überzeugt, daß es gut für sie ist, minderwertig zu sein. Es ist der Wille ihrer Kultur.

JOHN: Ist das zum Teil auf den Einfluß des Gefallenen zurückzuführen?

TOM: Ja.

JOHN: Weil er sie dadurch fesseln kann?

TOM: Ja. Diese Nation wurde nicht zerstreut.

JOHN: Kannst du uns etwas über Jerusalem sagen? Warum wurde es geteilt und dann unglücklich wiedervereint?

TOM: Jerusalem ist der Hauptbereich der Uneinigkeit. Es muß wahrhaft vereinigt werden. Denn es gehört nicht dem Islam, es gehört nicht dem Christentum, und es gehört nicht dem Volk Israel. Wenn es jemandem gehört, dann uns. Wir sind traurig darüber, daß es nicht vereint ist. Aber wir müssen sagen: Die Nation Israel hat es besser geschützt als alle anderen. Wir würden uns wünschen, daß die Menschen in diesem Gebiet verstünden, daß sie auf heiliger Erde gehen. Wenn Jerusalem vereint ist, ist die Welt vereint.

GAST: *Vor einiger Zeit bin ich mit dem Gedanken aufgewacht, daß Jerusalem eine internationale Stadt werden sollte ...*

TOM: Das ist nicht nur deine Idee. Viele haben diese Vorstellung. Aber weder die Kräfte Ismaels noch die Kräfte Israels wären derzeit damit einverstanden. Die Ismaeliten glauben, wenn sie die Stadt besäßen, könne der Gott der Juden nicht zurückkehren und sie könnten die Juden vertreiben. Und die Nation Israel wird nicht zustimmen, denn als die Ismaeliten die Stadt besaßen, erlaubten sie allen Völkern außer den Juden den Besuch der heiligen Stätten, und sie zerstörten und entweihten die heiligen Plätze der Juden. Wenn die Nation Israel die Macht in Jerusalem hat, dürfen alle Völker, auch die Araber, die heiligen Stätten besuchen. Versteht ihr den Unterschied? Solange die schmerzliche Erinnerung an die Entweihung nicht aus dem Bewußtsein verschwindet, kann Jerusalem keinen Frieden finden. Es ist bald soweit; aber bis dahin ist die Energie blockiert.

GAST: *Ich habe noch einen kühnen Gedanken: Es ist wahrscheinlich, daß die UNO nach einem neuen Sitz sucht, und ich frage mich, ob Jerusalem das Zentrum der UNO werden könnte.*

TOM: Die Vereinten Nationen würden Jerusalem verwüsten; denn die meisten Vertreter der Nationen, die hineinkommen, haben keinen Respekt vor den anderen. Eine zentrale, vereinigte Stadt, zu der alle Zutritt haben, wäre akzeptabel; aber Jerusalem darf nicht von Leuten regiert werden, die ... Seht ihr nicht, daß die Vereinten Nationen nicht vereint sind? Und seht ihr auch, daß die UNO monströse Bauwerke errichten würde, wenn sie nach Jerusalem zöge?

Wir möchten, daß ihr folgendes wißt: So wie es unten ist, ist es auch oben. Darum verbinden wir uns nun mit euch in der Meditation, um Frieden, Ausgewogenheit und Harmonie hervorzubringen und um Furcht und Haß zu beseitigen, damit die Hooviden ihre wahre Berufung annehmen. Damit die Hooviden sich nicht länger davor fürchten, wieder in Freude und Vertrauen zu lieben. Um den Haß von den Ismaeliten zu beseitigen. Damit die Ismaeliten den Hooviden, Sarah und Abraham vergeben. Damit Hooviden und Ismaeliten wahre Brüder werden.

Kapitel 14

Der Bund

Zur Zeit des Bundes war der Gedanke neu, Gott selbst träte in eine Beziehung zum Menschen. Gott bot Freundschaft an und forderte Vertrauen als Gegenleistung. Und dieses Vertrauen sollte durch die Einhaltung seiner Gebote bekundet werden.
Die Übermittlung beginnt mit einigen Bemerkungen Toms über das Gleichgewicht zwischen den Völkern des Nahen Ostens.

JOHN: Jetzt zu einem Punkt, den ich nie ganz verstanden habe. Wenn du beispielsweise sagst, Moses sei eine Mischung aus Altea und Ashan gewesen, bedeutet das, daß die Seele sich ursprünglich auf Altea entwickelt hat?
TOM: Es war in Ashan, dann kam die Vermischung mit Altea, und schließlich wurde Moses ein Wesen auf der Erde. Es gibt besondere Wesen auf der Erde, welche die Reinheit von zwei Zivilisationen in sich tragen.
JOHN: Ja, aber Moses' Herkunft ...
TOM: Er kam aus Ashan.
JOHN: Und wir sprechen von der Seele?
TOM: Ja. Jetzt wollen wir euch etwas erklären, was die Beduinen betrifft. Die Beduinen sind von großer Bedeutung, weil auch das jüdische Volk von ihnen abstammt. Die Gemahlin des Moses war Beduinin, und auch die Abkömmlinge von Rachel und Lea kamen aus einem Land, in dem Beduinen lebten. Denkt daran: Die Beduinen, die ins Volk Israel eingegangen sind, verstehen die Naturgesetze, die auf den Schöpfer des Universums zurückgehen. Sie sind sich auch des Schöpfers stärker bewußt. Sie sind nicht wie Araber - sie denken anders. Insofern stehen sie zwischen den Israelis und den Arabern.

Nunmehr befaßt sich der Text mit Identitäten.

JOHN: *Willst du damit sagen, daß die Hooviden nicht genau wissen, wer Jehova ist?*
TOM: Das ist richtig.
ANDRIJA: *Das ist ein sehr heikler Punkt. Sprichst du jetzt von Hoova oder von den Israelis?*
TOM: Von Hoova.
JOHN: *Jetzt habe ich noch eine heikle Frage. Darf ich sie stellen?*
TOM: Ja.
JOHN: *Ist Jehova in Wirklichkeit ein Teil der Neun, und die Hooviden wissen es nicht?*
TOM: Er ist eine Zusammensetzung aus uns allen.
JOHN: *Hast du nicht gesagt, Jesus habe ein Stück von ...*
TOM: Ja, aber er ist aus uns allen.
ANDRIJA: *Dann ist es also richtig, was die alten Hebräer der Bibel glaubten - daß Jehova Gott ist?*
TOM: Ja.
ANDRIJA: *Es ist also tatsächlich möglich, daß eine Person, ein Wesen, ein Gott - wie immer man es nennen mag -, jemand wie Jehova, eine Verkörperung von euch allen ist?*
TOM: Ja.
ANDRIJA: *Das ist etwas anderes als eine Zusammensetzung.*
TOM: Ja.
ANDRIJA: *Was du uns gesagt hast, deutet darauf hin, daß Jehova das Oberhaupt einer Zivilisation ist, nämlich von Hoova. Es sieht so aus, als würden wir den jüdischen Gott herabstufen. Wie können wir dieses äußerst delikate Problem lösen?*
TOM: Der Rat sagt, es handle sich um ein verwirrendes Problem für die Angehörigen der Nation Israel. Aber wenn vernünftig - nicht emotional - erklärt werden könnte, wer die Hebräer sind, warum sie sich berufen fühlen und warum sie gescheitert sind, und wenn hinzugefügt werden könnte, daß die Zivilisationen versuchen ihnen zu helfen, dann werden die Hebräer letztlich verstehen.
ANDRIJA: *Ja. Ich habe einen Vorschlag: In der alten Zeit - ich habe es im*

Talmud gelesen - wußten die Rabbis, daß es einen Gott über Jehova gibt und daß Jehova tatsächlich eher dem, was wir wissen, ähnlich ist.

TOM: Ja.

ANDRIJA: Ich habe eine Frage zur Bundeslade. Ist sie gut erhalten? Habt ihr über die Jahrtausende hinweg dafür gesorgt?

TOM: Sie wurde nicht vegebens aufgestellt. Manche auf der Erde glauben, sie habe nie existiert.

JOHN: Ich wüßte gerne mehr über Allah, den Gott der Araber. Du hast eigentlich nie erklärt, wer er ist.

TOM: Es gibt nur einen Herrn des Universums. Er ist eine Zusammensetzung, ja. Was aber den Gott der Araber angeht - wißt ihr, daß unser Abraham der Vater zweier Nationen war?

JOHN: Ja.

TOM: Dann versteht ihr auch, daß Allah das ist, was die Israeliten Jehova nannten. Das israelische Volk hat sein Erbe vergessen, seine selbstgewählte Aufgabe und seinen Bund. Abraham hatte den Auftrag, seine Saat überall auf dem Planeten Erde zu verbreiten. Er versuchte aber, seine Saat im Universum zu verbreiten, nicht auf der Erde. Anfangs war Abraham nicht bereit, völlig auf Herrschaft zu verzichten. Abraham sollte die Erde bevölkern und weiterentwickeln, und dieser Bund wurde nicht wirklich eingehalten. Hätte diese Nation die Erde bevölkert und entwickelt wie geplant, dann wäre der Planet heute nicht in einem so schlimmen Zustand.

Das Haften an Traditionen geht auf den Menschen zurück, nicht auf uns oder die Zivilisationen. Auf diese Weise beherrscht der Mensch andere Menschen. Die Menschen der Völker Ismaels sind Brüder des Volkes Israel. Es ist wichtig, daß Brüder nicht gegen Brüder kämpfen; doch in eurer Welt scheint es normal zu sein. Es ist auch wichtig, diese Botschaft an das Volk Israel weiterzuleiten; denn sie müssen verstehen, daß sie mit der Macht ihres Geistes erschaffen können, was sie fürchten. Euer Geist verschafft euch nicht das, was ihr wollt, sondern das, was ihr seid. Das Volk Israel muß genau darauf achten, was es ist. Sie wollen Frieden; aber dürfen wir fragen, warum sie keinen Frieden haben? Wovor fürchten sie sich? Das Entscheidende ist das, was in den Herzen der Männer und Frauen des Volkes Israel ist. Und wenn das Volk Israel sich allmählich weniger fürchtet, wird es sich auch zu ändern beginnen, und vielleicht beginnen sich dann auch die

Völker seines Vaters, des Patriarchen Abraham, zu ändern. Denn sie hängen von einander ab. Ja.

Es ist sehr schwierig, die Menschheit zu Gehorsam zu bewegen ... Wenn ihr euch diesen Planeten Erde anseht und alle Gruppen, die es auf ihm gibt ... Bei vielen Zivilisationen ist es nicht leicht zu sagen, ob sie gehorchen wollen. Die Hooviden sind die ungehorsamsten.

IRENE: Und welche sind am gehorsamsten?

TOM: Die Zeneels.

IRENE: Weil sie den tieferen Zusammenhang sehen?

TOM: Ja.

IRENE: Warum sind die Hooviden die am wenigsten intuitive und einsichtige Zivilisation? Sie haben die größten Tugenden und Fähigkeiten, und dennoch verleugnen sie diese am meisten.

TOM: Sie sind die intuitivsten. Aber sie beschlossen, sich abzukapseln, weil sie mit uns am stärksten rivalisieren. In ihrer innern Seele wissen sie das, und sie wissen auch, wer sie sind. Doch auf dem Planeten Erde wurden sie verwirrt, und die Anderen können sie manipulieren.

IRENE: Und als ihr kamt und einen Teil von euch selbst gabt, um die Menschheit zu erschaffen, waren die Hooviden ursprünglich die Führer der Führer?

TOM: Ja. Sie kamen dreimal zum Planeten Erde. Sie sind die »Söhne der Götter, die sich mit den Töchtern der Menschen vereinigten«. Ihnen wurde dann noch zweimal eine Chance gegeben; denn es war klar, was gebraucht würde, um den Planeten Erde zu seiner Erfüllung zu bringen. Aber auch wir machten einen Fehler; denn aus der Zivilisation von Hoova, der Zivilisation des Nazareners, der Zivilisation der Liebe, wurde nach ihrer Ankunft auf dem Planeten Erde die Zivilisation mit der geringsten Liebe. Die Gegner kannten ihre Stärke und korrumpierten sie, ja.

IRENE: Wie ist das Verhältnis zwischen den anderen dreiundzwanzig Zivilisationen und den Hooviden?

TOM: Sie kolonisieren andere Welten. Sie sind gleichwertig, aber die Hooviden waren diejenigen, welche die Hartnäckigkeit besaßen, um auf dem Planeten Erde durchzuhalten. Und anfangs wußten wir nicht genau, welche Zivilisationen sich als die zähesten erweisen würden.

IRENE: Nachdem ihr die Menschheit erschaffen habt, habt ihr also erst einmal abgewartet und im wesentlichen nur beobachtet?

234

TOM: Ja, wir beobachteten, um zu sehen, was wir tun würden.

IRENE: *Und um zu sehen, wer euer wertvollstes Geschenk erkennen würde: die Willensfreiheit.*

TOM: Das ist richtig.

IRENE: *Und während die anderen Zivilisationen durch die Gemeinschaft stark wurden ...*

TOM: Ja, durch Gemeinschaft.

IRENE: *... waren die Hooviden ...*

TOM: Individuen. Richtig.

IRENE: *Aber es besteht doch ein Zusammenhang zwischen dem Individualismus und dem freien Willen. »Freier Wille« ist ein zweischneidiges Schwert, nicht wahr?*

TOM: Das stimmt. Ihr glaubt, daß ihr Kontrolle ausübt, aber ihr werdet immer beherrscht. Ihr glaubt, ihr habt Willensfreiheit, und in Wahrheit habt ihr sie auch, aber wenn ihr einmal freien Willen voll und ganz versteht, verzichtet ihr darauf. Versteht ihr?

IRENE: *Ja. Denn wenn man weiß, was man wirklich besitzt, braucht man es nicht mehr zu besitzen.*

TOM: Das ist richtig. Es ist wie beim Gehorsam.

IRENE: *Nun wußten die Anderen, daß der Rest der Zivilisationen nicht mehr so wichtig war, wenn es ihnen gelingen würde, die Hooviden zu beherrschen.*

TOM: Ja. Wir würden uns wünschen, daß die Hooviden das verstehen würden.

IRENE: *Damit kommen wir auf etwas zurück, was du früher erwähnt hast: eure Selbstprüfung.*

TOM: Das ist richtig.

IRENE: *Weil ihr in einem Bereich existiert, in dem das kollektive Bewußtsein und der freie Wille keine Bedeutung haben?*

TOM: Das ist richtig.

IRENE: *Und damit ihr den freien Willen besser verstehen konntet, mußtet ihr beobachten, wie eure Schöpfung ihn auffaßt.*

TOM: Wir benötigten eine Linse, ja.

IRENE: *Und ihr habt auch gewußt, daß es einen Kampf mit den Anderen geben würde.*

TOM: Ja. Andernfalls wären wir naiv gewesen. Aber wir wußten nicht, wie er ausgehen würde; denn Streit ist nicht unsere Art.

IRENE: Du meinst den Ausgang eures Kampfes mit den Anderen?

TOM: Ja.

IRENE: Das glaube ich. Aber ihr wußtet dennoch, daß in irgendeinem Bereich des Universums dieser Kampf ausgetragen werden mußte. Ihr wußtet, daß ihr ihnen nicht direkt gegenübertreten konntet - wegen eurer Natur und wegen ihrer Natur. Richtig?

TOM: Richtig.

IRENE: Darum habt ihr das Paradies ausgewählt, um diesen Kampf auszufechten?

TOM: Ja.

IRENE: Und ihr habt den Hooviden gegeben, was eurer Meinung nach das größte Geschenk und die stärkste Waffe war, die ihr ihnen geben konntet?

TOM: Den freien Willen, ja.

IRENE: Obwohl ihr genau gewußt habt, daß dies ihre größte Stärke, aber auch ihre größte Schwäche sein konnte.

TOM: Das ist richtig. Wie wir bereits gesagt haben, nutzen die Anderen sowohl eure Schwächen als auch eure Stärken aus.

IRENE: Und sobald die Hooviden das Geschenk des freien Willens begreifen, können sie auch beginnen, die Freude der anderen dreiundzwanzig Zivilisationen zu verstehen?

TOM: Das ist richtig.

Die folgenden Fragen betreffen den Besuch einiger Gruppenmitglieder in Megiddo im Jahre 1974. Megiddo ist ein ziemlich großer Hügel, von dem aus man die fruchtbaren Ebenen Israels überblicken kann. Diese Ebenen sind angeblich der physische Schauplatz der Schlacht von Harmagedon. Auf der anderen Seite erhebt sich der symmetrische Berg Tabor, dahinter liegen die zerklüfteten Berge Galiläas. Stille erfüllt die Gegend um Megiddo. Archäologen haben an verschiedenen Stellen des Hügels gegraben und in einem der tiefsten Gräben eine runde Plattform aus grobem Stein gefunden, einen alten kanaanitischen Altar. Im gegenüberliegenden Felsen hatten Falken ihr Nest gebaut, und Andrija fühlte sich zu diesem Ort besonders hingezogen.

ANDRIJA: *Neulich gingen wir in die alte Stadt Megiddo, die unseren Historikern zufolge etwa 6000 Jahre alt ist. Kannst du uns etwas über diese kleine Stadt sagen?*

TOM: Sie ist eine Siedlung, die lange Bestand hatte. Sie wurde 9228 v. Chr. von einer kleinen Gruppe gegründet, die nach der Zerstörung aus einer anderen Gegend eingewandert war. Sie war ein Stützpunkt für diejenigen, die den Kontakt mit uns aufrecht erhielten, und ein Stützpunkt der Wahrheit. Jene der Gegenseite waren in ihrem Denken oder in ihren Träumereien der Meinung, sie könnten den Planeten Erde beherrschen, indem sie die Wahrheit vernichten. In diesem Gebiet haben der »Falke« und andere und wir alle euren Planeten besucht. Es ist ein Treffpunkt.

ANDRIJA: *Ist das der einzige Ort auf unserem Planeten, den alle Zwölf besucht haben, ihr neun und drei Menschen in einem Dreieck?*

TOM: Ja. Er ist ein Symbol.

ANDRIJA: *Was ist dieses seltsame ... ? Hier muß es einen Generator oder dergleichen geben, den man nicht offen sehen kann.*

TOM: Du kannst es nicht spüren?

ANDRIJA: *Nun, ich konnte es nicht, aber das Wesen (Phyllis) konnte ...*

TOM: Hast du nicht bemerkt, daß sich an diesem Ort nichts bewegt?

ANDRIJA: *Doch, das stimmt.*

TOM: Das ist so, weil dies der Treffpunkt ist und weil wir alle zu irgendeinem Zeitpunkt dort herabgestiegen sind.

ANDRIJA: *Als ihr gelandet seid, habt ihr euch in der Stadt getroffen, auf der Oberfläche, oder an einem anderen Ort, den wir heute nicht sehen können?*

TOM: Er ist nicht aufgedeckt.

ANDRIJA: *Ich verstehe. Als ich dort war, hatte ich eine seltsame Vision von Wesen in gelben Gewändern, die wie Druckanzüge aussahen. War das eine wahre Vision?*

TOM: Ja. Ihr wißt, daß es überall auf eurem Planeten Gebiete gibt, die Energiekerne darstellen und sich speziell anfühlen. Manchmal dienen sie verschiedenen Zivilisationen als Leitung, durch die sie auf einem Energiestrahl, der eine Öffnung zwischen den Dimensionen schafft, durchkommen. Megiddo ist das Gebiet, in dem die Errichtung dieser Energiekerne begann, und alle Zivilisationen haben es irgendwann einmal benutzt. Auf dem Planeten

Erde war dies der Ort für Begegnungen, die ihr Gipfeltreffen nennt, und wir alle kamen zu irgendeinem Zeitpunkt dorthin, allerdings nicht gleichzeitig. Wir kamen, um mit dem »Falken« zu kommunizieren. Die Wesen in Gelb, die du gesehen hast, gehörten zur Zivilisation der Wächter, ja. In Wirklichkeit ist dieser Ort sozusagen die Unterseite der Energie, die wir - so würdet ihr es ausdrücken - »anzapfen« können.

JOHN: War Megiddo ein Teil von Atlantis?

TOM: Nein. Das müssen wir klarstellen. Wißt ihr noch, was wir über die Zerstörung gesagt haben? Davor gab es schon Kolonien von Atlantis. Und aus diesen Kolonien zogen Wesen zu anderen Kolonien. So war es.

ANDRIJA: Das war vor 11.000 Jahren. Das paßt also zusammen. Wie kam es, daß Megiddo zum Symbol ... daß es Harmagedon wurde?

TOM: Haben wir das nicht bereits erklärt? Vielleicht nicht klar genug. Die Kolonie, die dank der Energie der Guten und der weniger Guten in ihrem Wesen der Wahrheit verpflichtet blieb, mußte gegen jene der Gegenseite kämpfen. Wir meinen jene in den Sphären. Darum war dort immer ein Schlachtfeld, das seine Schwingungen im Physischen und in den Sphären zurückgelassen hat.

ANDRIJA: Eigentlich wollte ich wissen, wie das in die Bibel gekommen ist.

TOM: Haben wir das nicht soeben erklärt?

ANDRIJA: Nun, du hast gesagt, es sei ein Zentrum des Kampfes gewesen. Aber es wird in der Bibel nur ein einziges Mal genannt, und die Stelle erwähnt nicht einmal die Schlachten.

TOM: Es war eine Schlacht auf der physischen Ebene, die den Namen in eure Bibel brachte. Vergeßt nicht, daß eure Bibel nicht immer wahr ist und daß es Teile eurer Bibel gibt, die nicht in eurer Bibel stehen.

ANDRIJA: Ja, das hast du uns gesagt. Ich bin nur verdutzt, weil wir hier eine ungemein wichtige Aussage haben, die in der Bibel stehen könnte und sollte.

TOM: Wir nahmen keinen Einfluß darauf, was die Menschen in eure Bibel schrieben.

ANDRIJA: Ich verstehe.

Das Gespräch wandte sich dann praktischeren Themen zu.

JOHN: Warum wird in der Bibel soviel Aufhebens um die Beschneidung gemacht?

TOM: Das ist wirklich ganz einfach. Wir haben keine Komplikationen verursacht, erst später wurde die Angelegenheit kompliziert. Denkt daran, daß das Klima in Israel und in seinen Nachbarländern sehr heiß, trocken und sandig ist. Eine der häufigsten Krankheiten, an denen die Menschen dort litten, waren Entzündungen des männlichen Geschlechtsorgans. Die Leute wußten, daß ihre Genitalien ihnen Schmerzen und Lust bereiteten. Sie dachten lieber an die Lust zurück und lehnten die Beschneidung ab. Die Beschneidung wurde eingeführt, um die Menschen stark zu machen und um dem Krebs vorzubeugen, der die Frauen auslöschte. Wenn die Männer in diesem Klima nicht beschnitten sind, ist Krebs bei den Frauen die Folge. Wir wollten die Menschen stark machen; aber wir wollten auch erreichen, daß sie uns vertrauen. Ein Sandkorn in einem Kind verursacht große Schmerzen und Schwierigkeiten. So einfach war das.

ANDRIJA: Wie verhält es sich mit dem religiösen Aspekt? Es war doch auch ein Zeichen des Bundes zwischen Abraham und dem Herrn?

TOM: Wir dachten, wir hätten das eben erklärt. Damals gab es keinen Mann, der das getan hätte. Versteht ihr nun?

ANDRIJA: Ja, damals war es so. Aber ist die Beschneidung heute noch notwendig?

TOM: Zwischen jener Zeit und der Gegenwart gibt es viele Unterschiede. Aber es ist immer noch besser, beschnitten zu sein. Ihr müßt wissen, daß die Männer in 1.500 Jahren keine Vorhaut mehr haben werden. Man muß nicht beschnitten sein, um das zu verstehen.

ANDRIJA: Was ist von der Beschneidung der Frauen zu halten, die in einigen Ländern praktiziert wird? Warum wird sie nicht in der jüdischen Religion praktiziert?

TOM: Wir haben das nicht verlangt. Wir verlangten die Beschneidung der Männer, wegen ihres starken Egos. Die Frauen hatten dieses Problem nicht. Wir baten die Männer, ein praktisches Opfer zu erbringen und darauf zu vertrauen, daß ihr ganzes Volk davon profitieren würde. Wir baten sie, an unser Wissen und an unseren Rat zu glauben.

ANDRIJA: Habt ihr aus demselben Grund verlangt, den Erstgeborenen zu opfern - falls ihr das wart?

TOM: Wir waren es nicht.

ANDRIJA: *Es steht in der Bibel, deshalb habe ich mich gefragt, wie es da hinein kam.*

TOM: In der Bibel steht vieles, das nicht wahr ist.

ANDRIJA: *Ja, wir versuchen, das Wahre vom Falschen zu scheiden.*

TOM: Die Beschneidung hatte zwei Gründe: zu helfen und Glauben zu geben. Ihr wird heute größere Bedeutung zugemessen, und Menschen denken, sie würde sie Gott näher bringen. Das war nicht die Absicht.

Kapitel 15

Der Nazarener

Nur wenn ein Fragesteller ein anderes Wort als »Der Nazarener« benutzt, spricht Tom von »Christus« oder »Jesus«. Die Neun nennen ihn den Nazarener. Dieses Kapitel handelt vom Nazarener als Person, von seiner Herkunft und seiner Mission. Eine Einführung erübrigt sich, die Übermittlungen sprechen für sich selbst.

GAST: Auf der Erde gibt es viele Idealvorstellungen von Gott. Welche kommt der Idealvorstellung der Neun am nächsten?
TOM: Die Vorstellung, die der Mann vermittelt hat, den ihr Christus nennt. Er war der letzte von uns, der den Planeten Erde besucht hat.
GAST: Und welche ist die zutreffendste der Schilderungen, die uns die Bibel gibt?
TOM: Es gibt viele Fehldeutungen in eurer Bibel. Es ist wahr, daß der Mann, den ihr Christus nennt, ein normales Leben führte, aber er war umsichtig und wandelte mit Besonnenheit unter den Menschen.
GAST: War er einer der Neun?
TOM: Nein, aber er hatte ihre Gedanken und ihr Verstehen. Er war wir alle auf einmal. Er kam mit der vollkommenen Güte, die in jedem von uns ist. In uns, wie in euch, gibt es verschiedene Elemente, aber er trug von jedem von uns das vollkommenste Element in sich. Es gibt vieles, das nicht bekannt ist über ihn, denn er arbeitete im Stillen und erlaubte der Welt nicht, seine menschlichen Schwächen zu sehen.
ANDRIJA: Du hast einmal gesagt, vor 2000 Jahren sei es euch beinahe gelungen, das Bewußtsein der Menschheit anzuheben. War das zur Zeit des Mannes, den wir Christus nennen?
TOM: Das ist richtig.

ANDRIJA: Wie habt ihr mit diesem Wesen namens Jesus Christus gearbeitet?

TOM: Wir nennen ihn nicht Jesus Christus. Wir nennen ihn den Nazarener. Wir haben seine Tätigkeit und seine Heilungen inspiriert und ihm seine Energie gegeben. Er hat eine Aufgabe übernommen, und nachdem er die Verpflichtung eingegangen war, wußte er, was er zu tun hatte. Wir hatten damals große Hoffnungen. Aber das, was ihr eure Kultur und eure Gesellschaft nennt, verursachte die Probleme. Und dann habt ihr ihn zum Gott gemacht, so wie ihr aus vielen Götter gemacht habt. Das wird nicht wieder vorkommen. Künftig werden viele, nicht einer, das Bewußtsein der Menschheit anheben. Es ist sehr wichtig, daß ihr uns nicht vergöttlicht. Und ihr müßt unbedingt verstehen, daß Gott in jedem von euch ist, daß Gott Liebe ist und daß die Liebe den einen Gott erschafft.

ANDRIJA: Die Mission des Nazareners war offenbar fast erfolgreich; aber, wie du sagst, ist sie wegen der Gesellschaft und unserer sogenannten Kultur doch gescheitert. Heute gibt es viele Menschen, die auf die Rückkehr des Nazareners warten, und aus deinen Worten schließe ich, daß dies nicht möglich ist, weil kein einzelnes Wesen mehr kommen wird.

TOM: Das ist richtig. Ein Individuum wird nicht kommen. Es gibt viele auf diesem Planeten, die dem Nazarener gleichen. Es wird eine Gruppe sein. Jene, die behaupten, sie seien der Messias, sind nicht wirklich der Messias. Wie wir bereits erklärt haben, sind sie keine Meister, wenn sie sich selbst Meister nennen.

ANDRIJA: Einerseits muß die Menschheit verstehen, daß ihr existiert und daß ihr in Frieden kommt; andererseits erwarten sie eine einzelne Person, die in Glanz und Gloria vom Himmel herabsteigt oder so ähnlich. Ich habe mit religiösen Menschen gesprochen, und sie sagen, nur Jesus könne zurückkehren und alle anderen seien Abgesandte des Teufels. Wie sollen wir mit dieser Einstellung umgehen?

TOM: Ihr betet, und wir beten. Das ist immer ein Problem gewesen; aber wenn wir kommen und wenn sie die guten Werke sehen, dann werden sie wissen, wer wir sind. Schließlich hat der Nazarener gesagt: »An ihren Werken sollt ihr sie erkennen.« Wenn die Menschen sehen, daß wir nicht gewaltsam kommen - denn wir führen keine Kriege wie ihr -, und wenn sie sehen, daß wir mit Liebe und Technologie kommen, um diesem Planeten

242

zu helfen, der dabei ist, sich selbst zu vernichten - wie könnten sie dann daran zweifeln, daß wir von Gott kommen?

GAST: Jesus sagte, die beiden höchsten Gebote seien, daß wir Gott von ganzem Herzen, von ganzer Seele und mit ganzer Macht lieben sollen und daß wir unseren Nächsten lieben sollen wie uns selbst. Auf diese beiden Gebote stützt sich die ganze Schrift. Die Juden liebten ihren Herrn und Gott in Riten und Gebeten. Wie können wir Gott in unserem Alltag von ganzem Herzen lieben?

TOM: Wie ihr wißt, lenken Rituale ab. Nehmt euch Zeit für euch selbst und die Schöpfung. Das ist die Zeit, die ihr mit dem Schöpfer verbringen könnt. Es ist wichtig, wenn auch nicht unerläßlich, daß ihr eine Meditationstechnik findet, die euch zusagt. Ihr könnt daraus euer »Ritual« machen. Und was das zweite Gebot angeht: Wie ihr wißt, gibt es viele Menschen auf der Erde, die sich selbst nicht lieben. Die Korruption hindert sie daran, sich zu lieben. Wir würden sagen: Seid gütig zu allen und zu euch selbst; dann erfüllt ihr dieses Gebot.

DAVID: Die Bibel berichtet, daß Jesus gesagt hat: »Ich bin der Weg, die Wahrheit und das Leben, und keiner kommt zum Vater denn durch mich.« Das kommt mir widersprüchlich vor. Ist diese Stelle nur falsch ausgelegt worden?

TOM: Versucht der Mensch nicht, die Menschen zu beherrschen?

DAVID: Ja, manchmal versucht er es.

TOM: Liegt es dann nicht nahe, daß Menschen diese Worte auf Pergament geschrieben haben?

DAVID: Christen, die in dem Nazarener ihr größtes Vorbild sehen, halten den Satz, den ich zitiert habe, meist für sehr wichtig.

TOM: Ist das nicht Dogmatismus?

DAVID: Oh, das ist absolut richtig.

TOM: Ist das nicht ein Versuch, den Glauben zu beeinflussen? Wir fragen euch: Vertraut ihr nicht eurem eigenen göttlichen Wesen?

DAVID: Offensichtlich nicht! (Gelächter)

TOM: Ja.

ANDRIJA: Als ich in Israel war, stellte ich fest, daß manche Leute noch immer die Ankunft des Messias erwarten.

TOM: Falls die Landung stattfindet, wird der Messias dabei sein. Wir meinen den Nazarener.

ANDRIJA: *Werden sie ihn erkennen?*

TOM: Ja.

ANDRIJA: *Wird der Nazarener im heutigen Israel landen?*

TOM: Ja, denn der Nazarener ist der Führer Hoovas.

JOHN: *Wie wollt ihr verhindern, daß er wieder vergöttlicht wird? Und werden ihn die Israelis diesmal verstehen?*

TOM: Es wird nicht nur einer kommen. Es werden viele Hooviden kommen. Sie werden erklären, und sie werden den Menschen begreiflich machen, daß der Christus in ihnen allen ist.

HARRIET: *Wir machen uns Gedanken über die »unbefleckte Empfängnis«. Kannst du uns darüber etwas sagen und ob der Nazarener Kinder hatte?*

TOM: Fragst du nach unserer Meinung oder nach unserem Wissen?

HARRIET: *Nach eurem Wissen.*

TOM: Wir verstehen nicht, warum die Menschen einfache Information kompliziert machen. Die irdische Mutter des Nazareners wurde von Hoova befruchtet mit Hilfe von ... Ihr macht es auf eurem Planeten ohne Körperlichkeit.

JOHN: *Ja, künstliche Befruchtung.*

TOM: Ja. Jesus war der Erstgeborene. Er ist Hoova, den das Volk Israel Jehova nennt. Nach seiner Geburt hatten Maria und Joseph noch sieben andere männliche und drei weibliche Kinder. Die physischen Brüder und Schwestern des Nazareners waren nicht implantiert. Ihr fragt, ob der Nazarener die körperliche Herrlichkeit erfahren hat?

GAST: *Wir haben über die genetische Einflußnahme der Hooviden gesprochen, und wir haben die beiden ersten genetischen Implantate der Hooviden identifiziert. Nun fragen wir uns, ob der Nazarener der dritte war.*

TOM: Er war etwas ähnliches. Aber das heißt nicht, daß er Kinder zeugte.

DAVID: *Er war also kinderlos?*

TOM: Ihr macht eure Welt kompliziert. Er war ein Vertreter Hoovas. Wesen von Hoovas genetischer Linie waren bereits auf dem Planeten Erde. Und der Nazarener hat die innern verschlüsselten Erinnerungen geweckt. Er war ein Mann auf dem Planeten Erde, und wie fast alle Männer und Frauen hat er eine sexuelle Entwicklung durchgemacht, die aus der innern seelischen Quelle kommt. Denn der Moment der sexuellen Vereinigung ist der eine Moment, in dem ihr Einheit mit eurem Schöpfer erreichen könnt. Es ist diese Zeit, dieser Moment, nach dem gestrebt wird.

Das ist ein Teil der Schwierigkeiten auf dem Planeten Erde. Denn die Menschheit hat den Zweck von Sex mißverstanden, und in ihrem Streben nach Rückkehr zum Schöpfer hat sie ihn entwürdigt. Und da die Gründer der Religionen die Wahrheit über diese Rückkehr wußten und sie den Massen vorenthalten wollten, verboten sie sie und machten sie dadurch beherrschend. Daß manche Männer ständig von einer Frau zur anderen wandern, liegt daran, daß sie die wahre Bedeutung der körperlichen Begegnung und deren Entwicklung nicht kennen.

Für den Nazarener war es notwendig, diese Erfahrung mit Magdalena zu machen. In der Begegnung mit ihr konnte er seine wahre Identität mit dem Schöpfer bewahren. Versteht ihr das?

Wenn die Absichten beider Partner rein sind und - wir wollen nicht predigen - wenn sie verstehen, wer sie sind, und wenn sie ihre Einheit mit dem anderen verstehen und wenn es ihnen gelingt, mit dem anderen in Herrlichkeit eins zu werden, dann ist große Freude die Folge. Wenn ihr das erlebt, haltet es fest, denkt daran; denn es ist, als ob ihr eine Sternschnuppe einfangen und darauf reiten würdet. Es bringt euch immer zu eurer Schöpfung zurück. Erinnert euch auch daran, daß ihr ein Teil des Schöpfers seid und daß ihr den Schöpfer geschaffen habt.

HARRIET: Das ist schön.

JOHN: Das heißt also, Maria Magdalena hatte kein Kind?

TOM: Nicht vom Nazarener.

GAST: Hat Jesus - vielleicht zusammen mit Josef von Arimathäa - jemals Glastonbury in England besucht, wie die Legende behauptet?

TOM: Der Nazarener umkreiste die Erde; denn das war notwendig, damit seine Energie den Globus durchdringen konnte.

DAVID: Er war also unter anderem in Glastonbury?

TOM: Braucht ihr eine Landkarte, um Energien zu verstehen? Er hat alles berührt, was eure Religionen heilig nennen, auch euer Kingston in England.

GAST: Die Überlieferung, wonach Jesus als Knabe mit Josef von Arimathäa Glastonbury besuchte, ist also richtig?

TOM: Ja. Ich habe eben erklärt, daß er um den Erdball reiste.

JOHN: Du sprichst von den »verborgenen Jahren« des Nazareners, zwischen seinem zwölften Lebensjahr - als er im Tempel zu Jerusalem war - und dem Beginn seiner Verkündigung. Kannst du uns mehr darüber erzählen?

TOM: Im Alter von 14 Jahren, ein Jahr vor seiner Mannbarkeit, begann er eine lange Reise. Er ging in das Gebiet des Himalaya und verbrachte geraume Zeit in Ägypten. Er besuchte die Pyramiden und lernte, welche Energien und welches Wissen sie enthalten. Er war auch lange Zeit in den Ländern des Himalaya. Außerdem war er lange mit den Essenern zusammen. In ihm war das Dreieck des Wissens der Inder, Ägypter und Essener. Er nahm die Weisheit dieser drei in sich auf. Johannes der Täufer war ebenfalls mit ihm in Ägypten.

JOHN: Ja. Wird man je Aufzeichnungen darüber entdecken?

TOM: Es gibt Aufzeichnungen in zwei Gebieten: in Ägypten und in dem Land, das jetzt Israel heißt. Zur rechten Zeit wird man diese Aufzeichnungen innerhalb von sechs Monaten finden. Es werden Fragmente sein, aus denen man die Wahrheit wird erschließen können.

DAVID: Stimmt es, daß der Nazarener auch in den fernen Osten reiste und dort lehrte?

TOM: Er reise unter anderem in das Land der Sonne - Japan.

ISRAEL: Wir wissen, daß der Nazarener, Jehova, dreimal kam. Einmal kam er als Buddha. Warum war diese Inkarnation notwendig, und warum gerade dort (in Indien)? Was war der Zweck?

TOM: Deine Nation (Israel) entwickelte sich nicht so, wie sie sollte. Darum war es notwendig, daß einer kam, der einen großen Teil der Erde mit dem Verständnis des Universums umhüllen sollte. Das geschah, um den Fortschritt des Universums zu fördern. Die Anhänger Buddhas haben die Wahrheit in ihrem Herzen und in ihrer Seele schneller begriffen als jene, die dafür vorgesehen waren - die Hebräer. Versteht ihr?

ISRAEL: Ja. Wenn etwas nicht von selbst funktioniert, holt man Hilfe von außen.

TOM: Das ist richtig, ja.

ANDRIJA: In welcher Sprache schrieb Johannes ursprünglich die Offenbarung? Du hast gesagt, wir sollen das Original lesen, weil die Übersetzungen problematisch sind.

TOM: Er schrieb aramäisch.

ANDRIJA: Weißt du, ob es ein aramäisches Manuskript gibt?

TOM: Es gibt eines, aber nicht an einem Ort, an dem ihr es finden könnt. Es liegt in der Stadt Jerusalem, und man wird es zur rechten Zeit finden.

ANDRIJA: Aha, es gibt keine Kopie in einem Museum oder an einem anderen, öffentlich zugänglichen Ort?

TOM: Ihr könnt zum Vatikan gehen.

ANDRIJA: Kannst du uns sagen, wie Johannes diese Botschaft empfangen hat? Hat er in einer Gruppe Übermittlungen erhalten wie wir, oder war er allein? War es vor der Taufe Jesu?

TOM: Es war vor der Taufe. Die Offenbarung brachte die Erkenntnis, wer Jesus war.

ANDRIJA: War Jesus Zeuge dieser Offenbarung?

TOM: Ja. Er war ein kleiner Junge. Die Botschaft kam so, wie wir zu euch sprechen, versteht ihr?

ANDRIJA: Ja, ich verstehe. Das ist sehr interessant.

JOHN: Kannst du etwas zur Erbsünde und zur Taufe sagen, und ob beides heute noch von Bedeutung ist?

TOM: Anfangs, als der Bund mit Jehova geschlossen und gebrochen wurde, folgte die Erbsünde der Saat der Hebräer. Als Hoova als der Nazarener wiederkam, wurde sie vollständig ausgelöscht, denn dafür hat er sich geopfert. Aber die Nachfolger des Nazareners mißbrauchten seinen Namen und führten Rituale ein, wie vor der Zeit Hoovas. Versteht ihr?

JOHN: Nun, als Christen glauben wir, daß Christus uns durch seinen Tod unsere Sünden vergeben hat, auch die Erbsünde.

TOM: Er hat euch nicht vergeben. Das Universum hat euch erlöst.

JOHN: Ja, aber sein Tod war ein Symbol dafür.

TOM: Ja. Wenn die Menschen die Schuld der Erbsünde anerkannt hätten, wären sie ebenfalls davon erlöst worden. Es war Zeit dafür.

JOHN: Aber heute wird immer noch getauft, um die Erbsünde abzuwaschen.

TOM: Das ist nicht der Sinn der Taufe. Jede Kirche, die nicht von Jesus begründet wurde, hat ihre eigene Praxis. Die Taufe soll nicht Sünden abwaschen, sondern das Bekenntnis zum Nazarener demonstrieren. Zunächst hat Petrus damit angefangen; er folgte dem Beispiel Johannes des Täufers.

JOHN: Christen glauben, die Kreuzigung Christi befreie sie von ihren Sünden. Mit anderen Worten: Er vergab Sünden im voraus. Meiner Meinung nach stehlen sie sich damit aus der Verantwortung. Kannst du uns darüber aufklären?

TOM: Du fragst, ob ihnen vergeben wird, wenn sie in seinem Namen darum bitten?

JOHN: Die Leute glauben, durch seinen Tod seien ihre Sünden bereits vergeben worden. Für mich ist das ein Freibrief zum Sündigen. Ich halte es nicht für gerecht.

TOM: Das war nicht der Sinn der Kreuzigung. Der Nazarener wurde nicht gekreuzigt, um den Menschen die Last der Verantwortung abzunehmen. Sie sollte jedem Menschen klarmachen, daß er bereitwillig aus Liebe zu Gott und für seine Aufgabe starb. Denkt daran, daß der Nazarener nicht versuchte, mit Nichtjuden zu reden; er wandte sich nur an die Hebräer in Palästina. Hätte er sie erlösen und bewußt machen können, dann hätte er ihnen, und damit dem Rest des Planeten, den Weg zu individueller und globaler Transformation gezeigt. In den Ländern, die ihr christlich nennt und die ihn als Gott verehren, gibt es Menschen, die verstehen, daß er ein Teil der Dreieinigkeit ist.

JOHN: War Jesus der erste Mensch, der je auferstanden ist?

TOM: Es ist wahr, daß er als erster auferstanden ist - aber nicht so, wie ihr es glaubt. Er war der erste, der auf diese Weise zu seiner Zivilisation, Hoova, zurückgekehrt ist. Viele sind auferstanden; aber er kehrte zu seiner Zivilisation zurück. Die Menschen auf der Erde, die seine Auferstehung sahen, glaubten, dies mache ihn zu Gott.

ANDRIJA: Es gab also Wesen von den Zivilisationen des Universums, die kamen und dann zurückgingen. Und du sagst, Jesus oder Jehova sei der erste gewesen, der zur Erde kam und dann körperlich unversehrt zurückkehrte?

TOM: Ja. Es gab andere Auferstehungen, wie ihr es nennt, und Rückkehr zu den Sphären - aber keine Rückkehr zu den Zivilisationen.

ANDRIJA: Wir würden das Teleportation oder Bilokation nennen.

TOM: Es war Bilokation. Und es war das erstemal.

JOHN: War Josef von Arimathäa, der den Leichnam Jesu an sich nahm, derselbe wie Josef, das Oberhaupt der Zivilisation von Aragon?

TOM: Sie waren verschieden.

ANDRIJA: Wir würden gerne wissen, ob Josef von Aragon zusammen mit dem Nazarener auf der Erde war.

TOM: Er war mit dem »Falken«, Horus, in Ägypten. Er war der, den sie Imhotep nannten. Er war auch ein Hohepriester zur Zeit des Nazareners und wurde Annas genannt.

JOHN: War Josef von Arimathäa auch von Aragon?

TOM: Ich werde nachfragen ... Josef von Aragon sagt nein. Josef von Arimathäa war von Altea. Die Namen sind zufällig ähnlich.

STEVE: Wir nehmen meist an, die östlichen Methoden, die zur Erleuchtung führen sollen - die hinduistischen und buddhistischen -, seien viel höher entwickelt als die westlichen. Ist das richtig?

TOM: Sich von der Welt zu entfernen, ist nicht der beste Weg. Alle mögen die höchste Ebene in sich selbst erreichen - aber was ist mit denen, die ihre Hilfe brauchen? Wer der Verantwortung für andere entkommen möchte, wer sich nicht engagieren will, mag in der Tat glauben, er sei ein Meister oder ein vollkommenes Wesen. Denn wenn man nichts mit anderen zu tun hat, ist es leicht, sich für vollkommen zu halten.

STEVE: Nun, ich denke an die heiligen Schriften des Ostens - die Upanishaden, die Veden, die Sutras und die taoistischen Bücher. Stammen sie von anderen Zivilisationen?

TOM: Ja, ebenso wie andere Schriften. Aber sie wurden nicht immer für Verbesserung benutzt. Wenn den östlichen Philosophen das Wohl ihrer Mitmenschen am Herzen läge, wären ihre Nationen hoch entwickelt. Aber sie nutzen ihr Wissen manchmal, um sich selbst zu Meistern zu machen, ohne die Seelen emporzuheben, die Hilfe brauchen. Es ist wichtig, daß jene, die das Leiden verstehen, es zu lindern versuchen.

STEVE: Ich möchte erklären, warum ich diese Frage stelle. Mir scheint, daß all unsere Gespräche zum größten Teil im Rahmen unserer westlichen Philosophie und Tradition bleiben, und das will mir nicht recht in den Kopf. Ich wurde nämlich dazu erzogen zu denken, daß die östlichen Religionen und Methoden erleuchteter sind.

TOM: Wieviele Millionen Menschen im Osten müssen leiden? Verstehst du, was wir meinen? Auch das ist eine Falle.

JOHN: Ja, ich glaube, wir sehen die Fehler in unserer eigenen Kultur, und wir blicken über den Zaun und glauben, sie hätten die Lösung. Aber ... ja.

TOM: Wenn du auf einem Berg sitzt und dich umschaust und sagst: »Ich bin erleuchtet; denn ich sitze und bete, und jene, die unter mir sind, müssen leiden, weil es für sie wichtig ist, und ich kann nichts tun, um ihnen zu helfen«, dann hast du dich über sie gestellt. Wir werden euren Ausdruck »Karma« verwenden. Er wird nicht ganz verstanden. Wer glaubt, das Leiden sei sein Karma, ruft in Wahrheit Leiden hervor. Wer sich nicht um seine Mitmenschen kümmert, wer nicht einmal die Hand ausstreckt, um ihnen zu helfen, oder wenigstens eine Publikation schreibt, um ihr Schicksal erträglicher zu machen, der kann nicht der Meister sein, der zu sein er behauptet. Das Physische meistern heißt, sich mit allem Physischen einzulassen, nicht, von den Leidenden Abstand zu nehmen. Ja.

STEVE: Ich möchte noch einmal auf die Schriften zurückkommen, die ich erwähnt habe. Stammen sie wirklich von außerirdischen Zivilisationen, auch wenn sie vielleicht nicht vollkommen sind?

TOM: Ja. Aber denkt auch daran, daß die Menschen das benutzen, was ihnen einen Vorteil verschafft, und daß sie diese Schriften deuten, um andere zu beherrschen oder um sich über ihre Mitmenschen zu stellen. Ja.

JOHN: Das heißt also, es sind darin ebenso viele Irrtümer enthalten wie in der Bibel?

TOM: Wie im Wortbuch, ja. Es gibt etwas sehr Wichtiges, was die Menschheit - und zwar fast die ganze Menscheit - vernachlässigt: das Mitgefühl. Wenn ihr Mitgefühl für alle lebenden Wesen habt, auch für eure Nächsten, dann beginnt die Bewußtseinserweiterung der Menschheit und wird sich beschleunigen. Der Mensch mag aufgrund seiner Natur mit seinem eigenen Kind mitfühlen, wenn es hinfällt. Aber er sieht nicht die Schmerzen eines anderen Kindes, das hinfällt. Vielleicht verspürt ihr Mitleid, wenn ihr von einem Gemetzel an Dorfbewohnern hört, zu denen ihr eine Beziehung habt. Aber ihr habt kein Mitgefühl, wenn die hingemetzelt werden, die gemetzelt haben.

Wenn jene, die ihr liebt, euch nicht zustimmen, wenn ihr ihre Zustimmung braucht, dann verliert ihr euer Mitgefühl für sie. Nur wenn ihr dieses Mitgefühl behaltet oder wiedergewinnt oder neu belebt, wenn ihr mit ihnen fühlt, obwohl ihr selbst nicht betroffen seid, erst dann erhebt ihr euch aus der Asche und beginnt zu wachsen. Dann ist das Bauwerk stark und sicher, nicht zerbrechlich - aber es kann immer noch abbrennen. Die Menschheit hat kein Mitgefühl für die Menschen. Selbst einer von euch, der vielleicht mit einem Kind Mitleid hat, hat kein Mitgefühl für einen Erwachsenen, der anderer Meinung ist als er. Auch das muß sich ändern.

JOHN: Ja, es ist seltsam, daß es uns schwerfällt, Mitgefühl für die Menschen zu haben, die uns am nächsten und liebsten sind. Wir empfinden Mitleid mit jenen, die ein wenig weiter weg sind und mit denen wir einig sind. Wenn wir dann weitergehen, verlieren wir unser Mitgefühl erneut.

TOM: Ja. Wenn ihr imstande seid, euch von euch selbst zu lösen und euch in die Lage eines anderen zu versetzen, dann beginnt die Evolution dieses Planeten. Dann beginnt dieser Planet, das Paradies zu sein, das er von Anfang an hätte sein sollen. Ja.

Drückt euch selbst mit Worten der Liebe und der Freude aus. Das macht das Universum glücklich. Wenn es im Universum Glück, Freude und Lachen gibt, ist das eine Zeit der Feier. Das ist die Aufgabe des Planeten Erde. Die Menschheit darf sich selbst nicht so ernst nehmen. Sie muß anfangen, in ihrem Herzen die Freude ihrer Göttlichkeit zu erfahren, die Freude der Einheit mit dem Universum. Sie muß sich selbst von den Fesseln befreien und aufhören, wie Opfer zu leben. Wir haben nie um Opfer gebeten; doch die Menschheit hat Schuldgefühle und macht sich selbst zu Opfern. Sie weiß, daß sie das Tal durchquert hat, das sie nicht hätte durchqueren sollen; und jetzt bringen wir sie mit der Hilfe aller durch das Tal zurück, damit sie eins mit dem Universum wird.

Die nächste Übermittlung handelt von anderen Kommunikationen und deren Gültigkeit.

ANDRIJA: Ich habe eine Frage zum Channelling. Gab es in der Vergangenheit bekannte Gestalten, die in eurem Sinne perfekte Medien waren - so wie Phyllis? Welche sind verläßlich?

TOM: Ich werde um Erlaubnis fragen. Einer von ihnen war der, den ihr Jesus von Nazareth nennt, das wißt ihr. Dann der, den ihr Sokrates nennt. Dann der, der euch verschlüsselte Botschaften gab, Nostradamus. Dann der, der ein und dasselbe wie Jesus ist, Buddha. Denkt daran: Die Übermittlung war perfekt; aber die Übersetzung verfälschte sie. Das gilt für alle Übersetzungen.

ANDRIJA: Aha, in allen diesen Fällen.

TOM: Da war Elia, und da war jener, der Joseph hieß.

ANDRIJA: Welcher Joseph war das? Es gibt einige in der Bibel.

TOM: Derjenige, der in Ägypten war. Und es gab den, der da Vinci heißt. Wir nennen euch nur diejenigen, die historisch erfaßt wurden. Es gab noch mehr.

ANDRIJA: Gehört auch eine modernere Gestalt wie Helena Blavatsky dazu?

TOM: Ich muß nachfragen ... Helena Blavatsky hatte recht, ja.

ANDRIJA: Hat jemand in den letzten hundert Jahren gelebt, der ein Wissenschaftler war und korrektes Wissen aufgezeichnet hat?

TOM: Dieses Wissen kommt von einer Zivilisation.

ANDRIJA: Ach so, du sprichst von denen, die direkt mit euch in Verbindung stehen?

TOM: Ja.

JOHN: Was ist mit den Theosophen? Ich nehme an, das Wesen, das durch Helena Blavatsky und Alice Bailey gesprochen hat, war dasselbe, das wir als »der Tibeter« oder Dhjwal Khul kennen.

TOM: Das ist nicht richtig.

JOHN: Kannst du uns dann sagen, wer der »Tibeter« ist?

TOM: Wir werden versuchen, es zu erklären. Wenn drei Wesen zusammen ein Dreieck bilden und sich dann im Geiste vereinigen, sind sie eins. Der Tibeter ist ein Dreieck.

JOHN: Steht er direkt mit den Neun in Verbindung?

TOM: Es ist, als würde - wir wissen nicht, wie wir es erklären sollen - es ist unverständlich in eurer Sprache. Er ist kein physisches Wesen. Die Botschaften kommen von einem Dreieck.

JOHN: Sind sie von hoher Qualität?

TOM: Ja. Sie stammen von den vollkommenen Aspekten der drei. Versteht ihr das?

JOHN: Ja.

TOM: Der Tibeter ist etwas anderes als Helena Blavatsky.

ANDRIJA: Ich habe neulich wieder in den Schriften des Michel Nostradamus gelesen, und es hat mich sehr beeindruckt, daß die Vorhersagen, die er vor 400 Jahren über unsere Zukunft gemacht hat, mit deinen übereinstimmen. Wer war dieser Nostradamus, und woher hatte er seine Kenntnisse? Kamen sie von euch?

TOM: Wenn eine Vorhersage gemacht wurde, nahmen die Menschen sie zum Vorwand, ihre Verantwortung abzulegen. Es war auch ein Fehler, den wir begangen haben, denn die Menschen halten das Schicksal in ihren eigenen Händen. Sie verstanden nicht, daß Vorhersagen sie dazu bewegen sollten, ihr Verhalten zu ändern: Wenn sie sich nicht änderten, dann würde die Vorhersage eintreffen. Darauf können wir nicht nachdrücklich genug hinweisen. Wir möchten, daß die Menschen sich das einprägen, daß sie beginnen, zu verstehen, daß sie den Schlüssel haben, daß sie verantwortlich sind, und daß sie sich ändern müssen.

Du fragst, wer er war? Er tat, was ihr jetzt tut. Wir wünschen uns jetzt, daß das Licht hereinbrechen möge, daß die Dunkelheit schwinden möge, daß die Menschheit nicht länger glaubt, es müsse Dunkelheit herrschen. Denn es gibt zwei Möglichkeiten. Die aus der Dunkelheit haben bereits zu lange existiert. Es ist Zeit für die Lichtwesen, und das ist eure Wahl. Was die Menschen brauchen, ist nicht Verzweiflung, Hoffnungslosigkeit und Sinnlosigkeit, sondern Hoffnung, Liebe und die Möglichkeit, Gutes zu tun.

Es folgt eine Erläuterung der »Prinzipien«, die einen weiteren Faden zum Bildteppich unseres Verständnisses beisteuern kann.

JOHN: Kannst du uns sagen, ob es wirklich zwölf Prinzipien gibt und ob das letzte von ihnen »Ausgewogenheit« ist?
TOM: Ich werde um Erlaubnis fragen ... Sie wird gegeben, aber eingeschränkt.
JOHN: Ja, gut. Könntest du einige der anderen Prinzipien nennen und uns sagen, wann sie eingesetzt wurden? Das würde mir helfen, die Prinzipien und die betreffenden Zeiten zu verstehen.
TOM: In der Zeit zwischen den Vätern Abraham und Moses und zur Zeit Jakobs galt das Prinzip des Gesetzes. Wir sprechen von der Befolgung des Gesetzes der Neun. Das heißt nicht, daß dieses Gesetz erlassen wurde, um bis ans Ende der Zeit befolgt zu werden. Aber damals war es wichtig. In Wahrheit ändert sich das Gesetz der Natur nie; doch das Gesetz, das wegen der Ordnung im Universum auf einem bestimmten Planeten aufgestellt wird, kann sich ändern. Wir sprechen von einem Gesetz, das Abraham, Jakob und

Moses dazu aufforderte, in vollem Vertrauen zu tun, was wir verlangten. Es war eine Art Gesetz.

JOHN: *Ja. Ich glaube, hinter diesen Prinzipien steckt etwas Wichtiges. Ich glaube, sie haben etwas mit den Zwölf (d. h. mit den Neun plus drei) und den Neun zu tun ... Sind diese Perioden gleich lang oder unterschiedlich? Bin ich auf der richtigen Spur?*

TOM: Wir verstehen, worauf du hinaus willst. Wieder sagen wir ja, aber mit Vorbehalten. Denn es gab Zeiten, die anderen, weit entfernten Zeiten nahe waren.

JOHN: *Das ist mir nicht ganz ...*

TOM: Es gibt Zeiten, die sehr ausgedehnt sind, und es gibt Zeiten, die kurz sind.

JOHN: *Ja. Gab es noch eine Periode zwischen der Zeit Christi und heute?*

TOM: Die Periode zur Zeit des Christus war die letzte. Die Periode zur Zeit Alteas war vom Prinzip der Weisheit geprägt. Das Prinzip der Gerechtigkeit galt zur Zeit von Ur. Zur Zeit des Horus in Ägypten wurde das Prinzip des Wissens eingeführt. Und auch das Wissen fiel aus dem Gleichgewicht. Ja.

V. DIE KEHRSEITE DER MEDAILLE

Kapitel 16

Krieg und Frieden in den neunziger Jahren

Die folgenden frühen Botschaften über die unmittelbare Gefahr eines Atomkrieges mögen im Jahr 1995 zwar ein wenig überholt erscheinen; aber Toms Antworten sind auch heute noch von großer Bedeutung, weil sie von der Macht des Gedankens und der Macht der Angst handeln. Die Übermittlungen sind chronologisch geordnet. Die ersten Gespräche im Jahre 1981 fanden in einer Zeit statt, als es noch Atomsprengköpfe in Massen gab.

GAST: Wird es einen Atomkrieg geben? Die derzeitige Lage (1981) ist offenbar kritisch, und das Risiko steigt.
TOM: Wir haben immer gesagt, daß wir die Vernichtung dieses Planeten nicht zulassen würden. Wir würden nicht zulassen, daß dieser Planet aus Dummheit zerstört wird. Aber ihr müßt verstehen, daß Versuche, die Erde zu zerstören, noch mehr verstreute negative Energien erzeugen. Darum ist Meditation so wichtig.
ANDRIJA: Wenn ich richtig verstanden habe, was du früher gesagt hast, dann habt ihr nichts dagegen, daß es ein paar kleinere Atomexplosionen gibt, weil die Menschen daraus lernen können. Ist das richtig?
TOM: So haben wir das nicht gesagt.
ANDRIJA: Tut mir leid: Kannst du das aufklären?
TOM: Wir haben gesagt, eine kleine Konfrontation wäre in einer anderen Welt und zu einer anderen Zeit vielleicht eine ausreichende Lehre, aber hier und jetzt wäre sie eine Torheit. Wenn man der Menschheit eine Lektion erteilen könnte, ohne ihr zu schaden ... aber das ist unmöglich.

ANDRIJA: *Ich verstehe, was du meinst. Wir haben ein »Gleichgewicht des Schreckens«, nicht wahr?*

TOM: Du meinst, jede Seite ist vorbereitet, und beide fürchten sich, weil sie nicht genau wissen, wie stark die andere Seite ist?

ANDRIJA: *Ja.*

TOM: Das ist eure Situation. Aber wenn ihr sie überwinden könnt und wenn West und Ost sich vereinigen, um die Menschen zu verstehen und die Angst zu beseitigen, dann ist vieles möglich.

ANDRIJA: *Ja, wir verstehen das. Aber ist das nicht eine langfristige Entwicklung? Es gibt viel Starrsinn in der Welt.*

TOM: Manche Energien breiten sich mit großer Geschwindigkeit aus. Ihr habt Massenmedien, und eine Transformation wäre in kurzer Zeit möglich, wenn sie von höchsten Energien gespeist würde. Ihr müßt wissen, daß euer Planet Erde sich an der Schwelle der Transformation befindet.

GAST: *Was nennst du eine »kurze Zeit«?*

TOM: Radiowellen umkreisen euren Planeten Erde, und euer Fernsehen kann die ganze Welt erreichen. Die meisten eurer zivilisierten Länder könnten innerhalb von drei Monaten verstehen.

JOHN: *Würdet ihr im Falle eines atomaren Konflikts über das Fernsehen eingreifen, so wie es bereits einmal geplant war?*

TOM: Ich werde nachfragen ... Ja, in einigen Gebieten; aber hauptsächlich würden wir mit Hilfe einer Schallenergie eingreifen, mit Tönen, die ihr nicht hört. Sie würden Geräte einige Zeit lang lahmlegen.

JOHN: *Es könnte also sein, daß Raketen abgefeuert werden, daß sie aber nicht funktionieren? Das wäre für alle Menschen ein sehr deutlicher Hinweis darauf, daß außerirdische Kräfte am Werk sind.*

TOM: Alle könnten die Schallschwingungen spüren, aber nicht als Laut wahrnehmen.

JOHN: *Wer würde das in Gang setzen?*

TOM: Die vierundzwanzig Zivilisationen.

JOHN: *Leitet Altea immer noch diese Operation?*

TOM: Ja.

JOHN: *In der Friedensbewegung ist etwas Paradoxes im Gange. Ich bin der Meinung, wir sollten uns nicht vor den Russen fürchten; aber die Frie-*

densbewegung basiert weitgehend auf der Angst vor dem Atomkrieg. Ich glaube, diese Angst hat negative Folgen.

TOM: Sie führt herbei, wovor ihr euch fürchtet.

JOHN: Wie sollen wir mit diesem Widerspruch umgehen? Die Mitglieder der Friedensbewegung sagen, die Angst sei notwendig, um die Menschen aufzurütteln.

TOM: Ihr müßt euch dessen bewußt sein, daß Angst nur Zerstörung herbeiführt. Angst ist der größte Feind von allem, was auf dem Planeten Erde existiert. Angst ist Gefangenschaft, nicht Freiheit.

JOHN: Ich nehme an, du sprichst von einer Atomkatastrophe, weil sich zur Zeit so viele davor fürchten?

TOM: Ja.

JOHN: Kannst du uns einen Rat geben, wie wir die Menschen davon überzeugen können, daß sie die Lage erkennen und etwas dagegen tun müssen, ohne sich von Angst leiten zu lassen?

TOM: Sie dürfen sich nicht von den Lebensplänen anderer beeinflussen lassen. Angst ist wie ein Magnet - plötzlich bewegen sich alle Eisenspäne aufeinander zu und erzeugen ein Kraftfeld.

ANDRIJA: Wenn es feststeht, daß wir überleben werden, worin besteht dann unsere Aufgabe hinterher? Ihr werdet zwar keine totale Zerstörung zulassen, aber es könnte kleinere Zerstörungen geben, die uns eine Lehre sein sollen.

TOM: Betet, damit selbst kleine Opfer unnötig werden.

ANDRIJA: Okay.

TOM: Es ist wichtig, andere darüber zu informieren, daß die Energie der Gedanken verheerender sein kann als Atomwaffen; denn in eurer Zeit, in der Zukunft wird man Energien entdecken, die durch Gedankenkraft beherrscht werden.

ANDRIJA: Ja. Darf ich fragen, ob der Mensch im Laufe seiner Geschichte jemals diese Möglichkeit hatte, die ganze Welt zu vernichten?

TOM: Nein, er war nur zu örtlichen Verwüstungen imstande. Es hat Verschiebungen der Erdkruste gegeben; aber sie waren nicht die Folge einer Atomkatastrophe. In gewissem Sinne gab es einmal die gleiche Art Strahlung; aber sie wurde nicht von Menschen erzeugt. Versteht ihr den Unterschied?

ANDRIJA: Ja. Die heutige Lage ist also einzigartig in der Geschichte der Menschheit?

TOM: Es ist das erstemal, daß euer Planet Erde so dicht bevölkert ist, daß es eine Form von Kommunikation gibt, welche die Übertragung von Information in Sekundenschnelle ermöglicht und daß ganze Generationen in negativem Denken eingeschlossen sind. Doch es ist auch das erstemal, daß so viele existieren, die dem Planeten Erde dienen und die so eifrig daran arbeiten, seine Zerstörung aufzuhalten und ihm die Evolution zu ermöglichen, die in der Vergangenheit versäumt wurde.

ANDRIJA: Nehmen wir einmal an, es gibt keinen größeren Einsatz von Atomwaffen. Wird es dann trotzdem zu Naturkatastrophen kommen?

TOM: Wir werden wieder versuchen, es zu erklären. Furcht erzeugt eine Energie, die Katastrophen auslösen kann. Aber wenn es genügend Menschen gibt, die positiv in die Zukunft blicken, können sie auch den Druck auf den Planeten Erde mildern, so daß für Zerstörungen dieser Art keine Notwendigkeit mehr besteht. Es wird nicht immer möglich sein, alle Zerstörungen zu verhindern, denn es gibt zur Zeit ungewöhnlich viele Erdbeben, aber ihr könnt sie teilweise verhindern, wenn ihr den Druck auf euren Planeten reduziert.

ANDRIJA: Ich frage mich, wie wir jemals unsere Atomwaffen loswerden sollen. Am besten wäre es zweifellos, sie zu dematerialisieren und in ein schwarzes Loch im Weltraum zu werfen. Aber ...

TOM: Die Menschen würden dann neue herstellen.

ANDRIJA: Ja, das wäre keine richtige Lektion, okay.

TOM: Vielleicht kommen die Menschen aller Nationen plötzlich zur Vernunft, wenn die atomare Drohung sie direkt betrifft. Nur Menschen können Menschen ändern. Wir können die Menschen nicht ändern. Es nützt nichts, ihnen ihre Spielzeuge wegzunehmen.

ANDRIJA: Ja. Habt ihr darum die Erfindung, die Entwicklung und die Produktion von Atomwaffen zugelassen?

TOM: So war es nicht. Laßt es uns euch erklären. Diese Erfindung ist von großem Nutzen. Aber was die Menschen damit machen, das liegt an ihnen, es ist ihre Wahl. Sie haben die freie Wahl, innerhalb ihrer Grenzen von einem Extrem ins andere zu fallen. Versteht ihr?

ANDRIJA: Ja, ich verstehe.

MIKI: *Inwiefern ist die Atomtechnologie nützlich?*

TOM: Sie kann in unterentwickelten Ländern Energie erzeugen, ohne zu zerstören. Und wenn sie richtig angewandt wird, sind mit ihr auch Transporte im Universum möglich, ja.

ANDRIJA: *Ein Problem ist der Friedensprozeß in der Welt. Wie du weißt, gibt es kleine Abrüstungsschritte durch den Vertrag zwischen der Sowjetunion und Amerika (1988). Wo wird der nächste Hebel für den Friedensprozeß angesetzt werden?*

TOM: In der Nation Israel.

ANDRIJA: *Ist das der wichtigste Ansatzpunkt?*

TOM: Ja. Wie ihr wißt, bemühen sich die Palästinenser, einen eigenen Staat zu gründen.

ANDRIJA: *Ja, ich habe diesen Prozeß verfolgt.*

TOM: Dann weißt du auch, daß die Extremisten in der Nation Israel und in der Nation Ismael versuchen werden, einen Konflikt herbeizuführen. Die Sowjetunion und die USA müssen diesen Extremisten unbedingt klarmachen, daß sie eingreifen werden, wenn eines der Völker seinen Extremisten weiter freie Hand läßt. Dann werden der Regierung Israels ihre Grenzen bewußt, und sie muß etwas gegen die schlimmsten Extremisten unternehmen. Und auch der Arafat muß diese Zerstörung beenden. Ja.

JOHN: *Was ist im Nahen Osten geschehen, im Golfkrieg?*

TOM: Das war der Anfang vom Ende der Spaltung. Es hat lange gedauert, bis die Länder des Kalten Krieges sich verständigt haben; und weil das Element der Spaltung so bleiben möchte, wie es ist, gibt es jetzt eine ähnliche Spaltung im Halbmond.

Viele Nationen haben sich bewußt zu einer Aktion zusammengeschlossen und damit bewiesen, daß die Welt imstande ist, Ordnung auf dem Planeten zu schaffen, die allen Menschen nützt. Wichtig ist aber, daß ihr diesen Schwung ausnutzt und nicht den Mut verliert. Denn es gibt jene, welche die Situation zu ihrem eigenen Vorteil ausnutzen wollen. Aber der Planet Erde hat bewiesen, daß er sich gegen das Negative vereinigen kann.

Das folgende Gespräch macht deutlich, daß aus der Sicht der Neun nach dem Golfkrieg ein bedeutsamer Wandel eingetreten ist. Zur Zeit dieses Gesprächs (1991) war noch nicht alles bekannt, was wir heute wissen.

JOHN: War der Golfkrieg (1991) wirklich die letzte physische Manifestation der Schlacht von Harmagedon auf der niedrigen Ebene? Er hatte offenbar so viele niedrige Elemente in sich.

TOM: Sie sind immer noch vorhanden, ja. Jetzt ist es wichtig, neuerliche Unterdrückung und Vernichtung nicht mehr zuzulassen. Ihr solltet wissen, daß der Rat der Neun und die vierundzwanzig Zivilisationen intensiv über ein Problem diskutiert haben. Es ging um die Seelen, die wegen dieser großen Schlacht hinübergewechselt (gestorben) sind. Die Geister, die für die Evolution des Planeten Erde arbeiten, haben sich ihrer angenommen und sie weggebracht, um ihr Wachstum zu fördern. Es wird also kein Recycling dieser Seelen geben, die hinübergewechselt sind.

JOHN: Du sprichst von den hunderttausend oder mehr Irakern, die im Krieg getötet wurden?

TOM: Von allen, die in diesem Gebiet umkamen. Und wir werden damit fortfahren.

JOHN: Gab es nach dem 15.Januar 1991 (der Frist, die den Irakern gesetzt worden war, um Kuweit zu verlassen) noch eine realistische Möglichkeit, diesen Konflikt ohne militärisches Eingreifen vollständig zu lösen? Ohne den Krieg gäbe es doch noch immer die militärische Macht, die chemischen und nuklearen Waffen, und ich kann mir nicht vorstellen, wie unter solchen Umständen Frieden herrschen sollte.

TOM: Der Konflikt war nicht auf andere Weise zu lösen, weil jene in den Sphären miteinander kämpfen. Es war also ein Fall von »wie oben, so unten«. Darum wurde beschlossen, diese hinübergewechselten Seelen zum Licht zu führen. Auf der menschlichen Ebene war das Problem nicht lösbar.

JOHN: Offenbar gibt es noch ein anderes Problem: Wenn die schiitische Bevölkerung im südlichen Irak an die Macht käme, könnte sie eine weitere Gefahr heraufbeschwören.

TOM: Ihr müßt verstehen, daß dies ebensowenig erlaubt werden kann, wie der Sieg Husseins erlaubt werden konnte. Darum müßt ihr dafür meditieren, daß die Alliierten verbündet bleiben. Außerdem müßt ihr verstehen, daß die Ismaeliten versuchen werden, das Volk Israel zu überwältigen. Nicht mit Gewalt - denn sie wissen, daß ihnen das nicht erlaubt wird - sondern auf eine hinterlistige Weise. Auch das darf nicht zugelassen werden, weil alle Völker einen Platz auf der Welt haben, an dem sie ihre Einzigartigkeit ausdrücken können.

JOHN: Ich fühle mich mit dem kurdischen Volk sehr verbunden. Kannst du etwas über die Kurden sagen?

TOM: Sie sind in einem mehrfachen Sinne eins. Sie sind aufrichtig, nicht hinterhältig. So wie alle Repräsentanten der verschiedenen Zivilisationen, die sich auf dem Planeten Erde manifestiert haben, versuchen, ihre Daseinsberechtigung aufrechtzuerhalten, so sind auch sie ein Teil des großen Mosaiks auf dem Planeten Erde.

JOHN: Du meinst, die verschiedenen Rassen in der Region repäsentieren verschiedene Zivilisationen?

TOM: Ja. Nicht die Vierundzwanzig, sondern andere. So wie in Jugoslawien, ja. Und in anderen Gebieten. Versteht ihr?

JOHN: Ja. Nun gibt es ja große Probleme in der Sowjetunion (1991), und Gorbatschow, der offenbar gute Arbeit geleistet hat, scheint Schwierigkeiten zu haben. Kannst du etwas dazu sagen?

TOM: Ihr solltet für ihn meditieren. Während die Welt sich auf Hussein konzentrierte, erhielt er keine unterstützende Energie. Jetzt müßt ihr ihn in eure Meditation einschließen und ihm helfen, die Stabilität zu bewahren.

JOHN: Zum Nahen Osten: Ist die Umweltkatastrophe, die durch immer noch brennende Ölquellen ausgelöst wurde, eine echte Gefahr?

TOM: Es gibt viele Gefahren. Sie werden euren ganzen Planeten beeinflussen, nicht nur den Halbmond, und es werden weltweite Gesetze und Verordnungen entstehen. Denn die Menschenmassen brauchen Ordnung, damit sie sich an zivilisierte Methoden halten. Eure Erde ist kein Planet mit ein paar Millionen Menschen mehr. Sie ist kein Planet mehr, auf dem man inkarnieren muß, um die andere Seite zu sehen. Sie ist jetzt ein sehr kleiner Planet und muß wie eine einzige Haut behandelt werden. Aus dieser chaotischen Situation heraus wird also die Umwelt geordnet werden. Es wird noch weitere nützliche Folgen geben. Die Umweltschützer sind mitunter diktatorisch. Es wird also Ausgewogenheit hergestellt. Fangt damit an, auf Produkte zu verzichten, die ebenfalls der Umwelt schaden.

JOHN: Ja. Es scheint, als sei die Zerstörung dieser Ölquellen in der letzten Minute ein derart böswilliger Akt gewesen, daß aus diesem abgrundtief Bösen sich etwas überaus Gutes für die Umwelt entwickeln kann.

TOM: Das ist völlig richtig, vorausgesetzt, ihr denkt daran, lenkt es und meditiert darüber, daß sich daraus Ordnung ergeben muß. Vergeßt nicht, daß die Anderen immer noch stark sind.

JOHN: Ja. Wenn ich bedenke, daß es eine Verbindung zwischen dem Makrokosmos und dem Mikrokosmos gibt, glaube ich, daß die Einheit der Menschen im Laufe dieser schwierigen Phase einen schweren Schlag erhalten hat. Ich denke, die kollektive Solidarität, die 1988 und 1989 gewachsen ist, hat Schaden erlitten.

TOM: Das ist wahr. In dieser Zeit ist es wichtig, das eigene Selbst hintanzustellen und sich zu vereinigen. Wenn das nicht möglich ist, müßt ihr Mittel und Wege finden, um das Verständnis zu vergrößern. Es ist großes Umdenken erforderlich. Es ist ein einfaches Gesetz, die »goldene Regel« ...

JOHN: Alles was ihr wollt, das andere euch tun sollen ...

TOM: ... das tut ihnen auch. Und bezieht alle Kulturen, alle Menschen mit ein. Gebt euren Egoismus auf; werdet wahrhaft selbstlose Individuen oder Nationen und schließt euch einheitlich zusammen in diesen Zeiten der Not des Planeten Erde. Ihr sollt wissen, daß alle Zivilisationen, die mit den Vierundzwanzig zusammenarbeiten, bereitstehen, um zu helfen. Es ist jetzt Zeit für die Menschheit, das Konkurrenzdenken aufzugeben und sich als eine Einheit der Freude hervorzubringen. Dafür sind Zeit, Mühe und Liebe erforderlich. Das wichtigste ist Vertrauen - Vertrauen darauf, daß es im Universum Wesen gibt, die dazu da sind, euch zu helfen. Und daß es den unbekannten Gott gibt. Es ist wichtig zu wissen, daß ihr vertrauen müßt und daß ihr geführt werdet. Außerdem müßt ihr euch selbst auf allen Bewußtseinsebenen vertrauen. Begreift, wie wichtig dies ist und wie notwendig es ist, daß ihr dieses Vertrauen aufbringt. Es wäre töricht, wenn wir euch sagen würden, daß alle Menschen auf dem Planeten Erde gleich sind - denn das ist nicht wahr, mit der Ausnahme, daß ihr alle aus derselben Quelle kommt. Aber in der Manifestation eurer Körperlichkeit muß es Führer geben, die aus anderen das Beste herausholen. Denn manche von euch wollen geführt werden; und wenn man versuchen würde, aus ihnen Führer zu machen, obwohl es ihnen an den körperlichen, emotionalen oder geistigen Fähigkeiten dazu fehlt, würde man ihnen nur schaden. Darum müßt ihr Menschen einander unterstützen, lieben und achten. Aber seid euch bewußt, daß sich nicht alle Menschen auf der höchsten Ebene der Evolution befinden. Sie dienen auch einem Zweck. Das heißt nicht, daß einige von euch etwas Besonderes wären und andere nicht.

Die nächste Übermittlung kehrt zum Problem des Friedens zwischen Hooviden und Ismaeliten zurück.

HARRIET: Ich möchte euch sehr für all eure Liebe und Hilfe während des Golfkrieges danken. Für die Unterstützung der Alliierten und des Volkes Israel ...
TOM: Für alle Völker, ja.
HARRIET: Ich möchte dich fragen, ob das Volk Israel und das Volk Ismael aufeinander zugehen, sich die Hand reichen und Frieden schließen können?
TOM: Wenn sie innerlich Frieden schließen, ist auch der äußere Frieden erreichbar. Es ist wichtig, daß ihr euch einer Tatsache gegenüber öffnet: Manche funktionieren anders als andere. Es gibt viele Kulturen, die von verschiedenen Zivilisationen abstammen, und es gibt viele Unterschiede zwischen den verschiedenen Kulturen. Auf dem Weg, den sie gewählt haben, brauchen sie Führung und demonstrierbare Reife. Wir meinen nicht, die Evolutionsstufe, auf der die Führer stehen, sondern den Grad ihrer Reife. Zum Beispiel: Wenn ein Kind eine Gefahr nicht versteht, stellt ihr Regeln auf, nicht wahr?
JOHN: Ja.
TOM: Ihr sagt, man darf nicht von einem Hochhaus springen ohne ...
JOHN: ... einen Fallschirm. (Gelächter)
TOM: ... einen Regenschirm.
JOHN: Nein, ein Regenschirm würde nicht viel nützen. Wir wissen, was du meinst - einen Fallschirm. (Gelächter)
TOM: Ihr müßt verstehen, daß das Volk Ismael manchmal kindisch ist, und darum ist es notwendig, ihm weiterzuhelfen. Aber deshalb ist es nicht weniger wert als das Volk Israel, versteht ihr?
JOHN und HARRIET: Ja.
TOM: Es ist wichtig, daß ihr das versteht. Es bedeutet nicht, daß sie weniger entwickelt sind; es bedeutet, daß dies die Wahl ist, die sie zu dieser Zeit getroffen haben. Wir sprechen jetzt nur von den Massen. Wenn ihr ei-

nem Kind erlaubt, alles zu tun, was es will, wird es verwirrt und weiß nicht, wie weit es gehen darf. Wenn ihr diesem Kind etwas verbietet, weiß es, daß es sich in einem sicheren Rahmen bewegt und daß man sich um es kümmert. Und wenn eine Nation keine Grenzen einhält oder keine Führung hat, die dem Wohl aller Nationen verpflichtet ist, hat sie die Wirkung eines »freien Radikals«, nicht wahr? Wenn freie Radikale im Körper Amok laufen, rufen sie Zerstörung hervor. Darum ist es wichtig, daß die Nationen der Erde Richtlinien haben, damit sie nicht sich selbst und andere verletzen. Sie müssen dann friedliche Lösungen finden und sind nicht mehr imstande, allen anderen zu schaden. Außerdem ist das eine große Erleichterung für sie, denn dann müssen sie nicht unaufhörlich ihre »Männlichkeit« beweisen. Die Nation Israel hat durch vergangene Konflikte gelernt, daß sie an Ansehen gewinnt, wenn sie nicht zurückschlägt - nicht nur in der Welt, sondern auch vor sich selbst. Wenn also der Nation Ismael die Möglichkeit genommen wird, Schaden anzurichten, wird sie sich daran gewöhnen und auch an Ansehen gewinnen. Ihr erlaubt eurem Kind auch nicht, sich mitten auf eine gefährliche Straße zu stellen, und hofft, daß es überlebt.

JOHN: Das ist wahr.

TOM: Darum errichtet ihr große Hindernisse, um es aufzuhalten, nicht wahr?

ISRAEL und JOHN: Ja.

TOM: Wenn ihr das versteht und wenn es keine Möglichkeit mehr gibt, die Menschen emotional zu verstören und dadurch zu fesseln, wird das Problem weniger drückend, und dann können Verhandlungen beginnen. Denkt daran: Die Menschen des Volkes Ismael sind Kindern sehr ähnlich - heute lieben sie euch, und morgen nicht. Deswegen sind sie nicht minderwertig; das müßt ihr verstehen.

LARK: Nun beteiligen sich ja die Amerikaner intensiv an diesem Friedensprozeß, aber sie machen auf mich auch keinen sehr reifen Eindruck (1991).

TOM: So siehst du es. Jede Kultur ist eben anders. Wenn die Nation USA nicht standhaft wäre, gäbe es in dieser Zeit einen Konflikt, der kein Ende nähme. Ihr müßt unbedingt verstehen, daß alle Nationen verschieden sind, und dieses Mosaik macht die Welt aus, und jede Nation muß Verständnis für die anderen haben, ohne sie zu verurteilen. Wenn alle, die ihr »zivilisiert« nennt, sich darüber einig sind, daß niemand andere Nationen angreifen darf, dann lernen diese Kinder durch das gute Beispiel, daß sie sich nicht selbst vernichten dürfen. Wenn ein Kind zu verstehen beginnt, daß ihr ihm aus Liebe nicht erlaubt, sich selbst zu schaden, dann fängt es an, zu vertrauen und sich sicher zu fühlen.

Das Folgende wurde an eine Gruppe von Meditierenden im März 1991 übermittelt:

TOM: Jetzt bewegen wir uns auf die Zeit der Festigung und Reinigung zu. In vergangenen Zeiten weigerten sich die Seelen auf eurer Erde, den Planeten zu verlassen, und reinkarnierten wegen eurer Konflikte immer wieder. Dieses Seelen-Recycling ist nicht sinnvoll, sondern hemmt den Fortschritt. Jetzt ist eine Zeit angebrochen, in der jene, die den Übergang vollziehen (sterben), auf einer anderen Ebene leben. Wir meinen jene, die nicht vollbringen, weswegen sie gekommen sind, die aufgrund von Unfällen und Kriegen den Übergang vollziehen, oder die den Übergang bewußt oder versehentlich selbst herbeiführen. Die Seelen, die vor kurzem wegen des Golfkrieges oder wegen eines Unfalls herüberkamen, werden jetzt auf andere, höhere Ebenen gebracht, damit sie ihren Zorn und ihre Verzweiflung überwinden. Darum wird es nicht zu einem Recycling der Seelen, die den Planeten Erde gefangen hielten, kommen. Das geschieht, weil die Menschheit begreift, an welchem Punkt sie angelangt ist, und weil sie allmählich die Göttlichkeit in sich selbst entdeckt. Ist das nicht Grund zur Freude?
Außerdem bewegt sich die Menschheit jetzt näher auf die Einheit zu, und das Ende der Konflikte und Aggressionen naht - das Ende der Zustände auf der Welt, welche die Menschen gefangen halten. Das soll nicht heißen, daß es augenblickliche Veränderungen geben wird; aber der Wandel hat begonnen. Das zeigt sich in der Vereinigung von Nationen, die jetzt verstehen, daß die Zerstörung einer einzelnen Nation auch andere zerstört und der Beginn von aller Zerstörung ist. Die Zerstörung wichtiger Elemente auf eurem Planeten Erde betrifft alle. Dies ist eine Zeit der großen Freude.
Manchmal seid ihr verzweifelt, weil es keinen Fortschritt gibt. Jeder von euch auf dem Planeten Erde muß jetzt begreifen, daß ihr alle das Element,

die Zelle, das Atom, das Molekül, den Seelenteil in euch tragt, der Teil der Schöpfung und des Ganzen ist, und daß ihr in eurem derzeitigen evolutionären Zustand die Energie erzeugen könnt, die ihr braucht, um weitere Zerstörungen zu verhindern.

Denn in der Vergangenheit beherrschte die Religion den Planeten Erde (und sie hatte ihren Zweck); jetzt sprecht ihr, das Volk des Planeten Erde. Darüber solltet ihr euch freuen und es nicht als Belastung empfinden, so wie es bei manchen von euch offenbar der Fall ist. Wir stimmen zu, die Zeit ist nicht vollkommen, doch es ist eine bedeutungsvolle Zeit, und wir sind denjenigen unter euch Menschen dankbar, die positiv sind - denn es ist notwendig, daß wir eure Partner sind, damit der Planet Erde seine Erfüllung findet.

Diese Zeit macht uns große Freude; denn die Jugend, die jetzt auf den Planeten Erde kommt und in letzter Zeit gekommen ist, wird bereits mit dem Verständnis geboren, daß sie eine Aufgabe hat. Jenen, die gekommen sind und die ihre Aufgabe nicht kennen, wird sie nun offenbart.

Die meisten Menschen haben in der Vergangenheit auf dem Planeten gelebt, in einer Zeit, als ihr kamt, um zu lernen. Heute kommen viele Seelen, um dem Planeten Erde zu dienen, zusammen mit uns. Wir segnen euch dafür. Viele von euch müssen verstehen, daß ihr von höheren Entwicklungsstufen kommt (dieser Ausdruck ist nicht korrekt; aber wir haben keine Sprache, um es zu erklären), von anderen Zivilisationen, die in völligem Frieden und in völliger Harmonie zusammenarbeiten, und ihr vereint euch nun mit allen, die den Planeten Erde in die richtige Richtung bringen wollen.

Ihr müßt wissen, daß jeder von euch Menschen die Essenz eines Sterns in sich trägt. Wir haben das bisher noch nicht erwähnt. Ihr habt schon immer existiert, und ihr werdet in aller Ewigkeit existieren. Jetzt müßt ihr das verstehen und die damit verbundene Verantwortung übernehmen, und ihr müßt euch darüber freuen, anstatt euch zu fürchten und zu verzweifeln. Und es ist Zeit für euch zu begreifen, daß ihr euch nicht zu geißeln braucht, wenn ihr Fehler macht - geht darüber hinaus, streift eure alte Haut ab und laßt ein neues inneres Licht leuchten. Ihr müßt wissen, daß ihr in Gegenwart anderer eine Lichtenergie abstrahlt, die sie berührt und sie allmählich erwachen läßt. Und wenn ihr Wackelpeter (engl. jello) im Universum erzeugt (Freude, Lachen), erzeugt ihr eine große Energie; was ihr Dunkelheit nennt, verschwindet, und was in den Löchern der Dunkelheit klebt, wird entfernt. Jeder von euch Menschen ist wie ein Wackelpeterbonbon (engl. jellobean) - gibt es das? (Gelächter)

LARK: Es heißt Geleebonbon (engl. jellybean).

TOM: Wackelt es?

LARK: Es ist sehr süß.

TOM: Leute wie ihr sind also süß, nicht wahr? Ja. Denkt daran: Bloß weil die Dinge so sind, wie sie sind, heißt das nicht, daß sie so bleiben müssen. Es ist wichtig, daß die Menschheit einsieht, daß die Dinge so sind, weil sie vielleicht einen Fehler gemacht hat. Ja.

Es ist Zeit, daß die Menschen zu verstehen beginnen, wer sie sind, und es ist Zeit, daß sie begreifen, daß sie das Universum beeinflussen, daß sie aufhören müssen zu sagen: »Das ist ihr Karma«; denn das ist eine unverantwortliche Denkweise. Außerdem müßt ihr euch in euren Meditationen darum bemühen, daß die Unfälle der Menschen allmählich aufhören - sie setzen die Seele in einem nicht funktionsfähigen Vehikel gefangen. Versteht ihr?

JOHN: Na ja ... Kannst du das näher ausführen, bitte? Was genau hält die Menschen gefangen?

TOM: Wenn in einem Kampf eine Geist-Seele in einem Körper gefangen wird, der verletzt ist, dann wird sie sehr zornig, weil sie die Aufgabe, die sie erfüllen möchte, nicht mehr erfüllen kann. Und wenn durch Aufnahme von Substanzen (Drogen) der Geist gefangen wird - unfreiwillig oder bewußt -, kann er die selbstgewählte Aufgabe ebenfalls nicht erfüllen, versteht ihr? Dann gleicht diese Energie der Verzweiflung einer falschen Note, versteht ihr? Die Seele braucht dann besonders viel Liebe und Energie. Darum müßt ihr damit beginnen, in euren Meditationen die Ursachen zu beseitigen. Haben wir euch jetzt verwirrt?

JOHN: Ich glaube, du sprichst über Menschen, die sich entweder selbst verletzen oder auf andere Weise verletzt werden, was manchmal als »Karma« bezeichnet wird. Und solche Unglücksfälle sollen wir verhindern, damit die Seelen ihre Aufgabe erfüllen können.

TOM: Ja. Und sie brauchen Hilfe, um ihren Zorn zu überwinden, und in eurer Meditation müßt ihr sie ihnen geben. Ja.

JOHN: Da wir nun als Gruppe hier zusammen sind, würdest du uns sagen, welche Meditationen wir gemeinsam halten sollen?

TOM: Wir möchten gerne, daß ihr jeden Tag achtzehn Minuten lang bei uns seid, damit wir die Konflikte im Halbmond beseitigen, die Umweltzerstörung - vor allem im Halbmond - aufhalten und den Zustand des Wohlbefindens schneller wiederherstellen können. Versteht ihr?

Und ihr werdet auch die Absicht einschließen, daß alle Nationen und alle Gruppen von Seelen-Wesenheiten so sein dürfen, wie sie sind, ohne daß eine Nation versucht, sie zu beherrschen. Dann kann sich allmählich wahrer Frieden auf eurem Planeten ausbreiten, und er wird nach und nach zu dem Paradies werden, das er nach dem Willen des Schöpfers sein soll. Ja.

Dieses Buch enthält einige Anregungen zu Meditationen für die Ökologie des Planeten, und während der Golfkrise stellte Lark folgende Frage:

LARK: Kannst du uns im einzelnen erklären, wie wir durch unsere Meditationen die Umwelttragödie im Nahen Osten lindern können? Was sollen wir visualisieren?

TOM: Ihr visualisiert, daß aller Rauch sich rasch auflöst. Zum Beispiel: Ihr visualisiert, daß der Rauch plötzlich »abgeschaltet« wird. Visualisiert auch, daß alles abgesaugt wird, was Land und Wasser verschmutzt. Denn die Menschheit hat die höhere Fähigkeit in sich, die Verschmutzung rasch aufzulösen.

Wir haben es bereits gesagt, und wir werden es so lange sagen, bis die Menschheit erwacht: Es ist wichtig, daß die Menschen sich ihrer Verantwortung bewußt werden. Es ist Zeit, daß dieses Wissen verbreitet wird. Denn die Menschen suchen nach ihrem Ursprung und nach ihrem Zweck, und die Religionen haben ihnen nicht die Erleuchtung gebracht. Wenn ihr die Menschen aufklärt, wird die Tür zum Fortschritt geöffnet.

Kapitel 17

Die Katastrophe verhindern

In diesem Kapitel geht es vor allem darum, daß wir unsere Situation auf diesem Planeten richtig einschätzen und dann als Individuen die volle Verantwortung für die Folgen übernehmen. Die Botschaften zum Golfkrieg und seinen Auswirkungen sind immer noch wichtig; denn Tom zeigt uns Meditationstechniken und erklärt, wie wir die Kraft unserer Gedanken zum Guten oder zum Bösen einsetzen können.

TOM: Versteht ihr, daß die totale Vernichtung droht, wenn die Menschen zu spät erwachen, und daß die Welt gerettet werden kann, wenn das Erwachen beschleunigt wird?
Diejenigen von euch, die das Erwachen visualisieren, haben begonnen, es zu beschleunigen. Ihr müßt begreifen, daß ihr Macht habt. Wenn ihr eure Macht und eure Fähigkeit, den Wandel herbeizuführen, leugnet, dann verneint ihr das Universum und euch selbst und uns. Dank eurer Hingabe hat jetzt (1989) der Prozeß begonnen. Es ist wie eine riesige Kanone, die ihr Geschoß abfeuert, und es wird alles sehr schnell gehen. Wir möchten aber nicht, daß das Geschoß zu schnell auf die Erde herabfällt, versteht ihr? Aber es muß weitergehen. Ihr müßt außerdem wissen, daß es jetzt mehr Fanatismus gibt, der sich aber langsam auflöst. Ja.
JOHN: Mußte dieser Fanatismus hervorkommen, weil er nicht länger unterdrückt werden konnte? Ist es ein Reinigungsprozeß?
TOM: Es ist sehr wichtig, daß er freigesetzt wird; denn wenn man ihn unterdrückt, wird er gewaltsamer. Ja.
IRENE: Aber ist es nicht auch wahr, daß die Anderen, wenn wir Fortschritte machen, ...
TOM: ... sich ebenfalls auf euch zubewegen, ja.

IRENE: Und sie versuchen, alles in ihrer Macht Stehende zu tun, um die Waagschale auf ihrer Seite zu halten. Fanatismus ist nur eines ihrer Mittel.
TOM: Das ist richtig.

JOHN: Was die Anderen und die Regeln angeht, die ihr Verhalten bestimmten - mir scheint, dies ist beinahe eine Vereinbarung: Wenn wir uns zusammenschließen können und uns eindeutig für das Positive entscheiden, werden wir Erfolg haben, und die Anderen müssen dies respektieren. Ist das so?
TOM: Ja.

JOHN: Gut. Jetzt verstehe ich es besser.
TOM: Und denkt auch daran, daß die Anderen jede eurer Stärken gegen euch verwenden können. Darum ist es wichtig, daß ihr mit euch selbst im Reinen seid. Zum Beispiel: Wenn ihr ein Problem mit eurem Ego habt, ist es durchaus erlaubt zu sagen: »Wir haben hier ein Problem.« Fehler entstehen, wenn ihr das Problem verdrängt. Wenn ihr begreift, wer ihr wirklich seid, hebt das eure Stimmung. Wenn ihr euch nun in dieser Hochstimmung Sorgen darüber zu machen beginnt, daß die anderen euch für dumm halten könnten, dann verneint ihr die Freude. So können die Gegner eure Stärke ausnutzen. Darum müßt ihr die Freude eurer Selbstfindung akzeptieren, euch damit identifizieren, und die Angst davor, dumm auszusehen, wird vergehen. Verschwendet keine Zeit mit der Sorge, daß ihr falsch verstanden werden könntet. Wenn ihr euer Leben aufrichtig lebt, werdet ihr nicht falsch gesehen. Versteht ihr?

JOHN: Ja. Danke. Wir glauben, es gibt auf der Erde negative Reaktionen und eine positive Bewegung. Wie schätzt ihr die Lage ein (1985)?
TOM: Wenn es eine Bewegung nach vorne gibt, möchte alles, was ist, so bleiben, wie es ist. Es ist ein Element des Menschseins, das sich aus Angst vor der Zukunft an das Vertraute klammert. Daraus entsteht dieser Aspekt der Negativität. Und er kommt auch von jenen, die Macht ausüben - sie möchten weiter über andere auf dem Planeten Erde herrschen und sie manipulieren. Aber unserer Meinung nach sind es nur noch Überreste, die am Alten festhalten, weil sie ihre Existenz bedroht sehen. Ihr müßt wissen, daß diese Überreste ihren Würgegriff aufrechterhalten, wenn ihr Leben bedroht ist.

270

Es folgen einige Fragen zu unserem inzwischen besseren Verständnis des ökologischen Gleichgewichts auf der Erde.

JOHN: Können wir auf diesem Planeten nicht genügend Energie erzeugen, um die Maschinen zu betreiben, die wir brauchen - ohne daß wir potentiell gefährliche Energien wie die Kernenergie verwenden? Ich meine, gibt es keine natürlichen Energiequellen, die wir nutzen können?
TOM: Dieser Planet verzehrt sich selbst.
JOHN: Das verstehe ich nicht. Was meinst du damit?
TOM: Die Menschen auf der Erde essen ihren Planeten auf, indem sie seine Ressourcen plündern.
JOHN: Aber wenn wir Sonnen- und Windenergie nutzen würden...
TOM: Die Sonne ist eine Quelle für Kernenergie.
JOHN: Ich will eigentlich darauf hinaus, daß es in verschiedenen Ländern eine ziemlich starke Bewegung für die Abschaffung der Atomkraftwerke gibt. Ich möchte gerne wissen, ob ihr in diesen Atomkraftwerken eine Gefahr seht. Ich denke an Unglücksfälle wie auf Three Mile Island und so weiter.
TOM: Wir werden es euch erklären. Wenn ihr natürliche Energiequellen nutzt, könnt ihr eure Ressourcen am besten schonen. Aber auch die Kernkraft kann der Menschheit nutzen. Sie ist nur deshalb eine Gefahr, weil ihr damit zerstören könnt. Aber ihr könnt sie nutzen, ohne zu zerstören, und ihr könnt den Müll sicher lagern und entsorgen, ja. Alles, was ihr erfindet, und alles, was existiert, ist wertvoll, wenn ihr es richtig anwendet.
MIKI: Wie können wir das Atommüllproblem lösen?
TOM: Wir werden Altea fragen. ... Ihr könnt auch den Atommüll als Energiequelle nutzen. Eure Wissenschaftler haben allerdings noch nicht herausgefunden, wie das geht; sie lagern und vergraben ihn nur. Er hat intensive Hitze, aber er wird sich letztendlich umwandeln und reinigen lassen, wenn ihr die notwendige Technologie dafür schafft. Habt ihr nicht in euren Automobilen einen geschlossenen Kreislauf, der Abgase reinigt?
ANDRIJA: Katalysatoren? Ja.
TOM: Etwas Ähnliches ...
ANDRIJA: ... könnten wir entwickeln.
TOM: Es würde die Energieausbeute senken, aber die Umwelt nicht verunreinigen.

IAN: Eines der Hauptthemen in der Vergangenheit war die Technologie für den Planeten. Haltet ihr es für notwendig, Technologie von eurem Bereich zu uns zu bringen, oder können wir heute die erforderliche Technologie selbst entwickeln (1991)?

TOM: Es ist wichtig, daß ihr es selbst tut. Jene, die daran beteiligt sind, werden durch direkte Inspiration erleuchtet werden, so wie Edison. Versteht ihr?

IAN: Ja, das ist sehr klar.

TOM: Wir bitten euch, engagiert zu bleiben und weiter vorwärts zu streben. Die Menschheit hat diesen Planeten unrein gemacht, und darum ist es wichtig, daß die Menschheit diesen Unrat beseitigt. Doch wir möchten hinzufügen: Wenn es notwendig sein sollte - und das sagen wir nicht, um euch aus der Verantwortung zu entlassen -, werden wir eingreifen. Aber dies könnte für die Menschen einen Rückfall in die Barbarei bedeuten. Denn sie könnten sagen: »Wir können tun, was wir wollen, und werden doch gerettet.« Versteht ihr?

IAN: Ja.

TOM: Es ist nicht gut, fertige Lösungen zu bekommen.

MIKI: Du hast einmal gesagt, Wasserstoff könne die Energie der Zukunft sein. Es gibt einen Mann, der behauptet, er habe einen Wasserstoffmotor erfunden, der sehr wenig Energie verbraucht, weil er Sauerstoff und Wasserstoff trennt und verbrennt. Und die Abgase des Motors bestehen hauptsächlich aus Wasser. Ist das der Motor der Zukunft, oder ist Solarenergie besser?

TOM: Es ist sinnvoll, alle natürlichen Elemente zu nutzen, welche die Umwelt nicht schädigen. Auch die Nutzung der Sonnenstrahlung ist gut. Eine Methode mag auf einem Gebiet brauchbar sein, andere auf anderen Gebieten. Viele auf dem Planeten Erde arbeiten an solchen Projekten, und diejenigen Erfinder, die sich nicht kaufen lassen, sondern der Menschheit weiterhelfen wollen, werden Erfolg haben. Wenn ihr Kommunikationswege habt, um Bemühungen, welche die Umwelt und ihre Ressourcen erhalten, zu unterstützen, dann bitten wir jeden einzelnen von euch, die Verantwortung dafür zu übernehmen und sie zu nutzen.

IAN: Gehe ich recht in der Annahme, daß magnetische Energie eine schier unendliche Energiequelle sein könnte?

272

TOM: Das ist völlig richtig, ja.

IAN: Das große Rätsel ist, daß ein Dauermagnet eine Kraft hat, die nie kleiner wird.

TOM: Wißt ihr, daß dies die Kraft ist, die Gefährte aus anderen Dimensionen zur Erde befördert? Sie erzeugt eine Energie, die der Antigravitation gleicht.

JOHN: Ich habe gehört, daß wir zur Zeit noch sehr wenig über die Schwerkraft wissen und daß wir eine Menge mehr begreifen werden, wenn wir sie verstehen lernen.

TOM: Das stimmt. Wir haben euch bereits erklärt, daß ihr vier Dreiecke bekommt, wenn ihr zwölf zusammenbringt, nicht wahr? Und wenn ihr ihre elektromagnetischen Energiefelder nutzt - wißt ihr, daß Menschen dieses Energiefeld haben? -, um einen Baldachin zu weben, hüllt diese Energie jedes Individuum ein. Darum ist das gesund für euch. Die Schwerkraft bindet euch an die Erde, und diejenigen, die mit uns auf der Erde arbeiten und diese Energie verstehen, können einen Wandel herbeiführen, indem sie beten und meditieren. Denn der Geist ist ein Energiefeld, das auch als Träger funktioniert. Ihr würdet es als lebendiges, wirbelndes Feld sehen. Wenn jeder von euch das versteht und wirklich »weiß«, könnt ihr einen Baldachin weben, ähnlich wie wenn ihr die Schwerkraft versteht. Dafür müßt ihr eure Denkweise ändern.

SUSAN: Ist eine Pyramide nützlich, wenn man mit Energie arbeitet?

TOM: Die Energie der Pyramide hat ihr Geheimnis noch nicht enthüllt. Aber die Menschen können es entdecken, wenn sie zusammenarbeiten.

JOHN: Wir Menschen sind auf gewaltige Kräfte fixiert. Aber es scheint, als gehöre die Zukunft den schwachen Energiefeldern. Ergibt das einen Sinn?

TOM: Subtilen Energiefeldern, ja. Eure Wissenschaftler fangen nun an, die subtile Energie so zu verstehen, daß sie für die Menschheit und den Planeten Erde nutzbar wird. Und sie verstehen allmählich, daß alles miteinander verbunden ist und ein Ganzes bildet. Ja.

IAN: Zur Zeit benutzen wir noch gewaltige Kräfte. Aber wir könnten auch subtile Resonanzen und Verstärker benutzen, um Energie zu erzeugen?

TOM: Das ist richtig.

MIKI: Braucht man große Energiemengen, um Wasserstoff von Sauerstoff zu trennen, oder können subtile Magnetfelder sie trennen?

TOM: Je subtiler, desto nützlicher. Ihr habt genug zerstörerische Energie-formen auf eurem Planeten, nicht wahr? Denkt bitte daran, daß Freude und Wackelpeter (Gelächter) ebenfalls subtile Energien sind, die dem Planeten Erde Wandel bringen können.

Wieder einmal wird der Streit zwischen Chinesen und Tibetern angespro-chen, und Tom unterstreicht, was er bereits gesagt hat.

IRENE: Was geht zwischen Chinesen und Tibetern vor? Wie wichtig ist es, daß dieser Völkermord beendet wird? Die Regierungen bemühen sich um ein Gleichgewicht, was die Ökologie angeht, und wir haben dabei Erfol-ge, auch wenn die Probleme noch keineswegs gelöst sind. Wenn wir nun zulassen, daß die Chinesen die Tibeter auslöschen, dann wäre das doch ein Ungleichgewicht, das nie wieder gutzumachen wäre, oder nicht?
TOM: Das ist richtig. Es ist extrem wichtig, daß die Menschen der Erde über den Völkermord einiger Regierungen informiert werden, und es ist sehr wichtig, daß ihr eine legitime Struktur habt, durch die ihr Menschen auf-klären könnt, ohne daß die Informationen zensiert werden, versteht ihr?
IRENE: Ja, vollkommen.
TOM: Wenn ihr erlaubt, daß ein Volk bewußt vernichtet wird, so wie Vö-gel oder Tiere ausgerottet werden, kann es nie wieder ersetzt werden. Dann fehlt dieser Teil der Matrix. Dann können andere Kräfte die Lücke füllen.
IRENE: Daran habe ich nie gedacht. Ich wußte, daß ein solches Ungleich-gewicht nie wieder ganz ausgeglichen werden kann; aber ich bin nicht so weit gegangen wie du. Ich wußte nicht, daß andere Kräfte die Lücke aus-füllen können, wenn ein Teil der Matrix fehlt.
TOM: Es ist so.
IRENE: Es ist also mehr als Auslöschen. Man erlaubt dadurch den Anderen, eine größere, stärkere Position einzunehmen. ...
TOM: Das ist richtig.

Es folgen weitere Anleitungen zur Meditation:

In der Nation der USA gibt es viele Menschen, und es ist äußerst wichtig, daß diese nun zu verstehen beginnen, daß sie nicht alleine auf dem Planeten

Erde leben. Wir möchten, daß ihr die Amerikaner in euren Meditationen zusammen mit den anderen Nationen in einem Kreis seht.

Und eine Frage, welche die jungen Menschen dieses Planeten betrifft:

JOHN: Ich habe eine Frage zur Gewalttätigkeit der Jugend in diesem Land und in anderen Ländern. Ich möchte das gerne besser verstehen. Ich weiß, sie fühlen sich entfremdet - aber kannst du uns mehr darüber sagen?
TOM: Das sind die Folgen des Vietnamkrieges. Dies sind Menschen, die dort auf beiden Seiten getötet wurden.
JOHN: Das ist sehr interessant, und ich bin wirklich froh, daß ich davon erfahre. Was können wir dagegen tun? Ist es ein Prozeß, der sich selbst totlaufen muß?
TOM: So wie der Krieg Hitlers und die Jahre danach. Aber in diesem Fall ist die Gewalttätigkeit noch größer, weil die Ausbildung anders war. Und viele der Menschen, die gestorben sind, waren auch süchtig.

Nun wendet sich das Gespräch wieder der Macht der Gedanken und ihren positiven und negativen Aspekten zu.

TOM: Ihr müßt verstehen, daß einige auf eurer physischen Welt als Götter angesehen werden möchten und daß die Energie dieser Gottlosigkeit Verwüstungen hervorruft. Denn sie zerstört die Energie des Guten.
JOHN: Sprichst du jetzt von den Erdbeben in Kalifornien, die einige Seher vorausgesagt haben?
TOM: Ja. Wenn sie nur verstehen würden, was ihre Furcht, ihr Ego, ihr Verlangen anrichten. Denkt mal nach: Wenn jemand kontinuierlich nur Weltuntergangsprognosen in die Welt setzt, ist es dann ein Wunder, wenn ein Erdbeben kommt? Gibt es in eurer Welt auch Menschen, die Gutes verkünden?
JOHN: Nicht sehr viele. Jetzt - wir möchten keine neue Vorhersage machen, aber wir haben gehört, daß es in Kalifornien neue Zerstörungen geben könnte. Ist das ein ernstes Problem?
TOM: Die Situation ist sehr kritisch, weil im Innern der Erde starker Aufruhr herrscht, da der Planet versucht, wieder ins Gleichgewicht zu kom-

men. Seid ihr bereit, mit uns zu meditieren, um den beachtlichen geologischen Druck zu lindern?

JOHN: Ja, selbstverständlich.

TOM: Ohne Einschränkung?

JOHN: Ja.

TOM: Wir danken euch. Wir müssen euch etwas erklären, was den Planeten Erde, seine Menschen und die Energien in seinem Innern und um ihn herum betrifft. Die Erde ist eine Kugel. Stellt euch eine Tonkugel vor, die im Innern und teilweise auf der Oberfläche einen Riß hat, doch die Kugel wurde gebrannt, so daß sie stark und fest ist. Wenn sich diese Tonkugel ungestört auf ihrer Bahn bewegt, kann sie bis ans Ende des Universums heil bleiben. Wenn ihr jedoch ein anderer schwerer Körper in die Quere kommt und sie trifft oder zum Taumeln bringt oder sie aus der Bahn wirft, kann der Riß sich verschlimmern. Aber noch ist die Kugel insgesamt gesehen stark, und sie kann den kleinen Rissen trotzen. Nehmen wir nun an, auf dieser Tonkugel gäbe es Insekten mit Fühlern, die ständig vibrieren und eine negative Energie aussenden, dann kann diese Energie die Tonkugel mehr schwächen als irgendwelche äußeren Einwirkungen. Die Fühler der Insekten entsprechen den Gedanken der Menschen. Diese Gedanken sind Energie.

Auf eurem Planeten Erde gibt es nun sehr viele Menschen, deren Fühler negative Energie ausstrahlen. Diese negative Energie ist stärker als die positive, weil sie auch die endokrinen Drüsen und das Adrenalin in Schwingung versetzt, so daß sie ihrerseits Energie durch den Körper abstrahlen und damit jede Struktur schwächen. Was die Menschen fürchten, mag sie selbst auch treffen. Aber es gibt andere, die eifrig arbeiten, weil sie wissen, daß dieses Universum und vor allem dieser Planet dazu bestimmt ist, den Zweck der Menschheit zu erfüllen. Diese Menschen können mit ihrer Energie die Negativität aufheben und damit den Druck von der Erdkugel nehmen. Mit anderen Worten: Wenn zu starke Belastungen die Erdkugel schwächen, können Menschen sie mit ihrer Energie stärken. Wenn ihr in Kalifornien seid oder auch nur daran denkt, sendet Gedanken aus, die den Druck in den Bruchstellen lindern, ohne Zerstörungen. Größere Zerstörugen lassen sich immer rechtzeitig verhindern, wenn nur zwölf daran glauben, ja.

Dies ist eine kritische Zeit, und sie muß dafür genützt werden, um den

Menschen auf dem Planeten Erde nun zu höherem Bewußtsein zu verhelfen. Einige werden sich dem Wandel widersetzen. Sie kommen in vielen Verkleidungen und stiften durch ihre wohlgesetzten Reden Verwirrung. Aber man kann sie von jenen, welche die Wahrheit sprechen, durch ihre Art und Weise, durch ihren Lebensstil und durch ihre Motive unterscheiden. Es gibt viele Menschen auf der Erde, die verwirrt sein und sagen werden, daß sie die Wahrheit sagen und daß nur, was sie sagen, die Wahrheit ist. Den Menschen muß klar gemacht werden, daß manche, die vorgeben, die Wahrheit zu sagen, kaum mehr wissen als die anderen, und daß manche von Schönheit schreiben, obwohl sie selbst verderbt sind.

Jedes Individuum ist im Vergleich zu anderen Individuen ein eigenes Universum. Es ist wichtig, daß das Motiv im Geist und im Herzen rein ist, um die Evolution des Planeten Erde und die seiner Kinder zu fördern.

Wir verstehen, daß der Planet Erde durch seine Dichte, durch sein Haften an der Vergangenheit und durch die Energien der Menschen Elemente in sich trägt, die ihn binden und fesseln und Probleme schaffen, die schwer zu lösen sind. Wenn wir von der Reinheit der Motive und des Herzens sprechen, erwarten wir keine Heiligkeit, denn sie wäre nicht nützlich. Da ihr in einer physischen Welt lebt, würde Übervollkommenheit auch unausgewogen sein. Wir meinen damit nur, daß ihr euch aufrichtig für das Wohl der Menschheit einsetzen sollt. Damit ihr eure Beziehung zu anderen Menschen versteht und damit euch klar wird, warum ihr euch weiterentwickeln müßt, möchten wir euch sagen, daß sich der Planet Erde in einer kritischen Situation befindet. Wir wissen, daß auf ihm hingebungsvolle Seelen leben, die sein Bewußtsein anheben und ihn transformieren werden. Aber es gibt Menschen, die dafür nicht zu gewinnen sind. Darum sagen wir euch: Fühlt euch nicht schuldig, wenn Menschen, an deren Verständnis euch liegt, nicht verstehen wollen; denn Schuld ist eine Energie, die erstickt und eure eigene Evolution aufhält. Auch sie werden eines Tages verstehen. Ihr müßt wissen, daß eure Energie wichtig für Menschen ist, die euch nahestehen. Wenn ihr bescheiden seid und sie liebt, machen sie ebenfalls Fortschritte. Aber wir sprechen jetzt von jenen, die euch in eurem Alltag begegnen und nicht verstehen. Wenn ihr voller Freude seid und wenn ihr wißt, daß die Zukunft herrlich ist - dank eurer Hingabe -, dann ist es ganz natürlich, wenn ihr eure Freude und euer Verständnis anderen aufdrängen wollt. Aber das funktioniert so nicht. Andere Menschen müssen für sich selbst entscheiden. Viele reden vom Ende aller Tage. Die »harmonische Konvergenz« im August 1987 hat diesen Planeten vorwärts gebracht - ihr würdet sagen, ihr habt vom Leerlauf in den ersten Gang geschaltet. Die Energie kann nun antreiben. Viele auf eurem Planeten denken immer noch an die Endzeit; aber immer mehr Menschen beginnen zu verstehen, daß die Zeit des Wandels gekommen ist, und sie beten, segnen und sind fröhlich. Es ist eine Zeit großer Veränderungen, eine Zeit des Fortschritts und der Vorbereitung. Die Manifestation eurer Liebe, eures Strebens und eurer Energie greift nach außen, wird dabei größer und berührt alle. Die Menschen haben immer zu den Sternen emporgeschaut und sich gefragt, woher sie kommen, wer sie sind und wie sie sich entwickelt haben. Jetzt ist es Zeit, diese Fragen zu beantworten, damit Frieden in die Herzen der Menschen einzieht und sie ihr Ziel erkennen. Ihr habt Kriege auf dem Planeten Erde, religiöse Kämpfe, weil die Menschen sich in der Rolle, welche die Religion ihnen zugewiesen hat, nicht wohlfühlen. Wenn die Menschheit Gelegenheit hat, die Wahrheit zu sehen, wird ihr Bewußtseinswandel eine friedliche Ordnung herbeiführen. Ja.

Und ihr sollt auch folgendes wissen: Viele sind auf die Erde gekommen, um sich freiwillig zu opfern, zum Beispiel im Holocaust oder heute in Afrika. Sie sind hier, um dem höchsten Befehl zu gehorchen, und sie wissen, daß es keinen Tod gibt. Bald wird die Zerstörung des Planeten Erde und die Vernichtung von Menschenleben ein Ende haben. Die Erde wird ihren wahren Zweck erfüllen, und die Menschheit wird ihren Platz im Universum einnehmen.

JOHN: Persönliche Verantwortung ist also sehr wichtig?

TOM: Ja.

JOHN: Und wir müssen imstande sein, unsere eigene Transformation zu demonstrieren?

TOM: Und jene Menschen voranzubringen, die sich Sorgen über die Zukunft machen - über den Atommüll, die Ozonschicht, die Zerstörung der Wälder. Auch sie werden zur Transformation beitragen. Zur persönlichen Verantwortung gehört, daß ihr nichts kauft, was in der Zukunft eine zerstörerische Wirkung hat. Das ist nicht viel, doch es ist äußerst wichtig. Auf eurem Planeten leben fünf Milliarden Menschen. Es kommt auf jeden an.

JOHN: Ja. Die Schwierigkeit besteht darin, das so zu erklären, daß die Menschen es verstehen. Wenn wir uns an Millionen von Menschen wenden, wird das Thema unpersönlich. ...

TOM: Wir haben nicht von Millionen gesprochen. Ihr müßt jene erreichen, die Verantwortung übernehmen wollen. Es gibt beispielsweise Menschen, die keine Bäume zerstören wollen. Also müßt ihr Methoden der Wiederverwertung finden. Es gibt viele Wege.

JOHN: Letztendlich sollten wir, glaube ich, darüber sprechen, wie eine transformierte Welt aussähe. Du hast einmal gesagt, wir könnten sie uns nicht vorstellen.

TOM: Wir hören so oft von euch Menschen, eine vollkommene Welt sei langweilig. Das ist nicht richtig. Denn die Transformation wird kontinuierliches Streben nach Verständnis, Lernen und Veränderung mit sich bringen. Die Menschheit steckt fest in der Annahme, ständig kämpfen und sich abmühen zu müssen. Wenn die Menschen nun frei von diesen Notwendigkeiten wären und genügend Zeit hätten, ... stellt euch vor, wieviele Dinge es auf eurem Planeten gibt, die Milliarden von Menschen nie erlebt haben!

JOHN: Ja. Anstatt uns selbst aus dem Negativen zu ziehen, werden wir also vom Positiven nach vorne gezogen.

TOM: Das ist völlig richtig. Ihr werdet die Freude des Seins erfahren. Was ihr auf eurem Planeten »Gipfelerlebnis« nennt, wird Alltag sein. Fangt einfach an - der Rest wird kommen.

Überall auf eurer Welt gibt es Gebiete, in denen man sich im Namen Gottes streitet. Viele Menschen haben den Wesen der Zivilisationen göttliche Qualitäten angedichtet. Ihr lebt jetzt in einer Zeit, in der die Essenz des Nazareners, den ihr Christus nennt, auftauchen wird. Es ist von größter Bedeutung, daß diese Energie so schnell wie möglich ins Bewußtsein der Menschen eingeht. Denn wenn religiöser Streit beigelegt wird, lassen sich auch andere Streitfragen lösen. Ihr seid an einem Punkt angelangt, da ihr entweder vorwärts oder rückwärts taumelt.

Nun möchten wir uns an diejenigen wenden, die sich aktiv um die Transformation des Planeten Erde bemühen: Ihr habt Unannehmlichkeiten gehabt, ihr habt Prüfungen durchstehen müssen, und ihr habt euch mitunter gefragt, ob ihr auch künftig auf allen Ebenen eures Seins - in eurem Bewußtsein, in eurer Persönlichkeit und in eurem Geschäftsleben - weiter nach vorne streben könnt. Manche von euch haben immer noch Schwierigkeiten in allen drei Bereichen. Wichtig ist, daß ihr seht, daß ihr voran und aus den Schwierigkeiten heraus kommt und daß ihr an Stärke gewonnen habt. Die Prüfungen sind nicht unser Werk, sondern das Werk der Anderen - sie hoffen, daß ihr euren Dienst und euer Wachstum vergeßt. Aber wenn ihr auf dem richtigen Weg bleibt und durch Meditation Energiefelder erzeugt, dann seht ihr, was ihr durch eure Arbeit bewirkt. Versteht ihr, was wir meinen?

JOHN: Ja. Ich glaube, wir alle haben eine Menge Schwierigkeiten, irgendeine dieser Wirkungen unseren bescheidenen Bemühungen zuzuschreiben.

TOM: In all euren Kulturen müssen die Menschen verstehen, daß jeder von euch eine vollständige Einheit ist, die alles enthält, was das Universum enthält, und daß jeder von euch dazu beitragen kann, den Planeten Erde aus der Dunkelheit an seinen rechtmäßigen Platz zu bringen. In eurer Kultur gilt Unterwürfigkeit als Bescheidenheit. Es ist Zeit für euch zu begreifen, daß ihr euch selbst akzeptieren dürft.

JOHN: Ja. Kannst du uns sagen, nach welchen praktischen Lösungen wir suchen sollen? Einerseits möchten wir Konflikte vermeiden; andererseits müssen wir Menschen einige wichtige Lektionen lernen, und mir ist nicht klar, wie das ohne Schmerzen und Konflikte geschehen kann.

TOM: Wenn in einer Gruppe der Fanatismus wächst, ist er wie ein Geschwulst; aber im Grunde ist er eine Kompensation für mangelnden Glauben. Darum müssen die Menschen sich an ihren Glauben klammern - für sie ist er ihre Identität. Das ist so bei den Hooviden, den Ismaeliten und den Anhängern des Nazareners. Das gleiche gilt für die Hindus.

JOHN: Aber manche Leute sind Opportunisten, und obwohl sie religiöse Forderungen stellen, sind sie nicht wirklich religiös.

TOM: Ihr müßt in eurer Meditation Transformations-Energie entwickeln und aussenden, damit jeder seine Menschlichkeit und Identität erkennt. Und denkt auch daran, daß die Anderen versuchen, die Menschen zu beherrschen. Das Gleichgewicht ist sehr zerbrechlich, und es wird Konflikte geben; denn in Wirklichkeit wird der Halbmond derzeit (Ende 1990) von den Anderen benutzt; sie füttern ihn mit der Energie der Macht. Aber das läßt sich nicht durchhalten - ihr versteht. Eines eurer Sprichwörter sagt, wer mit dem Feuer spielt, wird sich verbrennen, nicht wahr?

JOHN: *Ja ... Ich glaube ein großes Problem sind die Geiseln im Irak. Kann der Konflikt gelöst werden, ohne das Leben der Geiseln zu gefährden?*

TOM: Ihr habt mehrere große Probleme. Einmal die Unschuldigen, dann die biologischen Waffen. Diese Waffen sind das größte Problem. Hussein versteht in seiner Gedankenlosigkeit nicht, daß biologische Waffen nicht nur den Feind töten, sondern auch sein eigenes Volk. Der Wind trägt die Erreger um die ganze Erde, und die Folgen können verheerend für die Welt sein. Das ist ein weltweites Problem, nicht nur ein Problem zwischen den Ismaeliten und den Stämmen Jakobs. Die Menschen haben das noch nicht wirklich erkannt.

JOHN: *Vor vielen Jahren haben wir darüber gesprochen, daß ihr auf der Erde landet, falls es einen Atomkrieg gibt, und daß ihr einen Atomkrieg verhindern würdet, weil er weit über die Erde hinaus eine Spur der Verwüstung hinterlassen würde. Gilt etwas ähnliches für diese biologischen Waffen?*

TOM: Notwendig ist eure Hingabe in den Meditationen, damit die meditative Energie genutzt werden kann, um diese Gefahr zuzudecken, einzuschließen und zu vergraben. Ihr müßt verstehen, daß es kein Zurückschlagen geben darf, denn das würde ebenfalls zu Verseuchung führen, versteht ihr? Darum muß die Gefahr eingekapselt, neutralisiert und vergraben werden.

JOHN: *Ich nehme an, Altea unterstützt uns und alle Meditierenden weltweit mit seiner Technologie?*

TOM: Ja. Alle, die dem Planeten Erde Frieden bringen wollen. Aber wie wir bereits gesagt haben, sind zwölf von uns besonders wichtig; denn sie bilden den Schirm, versteht ihr?

JOHN: *Ja, danke. Das zweite Problem, dem wir gegenüberstehen, ist das Umweltproblem. Uns bleibt offenbar nicht mehr viel Zeit, um etwas Dramatisches zur Lösung beizutragen.*

TOM: Ihr macht Fortschritte. Zuerst müßt ihr die chemischen und biologischen Waffen loswerden, und alle Staaten der Welt müssen sich verpflichten, sämtliche Atomwaffen zu beseitigen. Denn wenn diese Waffen eine Kettenreaktion auslösen, braucht ihr euch über die Zeit keine Sorgen mehr zu machen.

JOHN: *Welchen Bereichen sollen wir besondere Aufmerksamkeit schenken?*

TOM: Das ist eine weitreichende Frage. Ihr müßt zuerst die Saat ausbringen, um Nahrung zu gewinnen, nicht wahr? Wir bitten die Menschen der Erde: Meditiert für eine Lösung. Es ist nur ein Schritt notwendig, wie ihr gesehen habt, als die Mauern fielen. Die Probleme sind lösbar. Natürlich gab es vorher Monate der Vorbereitung durch Menschen, die ihre Energie hineingesteckt haben. Ihr habt euch auch in eurer Meditation monatelang auf diese Situation (den Mittleren Osten) vorbereitet. Ihr müßt verstehen, daß ihr den schöpferischen Willen habt, um die Lösung hervorzubringen. Und wir bitten euch, verurteilt keinen in dieser Region, nicht die Ismaeliten, nicht die Hooviden, nicht die Anhänger des Nazareners. Versteht ihr? Denn mit eurer Energie könnt ihr auch das Gleichgewicht stören. Wie nennt man das?

JOHN: Du sprichst von Gleichgewicht und Unparteilichkeit.

TOM: Das ist richtig. Laßt eure Energie einfach fließen, und das wird das Schwierigste sein. Dann werden wir sehen, ob ihr wirklich versteht, wer ihr seid!

ALLE: (Gelächter)

SUSAN: Ich habe eine Frage zur Atomenergie. Wenn es möglich ist, sie »zuzudecken, einzuschließen und zu vergraben«, ist es dann auch möglich, sie positiv zu nutzen?

TOM: Alles Negative kann ins Positive umgewandelt werden, ja.

Wir befinden uns jetzt in einer kritischen Zeit (1990). Die Lage ist ernst, aber es besteht auch die Chance, daß sich daraus große Freude entwickelt. Es ist Zeit, daß ihr alle euch in sämtlichen Lebensbereichen intensiv um die Zukunft eures Planeten Erde kümmert und ihn für die jungen Menschen vorbereitet, die heute geboren werden. Denn sie sind zusammen mit euch die Träger und die Zukunft der Erde und sogar des Universums. Wir bitten euch, freut euch, seid nicht töricht, hört auf, egozentrisch zu sein, erweitert euer Mitgefühl, übernehmt volle Verantwortung für eure Umwelt und werdet euch der Informationen bewußt, die bessere Zeiten für euren Planeten ankündigen. Schafft ein Netzwerk von Informationen, damit ihr sie an andere weitergeben könnt. Aber seid damit nicht übereifrig. Seid überzeugt, aber sanft und mitfühlend. Am wichtigsten ist es, daß ihr eure Kinder zu großer Liebe für alle Geschöpfe erzieht, für alles Leben auf dem Planeten Erde. Außerdem bitten wir euch, zu eurem Nutzen und zum Nutzen des Planeten täglich zu meditieren und euch mit uns zu verbinden; denn wir sind wirklich für euch da, wenn ihr euch mit uns verbindet, um neue Energie zu schöpfen. Ihr könnt achtzehn Minuten eurer Zeit meditieren; doch wir bitten euch, daß ihr es zu einer Zeit tut, wenn keine Eile herrscht. Es hilft euch in eurem Alltag, und es hilft dem Planeten Erde. Während eurer Meditation werden wir nicht sprechen; aber wir sind da und erfüllen euch mit unserer Liebe und Freude. Denkt daran, daß zwölf Leute mit Hingabe, die völlig selbstlos und ohne darüber zu sprechen zusammenkommen, großen Wandel auf dem Planeten Erde bewirken können. Wenn ihr euch dazu nicht verpflichten könnt, haben wir Verständnis dafür - es bedeutet nicht, daß wir euch weniger lieben oder schätzen. Aber wenn ihr euch aufrichtig für die Transformation des Planeten Erde einsetzen wollt, dann ist es Zeit für euch, zuversichtlich, fröhlich und bewußt zu sein. Es ist notwendig, daß ihr den Kristall des Wissens findet, der in jedem von euch ist. Denkt daran: Wissen ist nicht Weisheit. Weisheit kommt von innen und kann nicht gelehrt werden, und der Weise nennt sich selbst nicht weise. Der Weise löst sich, tritt zurück, beobachtet und weiß, wann er vorangehen muß, ohne sein Ego herauszukehren. Am wichtigsten ist es, daß ihr fröhlich, gütig, mitfühlend seid, daß ihr eure Nächsten liebt und daß ihr glaubt. Es gibt immer Hoffnung auf Besserung. Ja.

JOHN: Soweit ich verstehe, gibt es viele Seelen auf diesem Planeten, die ihren Entwicklungsprozeß durchmachen und nicht dem Planeten dienen. Und es gibt andere, die ihm dienen, wovon manche sich dessen bewußt sind und andere nicht. Und du hast einmal gesagt, daß 98 Prozent derjenigen, die dienen wollen, ihre selbstgewählte Aufgabe nicht erfüllen, auch wenn sie vielleicht auf andere Weise etwas Nützliches tun. Kannst du uns mehr über dieses Dienen sagen? Denn irgendwie geht es uns ja alle an.

TOM: Das stimmt. Von hundert Seelen, die sich entschließen, in dieser Zeit zurückzukommen, um die Christusenergie, die Messiasenergie der Evolution hervorzubringen, erfüllen nur zwei ihre Aufgabe. Denn die Seelen verlieren sich in ihrem Ego oder treten mit dem Universum in Wettbewerb. Sie wissen in ihrem Innern, wer sie sind, aber sie begreifen nicht, daß dies nicht die höchste Realität ist, und beginnen ihre Individualität mißzuverstehen. Auf dem Planeten Erde befinden sich viele in diesem Zustand.

STEVE: Als ich zum letztenmal mit dir gesprochen habe, vor ein paar Jah-

ren (1980), gab es eine Krise, und jetzt gibt es wieder eine (den Golfkrieg). Dazwischen war eine Phase, in der die Welt anscheinend viel friedlicher wurde, doch gleichzeitig nahmen Habgier, Personenkult und Egoismus zu. Kann die Menschheit in diesem Stadium selbst mit ihrer Situation fertigwerden, oder ist möglicherweise ein direktes Eingreifen erforderlich?

TOM: Was ihr zur Zeit erlebt, ist das Umsichschlagen des Schwanzes der Negativität, die weiß, daß sie sich auf dem Rückzug befindet. Daraus entstehen Kulte und Fanatismus. Es wird ein Eingreifen geben, wenn Menschen versuchen sollten, die Umwelt des Planeten Erde völlig zu zerstören. Ihr müßt außerdem wissen, daß viele Wesen, die ihr »Raumwesen« nennt, die Erde umgeben. Sie stammen aus untergeordneten Zivilisationen, die zur Erde gekommen sind, weil sie ihr eigenes Planetensystem vernichtet haben und nach einem Ort Ausschau halten, an dem sie überleben können. Der Planet Erde muß überleben. Eure Energie hilft ihm dabei.

DAVID: Darf ich fragen, ob diese Raumwesen, die uns jetzt besuchen, eine Bedrohung für uns darstellen?

TOM: Einige von ihnen ja. Der Rat sagt, ich muß das genauer erklären. Sie bedrohen nicht das Überleben des Planeten Erde; doch nicht alle sind wohlgesinnt. ... So wie ihr euch im Zustand der Transformation befindet, befinden sich auch andere Zivilisationen in diesem Zustand, ja.

VI. IRDISCHE DINGE

Kapitel 18

Worauf es ankommt

Dieses Kapitel handelt davon, was wir auf diesem Planeten füreinander tun können; es befaßt sich mit unseren Beziehungen und erörtert, wie wir damit umgehen.

Obwohl Tom hauptsächlich davon spricht, was wir tun können, um dem Planeten und der Menschheit zu helfen, warnt er uns auch davor, übereifrig zu werden. »Es nützt eurer Arbeit nichts, wenn ihr zu verbissen seid. Es ist wichtig für euch, ein wenig Entspannung oder Zerstreuung zu haben. Ihr könnt zum Beispiel fernsehen, Musik hören, lesen, spazierengehen oder liebe Freunde besuchen und mit ihnen über ganz andere Dinge reden. In eurer körperlichen Welt ist es wichtig, die Ausgewogenheit zu bewahren. Ohne Abwechslung ist euch das nicht möglich. Ihr müßt euch entspannen, um auf einer höheren Ebene leistungsfähig zu sein.«

Obwohl das nächste Kapitel Anweisungen zum Visualisieren und zur Meditation gibt, folgen hier einige praktische Hinweise, die Ihnen helfen werden, in unserer Welt eine Änderung zu bewirken. Es schadet nichts, daß einige dieser Tips später wiederholt werden; denn sie sind auch für Schnelleser bestimmt. Meditation ist eine der nützlichsten Maßnahmen, die Sie für sich selbst und für den Planeten treffen können.

Die Neun haben angeregt, daß wir uns bereiterklären, uns regelmäßig zu versammeln, um achtzehn Minuten lang für die Einigung dieses Planeten und für das Existenzrecht der einzelnen Länder zu meditieren. Und dann sollen wir dafür meditieren, daß diese gestärkten, einigen Länder in der ganzen Welt ihre Stärke weise nutzen. Die Neun haben darauf hingewiesen, daß Gruppenenergie und Zusammenhalt wichtig sind. Daher sollten wir die Meditationszeit aufeinander abstimmen und uns an dieses Arrangement halten.

Erforderlich sind achtzehn Minuten. Sie beginnen, wenn es in Israel 21.00 Uhr ist. Das entspricht 11.00 Uhr an der amerikanischen Westküste, 14.00 Uhr an der amerikanischen Ostküste, 19.00 Uhr auf den britischen Inseln und 20.00 in Europa (achten Sie bitte auf die Sommerzeit!).

Die Neun haben den Sonntag als Tag der Meditation ausgewählt, und sie wünschen, daß mindestens einmal im Monat wenigstens zwölf Menschen zusammen sind. Wenn dies an den anderen Sonntagen nicht möglich ist, sind mindestens drei Personen notwendig.

Die Neun bitten uns, Arme und Beine während der Meditation nicht zu verschränken und die Meditation in bedingungsloser Liebe, in völliger Harmonie und in tiefem Frieden zu beginnen. Wenn Sie zur Vorbereitung der Meditation Laute, Farben, Atemübungen, Körperübungen oder Ruhe benötigen, dann tun Sie, was nötig ist, bevor Sie anfangen.

Außerdem empfehlen die Neun, sich vor der Meditation durch Farben zu reinigen - durch Smaragdgrün, Königsblau und Königspurpur. Visualisieren Sie, wie diese Farben auf Sie herabregnen und alle Störungen des Tages wegspülen. Lassen Sie diesen Farbregen in die Erde fließen und sie ebenfalls reinigen. Beginnen Sie dann Ihre Meditation.

TOM: Wir alle arbeiten zusammen, um zu dienen. Jeder von euch trägt höchste Intuition in sich. Sie ist eure Verbindung zu uns. Hört auf eure innere Stimme. Geht unbeirrt euren Weg, wenn ihr eurer Sache sicher seid. Es ist wichtig, daß die Menschen der Erde sich ihrer Verantwortung für sich selbst, füreinander und letztendlich für das Universum bewußt sind. Es ist wichtig, daß die Menschen auf dem Planeten Erde verstehen, daß sie ihrer Verantwortung auch im Tod nicht entrinnen können, weil es keinen Tod gibt. Jede Bewegung, jeder Gedanke, jedes Wort beeinflußt also das Universum. Es ist wichtig, daß die Menschen auf dem Planeten Erde beginnen, harmonisch, einig und friedlich miteinander zusammenzuarbeiten. Dieses Buch, um das wir euch gebeten haben, wird euch helfen zu verstehen, welchen Zweck jeder Mensch und welchen Zweck der

Planet Erde in bezug auf das Universum hat. Denkt daran: Wir sind alle eins mit euch. Wir sind ihr, und ihr seid wir. Wir leben von der Energie eurer Liebe.

Ihr müßt begreifen, daß ihr keine Insel seid, daß ihr Teil eines Ganzen seid - damit meine ich alle, die dienen. Wer allein sein und nach seinen eigenen Vorstellungen dienen möchte, dient unserer Sache nicht wirklich. Dienen heißt, sich aus Liebe zum Universum und zu den Mitmenschen selbst geben. Denkt auch daran, daß die ständige Beschäftigung mit sich selbst, das Streben nach totaler Selbsterkenntnis, ebenfalls egoistisch ist. Es ist Zeit, das Selbst beiseitezulegen und voranzuschreiten. Wir meinen euch alle. Nur so kann sich das Universum weiterentwickeln.

Wir haben nichts einzuwenden, wenn die Selbstbetrachtung wirklich nützlich ist. Manche Menschen können dadurch einen Schritt nach vorne tun. Aber wer im Kreis geht, wenn er in sich selbst hineinsieht, und immer nur fragt: »Was ist mit mir?« und »Seht mal, was ich gemacht habe«, ist nicht wirklich bereit zu dienen. Wenn ihr euch von diesem »Was ist mit mir?« löst und fragt, was ihr zum Wohl des Universums tun könnt, und wenn ihr bereit seid, euch vom Ego, vom Verlangen und vom Selbstmitleid zu lösen, dann werdet ihr sehr klar sehen, was ihr in euch finden wolltet. Der Rat sagt, ich soll folgendes hinzufügen: Wenn die Anderen es schaffen, jene die dienen wollen, in einem engen Kreis der Selbstbetrachtung beschäftigt zu halten, dann sind sie wirklich erfolgreich, oder?

JOHN: Ja. Früher wurde gesagt, Wandel und Wachstum müßten ihren natürlichen und manchmal langsamen Verlauf nehmen. Aber ich glaube, in dieser Zeit der Umwälzungen ...

TOM: Wir haben nicht mehr soviel Zeit. Alle Seelen, die existiert haben und jetzt existieren, und jene, die sich in der spirituellen Welt um diese Erde herum befinden, haben genug Zeit gehabt. Aber ihr Eigennutz, ihr Ego, ihr Selbstmitleid und ihre körperlichen Begierden hindern sie daran, sich loszulösen. Sie haben Zeit gehabt. Sie wissen im Innersten ihrer Seele und in ihrem tiefsten Sein, daß sie Zeit gehabt haben. Doch ihr Ego verhindert, daß sie sich ändern und Fortschritte machen.

Wenn wir den »natürlichen Verlauf« zuließen, würde dieser Planet in der Dunkelheit versinken und den größten Teil des Universums mit sich reißen. Wir haben diesem Planeten mehr als genug Zeit gegeben. Wir haben ihm und seinen Bewohnern sogar mehr Zeit gegeben als den Seelen auf anderen Planeten.

Wir können euch nicht mehr Zeit geben. Ihr habt die Zeit, die wir euch gaben, nicht konstruktiv genutzt, sondern ihr habt weiterhin euer Ego gefüttert. Alle Menschen haben ein Potential. Wenn ihr versucht, einen Krug voller Öl zu euch zu nehmen, schmeckt das nicht gut, und wenn ihr einen Krug Essig zu euch nehmt, schmeckt das ebenfalls nicht gut. Wenn ihr aber beides mischt und zu euch nehmt, schmeckt es gut. Daran müßt ihr denken, wenn ihr mit anderen zusammenarbeitet.

JOHN: Ja, danke. Das ist schön.

TOM: Was wir euch jetzt erklären, ist wahr und aufrichtig, und es gilt für alle, die dienen möchten. Ihr müßt verstehen, daß kein Mensch auf der Erde sich der Verantwortung für den Planeten entziehen kann. Und niemand kann dienen, der sich nur um seine eigenen Interessen kümmert.

Denkt daran: Wer aus einem fernen Land zu euch kommt und sagt: »Ich habe alles aufgegeben, was ich hatte - meine Wünsche, meine Eltern, meine Kinder -, weil ich hier für Gott arbeiten möchte«, der befindet sich im Irrtum. Denn niemand arbeitet für Gott, wenn er nicht die Verantwortung für seine Nächsten übernimmt, auch wenn er vom Gegenteil überzeugt sein mag.

Es ist möglich, daß ein Mensch sich seinen Zielen mit Hingabe widmet. Aber er kann sich deshalb nicht seiner Verantwortung entziehen und dadurch Uneinigkeit auslösen oder jemandem großen Schmerz verursachen, denn er ist für die Seele des anderen verantwortlich.

Wir möchten euch etwas erklären, was den Zustand dieses Planeten betrifft: Im Grunde versteht ihr die Dichte der Erde besser als wir. Wir haben die Erde erschaffen; aber wir haben nicht auf ihr gelebt. Wer sich viele Male auf der Erde reinkarniert hat, versteht besser als wir, wie schwach das Leben auf dem Planeten Erde die Seele macht.

Wir sprechen von relativ hoch entwickelten Seelen. Wir wollen euch nicht schmeicheln; wir sagen nur die Wahrheit über die Lage und die Verantwortung der höher entwickelten Seelen. Diese Menschen sind Lehrer, und sie dienen, weil sie mehr vom Dienen verstehen als viele andere.

JOHN: Wir haben zwei Schwierigkeiten, was hoch entwickelte Seelen betrifft. Einmal könnte es bei manchen Leuten, die an unserer Arbeit beteiligt sind, zu einem gefährlichen Elitedenken kommen, und zum anderen ist es seltsam - wenn man davon ausgeht, daß diese Gruppe aus so hoch entwickelten Seelen bestehen soll -, daß wir alle zusammen und zur gleichen Zeit auf die Erde gekommen sind.

TOM: Das ist nicht seltsam; denn jetzt ist es Zeit dafür. Ihr alle habt in der Vergangenheit viel leiden müssen. In euren vergangenen Existenzen habt ihr als Diener der Erde große Fehler gemacht, und viele, die jetzt gekommen sind, erleben auch schwere Niederlagen. Ihr habt viel leiden müssen, um diesen Punkt zu erreichen, und ihr habt lange überlegen müssen, ob ihr alle zu diesem Zeitpunkt zurückkehrt. Ihr habt große Ausdauer gebraucht, um in diesem Leben zu verweilen und zusammenzukommen. Und vielen anderen ist es ergangen wie euch.

Bitte erklärt denen, die dem Planeten dienen möchten, daß jeder von ihnen alles gegeben hat, was er geben konnte, um auf der Erde zu leben. Und in eurer Situation unterscheidet ihr euch nicht von gewöhnlicheren Seelen - ihr seid nicht die Führer der Welt; ihr leidet, seid verzweifelt und fürchtet euch.

Alle, die heute auf der Erde leben, haben in der Vergangenheit viel gelitten, obwohl einige auch große Freude erlebt haben.

JOHN: Heißt das, fast jeder auf der Erde hat in der Vergangenheit eine Identität gehabt, die ihr benennen könntet, die nachprüfbar wäre?

TOM: Nicht zu dieser Zeit, denn es gibt Millionen über Millionen Seelen. Jene, die sich jetzt zusammenschließen, um der Erde zu dienen, haben sich auch in der Vergangenheit zusammengeschlossen, um die Evolution des Planeten zu fördern. Und jetzt sammeln sie sich wieder, um die Erde voranzubringen. Der Rat sagt, ich habe Schwierigkeiten in einem Glaubenssystem hervorgerufen.

JOHN: Nun ja, die Schwierigkeit besteht darin, daß wir nicht den Eindruck erwecken dürfen, als sei irgendein Mensch etwas Besonderes oder als spiele er eine größere Rolle im Universum.

TOM: Alle Menschen spielen eine große Rolle im Universum, und alle sind füreinander und für das Universum verantwortlich. Es ist wichtig, daß ihr diese Information weitergebt. Die Seelen sind von vielen verschiedenen Planeten gekommen, und sie haben dem Universum auf anderen Planeten gedient. Jetzt sind sie hier, um dem Planeten Erde zu helfen, aber auch sie wurden von der Schönheit, der Dichte und der Körperlichkeit der Erde eingefangen. Vielleicht werden sie sich dessen selbst bewußt.

JOHN: Mir ist klar, daß diejenigen von uns, die zurückgekommen sind, um auf diese Weise zu dienen, ihre Entscheidung vor diesem Leben getroffen haben. Unklar ist mir aber, wie wir uns gefunden haben und warum wir zusammenarbeiten, obwohl wir uns an diese Entscheidung nicht erinnern. Wie kommt es, daß wir uns alle getroffen haben und zusammenarbeiten?

TOM: Es war eure Entscheidung. Wenn ihr euch erinnern würdet, könntet ihr dann besser mit anderen Seelen auf der Erde mitfühlen?

JOHN: Wahrscheinlich nicht. Anscheinend hat uns eine Art unbewußter roter Faden zusammengeführt, der sich an die gemeinsame Vergangenheit erinnert. ...

TOM: Ihr habt es gewählt. Ihr seid nicht zufällig hier. Wenn ihr eure Aufgabe erfüllt, weil ihr tun werdet, was zur Reinigung des Planeten Erde getan werden muß, und wenn ihr euch dafür entscheidet, im nächsten Leben auf dem Planeten Erde wiedergeboren zu werden, werdet ihr euch dann erinnern, so wie sich die Seelen auf anderen hoch entwickelten Planeten erinnern?

ANDRIJA: Wir Menschen haben offenbar Mühe, unseren Zielen und unseren innern Vorsätzen treu zu bleiben. Wie reagiert ihr, wenn einer von uns letztlich doch nicht tut, was er sich vorgenommen hat?

TOM: Wir sehen uns bei euch um, und wir wählen jene aus, die unserer Meinung nach am besten für die Arbeit geeignet sind. Sie fassen Vorsätze, sie glauben in ihrem Herzen daran, und sie sprechen es aus. Aber wir können nicht eingreifen, wenn sie ihrem Ziel nicht treu bleiben. Das ist seit Jahrtausenden ein Problem auf diesem Planeten.

ANDRIJA: Ja, das begreife ich allmählich.

TOM: Sie tun, was ihre Vergnügungen nicht stört.

ANDRIJA: Das ist mir klar, und ich glaube, es macht euch traurig, weil die Arbeit dem Wohl der Menschheit dient. Wenn wir einander nicht helfen können, dann sieht die Zukunft zum Verzweifeln aus.

TOM: Wir verstehen, warum ihr Menschen Schwierigkeiten habt, euch einem Ziel zu verpflichten, und wir sehen ein, daß wir sehr viel von euch verlangen.

Und manchmal, wenn etwas nicht geschieht, kennt ihr den Grund, während andere ihn nicht kennen. Die Menschen erwarten, daß wir Wunder für sie tun. Doch wir können nicht mehr tun. Wir brauchen eure physische Energie und euren Intellekt auf eurem Planeten. Das ist sehr wichtig.

ANDRIJA: Ich hoffe, ich kann das anderen begreiflich machen, wenn es etwas tiefer bei mir gesackt ist.

TOM: Du hast viele, viele Jahre für uns gearbeitet, ohne Beweis. Dafür werden wir dir immer dankbar sein.

ANDRIJA: Seltsamerweise habe ich keine Träume, keine Visionen, keine Einsichten. ...

TOM: Du hast inneres Wissen.

ANDRIJA: Offenbar lebe ich von dem, was man Glauben nennt. Vielleicht ist es auch Wissen, aber ...

TOM: Glauben ist Wissen. Manche Menschen möchten uns unbedingt zu Gefallen sein, aber wenn sie sich selbst das Leben schwer machen, nur um uns zu gefallen, das gefällt uns nicht. Und wenn ein solcher Mensch nicht zu völliger Hingabe imstande ist, haben wir Verständnis dafür; denn wir verstehen die Beschaffenheit der Erde. Wir haben euch gesagt, daß es Zeiten der Sorge und Verzweiflung geben wird. Doch diese Probleme werden eher seltener als häufer auftreten und nur in Zeiten, in denen eure Energie zu sehr von euren Mitmenschen aufgezehrt wurde. Eure Hingabe wird, wenn sie echt ist, das Lied des Universums in euch erklingen lassen. Ihr werdet im Licht der Liebe wandeln, mit Leichtigkeit. Wenn einer von euch das nicht versteht, dann bitten wir ihn, über seine Mitarbeit nachzudenken.

Wenn eure Hingabe so klar ist, daß sie euch mit Liebe, mit Freude und mit dem Gesang des Universums erfüllt, könnt ihr sie noch verstärken, indem ihr sie in Worte faßt. Und alle Kräfte, die mit euch sind, werden durch eure Freude gestärkt, und sie werden euch reine Liebe schenken. Doch wenn eure Hingabe keine Freude, sondern Sorgen und Qualen mit sich bringt, wenn ihr uns nur einen Gefallen tun wollt, könnt ihr auch diese Vorbehalte in Worte fassen und dadurch zerstreuen; dann können jene, die euch lieben, euch die Kraft geben, eure Vorbehalte zu überwinden und zu verstehen. Eine liebevolle Aussprache gibt euch und uns Kraft. Wer den Kopf in den Sand steckt und sich nicht selbst hinterfragen kann, sollte nicht für das Universum arbeiten.

Ihr müßt euch jederzeit nur von den höchsten Motiven leiten lassen. Euer Ziel und eure Richtung müssen in der Dichte eurer Welt möglichst klar sein. Eure Großzügigkeit, eure Liebe, euer Herz, eure Freude am Leben müssen andere berühren. Es gibt keine Lehrer; denn alle sind Schüler. Es gibt nur Austausch. Und wenn ihr euch selbst gebt - sei es eure physische, seelische oder geistige Natur -, wenn ihr mit dieser Energie andere berührt, werdet ihr hundertfach belohnt. Das ist das Geheimnis des Wachstums, das Geheimnis der Ausdehnung - die Bereitschaft, sich selbst vollständig zu geben, bedingungslos. Aber den Narren dürft ihr euch nicht geben. Diese Narren möchten herausfinden, ob ihr euch den Narren gebt. Nur wer eigensinnig ist und seinen Weg nach vorne erzwingen will, gibt einem Narren. Übereifer ist nutzlos. Wenn ihr euer Wissen weitergebt und aggressiv darin werdet, wenn ihr andere nötigt, zu verstehen und zuzustimmen, schafft ihr Probleme für euch selbst. Ihr wißt, wer ihr seid. Euer Wissen geht oft über das Verständnis anderer hinaus und kann Angst in ihnen auslösen. Ihr müßt sehr sorgsam darauf achten, das Gleichgewicht zu bewahren, zu lieben und zu verstehen. Ihr seid nicht besonders, obwohl ihr es in Wahrheit seid; aber das enthebt euch nicht der Verantwortung, und es gibt euch keine Sonderrechte in der physischen Welt. Ihr könnt anderen nicht helfen, wenn ihr die Freude, die Furcht, die Trauer, die Verzweiflung, die Liebe und den Zorn der Menschen auf der physischen Welt nicht versteht. Ihr müßt diese Aufgabe meistern - aber wer sich selbst Meister nennt, entzieht sich ihr. Ein Meister meistert die Probleme, indem er unter ihnen lebt. Das ist der Unterschied zwischen einem Meister, der sich nicht Meister nennt, und jenen, die behaupten, Meister zu sein.

Wenn ihr euch der physischen Welt entzieht, gibt es für euch keine Versuchung, keinen Zorn, keine Freude, keine Liebe. Und es ist leicht, Probleme zu meistern, wenn man sich der Welt entzieht, wenn es keine Versuchung, kein Berühren anderer Wesen gibt. Man kann seinen Glauben und seine Gefühle nicht auf andere übertragen, man kann nur einen Samen pflanzen. Und ihr dürft andere nicht für ihre Lebensweise verdammen; ihr dürft nur versuchen, ihnen andere Wege zu zeigen. Doch wenn ihr selbst kein Vorbild seid, werden sie euch nicht zuhören. Seid freundlich zu den Menschen, pflanzt ein Samenkorn, und überlaßt den Rest uns.

Es gibt keine einzige Seele auf eurem Planeten, die nicht gerettet werden kann, wenn ihr im Umgang mit den Menschen standhaft, reif und liebevoll seid. Es ist wichtig zu lieben; es ist wichtig, Liebe zu geben und zu teilen;

und es ist wichtig zu erkennen, daß ihr nicht vollkommen seid. Doch jeder von euch verfügt über Qualitäten, und wenn ihr sie mit den Qualitäten anderer vereinigt, ergibt das ein vollkommenes Wesen.

Nun folgt ein Gespräch mit einem Gast, der um Unterstützung bittet, damit er andere lehren kann.

TOM: Es gibt keine Lehrer. Wenn ihr das versteht, dann habt ihr viel verstanden. Wer sich als Lehrer ausgibt, erhöht sich selbst. Wir, der Rat der Neun, sind keine Lehrer. Der Nazarener war kein Lehrer. Alle zusammen sind Schüler im Universum, und alle lernen voneinander. Wir sollten in eurer Sprache ein anderes Wort verwenden. Ja.
Wir meinen, es gibt keine Lehrer des Universums, versteht ihr. Selbstverständlich gibt es Lehrer für Musikinstrumente. Seht ihr, für den Planeten Erde ist nun die Zeit angebrochen, da die Menschen selbst lernen müssen. Die Zeiten des Lehrens von Religion oder der Konzepte anderer ist vorbei, alles, was Menschen heute brauchen, ist Anleitung. Es gibt genügend Mittel und Vorrichtungen, um Informationen bis in die letzten Winkel der Erde zu tragen. In der Vergangenheit waren die Führer und Lehrer des Planeten Erde der Meinung, die Masse der Menschen sei außerstande, für sich selbst zu denken. In dieser Zeit der voranschreitenden Entwicklung des Planeten Erde, die sich immer mehr beschleunigt, ist selbst das, was ihr »Wissen« nennt, mit der Energie geladen, welche die Stimme im tiefsten Innern weckt. Seid euch darüber im klaren, daß es keine Lehrer gibt, nur Helfer.

Im nächsten Gespräch geht es um den persönlichen Glauben.

ALBERT: Als Christ stört es mich, daß andere Christen jene von uns kritisieren, die der Mystik und der Meditation zuneigen. Kannst du uns einen Rat geben?
TOM: Hüllt euch in ein weißes, schützendes Licht ein - in das universelle Christusbewußtsein. Bittet um Anleitung und Hilfe, und vor allem fragt euch selbst: »Was ist mein Motiv? Geht es mir um Gewinn, um Ruhm, möchte ich anders sein als andere, will ich Geld verdienen, möchte ich ›jemand‹ in dieser Welt sein?« Wenn die Antwort auf eine dieser Fragen ja lautet,

seid ihr offen für jene, die euch irreführen. Wenn die Liebe zu den Menschen euer Motiv ist, wenn ihr diesem Planeten Frieden bringen wollt, wenn ihr mit Freude darüber Stillschweigen bewahren könnt, wenn ihr nicht prahlt und nicht darüber sprecht, welche Orte und Energien ihr benutzt habt - dann wird sich alles zum Besten wenden.

MIKI: Ich habe das Gefühl, daß ich spirituell blockiert bin, trotzdem möchte ich noch immer etwas in der Welt bewirken. Hast du einen Rat für mich?

TOM: Wenn du die Disziplin aufbringst, jeden Tag mindestens neun Minuten lang zu meditieren - besser achtzehn Minuten, wenn es möglich ist -, um innere Kraft und Führung aus deiner Seele zu schöpfen, werden alle Hindernisse aus deinem spirituellen Weg geräumt.

Ihr müßt wissen: Jeder Mensch ist dafür verantwortlich, daß die Menschheit sich ändert, und jeder von euch kann im Leben der Menschen, denen er begegnet, etwas bewirken, auch wenn er sich dessen nicht bewußt ist. Darum ist es so wichtig, daß ihr eure Integrität bewahrt, daß ihr ehrlich zu euch selbst und zu anderen seid. In jedem von euch ist die Kristallisation des Geistes, der sich aus eurem täglichen Leben zurückzieht und als inspirierender Strahl nach außen dringt und euren Mitmenschen die Energie gibt, die sie brauchen, um sich zu ändern und etwas in ihrem Leben und im Leben anderer zu bewirken.

Es ist wichtig, den Verstand mit dem Geist und mit den Emotionen in Einklang zu bringen, aus ihnen ein vollständiges Ganzes zu bilden. Es ist wichtig, daß jeder von euch eine Batterie ist, damit anderen Menschen das gleiche gelingt. Manchmal genügt es, wenn eine Batterie vorhanden ist, versteht ihr? Dieses Leben ist das wichtigste, das ihr euch jemals ausgesucht habt. Eure vergangenen Leben dienten der Vorbereitung auf dieses Leben. Ihr müßt wissen, daß das Vergangene vergangen ist und daß es in diesem Augenblick nicht darauf ankommt, was die Zukunft bringt. Es kommt auf diesen Augenblick in der Zeit an. Jeder Augenblick ist ein Neubeginn. Ihr müßt jeden Augenblick erleben und berühren. Die Erinnerung an diese Augenblicke und an eure vergangenen Leben ist von großem Nutzen für euch und bereitet euch auf die Zukunft vor. Aber nur in diesem Augenblick seid ihr, wer ihr seid, und nur dann befindet ihr euch im Mittelpunkt des Universums. Erwartungen auf die Zukunft zu projizieren macht nur ängstlich. Wenn ihr in diesem Augenblick lebt, ist die Zukunft nichts weiter als der nächste Augenblick.

JOHN: Ich glaube, die Tatsache, daß wir in der Gesellschaft eine ziemlich unbedeutende Rolle spielen, macht es uns schwer zu glauben, daß wir etwas Entscheidendes tun können.

TOM: Die »ziemlich unbedeutende Rolle« ist deine Einschätzung. Ein Schuhmacher kann wichtiger sein als der Führer eines Landes.

Der Dienst an der Erde kann für jeden eine große nervliche Belastung sein. Das folgende Gespräch dreht sich um dieses Problem:

TOM: Wenn ihr eure Energie ausdehnt, euren ätherischen Körper, indem ihr euch fortwährend anderen gebt, um ihnen zu dienen und sie anzuleiten, dann laßt ihr immer einen Teil eures ätherischen Körpers auf eurem Weg zurück. Es ist äußerst wichtig, daß ihr euren Ätherkörper wiederfindet. Ihr habt auf eurer Welt einen Gummi zum Kauen, nicht wahr?

DEE: Ja, Kaugummi.

TOM: Solange er neu ist, hat er seine volle Form. Dann macht ihr ihn geschmeidig, indem ihr ihn befeuchtet, und ihr kaut ihn. Nach und nach verschwindet jede Spur seines Geschmacks, ist das richtig?

DEE: Das stimmt.

TOM: Dann könnt ihr ihn dehnen, und er bekommt Löcher. Ihr könnt ihn an verschiedenen Stellen auseinanderziehen, bis ihr ihn nicht mehr vollständig zurückziehen könnt. Dann verliert er nicht nur seine Form, sondern sein eigentliches Wesen. Das geschieht, wenn ihr ihn überkaut, nicht wahr?

DEE: Ja.

TOM: Ein Lehrer, der andere anleitet und weiterentwickelt, kann sich nur innerhalb bestimmter Grenzen ausdehnen. Darum ist es notwendig, eine totale Pause zu machen. Er muß aufhören, sein Selbst auszudehnen und den Menschen zu helfen, bis die Gesundheit und das Gleichgewicht wiederhergestellt sind. So könnt ihr euch selbst heilen, wenn ihr der Menschheit dient.

GAST: Eine der größten Schwierigkeiten in meiner Arbeit ist die physische Komplexität der Themen, mit denen ich mich auseinandersetzen muß. Kannst du mir sagen, wie ich mit diesem Druck fertig werden kann?

TOM: In deinem Innern verfügst du über Ressourcen und Energie. Du hast Verstand, und du bist von Liebe umgeben. Wenn du in Zeiten von Streß an die Komplexität deiner Probleme denkst, vergrößerst du die Komplexität. Versuche nicht, alles zu tun, sondern gehe immer nur einen Schritt. Denke nicht an dich selbst und an deinen Streß. Löse dich davon. Löse dich von deiner Familie, deinen Freunden und deinen Leidensgefährten; löse dich von allen, die emotional aufgewühlt sind. Stelle dir vor - und du hast diese Fähigkeit -, daß du als Schauspieler auf einer Bühne stehst, und arbeite auf diese Weise. Tu das bei jedem Schritt. Es ist wichtig, mit der Arbeit anzufangen und nicht an die Schwierigkeiten zu denken. Wenn du einfach anfängst, wirst du erkennen, was für eine große Herausforderung dein Werk ist, und das wird dich ausfüllen, dir Kraft und Ausdauer geben. Es wird dafür sorgen, daß du flüssig und klar denkst und nicht mehr stecken bleibst. Du hast deine Situation selbst geschaffen, und darum kannst du sie selbst abschaffen; du bist dazu in der Lage. Wenn du Probleme mit einem Vorhaben hast, das moralisch richtig ist, brauchst du dich nicht darum zu kümmern, was andere tun oder wie sie von deinen Schwierigkeiten profitieren möchten. Mach dir klar, daß du moralisch im Recht bist. Wenn sie versuchen, dich auszunutzen, dich anzugreifen oder ihre eigenen Fehler zu verdecken, indem sie dich zum Sündenbock machen, dann werden sie erkannt werden, und das ist nicht deine Angelegenheit. Denn wenn du ehrlich bist und moralisch richtig handelst, dann stellt sich die Wahrheit heraus, und diejenigen, die dich ausnutzen oder benutzen wollen, werden zur rechten Zeit entlarvt und müssen die Folgen tragen. Ja.

Keiner ist besser als der andere. Es ist wichtig, daß ihr das versteht. Es ist wahrhaftig keiner unter den Menschen auf dem Planeten Erde, der überlegen oder unterlegen wäre. Wir sprechen von der Seele. Und wenn ihr in die Seele blickt, seht ihr, daß jede Seele ein Teilchen der Göttlichkeit ist. Rein äußerlich sind die Menschen nicht gleich; doch in ihrer Seele sind sie es. Keiner von euch ist »ungleich«, was Gefühle und Emotionen betrifft. Es ist wichtig, das zu wissen.

Alle Menschen haben Gefühle und empfinden alles so wie andere, selbst wenn es nicht so aussieht. Die Schwierigkeit auf dem Planeten Erde besteht nicht nur darin, daß schwarze, gelbe und rote Menschen ungleich behandelt werden, sondern auch darin, daß alle Völker die Frauen ungleich behandeln. Ihr müßt begreifen, daß ihr keine Regeln aufstellen könnt. Weder ein Mann noch eine Frau können festlegen, daß »es so und nicht anders sein muß«. Wir haben solche Regeln nicht aufgestellt - es waren jene auf der Erde, die andere beherrschen, manipulieren und ausnutzen wollen. Das hat nicht nur der Mann getan, sondern, in manchen Gruppen auch die Frau. Wir möchten, daß ihr eines versteht: Ein Mann hat die gleichen Gefühle wie eine Frau, unabhängig von seiner Herkunft. Ihr könnt nicht einen Mann und eine Frau beiseite nehmen und sagen: »Das ist ein Mann, und das ist eine Frau.« Denn jeder ist Mann und Frau. Das ist das größte Problem - so wie die Haltung der Menschen gegenüber anderen Rassen. Erst jetzt werden beide wahrhaft eins, und darum haben wir verlangt, daß Frauen und Männer zusammenarbeiten. Es ist wichtig, das Ego zu zügeln und zu verstehen, daß alle anderen gleichwertig sind. Alle Menschen haben gleiche Rechte. Wir können uns in der nächsten Zukunft weder Egoismus noch Trennwände leisten, und diejenigen, die alle anderen vergiften, müssen gereinigt werden. Ihr müßt begreifen, daß die Probleme in eurer Gesellschaft zu Problemen im Kosmos führen.

Das weibliche Geschlecht auf dem Planeten Erde hat ein feineres Gespür für die innern Vorgänge in den Menschen. Männer sehen die Oberfläche, nicht immer die innere Wirklichkeit.

IRENE: Ja. Ich arbeite gerade an einem Projekt über weibliche Sexualität. Es geht darum, wie die Menschen in den letzten dreißig Jahren mit diesem korrumpierten Bereich ihres Lebens umgegangen sind. Kannst du dazu etwas sagen, was mir hier weiterhelfen könnte? Und hältst du es für ein wichtiges Thema?

TOM: Es ist wichtig, und es ist, was ihr die Büchse der Pandora nennt. Denn wenn man es nicht mit großem Einfühlungsvermögen behandelt, kann es zu Mißverständnissen kommen. Aber am wichtigsten ist es, ans Tageslicht zu bringen, was unterdrückt und den Frauen verschwiegen wird: Daß in der Vergangenheit alle Macht von den Frauen ausging. Seit einigen Jahren tritt dieses Wissen nun in den Frauen zutage.

Mitunter nutzten sie ihre Fähigkeit aus, die Männer zu beherrschen, und diese haben darauf reagiert. Jetzt ist es Zeit, den Schatten der Korruption von dieser Macht der Frauen zu beseitigen und sie in ihrer wahren Form zu gebrauchen - für die Schöpfung und für die Rückkehr zur Quelle. Das mag schwierig sein, aber wenn ihr behutsam und feinfühlig vorgeht, könnt ihr dieses Wissen jenen vermitteln, die verstehen wollen, und es wird ihnen großen Nutzen bringen und sie innerlich befreien. Dadurch beschleunigt ihr die Evolution des Planeten.

Der bisherige Umgang mit Sexualität hat die ganze Menschheit gefangen gesetzt. Jetzt ist die Zeit gekommen, um zu verstehen und um die Fesseln der Korruption zu lösen.

IRENE: Früher wurde der Geschlechtsakt heimlich und im Dunkeln vollzogen. Nach einer Welle der ungezügelten Sexualität in den sechziger und siebziger Jahren ist in den achtziger Jahren eine gewisse Art der Abstinenz eingetreten. Es scheint, als wollten die Menschen sich keinerlei Einsichten auf diesem Gebiet zugestehen.

TOM: Das ist wahr, und es ist wichtig, daß die Sexualität jetzt verstanden wird. Ihr müßt wissen, daß die sexuelle Pest (AIDS) nicht allein auf Fehler der Wissenschaftler zurückzuführen ist, sondern auch auf die bewußte Verhaltensänderung der Menschen, die dazu dienen sollte, alte Muster zu überprüfen und zu durchbrechen. Und wie so oft in eurer Welt, sind sie dabei zu weit gegangen.

IRENE: Es geht auch um Gefühle und darum, diese Gefühle zu verstehen.

TOM: Es ist wichtig, das zu verstehen; denn die Gefühle, die ihr bei eurer sexuellen Vereinigung empfindet, bringen euch auf höchster Ebene zur Quelle zurück. Die Verbindung entsteht, wenn ihr Erfüllung erlangt habt, Einheit mit dem anderen und mit der Schöpfung. Darum sucht der Mann ständig nach dem anderen Aspekt des Seins, nach der Frau. Er will zur Schöpfung zurückkehren. Aber Mißverständnisse und Mißbrauch haben dazu geführt, daß diese Rückkehr nur selten gelingt. Versteht ihr?

IRENE: Das ist brillant. Aber wonach strebt die Frau?

TOM: Die Frau möchte Leben erschaffen, und nur wenn sie mit der katalytischen Energie des Mannes geladen wird, ist sie dazu imstande. Seht ihr, mit betonter Sexualität rächen sich die Frauen unbewußt dafür, daß sie von den Männern unterdrückt wurden - denn in seinem Unbewußten wußte der Mann, daß alles von der Frau gekommen ist. Heute werden sich die Frauen ihrer Macht bewußt, und sie geben ihrem Zorn durch Promiskuität Ausdruck. Anstatt sich selbst zu beherrschen, sagen sie zu den Männern: »Ihr dürft mein wichtigstes Element nicht beherrschen. Stattdessen werde ich es mißbrauchen.« Es ist wie ein Schlag ins Gesicht; denn in der Vergangenheit waren es die Männer, die mißbrauchten. Der Mißbrauch der

Männer geriet im kollektiven Bewußtsein außer Kontrolle, und die logische Folge war die Zerstörung des Planeten Erde. Er begann, sich selbst zu verzehren. Die Menschheit hat den Zusammenbruch der sexuellen Beziehungen selbst herbeigeführt, um den Verfall der Sexualität durch erzwungene Abstinenz und Furcht aufzuhalten. Jetzt ist es Zeit, die Sexualität wirklich zu verstehen. Die Menschen müssen sich ihrer Verbindung zur Schöpfung wieder bewußt werden; dann können sie während der Paarung zum Licht zurückkehren und sich selbst verjüngen.

IRENE: Ist das auch der Beginn der Erkenntnis, daß die Erde ein Paradies ist?
TOM: Diese Vereinigung gibt es nur auf eurem Planeten Erde. Es ist die höchste Einheit. Ja.

GAST: Du hast 1988 gesagt: »In der Vergangenheit ging alle Macht von den Frauen aus.« Kannst du das näher ausführen und uns erklären, wie die Frauen ihre Macht verloren?
TOM: Ich habe nicht gesagt: »Alle Macht ging von den Frauen aus«, sondern: »Alle Macht geht von den Frauen aus.« Sie ging nicht verloren; sie wurde ihnen genommen, damit die Männer sie beherrschen konnten. Die Männer erkannten diese Macht und dachten, sie könnten Macht schlechthin beherrschen, wenn sie die instinktive Macht der Frauen unter Kontrolle haben. Deshalb versuchen sie mit Brutalität, selbst mit Schlägen, auf physischer und psychischer Ebene, diese Macht zu zerstören, statt zu sehen, daß das Weibliche wie auch das Männliche gleichwertige Pfeiler sein können, die die Welt tragen. Darum haben die Frauen zurückgeschlagen, und jetzt wird langsam wieder ein Gleichgewicht hergestellt. Außerdem wollten die Männer die weibliche Energie nicht zulassen, die in ihnen ist, so wie männliche Energie in den Frauen ist. Erst wenn die Menschen vollständig begriffen haben, daß Männer und Frauen gleichwertig sind, kann die Erde sich zu ihrem rechtmäßigen Platz im Universum hin weiterentwickeln. Wir fragen euch: Wie hoch sind Länder - von denen ihr denkt, daß sie weit entwickelt sind - tatsächlich entwickelt, wenn sie heute noch weibliche Kinder weniger lieben, als unwichtig empfinden oder gar zerstören und den Seelen um den Planeten Erde herum nur erlauben, durch männliche Körper einzutreten?

Seht ihr, es ist eigentlich ausgeglichen: Die Macht ist weiblich, und der Mann muß sie nutzen. Und der Mann muß von der Frau zum Weiterentwickeln genutzt werden. Das ist die Partnerschaft. Glaubt ihr, die Menschen werden das verstehen?

GAST: Mit der Zeit schon. Einige Menschen fangen an zu verstehen; doch es wird wahrscheinlich noch einige Zeit dauern.

TOM: Es ist schwierig, tief verwurzelte Konzepte zu entfernen, nicht wahr? Sie sind wie Würmer, die im Gehirn nisten und sich dort fortpflanzen. Darum gibt es Menschen mit Würmern im Gehirn, ja!

ALLE: (Gelächter)

GAST: Haben auch die Frauen Fehler gemacht? Hat das Weibliche in den Männern die heutige Situation mitverursacht?

TOM: In vielen, vielen Stämmen wurde diese Macht verstanden. Darum waren Frauen und Männer am Anfang gleichberechtigt. Dann entwickelte sich ein Teil der Menschheit zu einem genetischen Tierstadium zurück. Das hatte nichts mit »Fehlern« zu tun, sondern mit der Unterwerfung vom einen durch den anderen. Und es hatte mit dem Wissen zu tun, daß die Frauen für die Arterhaltung sorgten, denn die Menschen der Frühzeit wußten nicht, daß die männliche Energie für die Fortpflanzung erforderlich ist. So verwurzelte sich ein falsches Konzept.

GAST: Können wir das klarstellen? Die Ursache des falschen Konzepts war die Unkenntnis des Fortpflanzungsprozesses?

TOM: Anfangs nicht. Aber als die Menschen sich zerstreuten und in andere Gebiete der Erde wanderten und den Kontakt untereinander verloren, entwickelten sie sich zur Tierebene zurück.

GAST: Und auch die Frauen hatten keine intuitive Kenntnis von der Fortpflanzung?

TOM: Sie wußten Bescheid - aber warum sollten sie mit ihren Unterdrückern darüber sprechen? Das Wissen war vorhanden.

GAST: Es wurde also unterdrückt?

TOM: Das ist richtig. Den Frauen wurde außerdem eingetrichtert, sie seien minderwertig und nur dazu da, um den Männern zu dienen. Viele Seelen wurden zurückgewiesen, weil sie als Frauen geboren wurden, und sie versuchten immer wieder, geboren zu werden.

GAST: Das wußte ich nicht.

TOM: Es kommt immer noch häufig vor.

JOHN: In China?

TOM: Ja. Und im Volk der sieben Götter.
GAST: *Welches Volk ist das?*
TOM: Indien.

Es folgt ein Gespräch über die Rolle der Jugend.

JOHN: Hast du eine Botschaft für die bewußten jungen Menschen von heute, die dabei sind, erwachsen zu werden?
TOM: Ihr habt die Lektionen der Kindheit gelernt und erkennt allmählich, wer ihr seid. Wir möchten, daß ihr folgendes wißt: Ihr seid nicht eure Persönlichkeit. In Wahrheit seid ihr das Wesen des ganzen Universums. Darum fordern wir euch auf, künftig die vollständige Verantwortung für euch selbst, den Planeten Erde und den Kosmos zu übernehmen.
Als ihr Kinder wart, habt ihr die Spiele der Kinder gespielt. Jetzt tretet ihr in die Welt der Realität ein. Das bedeutet, daß ihr wißt, wer ihr seid, und daß ihr euch nicht mehr mit Kinderspielen abgebt. Für euch hat eine neue Phase begonnen. Ihr seid in einer Zeit über die Schwelle getreten, in welcher der »Flaschenhals« Erde sich zu öffnen beginnt. Ihr habt begonnen, die Kammern der Eingeweihten zu betreten. Ihr habt begonnen, eure Quelle zu erkennen, und wenn ihr ernsthaft darüber nachdenkt, könnt ihr einen Berg erklimmen, den Planeten Erde auf eine höhere Ebene anheben und von eurem Haften an euch selbst Abstand nehmen.
Denkt immer daran, daß ihr geliebt werdet, wandelt in dieser Liebe und denkt daran, wer ihr seid. Arbeitet im Zusammenhalt und mit Liebe füreinander, so wie wir es tun. Wir haben bereits früher gesagt: Ihr braucht nur zu bitten. Darum gebt den Stolz der Kinder auf, und bittet aufrichtig und freudig. Ihr braucht euch nicht zu opfern. Opfer gehören der Vergangenheit an. Sie sind nicht notwendig, wir wollen sie nicht. Wir wünschen euch und der Erde nur Freude. Wir helfen euch, die Erde von ihren Fesseln zu befreien. Befreit euch ebenfalls, in diesem Augenblick. Befreit euch vollständig, akzeptiert, wer ihr seid, und geht fröhlich euren Weg. Wir danken euch. Wir freuen uns sehr über euch, und wir lieben euch. Ihr seid unsere Manifestation auf der Erde - denkt daran, und vertretet uns so, wie wir euch vertreten. Wir geben euch Liebe, wir bringen euch Frieden. Wir sind immer bei euch.

DEE: Ich möchte gerne wissen, wie wir die Jugend am besten erreichen - einzeln, in kleinen Gruppen, in großen Gruppen, durch Unterricht oder Spiel?

TOM: Wichtig ist das Vertrauen. Außerdem dürft ihr ihre Verständnisfähigkeit nicht unterschätzen. Auf diesem Planeten leben derzeit Seelen, die jetzt jung sind und die gekommen sind, um den Planeten Erde in die Zukunft zu bringen - in eine herrliche Zukunft für die ganze Schöpfung. Sie sind voller Vertrauen gekommen; doch einige von ihnen sind sehr verwirrt, weil sie sich unsicher fühlen. Es ist wichtig, ihnen Sicherheit, Vertrauen und Liebe zu geben und sie nicht in gefährliche Situationen zu bringen. Und jungen Männern, die glauben, Gefahr sei ein Bestandteil ihres Reifeprozesses, müßt ihr beibringen, daß heute die ganze Welt in wirklicher Gefahr ist - ihre Welt. Es gibt negative Energien. Wir meinen damit nicht, daß ein Kind verhätschelt werden sollte, sondern daß ihr eurer Jugend vernünftige Erklärungen und ein Verständnis für die Zusammenhänge geben müßt, denn sie verstehen mehr, als ihr ahnt. Und sie kennen euch besser als ihr selbst. Sie wissen auch, daß sie Grenzen haben; denn sie kommen aus einem gewaltigen Universum, und sie brauchen Grenzen in eurer physischen Welt, weil diese Grenzen ihnen Sicherheit geben. Wenn sie innerlich wachsen, wachsen auch ihre Grenzen. Aber sie brauchen Grenzen, die ihnen beim Wachsen helfen.

Am wichtigsten für sie ist das Verständnis ihrer Eltern; denn die Jugend von heute hat ein verborgenes Wissen, das es auf der Erde nie zuvor gegeben hat. Eltern müssen verstehen, daß alle Bücher, die je geschrieben wurden, dieser besonderen Jugend nicht helfen können - Hilfe muß aus dem Herzen kommen. Viele Eltern haben Schuldgefühle, weil sie nicht genau wissen, ob sie die Pflichten erfüllen können, welche die Jugend mit sich bringt. Aber ihr müßt wissen, daß sie euch nicht ausgewählt hätten, wenn sie der Meinung gewesen wären, ihr wärt eurer Aufgabe nicht gewachsen. Ihr seid ihr gewachsen.

JOHN: Wir machen uns Sorgen darüber, daß so viele Jungen gerne mit Spielzeugwaffen spielen und sich dabei streiten und miteinander kämpfen. Offenbar ist es fast eine Notwendigkeit unter Jungen wegen dem Druck der Spielgefährten, und es nützt nicht viel, wenn wir ihnen keine Spielzeugwaffen geben. Was sollen wir tun, und werden sie in der Zukunft Schwierigkeiten deswegen haben?

TOM: Es bereitet große Schwierigkeiten für die Zukunft. Auf eurem Planeten Erde besteht die große Illusion, daß man Aggressionen »ausleben« und damit zum Verschwinden bringen kann. Das ist nicht wahr - Aggression erzeugt mehr Aggression. Ihr seid die Hüter eurer Kinder; ihr müßt sprechen. Denkt euch Spiele und Übungen aus. Die Spiele sollten zwei Ziele haben: Wettstreit mit anderen und Wettstreit mit sich selbst. Sucht nach neuen Mitteln und Wegen, um die Jugend der Menschheit zu beschäftigen, und organisiert die Eltern im Kampf gegen Spielzeugwaffen. Wenn ihr die Hersteller dazu zwingt, auf solche Geschäfte zu verzichten, werden sie andere Spiele finden. Ihr müßt die Energien verstehen, die durch Waffen erzeugt werden, ja. Es kann sein, daß die Kinder als Gruppe euch zwingen nachzugeben ...

JOHN: *Genau das haben wir erlebt.*

TOM: Es ist wichtig, daß ihr kleine Gruppen von Eltern gegen die Produktion von Spielzeugwaffen organisiert. Sorgt dafür, daß eure Kinder stolz darauf sind, keine zu besitzen und sich auf andere Weise auszudrücken. Ihr alle seid in dieser Zeit zum Planeten Erde zurückgekehrt, um ihm zu helfen. Ihr habt Zugang zu allem Wissen - nutzt es aus. Setzt euch keine zu geringen Ziele. Ja.

MIKI: *Heute morgen haben wir über Beziehungen diskutiert, darüber, daß jeder Mensch letzlich für seine Erfahrungen selbst verantwortlich ist, und über die Möglichkeit, daß einer das Opfer des anderen ist. Kannst du dazu etwas sagen?*

TOM: Die Menschen auf eurer Welt sehen nur selten alle Aspekte eines Problems. Es ist auch möglich, daß beide Beteiligten Opfer sind. Ja.

MIKI: *Das heißt also, daß ein Mensch nicht die letzte Verantwortung für seine eigenen Erfahrungen hat?*

TOM: Nicht in jeder Hinsicht. Es kann sein, daß er in das Schema eines anderen hineingezogen wird. Manchmal ist es möglich, dieses Schema zu durchbrechen, wenn beide zusammenarbeiten, um zu wachsen. Mitunter ist das nicht möglich, weil einer der beiden noch nicht dazu fähig ist. Jede Seele muß auf ihre Weise lernen und sich weiterentwickeln. Es kommt vor, daß eine Seele anderen zum Opfer fällt oder andere zum Opfer macht.

JOHN: *Ja. Ist es wahr, daß man seine Selbstverantwortung zurückerlangt, wenn man erkennt, daß man sich innerhalb der Energie eines anderen befindet, weil man dann die Möglichkeit und die Fähigkeit hat, sich von ihm zu lösen?*

TOM: Nicht immer. Wenn ihr Teil des Planes eines anderen seid und seine Energie euch nur streift, könnt ihr euch dem leichter entziehen. Aber nun stellt euch einen Kraken vor - wenn er seine Fangarme um euch windet, müßt ihr schwer kämpfen, um euch zu befreien und nicht aufgefressen zu werden. In dieser Situation hilft es nicht weiter, das Problem zu erkennen; denn es ist zu spät, und das Problem ist zu groß.

MIKI: Kann man verhindern, daß es so weit kommt?

TOM: In eurer planetarischen Evolution gibt es verschiedene Phasen und Lebenspläne. Nehmen wir einen Stamm als Beispiel, den ihr barbarisch nennen würdet. Die Mitglieder machen andere zu Opfern und fallen anderen zum Opfer, weil sie in einem sehr engen Rahmen leben und die größere Wirklichkeit nicht kennen. Nur durch Erfahrung und Erziehung entwickeln sie sich über diesen Rahmen hinaus. Je bewußter ihr werdet, desto weniger neigt ihr dazu, in die Fangarme eines Kraken zu geraten. Mit anderen Worten: Laßt euch auf nichts und niemanden ein, von dem ihr wißt, daß ihr nicht die Kraft habt euch wieder zu lösen. Außer es hat weniger Bedeutung, weil euer Ego nicht in den Krakenarmen eures Selbst oder eines anderen gefangen ist.

MIKI: Offenbar sind sehr sensible, sensitive, für andere Menschen oder Energien offene Menschen verwundbarer. Gibt es für sie eine Möglichkeit, sich zu schützen?

TOM: Ja. Bittet jeden Morgen nach dem Aufwachen um schützendes Licht, das euch einhüllt und euer Gleichgewicht bewahrt, und überprüft ständig eure innern Reaktionen.

Könnt ihr mit anderen Wesen körperlichen Kontakt haben, ohne sie zu verletzen? Denkt daran, daß ihr mitfühlend, harmonisch und verständnisvoll sein müßt; aber löst euch zu jeder Zeit von der Arbeit. Wenn ihr wollt, gehen wir einen Schritt weiter und erklären es euch genauer.

Könnt ihr euch in eurer physischen Welt, in eurem physischen Verlangen, in euren Emotionen, in euren Seelen und Herzen auf eine Beziehung einlassen, wenn ihr an Bewußtseinsarbeit beteiligt seid? Und wenn der Mensch, mit dem ihr eine Beziehung habt, ebenfalls an dieser Arbeit beteiligt ist, könnt ihr dann ehrlich behaupten, daß ihr völlig objektiv seid, wenn ihr in einen Konflikt zwischen der Arbeit und eurer Beziehung geratet? Könnt ihr die Situation unvoreingenommen analysieren? Könnt ihr sagen: »Nein, ich glaube, in dieser Angelegenheit hast du unrecht«, oder wird die körperliche Beziehung ein Problem heraufbeschwören? Werdet ihr wegen eurer körperlichen Beziehung der einen oder der anderen Seite zuneigen? Könnt ihr eurem Partner erklären, daß ihr euch von diesem körperlichen Wesen lösen müßt, um losgelöst, völlig objektiv und ehrlich zu handeln, sobald ihr durch die Tore zu unserer Welt geht? Ihr braucht uns keine Antwort auf diese Fragen zu geben - antwortet euch selbst.

GAST: *Wenn wir uns nicht lösen können, wenn wir auf diese Beziehung nicht verzichten können, falls es notwendig ist - würden wir damit unsere innere Arbeit, unsere Arbeit mit euch beeinträchtigen? Ist das die Folge?*

TOM: Ihr würdet die Arbeit beeinträchtigen, aber nicht eure Beziehung zu uns. Denkt daran, daß die Menschen in eurer physischen Welt nicht immer verstehen, wer ihr seid, und daß einige von ihnen es nie verstehen werden. Aber manchmal versuchen sie, ohne es zu wollen, euch auf ihre Weise zu beherrschen. Und denkt daran: Da sie der physischen Welt angehören, könnte das Vorrang haben, und daraus können Probleme für euch entstehen. Hast du das verstanden?

GAST: *Ich glaube, ja.*

TOM: Wir brauchen völlige Klarheit. Du kannst nicht heute ja sagen und morgen nein.

GAST: *Nun, ich verstehe es so: Wir sollten die Arbeit von jeder Beziehung lösen, die wir außerhalb der Arbeit haben.*

TOM: Das ist nicht hundertprozentig richtig. Ich werde dir eine Analogie geben. Stell dir vor, ihr habt zusammen ein Geschäft, das vom Haushalt getrennt ist. Ihr verbringt den Abend miteinander; ihr seid sehr liebevoll, einander sehr nah, und zwischen euch herrscht völlige Harmonie und Gleichgewicht auf der physischen Ebene. Am Morgen geht ihr beide ins Geschäft. Wenn ihr die Geschäftsräume betretet, könnt ihr euch dann von eurer Partnerschaft lösen? Wenn euer Partner einen Fehler macht oder wenn er mit einem Kunden nicht richtig umgeht - auf wessen Seite stellst du dich dann? Kannst du dich lösen? Wird der Partner verstehen, daß du ihn um des Geschäfts willen kritisierst und daß du es nicht persönlich meinst? Der Rat sagt, ich kann es euch nicht klarmachen.

GAST: Doch, ich denke wir verstehen das sehr gut.

TOM: Könnt ihr Abstand davon nehmen, euch gegenseitig zu manipulieren? Das ist es, was wir versuchen zu sagen. Damit müßt ihr umgehen. Könnt ihr fest bleiben und sagen, daß der Partner sich irrt? Oder werdet ihr schwach - zum Nachteil des Geschäfts? Versteht ihr?

GAST: In solchen Situationen sollte man völlig objektiv und aufrichtig sein.

TOM: Könnte das nicht zu Schwierigkeiten am Abend führen?

GAST (lachend): Doch! Also kann man sich darauf nur einlassen, wenn man den Partner vorher sorgfältig ausgesucht hat.

TOM: Wird euer Partner dann versuchen, das Geschäft zu übernehmen? Ihr müßt an alles denken. Wird euer Partner auf bestimmten Gebieten besser Bescheid wissen als ihr, oder wird er es nur glauben?

GAST: Kannst du uns sagen, ob die Ehe als Institution auf diesem Planeten und zu dieser Zeit einen Sinn und einen Wert hat?

TOM: Du sprichst von der Ehe als rechtlich verbindliche Übereinkunft entsprechend den Gesetzen eures Landes? Einheit ist Einheit. Wenn es sich um eine erkennbare Struktur handelt, die eurer Umwelt zeigen soll, daß es Einheit und Solidarität geben kann, ist die Ehe sinnvoll. Aber viele Paare sind auch ohne förmliche Ehe eins, und heutzutage stehen sie sich in ihren Herzen oft näher als jene, die durch Vertrag gebunden sind.

2. GAST: Meine Frau läßt sich von mir scheiden. Wie kann ich uns beiden die Trennung erleichtern, und vor allem: Was kann ich tun, damit unsere Kinder möglichst wenig Schaden erleiden?

TOM: Löst euch so weit wie möglich von allen Emotionen der Vergangenheit. Geht alles mit eurem Herzen an. Seid sanft, vertraut euch selbst. Seid freundlich und aufrichtig. In jeder Welt verursacht die Trennung von jemandem, der nahe stand, auch vielen anderen Schmerz. Seid stets ehrlich zu euren Kindern, seid bereit euch ihnen mitzuteilen, akzeptiert eure Verantwortung für sie. Seid stark für sie, aber immer ehrlich. Hört auf eure innere Stimme und folgt ihr. Wenn ihr wollt, bittet um Hilfe.

Der Mensch wurde nicht geschaffen, um allein zu sein. Er ist hierher gekommen, um zu lernen, das Weibliche und das Männliche, das Positive und das Negative, das Yin und das Yang zu vereinigen, damit es dann eins wird. Für uns ist es schwierig, eure Natur zu verstehen. Andere lehren uns eure Weisen. Wir verstehen eure Emotionen und euren Intellekt; aber es fällt uns sehr schwer, eure körperliche Natur zu verstehen. Wir wissen, daß ihr auf dem Planeten Erde Probleme mit der Sexualität habt. Wir können dieses Problem nicht lösen. Die Menschen müssen es selbst lösen.

ANDRIJA: Ja. Ich glaube, wir alle müssen daran arbeiten und unser Bestes geben. Gibt es jemanden, der die Körperlichkeit der Menschen versteht? Sie wurden ja von einer Intelligenz geschaffen.

TOM: Meinst du jemanden von uns?

ANDRIJA: Ja. Einer von euch muß das doch verstehen.

TOM: Es gibt jene unter uns, die verstehen. Ich verstehe diese Emotion nicht; darum werde ich euch weitergeben, was ich gehört habe. Was euren physischen Körper betrifft, so ist euer sexuelles Verlangen einem Sicherheitsventil ähnlich. Wenn ihr euer Bewußtsein erweitert und dem Planeten Erde dient, wird es gewissermaßen angeheizt. Und wenn ihr nicht fähig seid, diese Schwingungen anzuheben, wird das Verlangen wie ein Hochofen, den man schürt, und er braucht ein Sicherheitsventil. Die verfeinerte Vorgangsweise wäre die, die Energie anzuheben, oder den Dampf durch Arbeit abzulassen. In euch allen ist eine Pipeline, und wenn die Energie nicht auf eine höhere Ebene geleitet wird, so daß der Dampf dort entweichen kann, wird sie zu einem sehr heiß brennenden Hochofen. Dann ist die Sexualität das einzige Sicherheitsventil. Ich verstehe das Gefühl nicht; für mich ergibt das keinen Sinn.

ANDRIJA: Es ist eine Art Feedback-Schleife: Wenn Hitze da ist, möchte sie mehr Hitze haben.

TOM: Wie man mir erklärt, ist an diesem Gefühl nichts Falsches. Doch wenn ihr zuviel Dampf ablaßt, vergeudet ihr die Energie des Hochofens, und er arbeitet nicht mehr so, wie er sollte. Das ist das Problem in eurer physischen Welt: Ihr seid zu sehr damit beschäftigt, Energie freizusetzen, anstatt sie zu veredeln. Diese Veredelung ist jedoch wichtig. ... Man sagt mir, ihr werdet krank, wenn ihr zuviel eßt. Das verstehe ich nicht.

ANDRIJA: Ja, wenn wir zuviel essen, bekommen wir eine sogenannte Verdauungsstörung, wir können mit der Menge nicht umgehen. Ich verstehe das als Analogie zu diesem körperlichen Verlangen.

TOM: Das ist richtig. Wenn ihr zuviel eßt, verschwendet ihr die Energie, die ihr aus der Nahrung gewinnt. Wenn ihr euch in der Sexualität zu sehr verausgabt, zerstreut ihr Energie zu handeln. Energie ist wichtig; ihr dürft sie nicht zerstreuen und in den Äther schicken. Ihr müßt sie in die richtigen Kanäle lenken. Wir möchten euch auch sagen, daß an euren körperlichen Beziehungen nichts falsch ist. Nur wenn sie zum Mittelpunkt eures Daseins werden, verschwendet ihr die Energie.

CHARLES: Ist Selbstbefriedigung normal, oder ist sie grundsätzlich abzulehnen?

TOM: Sie kommt in eurer Welt der Körperlichkeit vor, weil das Verlangen in den Genen des menschlichen Körpers enthalten ist und über Generationen hinweg weitergegeben wird. Wir haben keine Einwände gegen Selbstbefriedigung; denn es war eine Art Selbstbefriedigung, welche die Erde bevölkert hat. Wir sind nicht dagegen, daß junge Menschen dadurch ihren Druck lindern. Aber bei älteren und bei jenen, die mit uns im Dienste des Planeten Erde arbeiten, kann sie eine Energieverschwendung bedeuten. Ihr könnt diese Energie anderweitig nutzen. Wenn ihr sie nicht nutzt, um euren Ätherkörper mit dem eines Partners zu vereinigen, erfüllt sie nicht ihren Zweck. Aber wenn sie Druck lindert, sind wir nicht dagegen. Ja.

MIKI: Ich weiß, daß wir nicht töten sollen. Aber wenn eine Frau ein Kind erwartet, das sie nicht haben will, darf sie es dann abtreiben, und wenn ja, bis zu welchem Monat nach der Empfängnis?

TOM: Wir möchten, daß ihr folgendes wißt: Leben, das ein Recht hat zu leben, wird nicht ausgelöscht. Das wird vom Universum geregelt. Wenn wir sagen »ein Recht hat zu leben«, sprechen wir von einer Seele, die gewählt hat, zurückzukommen, um zu dienen oder eine Lektion zu lernen. Diejenigen, die aufgehalten werden, bevor sie auf die Welt kommen, sind überwiegend eigensinnige Geister, die länger im vorgeburtlichen Zustand existieren müssen, ehe sie in einen physischen Körper zurückkehren. Die meisten von ihnen sollten außerdem in einer anderen Zivilisation geboren werden. Du hast den Ausdruck »töten« verwendet. Er ist nicht korrekt. Das ist ein sehr ernstes Problem auf der Erde. Eure Religionen haben dieses Problem geschaffen, um euch zu beherrschen. Wir sagen euch: Eine Seele, die geboren werden soll, wird nicht ausgelöscht. Jene, die nicht geboren werden sollen, werden auf irgendeine Weise daran gehindert. Vor dem Leben in einer physischen Welt gibt es keinen Tod. Was ist auf eurer Welt Mord? Es ist das Auslöschen eines Lebens, das seinen Zweck in der physischen Welt noch nicht erfüllt hat. Das Leben wird nicht vernichtet, sondern sein

Entwicklungsprozeß auf dem Planeten Erde wird dadurch komplizierter. In Wahrheit gibt es keinen Tod. Es ist falsch, ein Leben auszulöschen, daß seinen Zweck noch nicht erfüllt hat. Wir sprechen von einem Leben, das geboren wurde. Altea sagt, wenn ihr einen Zeitraum haben wollt, dann sind es dreieinhalb eurer Monate, nicht mehr. Denn bis dahin erinnert sich die Seele nicht an ihre Existenz in einem Kokon in der Gebärmutter, und darum wird sie innerlich nicht verletzt.

GAST: Gibt es auf diesem Planeten natürliche oder wahre Seelengefährten? Und wenn ja, gibt es nur einen wahren Gefährten, eine »andere Hälfte« für jeden Menschen?

TOM: Das ist ein schwieriges Thema. Denn es gibt Seelen, mit denen ihr in eurer körperlichen Vergangenheit in anderen Leben existiert habt und zu denen ihr euch hingezogen fühlt, wenn sie wieder euren Weg kreuzen. Aber wenn du von einem wahren Seelengefährten sprichst, so handelt es sich um eine Beziehung zwischen zwei Seelen, die in Wirklichkeit eine sind. In diesem Fall gibt es keine anderen Seelengefährten, sondern nur einen. Es gibt Seelen, die zu einem Wesen verschmolzen sind. In der Zivilisation von Altea gibt es zum Beispiel keine Frauen und keine Männer, sondern nur ein Geschlecht. Auf eurem physischen Planeten Erde ist es wegen seiner besonderen Situation notwendig, männlich oder weiblich zu sein. Aber in Wahrheit seid ihr eins.

Die folgende Botschaft betrifft homosexuelle Beziehungen:

TOM: Es gibt nur sehr wenige Seelen, die lediglich einmal auf die Erde kommen. Aber jene, die ihr homosexuell nennt, haben schon oft gelebt. Sie hatten mehrere Male dasselbe Geschlecht, danach ein anderes, und das hat sie verwirrt. Ihr müßt wissen, daß jeder von euch zu einer bestimmten Zeit in dieser Situation war.

Die Verbindung, die Vereinigung von männlicher und weiblicher Energie führt zur Einheit mit der Schöpfung. Der Mann hat in seinem Innern immer die Macht der Frau gekannt, und eure heterosexuellen Männer gehen von einer Frau zur anderen, um nach dieser Einheit mit der Schöpfung zu suchen, statt sich die Zeit zu nehmen, die Energie zu verstehen. In den dunklen Winkeln ihres Geistes wissen sie nur, daß sie dieses Verlangen haben.

Es überwältigt sie, und anstatt sie emporzuheben, erniedrigt es ihre Natur. So war es auch mit den Religionen auf dem Planeten Erde. Anfangs hatten die Menschen Wissen; dann wurden die Männer dogmatisch, durch ihren Versuch, andere zu beherrschen. Und obwohl ihr Wissen die Wahrheit enthielt, verloren sie es durch Mißbrauch. Vielleicht hört ihr es nicht gerne - aber ein homosexueller Mensch ist ein Wesen, das oft als Angehöriger des anderen Geschlechts gelebt hat. Dieser Vorgang muß besser verstanden werden. Denn alle Seelen hatten einmal ein anderes Geschlecht. Wenn ihr Menschen das begreift, macht ihr einen großen Schritt vorwärts. Jede Seele, die lebt, um Menschsein zu verstehen, war einmal in dieser Situation. Eure Christen sagen: »Gehe hin in der Gnade Gottes.« Richtig müßte es heißen: »Gehe hin in der Gnade dessen, was du geschaffen hast.«

Kapitel 19

Abenteuer des Bewußtseins

In diesem Kapitel erforschen wir uns selbst und unsere Einstellung zu uns selbst. Wir erhalten nützliche Hinweise zur Meditation und erfahren, wie wir Einstellungen ändern können. Ein Kapitel mit liebevollem, fürsorglichem Rat von den Neun, den wir annehmen können, wenn wir wollen ...

JOHN: Was vernachlässigen euren Beobachtungen nach die Menschen, die den Planeten positiv umgestalten wollen?
TOM: Die Erziehung zum Selbstbewußtsein.
JOHN: Wie macht man das?
TOM: Die Ursache des Problems ist zum Teil die mangelnde Aufklärung der Massen über das Problem der Minderwertigkeit. Es wäre von großem Nutzen, wenn ihr damit anfangen würdet, die Menschen zu ändern, die sich minderwertig fühlen. Das sind die meisten. Es ist ein primitiver Zustand, ja.
MIKI: Woher kommt dieses verbreitete Gefühl, wenig wert zu sein?
TOM: Von der Unmenschlichkeit der Menschen.
MIKI: Aber dieses Minderwertigkeitsgefühl steckt offenbar in fast allen Menschen.
TOM: Zum Teil ist es ein Gefühl der Minderwertigkeit, zum Teil ist es echte Benachteiligung. Die Menschen sind sich in wichtigen Bereichen ihres Lebens ihrer selbst nicht sicher. Doch manchmal rufen diese Minderwertigkeitsgefühle den Drang hervor, besser zu werden. Anders ist es bei Menschen, die wirklich benachteiligt sind und weniger haben, als sie brauchen. Wenn ihr stark seid, weiß eure Seele, was ihr ändern müßt, um noch stärker zu werden.
JOHN: Aber die meisten Menschen kennen ihr Potential, ihren wahren Wert nicht.

TOM: Ja, weil die Religionen bestimmen, was die Menschen zu glauben haben. Die Religion trägt die Hauptverantwortung.

JOHN: *Weil sie unsere Kraft oder Fähigkeit zu handeln verringert?*

TOM: Ja. Manche Menschen sagen, wenn sie sterben, wenn sie den Übergang vollziehen, werden sie transformiert. Aber das meinen wir nicht mit dem Begriff Transformation. Denn wenn sie ihre irdischen Probleme mitnehmen, haben sie eine Transformation vollzogen, die schwerer ist, als eine Transformation auf der Erde. Darum ist es so wichtig, daß die Menschen sich während ihres Lebens auf der Erde transformieren und ihre Verantwortung für den Planeten Erde, seine Bewohner, seine Lebewesen, seine Meere und seine Mineralien begreifen. Es ist wichtig, daß sie Respekt haben und die Transformation des Planeten Erde herbeiführen, indem sie ihn aus der Dunkelheit ins Licht heben. Und sie beginnt bei jedem einzelnen. Habe ich es ausreichend erklärt?

JOHN: *Du hast einmal gesagt, wenn die Menschen lernen würden, gütig zueinander zu sein, ...*

TOM: Güte ist das wichtigste Wort in eurem Wortschatz, nicht Liebe. Denn Güte ist Liebe. Und das Wort »Liebe« wird dazu mißbraucht zu fesseln, zu beherrschen und zu manipulieren. Aber Güte - wer könnte der Güte widerstehen? Keiner. Der Liebe kann jeder widerstehen; denn Liebe wird mißverstanden. Güte ist Liebe in Aktion. Und sie hat mit Akzeptieren zu tun. Wenn die Menschen akzeptieren und verstehen würden, hätten sie keine Probleme. Aber es gibt kein teilweises Akzeptieren; denn akzeptieren heißt, das Selbst vollständig beseitigen. Wenn ihr euer Selbst beseitigt, bleibt ihr »selbst« übrig; doch wenn es Schwierigkeiten zwischen zweien oder allen von euch gibt, habt ihr euer Selbst nicht beseitigt. Es hat damit zu tun, wie ihr den anderen »seht«. Könnt ihr euch in die Lage eines anderen versetzen und die Dinge von seinem Standpunkt aus betrachten? Könnt ihr das Leben als Ganzes aus einem Blickwinkel sehen, der breiter ist als euer eigener?

MIKI: *Kannst du uns den Unterschied zwischen Änderung, Transformation und Erleuchtung sagen? Gibt es überhaupt eine Erleuchtung, die wir erlangen können?*

TOM: Bevor ihr transformiert werden könnt, braucht ihr Erfahrung und das notwendige Werkzeug. Oder ihr müßt im Selbst ein starkes Bedürfnis nach

Transformation verspüren. Oder die Person, die ihr seid, muß völlig in sich zusammenbrechen. Aus dem Chaos entsteht die Ordnung.

Wenn also ein Mensch oder ein Staat sich im Zustand des Chaos befindet, kann er fast augenblicklich transformiert werden, sofern das Werkzeug oder das Verlangen danach vorhanden ist oder wenn andere darauf hindrängen. Es ist wie eine Verschiebung der Erdkruste - heute ist sie hier, morgen da, und sie ist nie dieselbe.

MIKI: Danke. Natürlich brauchen wir den Willen, uns zu verändern, wenn wir uns tiefgreifend verändern wollen. Und es kann nicht nur ein intellektueller Wunsch sein, der da heißt »Ich will mich ändern«, sondern man muß spüren, daß es notwendig ist. Es gleicht dem Tod; aber es ist eine psychologische Wiedergeburt. Wir werden etwas völlig anderes.

TOM: Ihr alle seid imstande, den Planeten zu verändern. Doch ihr müßt bei euch selbst beginnen, indem ihr euch selbst liebt. Ihr könnt euch nur dann lieben, wenn ihr euch selbst respektiert. Das heißt, ihr müßt aus eurem Selbst alles entfernen, was ihr bei anderen nicht respektiert, sowie all die verborgenen Dinge, die ihr an euch selbst nicht respektiert. Wenn ihr Menschen erhobenen Hauptes einherschreiten und sagen könnt: »Ja, ich kann mit mir selbst leben, und ich kann mit meinen Gedanken leben, weil sie rein und liebevoll sind, darum kann ich mich selbst lieben«, dann versprechen wir euch, daß die Erde sich rasch weiterentwickeln und selbst eure kühnsten Träume übertreffen wird. Ihr habt euch entschieden zu dienen, und ihr dient nicht nur uns, sondern allen, die auf der Erde und in den geistigen Sphären leben. Fangt an zu dienen, indem ihr euch selbst liebt. Entfernt den Schmutz aus eurer Körperlichkeit, aus eurem Geist und aus eurem Herzen; erlaubt eurer Seele, euch den Weg zu zeigen. Vielen von euch wird von Kindheit an beigebracht, nicht egoistisch zu sein. Selbstliebe ist nicht Egoismus - sie ist das Gegenteil. Denn Egoismus behindert den natürlichen Fluß des Glücks, der Hilfe, der Güte, des Erfolges und der Zufriedenheit. Wenn ihr ehrlich zu euch selbst seid und in eurem besten Interesse handelt, tut ihr auch für andere das Beste. Anmut verzaubert alle Menschen.

Denkt daran, daß in euch der Same der Macht schlummert. Wenn ihr das Gleichgewicht nicht bewahrt, kann die Häßlichkeit der Macht zum Vorschein kommen, nämlich das Verlangen danach. Aber vergeßt nicht zu vergeben.

In uns ist keine Feindseligkeit, und bei euch braucht es nicht anders zu sein. Obwohl ihr auf dem dichtesten aller Planeten im Universum lebt, dürft ihr nicht vergessen, daß alle Seelen gerettet werden können.

JOHN: Ja, ich glaube, wir machen uns manchmal dieser Einstellung schuldig.

TOM: Das ist wahr.

JOHN: Und wir bitten um Vergebung.

TOM: Vergebung kommt von euch selbst, wenn ihr wirklich erkennt, was geschehen ist. Ein Gefühl zu äußern ist eines; aber entscheidend ist die Tat. Auf der Bühne der Welt gibt es viele Schauspieler, die nicht das spielen, was sie fühlen. Erst wenn sie aus ihrem ganzen Selbst heraus zu fühlen und zu handeln beginnen, können sie etwas bewirken. Vielleicht behaupten sie, sie liebten Gott und sie hätten Einsicht; doch wenn sie nicht tun, was sie sagen, machen sie einen schweren Fehler, weil es nicht aus Unwissenheit geschieht. Es ist so, als würdet ihr einem anderen etwas geben, damit ihr etwas zurückbekommt - dann ist eure Gabe nichts wert.

Wenn ihr Vollkommenheit erreichen wollt, werden wir euch lehren, wie das auf eurem physischen Planeten möglich ist. Es gibt nur ein Gesetz der Vollkommenheit, ein einfaches Gesetz: Behandelt jede Seele, jedes Tier und jede Pflanze so, wie ihr selbst behandelt werden wollt. So erreicht ihr Vollkommenheit. Dies ist die goldene Regel, das Gesetz des Universums.

Körperliche Übung ist wichtig. Wenn ein physischer Körper altert und aufhört, sich zu bewegen und zu üben, verringert sich seine Bewegungsfähigkeit. Und das verringert auch die Ausdehnungsfähigkeit des Geistes. Alles ist miteinander verbunden. Darum ist es für Menschen, die älter werden, wichtig, den Körper zu trainieren und seine Beweglichkeit zu erhalten. Andernfalls werden Teile des Körpers steif und legen Teilbereiche des Geistes lahm. Innere Ordnung und Form, innere Geduld und Ausgewogenheit sind wichtig.

Ordnung ist wichtig; denn in der Ordnung beginnt ihr die Natur des Planeten Erde und des Universums zu verstehen. Form ist wichtig; denn wenn ihr einen Plan, ein System formuliert, könnt ihr den größten Fortschritt und die höchste Produktivität erzielen.

Ausgewogenheit ist wichtig, damit ihr euren physischen Planeten und das Universum erfahren könnt. Wenn ihr beispielsweise beim Essen ungeduldig und hastig seid, kaut ihr nicht gründlich, und die Verdauungssäfte können nicht produziert werden, um es ordentlich zu verdauen, damit die Nährstoffe an die richtigen Stellen in eurem System transportiert werden. Wenn ihr hastig eßt, große Bissen schluckt, zuwenig Verdauungssäfte absondert, schadet ihr eurem physischen Körper. Ihr vergiftet euch. Wir nehmen dies als Beispiel, denn ihr solltet in all euren Lebensbereichen geduldig sein. Durch Geduld erkennt ihr die Natur des Universums; ihr verdaut es und verliert es nicht. Ihr wachst mit ihm, und ihr lernt seine Schönheit schätzen. Es bleibt bei euch in Freude. Seid nicht hastig. Bewegt euch sanft. Das ist wichtig für die Evolution des Planeten Erde. Lehrt euch selbst Geduld.

Wir schmeicheln euch nicht; denn Schmeichelei bestärkt diejenigen, welche die Wahrheit nicht verstehen und nur ihre eigene Größe anerkennen. Laßt euch immer von den höchsten Motiven leiten. Es ist, als strangulierten sich die Menschen in ihren Kleidern, als seien sie unfähig, sich von ihrem Selbst zu lösen und einen Augenblick zu ihrem wahren Sein zurückzukehren. Die Menschen fürchten sich davor herauszufinden, wer sie wirklich sind; sie glauben, die Verantwortung sei zu groß. In Wahrheit macht die Verantwortung Freude, und die Energie, die ein Mensch ausstrahlt, berührt andere und strömt zu uns.

JOHN: Ich muß sagen, daß ich ein starkes Gefühl der Unzulänglichkeit empfinde. Einerseits verstehe ich, was du sagen willst; andererseits bin ich mir meiner menschlichen Schwächen so sehr bewußt.

TOM: Gehe dir selbst aus dem Weg, mach dir keine Sorgen darüber, und strebe einfach nach vorne! Denke daran, was du bereits für den Planeten Erde getan hast. Es ist keine Demut, ständig Schuldgefühle zu haben. Wenn du Ordnung schaffst und dem Weg folgst, den du gewählt hast, dann bewegt sich alles mit dir. Auch ein Baby müßte Angst vor dem ersten Schritt haben, weil es fallen könnte - aber es weiß nichts von den Folgen des Fallens, und darum tut es den ersten Schritt. Vergiß die möglichen Folgen deines Fallens. Vertraust du nicht darauf, daß du andere glücklich machen kannst, wenn du nur damit beginnst? Kannst du nicht sehen, daß du einen Wettkampf gegen dich selbst bestreitest?

Drückt euch in Worten der Liebe und Worten der Freude aus; denn so macht ihr das Universum glücklich. Und wenn Glück, Freude und Lachen im Universum sind, ist das ein Grund zum Feiern. Die Menschheit darf sich selbst nicht zu ernst nehmen! Sie muß damit beginnen, in ihrem Innern die Freude ihrer Göttlichkeit zu empfinden, die Freude ihrer Einheit mit dem Universum. Sie muß sich von ihren Fesseln befreien und darf nicht länger Opfer sein. Wir haben nie um Opfer gebeten; doch die Menschheit macht sich zum Opfer, weil sie sich schuldig fühlt; denn sie weiß, daß sie das Tal durchquert hat, das sie nicht hätte durchqueren sollen, und jetzt führen wir sie gemeinsam mit allen zurück durch dieses Tal, damit sie eins mit dem Universum wird. Wir lieben euch, wir gehen mit euch, wir sind bei euch. Limitiert euch nicht, keiner von euch Menschen.

Wenn ihr den Nazarener in euch selbst visualisieren könnt, dann könnt ihr wie der Nazarener sein, wenn ihr wollt. Wenn etwas oder jemand euch verletzt, dann ist es euer Ego, das schmerzt. Wir lieben euch. Wir sind um euch und bringen euch Frieden.

Wenn der Tag kommt, an dem wir mit euch in der Sprache des Geistes reden können und ihr untereinander eine Sprache des Geistes benutzen werdet, beginnt die wahre Evolution der Menschen. Wir beobachten euch, und wir sind traurig, weil eure Art der Kommunikation so schwierig ist. Wir haben festgestellt, daß ihr etwas anderes ausprecht, als ihr denkt. Es ist tragisch, daß eure Kommunikationsweise so benutzt wird, aber eines Tages wird jeder unmittelbar verstehen, was im Geist des anderen ist. Und dann wird keiner auf eurem Planeten Erde mehr etwas anderes als die Wahrheit sprechen können.

IAN: In früheren Gesprächen hast du gesagt, die Sprache sei auf die Erde gebracht worden, um die Evolution der Menschen zu fördern. Welche Bedeutung wird die Sprache in der Zukunft haben?

TOM: Eine große und entscheidende. Heute ist die verbale Sprache die einzige Möglichkeit für einen Menschen, sich anderen mitzuteilen. Aber auch das ist wichtig: Es kommt darauf an, wie ein Wort gebraucht und geehrt wird; denn es setzt Energie frei, die ins Universum fließt. Es ist traurig, daß die Menschen so oft durch leere Worte Energie verschwenden und dadurch Probleme im Universum hervorrufen. Aber wir mahnen euch zur Vorsicht. Ihr könnt nicht zu einer völlig neuen Sprache überwechseln; denn die Menschen neigen zum Widerstand, und wenn sie sich sperren, werden sie unbeweglich und starr. Darum müßt ihr eine Brücke finden. Mit anderen Worten: Ihr müßt die Menschen über die Natur der Sprache aufklären und nicht einfach eine neue Sprache einführen, ohne daß die Menschen den Grund dafür kennen. In eurer Welt hören die Menschen nicht auf das, was gesagt wird. Darum ist Zuhören sehr wichtig.

Es folgen einige spezifische Anleitungen zum Meditieren, die Tom der Gruppe zu verschiedenen Zeiten gegeben hat.

IAN: Kannst du uns eine einfache Meditationstechnik für unsere wöchentlichen Meditationen geben? Hast du Richtlinien für uns?
TOM: Wir bitten euch, vor dem Beginn drei Minuten lang auf eurem Stuhl zu sitzen und euch vorzubereiten. Atmet tief ein und aus, und denkt daran, daß einer von uns bei euch ist. Mit jedem Ausatmen wird eine Störung in euch beseitigt. Dann werdet ihr ein Werkzeug der Reinheit, damit ihr euer wahres Selbst erkennt; damit ihr wißt, wer ihr seid; damit ihr wißt, daß ihr mit uns und dem Universum verbunden seid; damit ihr wißt, daß ihr alles, was ist, in euch tragt, eingehüllt in alles, was ihr seid - Seele, Geist und Intellekt, die in alle Ewigkeit fortdauern. Ihr enthaltet alles, was ist. Erkennt, daß ihr in euch die Kraft habt, die notwendigen Veränderungen herbeizuführen, um aus der Erde ein Paradies zu machen.
Seid anderen voraus - nicht als Elite, als intelligentere oder weisere Menschen, sondern dadurch, daß ihr euch vom Selbst löst und euer wahres Wesen erkennt. Erfüllt alle Menschen, auch die Jugend, mit Reinheit, Liebe und Güte. Erfüllt alles, was euch anvertraut wurde - Wälder, Pflanzen, Blumen und Tiere, die Teil eures Paradieses sind -, mit der Essenz eures Seins. Und übermittelt allen Menschen in Gedanken eine Botschaft: daß sie zusammen mit euch fähig sind, die notwendigen Veränderungen auf der Erde herbeizuführen, indem sie gegen Unmenschlichkeit protestieren.
Ihr könnt das in ein Programm aufnehmen und an andere weitergeben - als Meditation, die wir euch vorgeschlagen haben. In eurem Geist ist große Macht, und in eurem Geist könnt ihr große Energie erzeugen. Nicht körperliche Energie ist groß, sondern die Energie eures Geistes. Euer Geist kann Dinge erschaffen, wenn er weiß, wie das geht; doch er kann auch viele Dinge unbewußt erschaffen, die ihr nicht haben wollt.
Wenn sechsunddreißig sich zu einem Geist zusammenschließen und ihre Energien bündeln, können sie die ganze Welt und sogar das Universum ändern.

Wenn zwölf auf der Erde einen Geist bilden und sich konzentrieren, ist für sie nichts unerreichbar.

Dies ist eine Wiederholung der Anleitung aus dem vorigen Kapitel; doch die Anwendung der Farben hat eine derart intensive Wirkung, daß die Wiederholung sich lohnt:

Beginnt eure Meditation in Liebe, Harmonie und Frieden. Wenn eine Vorbereitung notwendig ist, benutzt eine für euch geeignete Technik - Atemübungen, Musik, Farben, Übungen oder Stille. Wir möchten nicht, daß ihr auf eure Uhr schaut und sagt: »Setz dich hin und meditiere.« Ihr könnt auch vor der Meditation visualisieren, daß smaragdgrüne, königsblaue und purpurne Farben auf euch herabregnen und euch von allen Störungen des Tages reinigen.

Leitet die Farben dann in die Erde, um auch sie zu reinigen. Dann könnt ihr mit eurer Meditation beginnen. Visualisiert Menschen, die mit ihrer Lichtenergie die Finsternis aufzehren und sie dann als Lichtstrahlen aussenden. Oder benutzt eine Pflanze: Stellt sie vor euch hin, gebt ihr die Dunkelheit und sie wird sie osmosen. Hört sich das seltsam an?

IAN: *Osmose ist ein Austausch in der Pflanze.*

TOM: Ja, danke, das ist es, was wir meinen. Denkt daran: Ihr kommt alle von uns; in euch ist unsere Vollkommenheit. Ihr könnt keine körperliche Vollkommenheit auf der Erde erlangen, weil der Planet zu dicht ist. Aber ihr könnt in eurer Seele und in eurem Geist vollkommen werden. Setzt euch nicht selber Grenzen. Jede irdische Philosophie, jede Kultur, jede Religion setzt euch Grenzen. Wenn ihr zum Beispiel glaubt, daß ihr eines eurer Jahre braucht, um etwas zu erreichen, könnt ihr euch sechsunddreißig eurer Sekunden darauf konzentrieren, diese Überzeugung zu beseitigen. Dann könnt ihr euch innerhalb von sechsunddreißig eurer Sekunden eine neue Überzeugung aneignen.

JOHN: *Wie konzentrieren wir uns am besten?*

TOM: Wir wollen euch ein Beispiel geben: Wenn ihr euch an etwas erinnern wollt, das im Bewußtsein oder im Unterbewußtsein vorhanden ist, konzentriert ihr euch sechsunddreißig Sekunden lang, und ihr behaltet es im Gedächtnis, oder ihr könnt es aus dem Unterbewußtsein hervorholen.

Wenn ihr eine unerwünschte Erinnerung oder einen Gedanken aus eurem Bewußtsein oder Unterbewußtsein entfernen wollt, konzentriert euch sechsunddreißig Sekunden lang, und es ist ausgelöscht. Wenn ihr sechsunddreißig Sekunden lang denkt, daß ihr krank seid, werdet ihr krank. Wenn ihr sechsunddreißig Sekunden lang denkt, daß ihr gesund seid, setzt ihr einen Genesungsprozeß in Gang. Die Massen, die von der Gesellschaft, den Regierungen und den Religionen so programmiert wurden, daß sie an starre Gebete glauben, haben vieles bewirkt. Es herrscht zum Beispiel das Massendenken auf dieser Welt, daß alle alt werden und leiden müssen und daß Schwierigkeiten zu neuen Schwierigkeiten führen. Das sind verbreitete Überzeugungen, die den Menschen einprogrammiert wurden.

JOHN: *Eines macht mir Sorgen: Daß wir uns nur etwa fünfzehn Sekunden lang völlig konzentrieren können. Mir fallen schon sechs Sekunden sehr schwer. Ist das ebenfalls ein »Programm«?*

TOM: Du hast dein Programm verstanden!

JOHN: *Würdest du uns sagen, was du unter »Erleuchtung« verstehst? Ich glaube, das ist ein Begriff, über den es auf der Erde viele Unklarheiten gibt.*

TOM: Hältst du dich selbst für erleuchtet?

JOHN: *Nein.*

TOM: Dürfen wir fragen, warum nicht?

JOHN: *Weil ich Eigenschaften habe, die ich erst loswerden muß, bevor ich ...*

TOM: Du setzt Erleuchtung mit Vollkommenheit gleich. In der Dichte des Planeten Erde gibt es keine Vollkommenheit. Um zu erklären, wonach du fragst: Erleuchtung ist, was du bist. Erleuchtung ist ständiges Bemühen, ständiges Suchen, ständiges Nachdenken darüber, was beseitigt, geändert oder geläutert werden muß - aber dabei mußt du dich selbst voll und ganz akzeptieren. Außerdem mußt du akzeptieren, daß du als Teil des Göttlichen alles erreichen kannst, was du erreichen willst, sofern es dem Universum dient. Aber du glaubst, du müßtest unaufhörlich nach dem Höheren streben, das du nach deiner einprogrammierten Überzeugung gar nicht erreichen kannst. Du glaubst, du müßtest nicht nur nach dir selbst, sondern auch nach deiner Beziehung zum Universum suchen. Das ist aber nur deine persönliche Meinung. Wenn du verstehst, daß ihr für einen Teil des Universums verantwortlich seid, daß es eure Liebe ist, die uns geschaffen hat und erhält - das ist Erleuchtung. Wenn du die Negativität deiner selbst, des Planeten oder des Universums verstehst und wenn du verstehst, auf welche Weise die Macht zu beherrschen erschaffen und wieder aufgelöst werden kann - das ist Erleuchtung. Du bist auf dem Weg. Ja. Das heißt nicht, daß du aufhören sollst zu streben. Klare Gedanken haben große Macht. Diese Macht kommt der höchsten Macht so nahe, wie es einer Seele auf der menschlichen Ebene möglich ist. Seid euch darüber im klaren, daß eure Gedanken sehr viel Gutes bewirken können, daß falsches Denken aber auch große Schwierigkeiten hervorrufen kann.

Fangen wir klein an: Wenn ihr euch vollständig an etwas erinnern wollt, konzentriert euch 33,3 Sekunden lang ohne jede Störung und so intensiv wie möglich darauf. Der Rat sagt, ich soll 36 sagen; aber in Wirklichkeit sind es 33,3 Sekunden - nicht weniger; aber ihr könnt euch länger konzentrieren, wenn ihr wollt. Dann ist das Gewünschte in eurem Geist, im höheren Selbst und im niederen Selbst, im Bewußtsein und im Unterbewußtsein. Ihr könnt es dann nicht mehr vergessen, außer mit Hilfe derselben Methode. Wenn ihr einen Irrtum aus eurem Geist entfernen wollt, konzentriert euch 36 Sekunden lang darauf, und er wird aus dem Unterbewußtsein gelöscht. Ihr könnt euch dann nicht mehr daran erinnern. Wenn ihr einen Schritt weiter gehen wollt, baut vor dem geistigen Auge 33,3 Minuten lang eine Pyramide. Diese ist dann fest in eurem Geist verankert, und ihr habt damit eine Energie erzeugt, mit der ihr Dinge nach Wunsch bewegen oder verändern könnt. Um einen Irrtum zu beseitigen, müßt ihr diesen Prozeß 36 Minuten lang umkehren. Der Geist verwirklicht seine eigene Realität. Zum Beispiel: Die Völker der Erde haben einen Massengedanken oder Glauben, der in die Atmosphäre dringt. Es ist ein kollektiver Glauben. Er ist wie eine Gedankenkette, und er bringt der Erde genau das, was an Gedanken ausgesendet wurde. Eine Regierung beeinflußt das Denken der Menschen, und die Leiter einer Firma beeinflussen das Denken und die Überzeugungen ihrer Mitarbeiter. Dieser Einfluß läßt sich beseitigen, wenn es notwendig ist. Wenn ihr euch 33,3 eurer Minuten konzentriert - das ist für das Bewußtsein sehr schwierig, und es erfordert regelmäßiges Üben und Gewöhnung -, könnt ihr einen großen Teil dessen, was falsch gemacht wurde, auslöschen - nicht nur für die Erde, sondern auch für andere, was immer sie sich selbst und anderen angetan haben. Wenn

36 Menschen sich 33,3 Minuten lang zu einem Geist, einem Gedanken, einer Liebe vereinigen, können sie sogar das Universum verändern. Wenn 12 Menschen sich 33,3 Minuten lang auf Heilung oder auf die Reinigung eines bestimmten Bereichs konzentrieren, wird es ihnen gelingen - aber denkt daran, daß die Anderen eingreifen können, wenn die Motive nicht edel sind.

In eurer physischen Welt nutzt ihr nur einen Teil eures Gehirns, nicht wahr?

JOHN: Ja, das stimmt.

TOM: Ihr nutzt auch euren Körper nicht vollständig. Je mehr ihr nutzt, desto mehr entwickelt ihr.

JOHN: Es gibt verschiedene Ansichten darüber, welchen Teil unseres Gehirns wir tatsächlich nutzen. Kannst du uns einen genauen Prozentsatz sagen?

TOM: Es sind zwischen 18 und 22 Prozent.

JOHN: Wir wissen einiges darüber, wie man die Leistung des Gehirns steigern kann. Gibt es noch etwas, was wir tun könnten?

TOM: Es ist wichtig, von Zeit zu Zeit die Sauerstoffversorgung des Gehirns zu erhöhen. Ozon einzuatmen, schadet dem Gehirn sehr. Es ruft Probleme in den Lungen hervor, schädigt die Klappen und führt zu Sauerstoffmangel im Gehirn.

JOHN: Es ist doch hauptsächlich die körperliche Bewegung, die dem Gehirn Sauerstoff zuführt?

TOM: Körperliche Bewegung ist wichtig, denn sie verbessert nicht nur die Sauerstoffversorgung des Körpers, sondern auch die Nährstoffzufuhr. Aber vor allem wären auch gelegentliche Atemübungen von großem Nutzen.

JOHN: Ich glaube, Yoga und Meditation sind gut dafür. Können auch Kopfstände die Sauerstoffversorgung des Gehirns verbessern?

TOM: Ich werde nachfragen. ... Sie sagen, wenn ihr auf dem Kopf steht, ... Der Wert, den es hat, ... Ich weiß nicht, ob sie es ernst meinen oder nicht. ... Sie sagen, dann seht ihr die Welt umgekehrt. Ja.

ALLE: (Gelächter)

JOHN: Ja. Aber ich vermute, daß der Kopfstand außerdem noch die Durchblutung des Gehirns verbessert.

TOM: Joseph von Aragon sagt, daß Übungen den gleichen Nutzen bringen.

JOHN: Aha. Ich habe große Schwierigkeiten, meinen Geist zu beruhigen, wenn ich meditiere. Ich habe gehofft, das werde sich mit der Zeit ändern; aber es gelingt mir immer noch nicht.

TOM: Wer hat dir gesagt, daß der Geist während der Meditation ruhig sein soll?

JOHN: Nun, das ist meine eigene Idee.

TOM: Wenn du meditierst, dann meditierst du über etwas, nicht wahr? Wie kann der Geist also leer sein?

JOHN: Nun ja, ich dachte, wenn ich beim »Thema« bleibe, ist die Meditation wirksamer. Ich stelle fest, daß meine Gedanken hin und her wandern, und die Folge ist, daß ich meine Gebete wiederhole und ändere und so weiter. Ist das ebenso wirksam?

TOM: In der Meditation verzehnfachst du deine Kräfte.

Hier sind weitere nützliche Empfehlungen zur Technik des Visualisierens:

CHARLES: Wenn man während des Alltags positive Energie auf einer subtilen Ebene ausstrahlen möchte, wie kann man das erreichen?

TOM: Am wichtigsten ist es, daß ihr nach dem Aufstehen und vor dem Zubettgehen Körper, Seele und Geist von den Energien reinigt, die euch berührt haben und an euch haften. Wenn euch kein Wasser für eine vollständige Reinigung zur Verfügung steht, dann stellt euch bildhaft vor, ihr stündet unter einem Springbrunnen. Dann visualisiert Reinheit. Während der Reinigung mit echtem oder imaginärem Wasser visualisiert ihr, daß alles Negative von euch weggespült wird und daß nur geistige Reinheit übrigbleibt. Wenn ihr in einer Gegend seid, in der es gesunde Bäume gibt, könnt ihr einen Baum umklammern und die negative Energie aus dem Solar Plexus in den Baum fließen lassen, damit er sie in reine Energie - Sauerstoff - umwandelt und in den Äther schickt, so daß nichts verunreinigt wird. Dann geht an eure tägliche Arbeit, wissend, daß euer Herz die reinsten Absichten birgt, keine egoistische Anerkennung sucht und sich nur Frieden auf Erden und Gutes für eure Mitmenschen wünscht. Dann strahlt ihr diese positiven Energien kreisförmig aus. Allerdings heften sich während des Tages andere Energien an eure Energie und verkürzen ihre Reichweite. Dann könnt ihr Körper, Seele und Geist erneut reinigen, indem ihr Wasser oder einen Baum benutzt. Stille ist wichtig; denn wenn ihr zuviel redet, schwächt ihr eure Energie ebenfalls.

MIKI: Wir möchten auch im Alltag an unsere Aufgabe denken. Wie können wir das erreichen?

TOM: Wenn ihr mit euch selbst abmacht, keinen Tag vergehen zu lassen, ohne euch selbst das Geschenk der Meditation zu geben, wird dieses Bewußtsein in euch auftauchen. Ist es zuviel verlangt, täglich neun oder achtzehn Minuten für sich selbst zu opfern? Es ist nicht für uns, sondern für euch.

MIKI: Wir sind berufstätig, und darum ist es für uns schwierig, täglich gemeinsam zu meditieren. Können wir unsere Aufgabe auch dann fördern, wenn wir einzeln meditieren?

TOM: Es ist gut für euch, wenn ihr meditiert. Wenn ihr zu dritt meditiert, kann der Planet Erde eure Energie besser nutzen. Wenn nicht alle anwesend sein können, sollten jeweils drei von euch an verschiedenen Orten zur selben Zeit meditieren. Dann überzieht ihr die Erde mit Dreiecken - wäre das nicht großartig?

Es ist von großer Bedeutung, daß ihr eure Bewegungen beherrscht, damit der Geist sich ausdehnen kann. Kampfsportarten sind eine Form, um Körperbeherrschung zu erlernen, die dem Geist Ausdehnung erlaubt. Eine andere Möglichkeit ist die Reinigung des Geistes durch gelegentliche Atemübungen. Am wichtigsten und am schwierigsten ist das Loslösen in der Meditation, aber ihr könnt mit Geräten üben, die euch helfen, euren Geist darauf einzurichten, die Gedanken gehen zu lassen (Biofeedback).

MIKI: Ich habe neulich in Indien einen Lehrer kennengelernt, der von Yogananda ausgebildet wurde. Hältst du die Methoden Yoganandas für nützlich? Kannst du uns sonst noch etwas über die Meditation sagen?

TOM: Viele Methoden des Yogananda können das Bewußtsein erweitern. Aber wir bitten euch, den Hinduismus richtig zu verstehen. Yoga ist sehr nützlich, weil es Körper und Geist diszipliniert. Aber die Erleuchtung kommt, wenn ihr loslassen und eurem wahren Wesen in Verbindung mit dem Universum vollständig vertrauen könnt. Dann befreit ihr euch vom Ego - vom unwesentlichen Ich, vom Persönlichkeits-Ich. Es ist gut, wenn ihr täglich meditiert, als Teil eures Bemühens, die Erde zu transformieren. Wenn ihr versteht, in welchem Zustand jeder beliebige Mensch sich zu jeder beliebigen Zeit befindet, dann wißt ihr, wie ihr am besten mit ihm umgeht. Das gilt für alle Existenzebenen und alle Lebensbereiche. Ja.

Wenn ihr das Bewußtsein der Erde auflockert und erweitert, wird der Planet zu einem lichten Raumgefährt.

ANDRIJA: Streckt sich diese Erweiterung bis ins All hinaus? Trägt das dazu bei, die Überflutung mit UV-Strahlen (wegen der Zerstörung der Ozonschicht) einzudämmen?

TOM: Dafür würden wir euch bitten, folgendes zu tun: Visualisiert, daß ihr ein ... ich versuche das Wort zu finden. Es ist wie Nesseltuch.

JOHN: Filigran.

TOM: Ja, Filigran. Webt während der Meditation im Geiste ein solches Tuch und visualisiert, daß die Schutzschicht in der Ionosphäre damit repariert wird. Wandelt die zerstörerischen Partikel in Atome um, die Ausgewogenheit herstellen.

ANDRIJA: Welches Ausgangsmaterial sollen wir bei dieser Übung benutzen?

TOM: Euren Geist.

ANDRIJA: Das ist alles?

TOM: Reiner Geist. Die höchste Form. Der Rat sagt, es ist Kristallbewußtsein.

Im Jahre 1991 wurden Tom weitere Fragen zur Meditation gestellt:

JOHN: Ich glaube, wir alle würden gern wissen, welche Meditation wir in Zukunft halten sollen?

TOM: Ihr müßt euch auf die notwendigen Veränderungen in den Regierungen konzentrieren, damit sie sich mit den Umweltschäden auf dem Planeten Erde befassen. Bitte macht die Menschheit in eurer Meditation darauf aufmerksam, daß sie weltweit gegen die Vernichtung benachteiligter Völker auf der Erde protestieren muß. Die Anderen und ihre Gehilfen versuchen, verschiedene menschliche Rassen durch Völkermord auszulöschen. Ihr bemüht euch, die Ausrottung gefährdeter Tierarten zu verhindern; aber ihr wehrt euch nicht gegen die Ausrottung menschlicher Rassen. Auch das ist wichtig.

JOHN: Ja. Ebenso die Leiden der Kinder, die von Eltern mißbraucht werden. Das kommt in unserer Gesellschaft zur Zeit so häufig vor.

TOM: Es wird nur häufiger aufgedeckt. Meditiert, damit es aufgedeckt wird.

Es ist wichtig, es den Menschen bewußt zu machen; dann können sie sich nicht abwenden. Wenn ihr nicht darüber sprecht, wenn ihr vorgebt, das Problem existiere nicht, dann könnt ihr es nicht lösen.

Allerdings müssen wir erwähnen, daß eure Welt in der Finsternis versunken wäre, wenn wir uns in den letzten paar Monaten allein auf euch, unsere Gruppe, hätten verlassen müssen. Denn es herrschte keine Einigkeit, keine Solidarität. Wir haben immer wieder gebeten, und als wir erkannten, daß die Anderen viele unserer Helfer verwirrt haben, waren wir dankbar dafür, daß einige wenige ihre Arbeit fortsetzten.

Ihr würdet niemals eine Meditation auslassen, wenn ihr wüßtet, wie wichtig sie ist. Wenn ihr nicht verstehen wollt, so ist das eure eigene Entscheidung.

Wir werden vom Wissen sprechen, wenn ihr wollt. Wissen bringt Verantwortung mit sich. Wir müssen aber einen Schritt weiter gehen und vom Wissen sprechen, das wir euch übermittelt haben, damit ihr die Probleme im Universum versteht. Auch wir sind verantwortlich, weil wir euch dieses Wissen vermittelt haben. Denkt daran, daß mit diesem Wissen größere Verantwortung einhergeht, weil ihr nun Teil eines Kreislaufs von Seelen und Energien seid. Jeder von uns ist für den anderen verantwortlich, und das Wissen, das ihr jetzt habt, vergrößert eure Verantwortung, weil ihr nun sowohl uns wie auch eurer Seele verantwortlich seid.

JOHN: Wenn die Menschen völlige Freiheit der Wahl haben, wie sollen sie dann nicht dazu verführt werden, daß sie mit sich selbst zu nachgiebig sind? Ich meine, wir wissen, daß wir die Wahl haben, aber wir wollen doch den vollen Willen zu einer Aufgabe.

TOM: Der Wille ist kein Ziel, er ist ein Mittel. Denn ihr müßt eure Gebühr dafür entrichten.

JOHN: Du sprichst von den Folgen.

TOM: Das ist richtig. Seht euch an, wie euer Planet Erde zerstört wird. Das sind die Folgen falscher Entscheidungen. Freie Entscheidungen können richtig oder falsch sein.

Im Jahre 1994 empfahl der Rat der Neun Israel Carmel, dem Gatten von Phyllis, eine Meditation zum Nutzen des Planeten Erde, und Tom verlangte, die folgenden Zeilen in dieses Buch aufzunehmen:

ISRAEL: Es gibt eine sehr wirksame Meditation für die Umwelt unseres Planeten. Was Zeit und Ort angeht, so sind die Empfehlungen dieselben, wie sie im vorigen Kapitel gegeben wurden. Wenn wir uns am selben Tag (Sonntag) um 21.00 Uhr israelischer Zeit verbinden, können wir ein weltweites Band herstellen. Der Rat der Neun verlangt, daß mindestens drei Menschen sich körperlich versammeln, damit überall auf der Erde Dreiecke gebildet werden können. (Wenn mehr als drei Leute beisammen sind, werden daraus Kreise.) Die Zeit der Verbindung beträgt insgesamt achtzehn Minuten, und die Meditation besteht aus einer Reise um die Welt. Dabei visualisieren wir die Regierungen der Länder auf jedem Kontinent oder auf jeder Landmasse; dann visualisieren wir die Menschen und die Bäume dieser Länder. Auf diese Weise sind Verstand, Herz und Körper der Menschen dieses Planeten vereint.

Manche stellen sich gerne einen Strom aus weißem Licht vor, wenn sie durch diese Meditation reisen, und es ist hilfreich, auf jeder Landmasse drei Minuten zu verbringen. Wir sollten aber nicht stur sein, was den zeitlichen Ablauf betrifft; denn wenn wir ein wenig Übung haben, ist es leicht, im richtigen Tempo durch die Meditation zu reisen.

Es ist sehr wichtig, die Hände während dieser Meditation knapp oberhalb der Knie auf die Schenkel zu legen. Die Handteller zeigen nach oben, und die Finger sind entspannt, ohne sich zu berühren. Die Energie soll frei, nicht im Kreis herum fließen.

1. Zu Beginn die Meditation konzentrieren wir uns auf die Regenwälder Brasiliens. Das ist das Hauptthema: die Zerstörung der Bäume und letztlich des ganzen Planeten.

a) Wir konzentrieren uns auf die Regierungen der Länder, die in den Kahlschlag der Wälder verwickelt sind, und visualisieren, daß sie sich der Schäden bewußt werden, die sie der Umwelt zufügen.

b) Wir konzentrieren uns auf die Menschen dieser Länder und stellen uns vor, daß sie sich ihrer Verantwortung bewußt werden und ihre Führer drängen, der Zerstörung der Regenwälder Einhalt zu gebieten.

c) Wir konzentrieren uns auf die Bäume und senden diesen herrlichen Wäldern unsere Energie. Die Energie wird dann von Baum zu Baum fließen.

2. Von den Regenwäldern Brasiliens und den Ländern Südamerikas reisen wir nach Nordamerika und wiederholen die Prozedur bei Regierungen,

Menschen und Bäumen. Obwohl die Regenwälder vorrangig sind, visualisieren wir auch alle Bäume in Nordamerika, wie sie sich gegenseitig Energie zusenden. Dann reisen wir weiter nach Kanada und Alaska, bis alle Bäume miteinander verbunden sind.

3. Dann folgen wir der Energie über die Beringstraße nach Rußland und wiederholen das Verfahren, wenn wir die Länder Europas visualisieren.

4. Dann reisen wir durch Asien einschließlich des Nahen Ostens, Indiens und Chinas.

5. Nun visualisieren wir Australien und Neuseeland.

6. Schließlich springen wir nach Afrika und schließen damit den Kreis um den Globus. Wir haben die Welt in liebende Energie getaucht, und diese Energie verbindet die Menschen mit ihrer Umwelt und weckt die Verantwortung für ihren Planeten.

Diese Meditationstechnik können wir auf viele Aspekte unseres Lebens auf Erden und mit der Erde anwenden. Doch im Jahre 1994 hat der Rat der Neun uns vor allem darum gebeten, uns mit der schrecklichen Lage der Regenwälder zu befassen - und mit dem mißlichen Zustand aller Bäume auf der ganzen Welt. Die Äste der Bäume erreichen den Himmel, und ihre Wurzeln sind mit der Erde verwoben, und sie wollen, daß wir das gleiche tun.

GERI: Glaubst du, daß die Menschen auf dem Planeten Erde sich immer in einem Zustand der Unausgewogenheit befinden werden? Ist das notwendig?

TOM: Das ist die Tragik eures Planeten - diese Unausgewogenheit. Denn sie hält die Entwicklung des Universums auf. So war das nicht geplant. Die Wesen sollten auf der Erde Harmonie zwischen Körper und Seele erfahren und sich dann in andere Bereiche ausdehnen. Wir möchten mit euch darum beten, daß der innere Geist der Menschen mit Hilfe von Massenkommunikationsmitteln erleuchtet wird und begreift, wie wichtig es ist, sich für Verantwortlichkeit zu entscheiden. Denn wenn die Menschheit sich weiterentwickelt und der Planet Erde all das erfüllen kann, wofür er geschaffen wurde, befreit ihr alle anderen Zivilisationen im Universum. Dann werden auch sie eine Wahl haben. Versteht ihr nun, warum es so wichtig ist?

IRENE: Ja.

TOM: Bisher haben wir euch das nicht gesagt.

JOHN: *Wollt ihr damit sagen, daß das ein Versuch ist? Wir sind ein Versuchsgebiet für den freien Willen?*

TOM: Das ist richtig.

JOHN: *Mann, das ist eine unglaubliche Vorstellung! Das ist erstaunlich.*

GAST: *Und dieser Test findet nur hier statt?*

TOM: Nur auf dem Planeten Erde.

JOHN: *Du hast einmal gesagt, unsere Zeit sei eine äußerst wichtige Zeit. ...*

TOM: Die entscheidende Zeit. Denn wenn wir den freien Willen aufgeben, geben wir das Universum auf. Ja. Wir verlassen euch jetzt. Wir geben euch Liebe. Wir bringen euch Frieden. Bitte sagt unserem Wesen, daß wir sie lieben.

Kapitel 20

Geist und Seele

Einmal, als Phyllis in tiefer Trance war, wurde sie zu den Neun gerufen.
Sie manifestierten sich zuerst als ehrwürdige alte Männer; doch als Phyllis sie bat, sich in ihrer wahren Gestalt zu zeigen, verwandelten sie sich in »Kugeln aus Licht, die wie reine Energie waren, aber mit einer Seele«.

»Vielleicht sieht eine Seele so aus«, sagte Andrija, als er davon erfuhr. »Vielleicht sind sie so - reine Seelen ohne Körper.« Phyllis beschrieb, was sie ihr zeigten: »Sie nahmen ... etwas wie positive und negative Kräfte oder Energie, und sie zeigten ... Nun, sie sind so positiv, und sie rotieren ... sie zeigten mir diese rotierende Energie, und sie rotierte so schnell, daß sie sich in Licht verwandelte und verschwand ... Und das Negative rotiert ebenfalls; doch dabei nimmt es andere Substanzen auf und wird dunkel. Es ist eine Energie, die dunkel wird und nach unten fällt. Und sie zeigten mir, daß keine von diesen gut war. Das lag am Weg, den sie gingen - diese Seelen hatten die Richtung verloren.«

»Oder das Gleichgewicht«, schlug Andrija vor.

»Richtig, das Gleichgewicht«, stimmte Phyllis zu.

»Hmm«, sagte Andrija, »das ist interessant.« Und er versuchte Phyllis' Erlebnis wissenschaftlich zu erklären: Die Rotation führt zu höherer Geschwindigkeit und schließlich zum Verschwinden in eine andere Dimension.

Einmal beantwortete Tom eine Frage über Reinkarnation, und er sagte: »Die Atmosphäre des Planeten ist ein Grund dafür, daß ihr euch nicht an frühere Existenzen erinnert.«

Die folgenden Gespräche behandeln Themen wie Chakras, Geburt und Tod, Reinkarnation und Heilen, jeweils mit Bezug auf die Seele.

ANDRIJA: Wir verstehen nicht, in welchem Sinne du die Begriffe »Seele« und »Geist« benutzt. Kannst du uns das genauer erklären?

TOM: Eigentlich sind es drei.

ANDRIJA: Meinst du das, was du Seele, Geist und Intellekt nennst?

TOM: Ja. Und wenn du alle drei vollständig verschmelzt, dann bist du reine Energie, also eine reine Seele.

ANDRIJA: Aha. Worin unterscheidet sich nun der Geist von den beiden anderen?

TOM: Der Geist ist die Seele, die sich sowohl in eurer physischen Welt als auch in der Atmosphäre dieser physischen Welt manifestiert.

ANDRIJA: Mit anderen Worten ...

TOM: ... er ist ein »Träger«.

ANDRIJA: Besteht ein Zusammenhang zwischen Geist und dem »Astralkörper« oder dem »ätherischen Körper«

TOM: Ja. Der Geist ist der Astralkörper.

ANDRIJA: Gut ... Ist nun der »Intellekt« mit dem Gehirn verbunden oder mit dem Geist oder mit der Seele?

TOM: Der Intellekt ist mit der Seele verbunden.

ANDRIJA: Ich verstehe. Wir wissen aus früheren Gesprächen, daß der ätherische Körper offenbar eine ...

TOM: Er ist die Seelenhülle.

ANDRIJA: Die Seelenhülle, richtig. Das sind also verschiedene Funktionen der menschlichen Persönlichkeit: Der mit der Seele verbundene Intellekt, der mit dem Körper verbundene Geist und die Seele, die selbstverständlich unabhängig ist, sofern sie sich nicht in einem Körper befindet.

TOM: Ja.

ANDRIJA: Aber wenn sie in einem Körper ist, ist sie mit dem »ätherischen Körper« verbunden?

TOM: Richtig.

JOHN: Würdest du uns die Beziehung zwischen Intellekt und Seele näher erläutern?

TOM: Der Intellekt ist die Intelligenz der Seele.

ANDRIJA: Vielleicht ist es eine dumme Frage - aber ich habe keine Ahnung, wie der ätherische Körper aussieht. Hüllt er den physischen Körper ein, oder besteht er neben ihm?

TOM: Es gibt zwei Körper - den astralen und den ätherischen. Zusammen mit dem Körper, den ihr sehen könnt, weil er physisch ist, gibt es somit drei Körper. Der Ätherkörper befindet sich außerhalb des Astralkörpers und gleicht einer Hülle; doch das ist kein korrekter Ausdruck. Ich will es anders erklären: Wenn sich in einem Ei ein Küken befindet, dann ist dieses ein physisches Wesen. Das Küken ist von einer Membran umgeben, die an ihm haftet. Das ist der Astralkörper. Die Schale ist der Ätherkörper.

ANDRIJA: *Sehr gut; es sind also Hüllen. Vielen Dank, das hilft uns sehr viel weiter.*

TOM: Wir möchten euch gerne etwas erklären, was die Lebensenergie betrifft, die nach oben geleitet werden muß. Es gibt keine sieben Chakras, so wie ihr sie versteht. Das ist nicht wahr. In Wirklichkeit gibt es neun Chakras. Wenn ihr diese Chakras und das Wurzelchakra öffnet, entsteht der »Hochofen«. Und wenn ihr diese Energie nach oben und hinaus lenkt, glaubt ihr, sie fließe in den Äther - und dann wundert ihr euch, warum ihr Verlangen und Gelüste habt. Was ist wirklich geschehen? Die Energie sitzt im Astralkörper gefangen und fließt dann über den ganzen Körper nach unten, und der »Hochofen« wird noch heißer. Ihr müßt diese Energie hinauf in das neunte Chakra leiten und durch den Ätherkörper hinausprojizieren.

ANDRIJA: *Darf ich fragen, wo dieses neunte Chakra sich befindet?*

TOM: Es ist am Scheitel des Kopfes, dort wo ... was ihr die »Silberschnur« nennt ... aber die Silberschnur ist nicht wirklich an dieser Stelle.

RON: *Dazu habe ich ein paar ziemlich esoterische Fragen. Ich würde gerne etwas vorlesen, was mir eingefallen ist, und dann fragen, ob es stimmt, und weitere Fragen stellen. Bist du einverstanden?*

TOM: Ja.

RON: *Am Anfang (es ist eine Art Genesis) atmete der Eine alleine ohne Atem, und als er sich nach innen sich selbst zuwandte, war die Spannung eins und wurde zum mannigfaltigen Allen - Materie und Geist von unterschiedlichen Dichten und Intensitäten mit dem Potential, sich zu einer Eintracht zu vereinigen. Die Neun, die Zivilisationen, die Menschheit und die Königreiche der Anderen sind jedes ein Teil all dessen, was ist. Die unendliche Schöpfung in ihrer Totalität ist das eine, unendliche Wesen. Das eine Wesen ist sich seiner selbst so bewußt, daß seine verschiedenen Aspekte sich ihrer selbst als Teil von allem, was ist, bewußt sind.*

Die Neun sind das Kronenchakra, wo Gottes Wille erfahren wird. Die Hierarchie der Zivilisationen ist das Herzchakra, wo Gottes Liebe und Weisheit sich ausdrücken. Die Menschheit ist das Halschakra. Was das Ganze ist, ist unbekannt; es ist das Mysterium. Wenn die Chakras des Scheitels, des Herzens und des Halses sich vollständig öffnen, um Gott zu werden, dann ist dies ein Prozeß seines Selbst-Bewußtwerdens.

TOM: In diesem Stadium eures Wissens können wir euch die wahre Natur des Universums nicht erklären. Was du empfangen hast, kommt nicht von uns, sondern von den Zivilisationen, die auch nicht das volle Verständnis haben. Es ist ein Teil der Wahrheit; aber es ist nicht vollständig, und es wäre sehr schwierig, dir eine Erklärung zu geben. Denn Wissen läßt sich durch Worte vermitteln; aber Weisheit hört sich töricht an, wenn man sie in Worte kleidet. Aber wir sind damit einverstanden, wenn du diese Ideen an andere weitergibst.

RON: Ja, danke. Ich wüßte gerne, was das Halschakra in bezug auf das große eine Wesen, in bezug auf die Menschheit und in bezug auf den einzelnen Menschen bedeutet.

TOM: Das hat mit eurer Körperlichkeit zu tun. Ich werde nachfragen ... Der Rat möchte, daß ich euch folgendes sage: Menschen, die versuchen zu verstehen, verwenden das Wort »Chakra«, weil sie etwas Greifbares brauchen, auf das sie sich beziehen können. Aber in Wirklichkeit handelt es sich um verschiedene Ebenen der Seele. Versteht ihr?

RON: Die verschiedenen Chakras, die sich öffnen, sind verschiedene Ebenen der Seele?

TOM: Ja.

RON: Und sie manifestieren sich durch uns?

TOM: Wie sollen wir es euch erklären? Wir sind nicht das Kronenchakra. Wenn eine Seele geboren wird, ist sie im ersten Chakra. Von diesem Augenblick an strebt sie danach, uns zu erreichen. Versteht ihr?

RON: Ja.

TOM: In jede ihrer Reinkarnationen in verschiedenen Zivilisationen und auch auf der Erde durchläuft sie einen Prozeß. Manche bleiben viele Inkarnationen lang im ersten Chakra; andere verstehen, daß Macht für sich selbst nichts bewirkt, und sie gelangen ins dritte Chakra, am zweiten vorbei. Und alle bemühen sich, so schnell wie möglich zu uns zurückzukehren. Der individuelle Mensch ist nicht das Halschakra. Erst wenn alle Menschen begriffen haben, daß sie gemeinsam das vierte Chakra sein können ... Der Rat sagt, du hättest vom Halschakra gesprochen. Es tut mir leid; aber es ist das vierte (das Herzchakra). Erst dann also können sehr viele Menschen eine höhere Entwicklungstufe erreichen. Verstehst du, was wir zu erklären versuchen?

RON: Ja, ich glaube schon.

TOM: Ihr müßt außerdem verstehen, daß selbst eine Seele im ersten Chakra unmittelbar zu uns gelangen kann, wenn sie in ihrem Leben allein nach der Herrlichkeit des Universums strebt.

In eurer Welt braucht ihr zwar etwas, worauf ihr euch stützen könnt, damit ihr versteht, aber ich möchte euch bitten, keine »Schubladen« zu schaffen, denn es gibt keine. Ihr kennt einen wesentlichen Teil der Wahrheit. Sie ist begrenzt, aber sie dient ihrem Zweck, ja.

JOHN: Neulich haben wir über den Humor diskutiert. In unserer Welt gibt es Humor, und wir fragen uns, ob ihr in eurer Realität ebenfalls Humor habt.

TOM: Gott hätte nicht überlebt, wenn er nicht über sich selbst lachen könnte!

ANDRIJA: Was geschieht im Universum, wenn Gott lacht? Wackelt alles?

TOM: Alles leuchtet!

ANDRIJA: Alles leuchtet! Aha. Nun, woher kommt der Humor - aus der Seele, aus dem Geist oder aus dem Intellekt?

TOM: Er entsteht im Intellekt. Dieser spendet dann seinerseits der Seele Energie.

JOHN: Unser Humor gründet im wesentlichen auf unserer körperlichen Existenz und ihren lustigen Aspekten.

TOM: Wir haben kosmischen Humor. Das Universum ist lustig!

ISRAEL: Ich wüßte gern den Unterschied zwischen Ego und Stolz, falls es einen gibt.

TOM: Das Ego erzeugt den Stolz, und der Stolz erzeugt das Ego. Im Universum gibt es keinen Unterschied; aber auf der Erde schafft ihr einen. Wir werden versuchen, es zu erklären: Wenn ihr nicht um Hilfe bittet, dann hindern euch Stolz und das Streben nach Unabhängigkeit daran, nicht wahr? Auch euer Ego sagt: »Ich bin unabhängig, und ich brauche keine Hilfe«, nicht wahr? Es ist ein und dasselbe. Ihr braucht das Ego, um existieren zu können. Denkt aber daran, daß es nicht nur ein positives, sondern auch ein negatives Ego gibt. Auch das Ego muß ausgewogen sein. Stolz bringt das Ego aus dem Gleichgewicht. Es ist notwendig, ein Ego zu haben; es besteht aus Geist. Nur wenn das Ego voller Stolz ist, stellt es ein Problem dar. Und wenn es schlaff wird wie ein Lappen und sich in den Boden stampfen läßt, ist das auch nicht gut.

PETER: Ich habe mich eingehend mit dem Bruch zwischen Körper, Geist, Herz und Seele befaßt, und es sieht so aus, als ob enorm viele Menschen es zulassen, daß das bewußte Denken ständig das Herz unterdrückt. Das verhindert unweigerlich eine Bewußtseinserweiterung.

TOM: Du bist auf eine wahre Erkenntnis gestoßen. Siehst du, als die Wissenschaft stark wurde, unterdrückte sie das wahre Selbst der Menschen, das intuitive Selbst, das Selbst der Liebe und des Herzens. Es ist Zeit, zum Herzen zurückzukehren; denn die Wissenschaft ordnet die Menschen in Gruppen ein, steckt sie in Schubladen, etikettiert sie und bringt sie dazu, ebenso zu denken. So entsteht ein kollektives Denkmuster.

PETER: Ich habe beobachtet, daß die Menschen oft mit dem Intellekt und nicht mit der Intuition oder mit der Seele Entscheidungen treffen. Sie haben ein Ziel, wenn sie geboren werden; aber der Intellekt unterdrückt das Ziel der Seele.

TOM: Die Wissenschaft und die Menschen haben sich selbst so konditioniert, daß sie Angst haben, als töricht angesehen zu werden. Darum entschieden die Wissenschaftler, der Glaube an eine universelle Liebe, ein universelles Bewußtsein und einen Schöpfer - in Wahrheit seid ihr der Schöpfer - sei unrealistisch. So verloren sie den Kontakt mit der Wirklichkeit, und die Menschen ließen es zu, daß ihr Intellekt sie beherrscht.

PETER: Ich frage mich immer wieder, ob es unter diesen gegebenen Umständen möglich ist, denjenigen Menschen Bewußtheit anzubieten, die dergleichen ihrer Meinung nach gar nicht finden wollen. Oder ist das prinzipiell nur bei jenen möglich, die dazu bereit sind, ihr Bewußtsein zu erweitern, damit sie ihr Leben spiritueller ausrichten können?

TOM: Es gibt Menschen, die weder verstehen noch verstehen wollen. Vergeudet nicht eure Zeit.

JOHN: Was die Reinkarnation betrifft, so wird manchmal behauptet, es sei eine zu simple Vorstellung, daß die Seele sich immer wieder einen neuen

Körper sucht und daß die Wirklichkeit wahrscheinlich komplizierter sei. Kannst du uns sagen, wann es zur Trennung kommt, was sich wiederverkörpert und welche Beziehung zwischen Persönlichkeit und Seele besteht?

TOM: Das ist ein sehr ausführliches Thema, und es ist sehr schwierig, es in menschlichen Begriffen zu erklären, wegen eures Egos. Trotzdem wollen wir euch ein kleines Beispiel geben: Du hast einen Sohn gezeugt. Ein Teil von dir ist also in ihm. Wenn du nun deinen Sohn viele Male, in verschiedenen Leben gezeugt hättest, wäre ein größerer Anteil von dir in ihm - und vielleicht würde das so weit gehen, daß ihr beide im nächsten Leben dieselbe Person seid. Verstehst du?

JOHN: Ja. Bei jeder Inkarnation geht also ein kleines Stück mit, und das ergibt komplexe Muster ...

TOM: So wie Atome sich zu Gruppen anordnen. Eine Seele ist nicht eingekapselt und fließt allein weiter, um sich erneut in einen physischen Körper einzukapseln.

JOHN: Dann ist es also möglich, daß sich zwei oder drei Menschen beispielsweise für die Reinkarnation von Napoleon halten, weil jeder von ihnen einen Teil von ihm hat?

TOM: Ja. Aber auf der Erde kommt es auch vor, daß der Intellekt nicht gesund ist. Dann kann es sein, daß die Betreffenden sich auf dieses Bewußtsein einstimmen und glauben, es sei das ihre. Das ist ein feiner Unterschied, wie ihr so sagt.

JOHN: Kann man auch sagen, daß ein Mensch möglicherweise mehr als alle anderen von einer historischen Person in sich trägt?

TOM: Ja, das ist möglich.

JOHN: Okay, das ist sehr hilfreich.

TOM: Wollen die Menschen das wirklich wissen? Das menschliche Ego verabscheut sonst den Gedanken, daß jemand ein Teil von ihnen sein könnte.

JOHN: Mir erscheint es sehr wichtig, daß die Menschen das Konzept der Reinkarnation begreifen, damit sie das Ausmaß ihrer Verantworlichkeit sehen. Aber die Religion, zumindest die christliche, lehnt dergleichen ab. Wie kann man diesen Widerstand überwinden?

TOM: Das ist eine sehr wichtige Aufgabe in der Zukunft. Ihr müßt diejenigen informieren, die daran interessiert sind.

MIKI: Wie wichtig ist es für unsere Entwicklung, daß wir unsere vergangenen Existenzen verstehen?

TOM: Für einige ist es sehr wichtig, für andere weniger. Manche haben das innere Wissen darüber in sich und gehen in eine andere Richtung. Und manche verstehen ihre derzeitige Perönlichkeit besser, wenn sie ihre Geschichte kennen.

GAST: Warum vergessen die Menschen ihre früheren Existenzen, wenn sie sich auf der Erde inkarnieren? Wenn sie sich daran erinnern würden, wäre es viel leichter für sie, das Licht zu sehen und sich zu bessern.

TOM: Anfangs gab es Erinnerung; dann wurde es notwendig, eine Gesellschaft aufzubauen, um das, was ihr »zivilisiertes Verhalten« nennen würdet, voranzutreiben. In jenen Gesellschaften, die sich nicht in Intellektualismus ohne Sensibilität verrannt haben, sind die Menschen sich anderer Existenzebenen bewußt. Diese Gesellschaften werden von den Menschen in den Gebieten der Welt, in denen es die größten technologischen, wissenschaftlichen und intellektuellen Fortschritte gibt, meist verachtet, und wenn Kinder dieser »zivilisierten« Gesellschaften mit einer Erinnerung geboren wurden (was oft der Fall war), dann galt das als unannehmbar und wurde daher unterdrückt. Heute (1991) gibt es jedoch viele in eurer Welt, in diesen »zivilisierten« Gesellschaften, die sich erinnern. Wir bitten euch und alle Menschen auf Erden: Erlaubt euren Kindern, sich ihrer Vergangenheit zu erinnern und zu verstehen, daß das Leben immer weitergeht, daß der Geist oder die Seele nicht sterben, daß nur der Körper eine andere Form annimmt und daß die ganze Seele, der ganze Geist, alles, was jeder von euch ist und was in euch enthalten ist - die ganze Essenz des Schöpfers in euch - ewig besteht.

Jetzt ist die Zeit gekommen, da sich immer mehr Menschen auf diesem Planeten erinnern. In der Vergangenheit haben manche Religionen der Menschheit geschadet, denn sie haben das innere Wissen um andere Welten unterdrückt. Für eine gewisse Zeit war das sinnvoll, doch nun ist es Zeit, das wahre Wesen der Menschheit zutage zu bringen. Ja.

GAST: Ist es wahr, daß jede Seele im Universum mindestens einmal auf der Erde leben muß?

TOM: Es ist sehr wichtig, daß die Menschen folgendes wissen: Die Erde ist der einzige Planet im ganzen Universum, auf dem es einen freien Willen und Entscheidungsfreiheit gibt. Das heißt nicht, daß auf anderen Welten, auf anderen körperlichen Planeten, alles ständig überwacht wird. Es heißt vielmehr, daß die Wesen auf anderen Existenzebenen sich übereinstimmend in einem kollektiven Bewußtsein körperlich ausdrücken können. Alle Seelen im Universum müssen diesen Planeten Erde mindestens einmal erfahren, um dieses Gleichgewicht zwischen dem Körperlichen und dem Nichtkörperlichen - ihr nennt es das Spirituelle - zu erlernen. Das ist der Zweck des Planeten Erde, und darum ist es überaus wichtig, daß ihr euch auf der Erde selbst ins Gleichgewicht bringt. Wenn Seelen auf diesem Planeten geboren werden und anfangen, Erfahrungen zu sammeln mit dem Essen, mit den Flüssigkeiten, die den Geist beeinflussen, und mit Drogen, die ihn ebenfalls beeinflussen, dann vergessen sie ihr wahres Wesen, und sie beginnen zu glauben, dies sei die einzige Wirklichkeit. Dies liegt daran, daß die Menschen in der Vergangenheit versuchten, sich weiterzuentwickeln und sich selbst zu verstehen, und dann in eine Falle gerieten und sich immer wieder reinkarnierten, anstatt in anderen Welten neue Erfahrungen zu sammeln. Dies wurde eure Realität; aber es ist nicht die wahre Realität. Da die Seelen jedoch erkennen, daß dieser Planet das Paradies ist, stellen sie sich in ihrer Verwirrung selbst eine Falle. Nicht der Planet stellt ihnen die Falle, sie tun es selbst, und dieses ständige Seelen-Recycling hemmt die Entwicklung des Universums.

Eine Seele entscheidet, wo sie sein will. Wenn sie diesen Planeten nicht verlassen will, beschließt sie, sich hier zu reinkarnieren. Das heißt nicht, daß eine Seele, die in der Vergangenheit oder in einer anderen Zivilisation einen Fehler gemacht hat, nicht beschließen darf, auf die Erde zu kommen. Ihr müßt wissen, daß es im Universum andere gibt, die Seelen in Versuchung führen, um sie zu beherrschen und zu verderben. Wenn diese Seele rein ist, kann sie das Problem erkennen und beschließen, den Planeten Erde oder einen anderen Planeten aufzusuchen, um dieses Verderben zu bekämpfen. Ja.

Es folgt ein Gespräch über Geburt und Tod.

GAST: Viele bewußte Menschen machen sich heute Gedanken über die Qualität der Geburt und der Geburtserfahrung aus der Sicht der Seelen, die in einen Körper eingehen. Wie können Eltern ihren Kindern zu einem guten Start ins Leben verhelfen?

TOM: In der Vergangenheit war das einfacher als heute. In vergangenen Tagen waren Schallwellen nicht mißtönend. Die Menschen hatten keine mechanischen Geräte, die Schallwellen aussenden oder elektronische Energiefelder erzeugen, und die Geburt wurde als natürlicher Vorgang akzeptiert. Wer einem Kind heute zu einer friedlichen Geburt verhelfen möchte, stürzt es unbeabsichtigt in Verwirrung; denn die Menschen sprechen liebevoll und sanft mit dem sich entwickelnden Geist, und dann fahren sie mit ihrem Leben fort in einer Umwelt voller Lärm. Dieser neugeborene Geist ist sich nicht sicher, in welche Welt er kommt. Darum müßt ihr es ihm erklären. Stellt euch vor, ihr befindet euch in einer warmen Höhle, und plötzlich bricht der Lärm einer Vulkanexplosion über euch herein. Ihr würdet um euer Leben fürchten, oder nicht? Und dann vermittelt eure Mutter euch wieder Sicherheit, die im nächsten Moment wieder entzogen wird. So entsteht große Verwirrung. Eine Schwangere sollte sich in einer ruhigen Umgebung mit leiser Musik und sanftem Licht aufhalten und der kommenden Seele Wissen vermitteln. Ihr könnt einem Ungeborenen sogar aus einer Enzyklopädie vorlesen - es nimmt Wissen ebenso auf wie Lärm. Wärt ihr nicht auch verängstigt, wenn man euch ständig von einer friedlichen in eine laute Umgebung und umgekehrt versetzen würde? Wenn eine Seele beschließt zurückzukommen, obwohl sie es nicht sollte, sie aber darauf besteht und dadurch Uneinigkeit verursacht, und wenn sie auch noch mit unharmonischer Nahrung gefüttert wird - versteht ihr dann, warum der Planet voller Uneinigkeiten ist? Wenn nun eine solche Seele freiwillig zurückkommt und in eine ruhige Umgebung gelangt, hat sie die Möglichkeit, in ihrer Rolle als Mensch etwas Sinnvolles zu leisten.

GAST: Einige Menschen verstehen das; aber dieses Wissen muß sich erst noch auf der ganzen Welt durchsetzen.

TOM: Ihr müßt für Frauen in dieser Zeit eine harmonische, sichere Umgebung schaffen.

GAST: Vor der Geburt oder während der ganzen Schwangerschaft?

TOM: Von der Mitte der Schwangerschaft an.

ALEX: Ich glaube, die Erde ist einer der wenigen Planeten, auf denen es eine sexuelle Fortpflanzung gibt. Habe ich recht? Wie kann eine Familie uns bei unserer spirituellen Entwicklung helfen?

TOM: Du hast recht - allerdings ist die Erde nicht einer von wenigen, sondern der einzige Planet, auf dem es eine Fortpflanzung durch Sexualität gibt. Und die Menschen suchen unaufhörlich ... darüber haben wir schon gesprochen. Darum wollen wir versuchen, auf den Nutzen einer Familie einzugehen. Sie ist förderlich, aber nicht jeder Mensch braucht eine Familie - das ist der erste Punkt, den ihr verstehen müßt. Wenn eine Seele beschließt, zur Erde zu kommen, um dem Planeten zu dienen, dann muß sie sich die Bedingungen aussuchen, unter denen sie ihr göttliches Potential verwirklichen kann. In der Vergangenheit gab es Seelen, die zwei Menschen veranlaßt haben, sich zu paaren, weil sie Wert auf bestimmte Eigenschaften eines oder beider Elternteile legten. Das war früher so, und es ändert sich jetzt (1991), denn es werden sich keine Seelen mehr reinkarnieren, die nicht reinkarnieren sollen. In Zukunft - nicht sofort, aber bald - wird sich also eine Seele mit Zustimmung der Eltern zu einer Geburt entschließen. Die Aufgabe der Familie besteht dann darin, einer Seele zur Geburt zu verhelfen, sie aufzuziehen und gemeinsam mit ihr nach evolutionärem Wachstum zu streben, Hindernisse wegzuräumen und die Dichte der Erde zu beseitigen, damit sie erblühen kann.

JOHN: Eine Frage zur Vorstellung »Es gibt keinen Tod.« Wir glauben einiges über Reinkarnation zu wissen - aber ich habe das Gefühl, sie ist ein komplexerer Vorgang, als viele Menschen glauben.

TOM: Die Menschen müssen verstehen, daß sie selbst beschlossen haben, auf den Planeten Erde zu kommen. Wenn sie verzweifelt sind, sollte man ihnen den Lauf des Universums erklären. Der Planet Erde weckt im Individuum das Verlangen, ein Individuum zu bleiben, und viele Menschen fürchten sich vor der Idee, sich zu reinigen und weiterzuentwickeln und dann mit der Quelle zu verschmelzen, weil sie denken, sie wären dann kein Individuum mehr. Darum lehnen sie die Reinkarnation und die Fortdauer des Lebens ab. In Wahrheit kommen die Menschen auf der Erde von den Göttern. Manche haben dies in unterschiedlichem Ausmaß vergessen - vor allem in der zivilisierten Welt, wie ihr sie nennt. Wir wissen nicht, wie wir euch und der Menschheit erklären sollen, wie eine Energie sich mit der Quelle vereinigen und dennoch ein Individuum bleiben kann. Es ist ziemlich kompliziert.

GAST: Das Ende der Individualität und das Ende des freien Willens wäre für viele Menschen auf der Erde gleichbedeutend mit dem Tod. Es dürfte sehr schwierig sein, ihnen die Vorstellung von einem Verschmelzen mit einem universellen Bewußtsein nahezubringen; denn es würde sich wie sterben anfühlen.

TOM: Richtig. Darum müssen die Menschen verstehen lernen, daß die individuelle Identität der Persönlichkeit nicht stirbt. Das meinen wir, wenn wir sagen, die Menschen auf dem Planeten Erde kämen von den Göttern. Wir meinen die Zivilisationen und Subzivilisationen. Versteht ihr das? Irgendwie müßt ihr auf eurer Welt einen Weg finden, den Menschen begreiflich zu machen, daß der Tod nicht die Vernichtung des Individuums bedeutet.

GAST: Der freie Wille ist also mit dem Ego identisch?

TOM: Wir sprechen vom freien Willen auf den physischen Planeten. Zum Beispiel: Wenn ihr beschließt, auf einem anderen Planeten geboren zu werden, dann wißt ihr, daß ihr euren freien Willen aufgebt, um Teil eines kollektiven Willens zu werden. Nur auf dem Planeten Erde hat jedes Individuum einen völlig freien Willen. Du fragst, ob der freie Wille mit dem Ego identisch ist. Man könnte es vielleicht so ausdrücken. Aber er ist mehr als das. Er ist Freiheit der Wahl.

GAST: Können Menschen, die sich dem Ende ihres physischen Lebens nähern, sich meditativ auf den Übergang vorbereiten?

TOM: Es gibt nur eine Methode: Seht ein, daß nur der Körper stirbt. Seele, Geist, Intellekt und emotionale Energie existieren weiter. Wenn ihr das begreift, wechselt ihr nicht im Schock- oder Schlafzustand von der körperlichen zur geistigen Existenz.

GAST: Viele Leute in unserer Welt nehmen an, daß nichts mit ihnen passiert, wenn sie den Übergang vollzogen haben. Aber wir wissen nur sehr wenig darüber, was eine Seele nach dem Übergang erwartet oder was sie sich vorstellen soll.

TOM: Darüber ist vieles geschrieben worden, und oft sind Geistwesen die Quelle. Ihr irrt euch, denn in eurer Welt verstehen alle Hooviden das Leben nach dem Tod, ebenso alle Indianer, alle Shintoisten und alle Moslems. Nur eure falsche Interpretation des Nazareners führt zu Mißverständnissen: Ihr glaubt an einen Schlaf nach dem Tod und an die Auferstehung nur der Guten.

Heute gewinnen die Anhänger des Nazareners allmählich eine bessere Einsicht. Die Lage der Atheisten ist traurig, denn sie werden nicht wissen, daß sie verschieden sind, und sie werden verwirrt sein, weil sie ebensowenig vorbereitet sind wie die Anhänger des Nazareners. Denn wenn ihr hinüberwechselt, bleibt ihr, wer ihr seid. Ihr werdet nicht erleuchtet, nur weil ihr sterbt.

GAST: Ich frage für jene Menschen, die sich nach dem Übergang verloren und hilflos fühlen.

TOM: Ich rate ihnen: Wenn ihr hinübergegangen seid, und ihr seid verwirrt und wißt nicht, was geschehen ist, dann erkennt, daß ihr hinübergegangen und am Leben seid!

JOHN: Ich mache mir Sorgen, weil die Kirche sich offenbar so dagegen stellt ...

TOM: Ihr wißt, daß es Leute gibt, die Forderungen an ihre religiösen Führer stellen. Es ist jetzt Zeit dafür. Und jene religiösen Führer, die sich nicht weiterentwickeln, werden das Ende ihrer religiösen Bewegung erleben, denn die Menschen nehmen ihr Leben in ihre eigenen Hände.

JOHN: Ist es also wahr, daß alle großen Religonen auf der Erde gewissermaßen an ein Fortleben nach dem Tod glauben und daß dies zu einem Bindeglied zwischen ihnen werden könnte?

TOM: Ja, das ist richtig. Die Menschen haben dieses Wissen in sich. Die Führer der Religionen benutzen dieses Wissen, um die Menschen zu beherrschen.

Die nächste Frage stellt ein Wissenschaftler, der sich für die subtileren Aspekte des Heilens interessiert.

IAN: Ich möchte gerne wissen, welche Energien auf die DNS einwirken, wenn ein Heiler jemanden heilt. Die Wissenschaft weiß, daß nur 5 Prozent der DNS in der Zelle benutzt wird, um den physischen Körper aufzubauen. Über die restlichen 95 Prozent wissen wir nichts. Ich glaube, diese 95 Prozent haben eine bestimmte Aufgabe in bezug auf Energien und Heilung sowie in bezug auf niederfrequente Felder und Magnetfelder. Habe ich recht, oder liege ich daneben?

TOM: Du hast völlig recht. Du mußt außerdem wissen, daß die Fähigkeit zu heilen in allen ist; aber manchen ist sie zugänglicher als anderen, weil sie tiefere Einsichten haben. Ein Teil der DNS wird für das kollektive Bewußtsein, für Energieströme benutzt, und wer das nicht versteht, hält sich möglicherweise für einen anderen - zum Beispiel für Napoleon.

IAN: Es ist also eine Art genetisches Gedächtnis?

TOM: Ja, und wer in einer bestimmten Zeit gelebt hat und die Zusammenhänge nicht voll und ganz versteht, glaubt vielleicht, er sei ein anderer.

IAN: Offenbar enthalten also diese 95 Prozent in jeder Zelle eine DNS-Aufzeichnung aller vergangenen Existenzen und Erfahrungen sowie des kosmischen Wissens?

TOM: Ja. Auch der Archetypen.

ANDRIJA: Wenn drei Heiler mit einem Kranken arbeiten, wie geht der Heilungsprozeß vor sich? Was fließt von den Heilern zum Patienten, und was wird dadurch ausgelöst? (Die Frage bezieht sich auf eine Heilerin und zwei Heiler.) Wird ein Enzym oder etwas anderes im menschlichen Körper aktiviert?

TOM: Wenn die Heiler mit uns verbunden sind, kommt die Energie von den Zivilisationen Ancore und Aragon. Es ist ähnlich wie mit einem Laserstrahl; aber in eurer Welt und in eurer Sprache gibt es nichts Gleichwertiges.

ANDRIJA: Aber es ist eine Art kohärenter Strahl?

TOM: Es ist ein Strahl, der die männlichen Heiler durchdringt, dann die Heilerin, und anschließend den Körper desjenigen reinigt, den ihr Patient nennt.

ANDRIJA: Ja, richtig.

TOM: Wenn das Heilen zwischen zweien stattfindet (dem Heiler und dem Patienten) und es sich um einen Mann und eine Frau handelt, die nahe beieinander sind, vermengen sich deren ätherische Körper, die dadurch veredelt werden und einen Trichter bilden, durch den wir wirken können. Heiler können auch in Paaren, zum Beispiel zwei Männer und zwei Frauen, als Team zusammenarbeiten, speziell in besonders schweren Krankheitsfällen. Alle Energie würde dann durch alle vier Heiler getrichtet werden, um den Zerfallsprozeß eines Kranken umzukehren.

ANDRIJA: Das ist sehr gut. Gibt es ein bestimmtes Enzym, das aktiviert wird, oder wird der Sauerstoff beeinflußt oder die roten Blutkörperchen?

TOM: Es ist der ganze Ätherkörper, der ins Gleichgewicht gebracht wird.

ANDRIJA: Ich verstehe, der Prozeß findet also rein im ätherischen statt. Und der Ätherkörper wirkt natürlich wiederum auf die Biochemie ein.

TOM: Die Energie ist wie ein Laserstrahl, der Gift aus dem Ätherkörper entfernt. Sie ist ein gewaltiger Filter, der Unreinheiten beseitigt. Es ist so, als würde man den Kranken umkrempeln, abtasten, sämtliche Giftstoffe entfernen - alles, was ihr Tumor nennt, alles, was nicht in den physischen Körper gehört - und ihn dann wieder umstülpen. Stellt euch vor, ihr habt eine Puppe mit einer sehr feinen Seidenfüllung, in der sich ein Insekt eingenistet hat. Ihr schneidet die Puppe auf, holt die Seidenfüllung heraus, reinigt die Puppe und näht sie wieder zu. Dadurch habt ihr das Insekt entfernt. So ähnlich ist es.

DAVID: In welchem Umfang werden Krankheiten durch Streß, Karma, Verschleiß oder Lernprozesse verursacht?

TOM: Wir können heute auf dem Planeten Erde die Entstehung eines neuen Glaubens beobachten, wir nennen ihn die »New-Age-Religion«. Nach diesem Glauben bringt der Mensch aus der Vergangenheit in dieses Leben eine Krankheit oder ein Gebrechen mit, das er gewählt hat, um andere zu belehren. Die meisten Krankheiten auf diesem Planeten werden durch falsches Denken, falsche Ernährung und Gifte im Boden und im Wasser, die in den Körper aufgenommen werden, verursacht. Oder durch Menschen, die Profite auf Kosten der Menschheit machen. Ein Teil entsteht durch emotionellen Streß, ein anderer durch den Streß, daß man - wie im Fall der Jugend - anderen unbedingt gefallen möchte. Eine weiterer Teil wird auch durch die Konditionierung des Gehirns während der Jugend verursacht. Doch die meisten Krankheiten werden auf dem Planeten Erde geschaffen. Laßt es mich erklären: Die Menschen sollten nach dem Schöpfungsplan ein volles, fruchtbares, gesundes, krankheitsfreies Leben haben, ohne Alterung und Leiden, und nach gut hundert Jahren sollten sie sanft entschlafen. Wissen und Weisheit kommen immer erst in den letzten Lebensjahren zusammen. Aber aus mehreren Gründen haben die Menschen dieses Stadium verloren. Wir haben bereits über diese Gründe gesprochen, aber ein weiterer ist, daß der Gedanke, daß der Mensch krank werden und altern muß, zu einer kollektiven Überzeugung wurde. Es ist schwierig, diese Denkweise zu überwinden. Ja.

DAVID: Wenn beispielsweise der Körper aufgrund eines Knochenvorsprungs Kalk gebildet hat, ist dann eine Heilung allein durch Gedankenkraft möglich?

TOM: Ja. Sie ist möglich durch richtige Ernährung, Vitaminpräparate, belebende Gedanken und Auflösung des Kalziums durch Gedanken, sowie durch Heilsitzungen. Es ist möglich. Am besten ist es, in einem solchen Fall eine Zeitlang keine Nahrung tierischen Ursprungs zu essen, damit der Körper sein eigenes Kalzium aufzehrt. Ja.

IAN: *Du hast einmal gesagt, falsches Denken führe bei Menschen zu Krankheiten. Ich frage mich nun, welche Energie und welche Prozesse hier vom Gedanken bis zur körperlichen Manifestation im Spiel sind. Ich nehme an, es besteht auch ein Zusammenhang mit Magnetenergien und niederfrequenten Energien, auch mit ätherischen Energien. Wie paßt das alles zusammen?*

TOM: Am Anfang war Reinheit, und die Gedanken waren rein. Wenn ihr etwas Wesentliches tut, was sich gegen das Selbst oder das Universum oder den Schöpfer richtet, beginnt das innere Wissen der Zellen zu reagieren. In eurer Welt nennt ihr das Schuldgefühl; aber wir kennen es als eine Form der Zerstörung der Anderen. Altea und Aragon sagen, daß Furcht die Grundlage all dessen ist. Die negative Energie dringt in den Ätherkörper ein und schädigt ihn. Dadurch wird das Magnetfeld schwächer, und was ihr niederfrequente Strahlen nennt, kann eindringen und den Ätherkörper verseuchen. Wenn ihr ein Kristallbewußtsein auf den Körper legt, können diese Strahlen nicht eindringen. Die Verschmutzung, die Schwächung des Magnetfeldes und die Schädigung des Ätherkörpers machen Zellen »wild«. Diese Zellen breiten sich aus und fangen an, die Lebenskraft zu verzehren.

IAN: *Ist das Krebs im Anfangsstadium, wie wir es nennen?*

TOM: Ja, auch Krebs kann durch falsches Denken der Massen entstehen, das zu Umweltverschmutzung führt.

IAN: *Du meinst, wenn die Mehrheit der Menschen falsch denkt, spiegelt sich das in der Umwelt wider?*

TOM: Ja. Wenn die Verschmutzung der Sichtweise zu Umweltverschmutzung führt, wird auch der Ätherkörper geschädigt. Selbst wenn ihr selbst nicht falsch denkt, wird der Ätherkörper vom kollektiven Denken bombardiert und durchdrungen. Dann kann es zu einer Verschmutzung kommen. Der Fehler besteht darin, daß die Menschen glauben, sie könnten mit dem Planeten Erde machen, was sie wollen. Sie konstruieren zerstörerische Vorrichtungen. Die Menschheit wurde nicht geschaffen, um zu leiden, um krank zu sein und um zu zerstören. Sie wurde zur Freude und zur Herrlichkeit des Schöpfers geschaffen, der in Wahrheit die Menschheit selbst ist. Versteht ihr, daß ihr uns geschaffen habt?

IAN: Ja, in einem sehr abstrakten Sinne verstehen wir es.

TOM: Ihr versteht auch, daß ihr den Schöpfer geschaffen habt?

IAN: Ja ...

TOM: Und daß ihr folglich der Schöpfer seid?

IAN: Es ist schwer zu verstehen. Aber wir haben eine Ahnung davon, ja.

TOM: Es ist wichtig, daß ihr es versteht: Auf der Erde seid ihr der Schöpfer, der euch geschaffen hat. Und auf der Erde gibt es auch jene, die von den Anderen erschaffen wurden.

IAN: Ja. Das ist der schwierige Teil für mich.

TOM: Und das kann verschmutzen und zu falschem Denken führen. Denn die Menschen streben immer nach ihrem höheren Selbst, und sie sind verwirrt, weil die Dichte der Erde die Gegner des höheren Selbst unterstützt.

IAN: Ja, sie verwechseln es.

TOM: Das ist richtig. Ihr wißt auch, daß ihr mit eurer Kraft, die unendlich ist, alles ändern könnt. Als Wissenschaftler weißt du, daß ein Tropfen einer Substanz die Eigenschaften eines Ganzen verändern kann.

IAN: Ja, ich habe darüber nachgedacht. Es ist großartig, daß du es bestätigst. Genau so ist es, ja.

TOM: Darum müßt ihr begreifen, daß wir zusammen das Ganze verändern können. Als Wissenschaftler verstehst du es, wenn du es analysierst. Jetzt mußt du es verstehen, auch wenn du es nicht analysieren kannst.

IAN: Ja, das ist das Problem. Aber ich sehe ein, daß es wichtig ist, ja.

TOM: Du mußt außerdem begreifen, daß der, der du wirklich bist, die Fähigkeit in dir schafft, alles zu ändern. Ja.

Ein Teil des »Flaschenhals-Effekts« auf der Erde wird heute von der New-Age-Bewegung verursacht, von Hemmungslosigkeit und dem Verlangen, wieder auf der Erde zu sein - in dem Glauben, die physische Realität des Planeten Erde sei die einzige Realität. Das New Age, das die Menschen in ihrem Wachstum voranbringen sollte, hat ihre Evolution in Wirklichkeit zum Stillstand gebracht.

JOHN: Unterbricht es auch den Kontakt mit euch? Einige Konzepte der New-Age-Bewegung gehen nämlich davon aus, daß wir alles alleine tun können.

TOM: Ihr könnt nicht alles alleine tun. Das New Age irrt sich, wenn es behauptet: »Was ihr wegdenkt, ist weg.« Dadurch entwertet es andere, für die nichts weggegangen ist. Diese gelten dann als nicht rein genug und unfähig, die Techniken anzuwenden. Das ist ein großer Irrtum, denn anstatt die Menschen zu unterstützen, zu erleuchten und fröhlich zu machen, löst diese Denkweise noch mehr Schuldgefühle aus. Es ist auch ein Beispiel für den Glauben, daß ihr alle Schwierigkeiten überwinden könnt, wenn euer Intellekt über Wissen verfügt. Eltern, die Anhänger der New-Age-Bewegung sind und ein Kind verloren haben, finden dafür nur zwei mögliche Erklärungen: Entweder verdiente es das Kind nicht zu leben - vielleicht weil es schon bei seiner Geburt mit Schuld beladen war -, oder es starb, weil sie in irgendeiner Hinsicht unfähig waren. Beides ist ein Irrtum. Wenn ihr an der Vergangenheit klebt, sind eure Vorstellungen von der Zukunft wertlos. Wichtig ist es auch, daß ihr die Hierarchie des Universums versteht. Uns gefällt dieses Wort nicht. Aber es drückt aus, daß es andere physische Zivilisationen gibt, die sich bemühen, Gutes zu tun, daß sie die Saat gesät haben und daß die vierundzwanzig Zivilisationen die vierundzwanzig Ältesten im Buch der Offenbarung sind. Ihr müßt anfangen, die Fehler in den Religionen zu beseitigen, die euch fesseln. Nur wenn ihr bittet, werdet ihr empfangen. Es ist Zeit, daß die Menschen verstehen, daß sie von uns kommen und von der Last der Armut befreit werden müssen. Denkt daran, es war die Religion, die den Menschen die Idee einflößte, Armut sei erstrebenswert. Auf diese Weise konnte sie die Menschheit beherrschen. Wenn ihr ständig ums Überleben kämpfen müßt, verlieren eure Mitmenschen und eure Umwelt an Bedeutung. Es nimmt euch die Freiheit zu dienen. Wir möchten, daß alle Menschen fröhlich sind. Wir wissen auch, daß Irrtümer und Verwirrung sich einschleichen, weil die Menschen glauben, die irdische Ebene sei die einzige Realität. Doch wenn ihr eure Kräfte mit anderen vereint, könnt ihr die Irrtümer überwinden, und die Menschen können ihr wahres Selbst und euren Dienst verstehen und nutzen. Dies ist eine Zeit der Feier, weil der Planet Erde bald seine rechtmäßige Stellung im Universum einnehmen wird. Er ist der Planet des freien Willens, der Planet der Wandlung. Bisher wurde seine Dichte aufrechterhalten, und er hielt Seelen in einem Kreislauf der Wiedergeburten gefangen. Nun entwickelt sich allmählich das wahre Bewußtsein. Manche unter euch erfreuen sich sehr am Planeten Erde; andere fühlen sich auf ihm unbehaglich. Die Menschen müssen endlich begreifen, daß die Erde geschaffen wurde, um ein Paradies zu sein, und daß ihre Schönheit und Vielfalt geschaffen wurde, damit die Menschen physische und spirituelle Erfahrungen sammeln können. In der Vergangenheit hat die Dichte eures Planeten zur Gefangenschaft der Seelen und zu ihrem Recycling beigetragen.

PHILIP: Du hast einmal gesagt, wir dürften uns nicht mehr damit herausreden, daß die Dinge eben so sind, wie sie sind. Ich selbst sage oft: »Na ja, ich bin eben auch nur ein Mensch.« Aber in der Bibel habe ich gelesen, daß wir vollkommen wie der Vater im Himmel sein sollen.

TOM: Ist das nicht das Ziel des Strebens? Haben nicht Aspekte der Religionen die Menschen gefesselt und dadurch eine Rechtfertigung für das Entziehen aus der Verantwortung geliefert? Habe ich dich verwirrt?

PHILIP: Ich bin nicht sicher, ob die Religion daran schuld ist.

TOM: Es gibt Religionen, die auch sagen: »Irren ist menschlich.« Aber im Menschen ist die Göttlichkeit der Schöpfung. Darum ist es falsch zu sagen, irren sei menschlich.

PHILIP: Was können wir tun, wenn wir uns unserer Göttlichkeit bewußt werden - wenn wir uns darauf mehr konzentrieren als auf unsere menschliche Natur?

TOM: Du bestehst also darauf, daß du eine menschliche Natur hast! (Gelächter)

PHILIP: Ich möchte nicht darauf bestehen - aber es scheint so.

TOM: Du weißt, daß du eine göttliche Natur hast?

PHILIP: Ich bin mir dessen bewußt.

TOM: Du weißt es?

PHILIP: Ja.

TOM: Du merkst, wenn du Fehler machst?

PHILIP: Oft.

TOM: Ihr müßt die Gewohnheit eurer alltäglichen Natur ablegen und durch euer göttliches Wesen ersetzen. Diese Anerkennung des Göttlichen in euch ist ein erster Schritt. Macht euch keine Vorwürfe, wenn ihr Fehler begeht, sondern nehmt euch vor, sie nicht zu wiederholen. Lebt immer aus dem Zentrum eures Seins heraus, mit Integrität. Es ist wichtig, daß ihr jemand werdet, den ihr achten könnt. Und Ehrlichkeit ist wichtig. Die Menschen sind verwirrt, und wir haben gezögert, von Ehrlichkeit zu sprechen; denn sie werden falschen Gebrauch davon machen. Ehrlichkeit muß mit Weisheit einhergehen. Ehrlich sein heißt unter anderem, einem anderen nichts wegzunehmen - das wißt ihr alle. Aber es ist auch falsch, andere bloßzustellen und dann zu sagen: »Ich bin ehrlich, sie sind es nicht.« Das ist es nicht, was wir meinen, versteht ihr?

PHILIP: Ja. Du meinst, wir sollen nicht nur ehrlich sein, sondern auch angemessen handeln.

TOM: Das ist richtig. Sprecht und verhaltet euch integer und weise zugleich. Das ist schwierig, nicht wahr?

ALLE: (Lachen)

TOM: So wie ihr jetzt eure Göttlichkeit versteht, müßt ihr auch verstehen, daß ihr die Elemente der Weisheit in euch tragt. Wissen wird durch Ausbildung erworben; aber Weisheit kommt von innen. Darum ist die Entwicklung eurer Weisheit ebenfalls wichtig.

PHILIP: Ja. Du hast auch einmal gesagt, jeder von uns enthalte das Wesen eines Sterns. Kannst du uns das genauer erklären?

TOM: Das ist schwierig. Jedes Wesen auf dem Planeten Erde ist ein Individuum, das die Energie eines lebenden Sterns enthält. Es ist das Licht der Seele, versteht ihr?

PHILIP: Ich verstehe den Ausdruck »Licht der Seele«. Aber unter einem Stern stelle ich mir einen Himmelskörper vor, der ...

TOM: Ist das kein Licht?

PHILIP: Doch.

TOM: Ist es keine Energie?

PHILIP: Doch.

TOM: Ist es nicht lebendig?

PHILIP: Doch.

TOM: Seid ihr nicht ebenfalls Licht?

PHILIP: Doch. Ich sehe, worauf du hinauswillst.

TOM: Darum bist du ein Stern.

DAVID: Jeder von uns repräsentiert also einen anderen Stern?

TOM: Ja, aber fragt uns nicht, welchen.

ALLE: (Lachen)

SUSAN: Doch dieser Stern ist nicht mit den Zivilisationen identisch?

TOM: Das ist etwas anderes. Die Zivilisationen sind physische Planeten. Es gibt Sterne und Planeten, und es gibt Sterne, die eines Tages Planeten werden. Eure Zivilisation umfaßt viele Millionen Wesen, und jedes repräsentiert einen Stern.

Kapitel 21

Das nächste Jahrtausend

Im Mai 1994 regte unser englischer Verleger an, in diese überarbeitete Auflage des »Planeten der Wandlung« Informationen über das nächste Jahrtausend aufzunehmen. Der Verlag hatte viele Briefe bekommen, in denen um mehr Informationen gebeten wurde, denn offenbar haben viele Medien, Channels und Seher widersprüchliche Voraussagen und Prophezeiungen über die Veränderungen im kommenden Jahrtausend gemacht.

Unter anderem geht es in diesem Kapitel um das Thema Transformation, das nunmehr das wichtigste Anliegen des Rates der Neun zu sein scheint, und in diesem Fall dreht es sich um das Verhältnis zwischen den Kelten und den Engländern. Teile dieses Kapitels sind für Bewohner der britischen Inseln vielleicht nicht angenehm zu lesen; aber wir sollten mutig sein und erkennen, daß es bereits Zeit ist, den Transformationsprozeß einzuleiten - wir können nicht bis zum Jahr 2000 warten, wir stehen bereits an seiner Schwelle. Hoffen wir, daß das, was Tom und der Rat der Neun uns zu sagen haben, uns einige Einsichten und Leitlinien vermittelt, damit wir ein neues Leben beginnen können.

Ich, Mary Bennett, hatte das Privileg, bei den folgenden Gesprächen mit Tom dabeizusein, und deshalb konnte ich bestimmte Worte hervorheben und Pausen angeben. Keine Schreibweise könnte allerdings die ganz besondere Energie oder die Vielschichtigkeit der Kommunikation beschreiben, die vorherrschte. Ich weiß nicht, ob es so üblich ist; aber während Tom sprach, empfing ich telepathisch Ideen und ergänzende Worte und Bilder. Darum ist dieses Kapitel in einem anderen Stil geschrieben als die vorhergehenden, bei denen ich nicht zugegen war.

IRENE: Wir grüßen Tom und den Rat der Neun. Wir würden dir gerne einige Fragen über das nächste Jahrtausend stellen. Aber vielleicht möchtest du vorher etwas sagen?

TOM: Der Rat möchte, daß ich euch folgendes sage: Wir verstehen, daß es euch schwerfällt, in eurer Welt der Dichte und der egoistischen Neigungen das Selbst vom Selbst zu lösen. In den letzten drei Jahrzehnten hat das selbstsüchtige Interesse am Selbst und an Dekadenz vorgeherrscht. Jetzt ist es Zeit, sich von diesen drei Jahrzehnten der Dekadenz zu lösen, bevor ihr in ein neues Zeitalter der Transformation eintreten könnt.

Und wie ihr wißt, hält euch das Alte jedesmal wie ein Okto ... es okkupiert euch, wenn es Fortschritte gibt. Ist das so richtig?

IRENE: Ja, wir verstehen, was du meinst.

TOM: Es versucht außerdem, Glaubenssysteme festzuhalten und überdeckt die Notwendigkeit eines Wandels mit Dunkelheit. Wir möchten, daß ihr folgendes versteht: In der Vergangenheit haben wir erklärt, daß das Volk Israel als Mikrokosmos für den Makrokosmos wichtig ist. In der englischen Nation, die als die zivilisierteste aller Nationen gilt, ist es nun wichtig, das Keltische mit dem Angelsächsischen zu versöhnen; denn nur dann sind Fortschritte möglich. Denkt daran: Diese englische Nation, die so ausgesprochen viel auf Höflichkeit hält, erzeugt andererseits die barbarischsten Waffen, weil sie ihre wahre Natur unterdrückt. Darum ist es wichtig, die Engländer in eure Meditation aufzunehmen; denn solange dieses Problem nicht gelöst ist, fällt es dem Rest der Welt schwer, sich weiterzuentwickeln, weil die angelsächsische Höflichkeit als Vorbild angesehen wird. Versteht ihr?

IRENE: Ja.

TOM: Ja. Dann gibt es eine große Öffnung; denn wir können die Brüder Abrahams zusammenbringen.

IRENE: Ja.

TOM: Es gibt kein Wachstum ohne Anstrengung, nicht wahr?

MARY: Nein, das gibt es nicht!

TOM: Auf eurer Welt gibt es keine Stärke ohne Anstrengung, nicht wahr? Wenn ihr euch ins Bett legt und euch nicht bewegt, werdet ihr schwach, stimmt das?

IRENE: Ja.

TOM: Wenn ihr schwere Dinge hebt, werdet ihr stark, stimmt das?

IRENE: Ja.

TOM: Darum müßt ihr euch anstrengen.

IRENE: Ja, danke. Wir schätzen das sehr!

TOM: In der englischen Nation unterdrückt die Höflichkeit die Wahrheit. Was ihr braucht, ist ein mutiger Durchbruch. Denn neigen die Menschen der englischen Nation nicht dazu, alles »unter den Teppich« zu kehren?

MARY: Doch.

TOM: Es tut uns leid, Mary, denn es ist auch deine Nation.

MARY: Ich akzeptiere, was du sagst. Ich verstehe es, und ich glaube, es stimmt. Und ich bin traurig darüber, daß es stimmt.

TOM: Es liegt einfach daran, daß die männliche Energie lange Zeit vorherrschend war und sich jetzt bedroht fühlt; denn sie weiß, daß sie dem Weiblichen gleiche Rechte einräumen muß, um zu überleben. Die Quelle aller Macht ist das Weibliche. Das Männliche kann die Macht sein eigen nennen, wenn es das Weibliche beherrscht, gefangen hält und zur Dienerin macht, wißt ihr das?

IRENE: Ja. Es ist das gleiche, was die Chinesen immer mit den Tibetern versuchen.

TOM: Genau. Jetzt, da die Zeit der Gleichheit gekommen ist, versuchen jene mit männlicher Genstruktur verzweifelt, die Moleküle in ihren Energiefeldern neu anzuordnen und ein Verhältnis aufrechtzuerhalten, in dem sie die Götter sind. Denkt daran: In der Regierung der englischen Nation gibt es bedeutsame Korruption von Sexualität, oder nicht?

MARY: Doch, das ist richtig.

TOM: Die männliche Macht weiß, daß sie sich nur halten kann, wenn sie dem Weiblichen die Energie wegnimmt. Sie glaubt das. Anstatt Partner zu sein, übt sie totale Herrschaft aus, und von einem anderen Standpunkt aus weiß sie in ihrem Innern, daß sie bei der Paarung zur Quelle zurückkehrt. Ja?

IRENE und MARY: Ja.

TOM: Die Menschen der englischen Nation sind voll von Komplexen in ihrem verschlossenen Geist.

MARY: Das erinnert mich an ein früheres Gespräch (Kapitel 10) über die Vorbereitung dieses Planeten für die Menschen. Du sagtest, die Anderen hätten versucht, die Kraftlinien zu zerstören, nachdem sie eingerichtet worden waren, und sie hätten mit der Schlange Erfolg gehabt. Ich halte das für eine doppeldeutige Antwort. Denn indem sie die Schlange (die sogenannte Michael- und Maria-Kraftlinie, die sich durch England zieht) zerschnitten, gelang es ihnen, das Kräftegleichgewicht in diesem Land zu zerstören, und das wirkt sich auf den ganzen Planeten aus. Diese Energie gerät jetzt wieder ins Gleichgewicht. Du hast also mit der »Schlange« nicht nur die Kraftlinie gemeint, sondern auch die Beziehung zwischen dem Männlichen und dem Weiblichen, wie das Wortbuch (die Bibel) sie beschreibt.

TOM: Das ist richtig und wichtig.

MARY: Wenn es der englischen Nation also gelingt, dieses Gleichgewicht zwischen dem Männlichen und dem Weiblichen wiederherzustellen, kann die Energie dieses Landes sich über die Schlange ausbreiten, die England durchquert und um den Erdball herumfließt - allerdings nur in den nördlichen Breitengraden (dort, wo die Menschen ursprünglich ausgesät wurden). Wird die Energie auf diese Weise das Gleichgewicht zwischen dem Männlichen und dem Weiblichen auf dem ganzen Planeten wiederherstellen können?

TOM: Ja, denn sie sitzt oben, nicht wahr?

MARY: Ja.

TOM: Sie bringt die zivilisierte Welt ins Gleichgewicht; denn die Gesellschaften, die ihrem äußeren Anschein nach als »primitiv« gelten, verstehen diesen Zusammenhang. Wir beten, darum, daß alles Extreme ins Gleichgewicht kommt und daß es erkennt, was es angerichtet hat.

Ihr müßt die einzigartige Bedeutung dieser Zeit verstehen. Es gibt eine Bewegung nach vorne und eine gehemmte Bewegung, die auch die andere hemmt. Es ist, als bestünde eine Kluft zwischen dem, was ist, und dem, was nicht sein will. Es gibt einen Wirbel in den Ozeanen eures Lebens auf dem Planeten Erde, den der Oktopus okkupieren will. Versteht ihr?

IRENE und MARY: Ja.

TOM: Der Rat sagt, ich soll aufhören, euch zu fragen, ob ihr versteht; denn ihr seid keine Kinder, nicht wahr? (Wir lachen) Nun muß ich ... ja. Darum versucht der Oktopus, klares Denken abzuwürgen. Der Weg nach vorne führt über die Schwelle, und auf dieser Schwelle sitzt der jetzige Besatzer eures Planeten.

Was könnt ihr jetzt tun, um euch auf eurem Planeten Erde aus dem Würgegriff zu befreien? Ihr könnt die Fangarme sanft beseitigen; doch wenn sie
stark und grimmig sind, packen sie daraufhin noch fester zu, oder nicht?

IRENE: Ja, gewiß.

TOM: Und wenn ihr versucht, sie durchzuhauen, könntet ihr euch selbst
verletzen, nicht wahr?

IRENE: Ja.

TOM: Ihr seid in einem Dilemma.

IRENE: Ja, vielen Dank.

TOM: Ihr müßt flexibel sein - zur rechten Zeit. Versteht ihr?

*MARY: Ja. Denn wenn wir in unserem Sein starr werden, dann stehen wir
wieder vor dem gleichen Problem, und wir zerbrechen. Wir brauchen die
Flexibilität des Kristall-Verständnisses.*

TOM: Ja.

IRENE: Ist das eine neue Falle für die Seelen?

TOM: Es ist mehr als das. Es ist ein Würgegriff, der nicht losläßt.

*MARY: Bringen wir das in Zusammenhang mit dem vorigen Gespräch. Da
die Engländer sich nicht vollständig aussprechen, und diese Nation diesen
spezifischen Aspekt des Würgegriffs auf unserem Planeten symbolisiert, bedeutet das also, daß wir dazu beitragen können, den Würgegriff zu lösen,
wenn wir uns fortan aufrichtig und integer ausdrücken.*

TOM: Das ist überaus wichtig. Du hast recht, ja. Es ist ratsam, den Männern dieser englischen Nation behutsam klarzumachen, daß sie ihre Unterdrückung ans Tageslicht holen müssen und daß sie in sich selbst den
Mut finden müssen, um ihr richtig ins Angesicht zu sehen. Wenn die Gefühle unterdrückt werden, dann manifestieren sie sich in eurer männlich-
weiblichen Machtumkehrung.

*MARY: Ich möchte dich fragen, ob die jetzige Situation in Israel (im Mai
1994) und die Wahl neulich in Südafrika den »Flaschenhals« ein wenig
geöffnet haben, den du vor einigen Jahren beschrieben hast.*

TOM: Das ist der Beginn. Das heißt jedoch nicht, daß es keinen Versuch
geben wird, den Würgegriff anzusetzen. Aber ihr müßt wissen, daß die Kristalle anfangen, flüssig zu werden, wenn das ausgesprochen und nieder-
geschrieben wird. Das ist sehr wichtig. Die englische Nation muß diese Er-
starrung erkennen. Wir sprechen jetzt zu denen, die in eurer Gesellschaft

»normale Leute« genannt werden. Sie müssen beginnen, ihre Fähigkeiten zu erweitern, für sich selbst zu denken und der Regierung und den Stadträten nicht mehr zu erlauben, ihr Denken zu beherrschen, was diese beiden Nationen, die Kelten und die Angelsachsen angeht. Sie müssen unbedingt verstehen, daß sie im Namen des Schöpfers eine große Tragödie hervorgerufen haben. Denn die Engländer halten sich für zivilisiert. Sie begreifen nicht, daß sie alle anderen für nichtzivilisiert halten, und darum geben sie den Kelten und allen anderen nicht die Möglichkeit zu wachsen. Ja.

Denkt mal nach: Was ist diese englische Nation? Sie hat ein Dreieck aus Kelten, nicht wahr?

IRENE und MARY: Ja.

MARY: Die keltischen Länder liegen links und die angelsächsischen rechts auf unserer Insel, und sie symbolisieren auf der einen Seite den intuitiven Prozeß und auf der anderen Seite den starren intellektuellen Prozeß. Und das Verschmelzen dieser zwei Aspekte würde zu Ausgewogenheit auf dem ganzen Planeten führen, wie wir bereits festgestellt haben. Ist das der Grund, warum die Kornkreise sich meist in einem dreiecksförmigen Gebiet in der Mitte gerade dieser Nation befinden? Sollen sie diesen Prozeß in Gang setzen?

TOM: Es ist eine Bewegung, ein Erwachen, ein Fragen nach dem Warum. Warum ist diese englische Nation so stur und sagt: »So haben wir es immer gemacht«? Wir fragen: Wie lange dauert es, bis die Menschen imstande sind zu fragen: »Warum ist jetzt etwas Neues da?«

MARY: Es gibt Gruppen von Leuten, die die Kraftlinien im Land verfolgen und versuchen, diese Energien auszugleichen. Viele stützen sich auf die Artussage, und nach unserem Gespräch kam es mir in den Sinn, daß der Symbolgehalt des Schwertes Excalibur der des Gleichgewichts ist: Ex Calibre.

TOM: Richtig. Es ist Eichung.

MARY: Was die Wahrzeichen dieser Nation angeht - kannst du uns etwas über Stonehenge sagen, was nicht in den üblichen Reiseführern steht?

TOM: Was steht in den üblichen Reiseführern über die Pyramiden? Auch alle Bilder von Tieren waren Hinweise für die Nachkommen der Söhne Gottes, versteht ihr?

Anschließend fragten wir Tom, ob er eine besondere Botschaft für die USA habe.

TOM: In diesem großen Gebiet der Nation der Vereinigten Staaten ist es wichtig, der Jugend die Macht ihres Denkens bewußt zu machen. Wichtig ist auch die Entschlossenheit, diese Nation von Gewalt, Korruption und Zerstörung des Planeten der Schönheit, des Paradieses, zu befreien.
Die jungen Menschen müssen darauf bestehen, daß ihre Eltern die Zerstörung nicht zulassen.
Die Jugend muß auch verstehen, daß das Bombardement mit Gewalt (durch die Medien) eine Neigung zur Gewalt hervorruft, die sie nicht mehr in Schach halten kann.
Die jungen Menschen sollten zusammen mit ihren Eltern in Liebe und Freude meditieren.
Die Jugend muß verstehen, daß es eine Freude ist, Freude zu haben - aber nicht auf Kosten der anderen.
Außerdem wäre es gut, auf diesem großen Kontinent jeweils drei Meditierende so zu verteilen, daß es vier Ecken gibt und zwölf Menschen meditieren. Sie könnten als ... wie sagt ihr - Brieffreunde? ... anfangen.
MARY: Ja, Freunde, die durch Briefe kommunizieren.
TOM: Ja. Das ist kein Zwang!

Am folgenden Tag stellten wir weitere Fragen:

IRENE: Ich möchte den Rat und dich bitten, uns zu sagen, was geschehen wird, wenn wir ins nächste Jahrtausend gelangen.
Wie du weißt, gibt es endlose Diskussionen darüber, welche Veränderungen auf die Menschheit zukommen - gesellschaftlich, psychologisch, spirituell und geophysikalisch. Mit welchen Veränderungen müssen wir rechnen, wenn wir uns dem neuen Jahrtausend nähern?
Der zweite Teil meiner Frage ist: Wie kann die Menschheit sich am besten vorbereiten?
TOM: Auf diese Weise: Die Menschheit trägt in ihrem Innern die Mittel zu ihrer Fortentwicklung, und sie kennt in ihrem Innern die Richtung. Hört mir sorgfältig zu und seid offen und verständnisvoll:

Die nächsten tausend Jahre sind die Jahre des Geistes. Die Energie des Geistes wird verstehen lernen, welche Macht das von Gedankenformen, Visualisierungen oder starkem Verlangen Geschaffene wirklich hat. Es ist so: Es gibt viele Vorsagen ... Voraussagen, die Voreinsagen verursacht haben ... ist das richtig?

IRENE: Nein, aber es ist ein neues Wort!

TOM: Ja? Was ich sagen wollte, ist dieses: In der Vergangenheit haben auf eurem Planeten Erde viele Personen Voraussagen gemacht, die Voreingenommenheiten verursacht haben. Sie haben die Menschen damit programmiert und in Wirklichkeit die angekündigten Ereignisse dadurch erst ausgelöst.

IRENE: Ja.

TOM: Nun gibt es mehrere Aspekte, die jene, die diese Ereignisse auslösen, in sich selbst beachten müssen (sofern sie noch leben, denn einige von ihnen sind bereits hinübergewechselt). Es ist so: Sie haben ihre Voraussagen entweder von Quellen in der Umgebung des Planeten Erde empfangen oder von Quellen in Zivilisationen, die nicht über das ganze Wissen verfügen, auch nicht über eine Tür oder auch nur ein Fenster zu allem Wissen. Sie betrachten die Erde und sehen dabei nur die verschiedenen Wege, welche die Menschheit zu irgendeinem historischen Zeitpunkt einschlagen kann. Und wenn die Menschheit sich in eine Richtung bewegt, die offenbar zu Konfrontationen führt, glauben sie, dies sei unausweichlich. Das ist nicht wahr. Denn die Menschheit besitzt in ihrem Innern die Fähigkeit, alle Veränderungen innerhalb ihrer eigenen Parameter herbeizuführen und Frieden zu erlangen.

Außerdem geben die Anderen falsche Informationen, um Zwietracht und Angst zu schüren und Chaos herbeizuführen. Wieder möchten wir folgendes sagen: Es gab Menschen auf eurem Planeten Erde, die nicht glaubten, daß der Osten und der Westen sich während ihrer Lebenszeit einigen könnten, ist es nicht so?

IRENE: Ja.

TOM: Das ist nicht zufällig geschehen. Denn diese Einigung wurde von vielen herbeigeführt, durch ihre Visualisierungen, ihre Gebete und ihre Aktionen. Denn auch die Tat ist wichtig, wie ihr wißt.

IRENE: Ja.

TOM: Die meisten Menschen glauben, daß die Barriere (die Mauer) plötzlich, an einem Tag, niedergerissen wurde. Aber es dauerte lange, um es soweit zu bringen. So wie die Veränderungen in Südafrika. Es verlangte viel Mühe von vielen stillen Arbeitern. Ebenso könnt ihr sehen, was zwischen den Nationen von Israel und Ismael geschah. Und es gibt jene Arbeiter, die versuchen, Uneinigkeit und Zusammenbruch zu bringen. Die Menschheit kann also selbst herbeiführen, was sie haben will.

Die Menschen hören das nicht gerne; denn es ist dramatischer zu glauben, daß sie keine Macht haben und daß alles geschehen wird (daß alles vorherbestimmt ist).

Es gibt aber auch jene, die glauben, daß der Planet geläutert und von Menschen gereinigt werden muß, die ihrer Meinung nach seiner unwürdig sind. Auch sie erzeugen negative Energie, und jene, die in ihrer Dreistigkeit glauben, ihre Vorhersagen seien richtig, rufen große Schwierigkeiten hervor, nicht nur für sich selbst, sondern für die Erde. Sie haben ihre Macht einer anderen Energie gegeben, versteht ihr?

IRENE: Ja.

MARY: Immer mehr Menschen auf der Welt interessieren sich für die »Aufstiegs«-Philosophie. Kannst du mir sagen, woher diese Information kommt und dann ob etwas Wahres an der Vorstellung ist, daß einige Auserwählte die Entwicklung des Planeten fördern oder ihn aus dem, was sie »Chaos« nennen, herausholen und ins Gleichgewicht bringen werden?

TOM: Wir werden euch noch einmal erklären, daß es Zivilisationen gibt, die nicht alle Informationen haben und die versuchen, Menschen zu elitärem Denken zu verleiten, damit sie sich für einmalig und einzigartig halten. Dadurch machen sie diese blind für andere Wirklichkeiten. Manchmal und in einigen Fällen glauben jene Subzivilisationen, sie besäßen die Wahrheit. Doch ihre Wahrheit ist nicht vollständig, und sie verstehen nicht, daß mit dem »Aufstieg« die Energiefelder gemeint sind, die aus dem Planeten Erde ein sich nach oben bewegendes Licht-Raumfahrzeug machen. Das bedeutet nicht, daß die Menschheit oder ein Teil von ihr aufsteigt.

Es ist ebenfalls wichtig zu verstehen, daß die Angst vor der Vernichtung den Planeten und die Menschheit fesselt und keinem sinnvollen Zweck dient. Sie ruft nur ein Ungleichgewicht auf dem Planeten und Unausgewogenheit und Depressionen bei den Menschen hervor. Wir sprechen zu allen Menschen, die sich vor der Vernichtung fürchten, und wir möchten ihnen sagen, daß sie ohne Einschränkung imstande sind, die Verwüstung, die Zerstörung ihres Planeten Erde aufzuhalten. Wenn ihr darauf besteht recht zu haben und irrigerweise weiter daran glauben wollt, daß euer Planet vernichtet werden wird, dann seid ihr für das Hervorrufen der Vernichtung verantwortlich. An eurer Stelle wären wir sehr vorsichtig, denn ihr wißt nicht, was ihr euch selbst antut.

MARY: Danke. Um diesen Punkt ein wenig zu klären - diese Subzivilisationen kommen also nicht von den Anderen? Sie sind nur ein bißchen verwirrt, oder?

TOM: Und manche von ihnen stehen auf der Kippe. Verstehst du, was wir meinen?

MARY: Ja, vielen Dank. Das ist sehr hilfreich.

TOM: Darum sagen wir: Nehmt euer Leben und das Schicksal eures Planeten selbst in die Hand. Nehmt euch Zeit zum Nachdenken, zum Beten, zur Tat. Seid alle im Kleinen verantwortlich, und euer Planet wird seinen Frieden finden.

So wie er im Chaos versunken ist, kann er auch wieder zur Freude zurückfinden. Und es ist natürlich, daß es ab und zu kleine Ausbrüche und Konflikte gibt; denn neben den entwickelten Seelen gibt es neue Seelen, die nicht vollständig verstehen. Doch das bedeutet nicht, daß euer Planet auf die totale Vernichtung zusteuert.

Auf eurer Welt gibt es einen Glauben, wonach es ein tausendjähriges Reich gibt, nicht wahr? (Siehe Offenbarung, Kap. 20, 4 - 7)

IRENE: Ja.

TOM: Es liegt an euch, und in euch liegen die Voraussetzungen für sein Eintreten. Damit sind eure nächsten tausend Jahre gemeint, und es wird keine plötzlichen, sondern allmähliche Veränderungen mit einer gewissen Beschleunigung geben. Denn die Menschen müssen nun für das Leben auf der Erde geradestehen. Dieser Planet ist voll und ganz in eurer Hand. Wenn ihr eure Macht jenen geben wollt, die ihn zerstören würden, dann seid euch bewußt, daß ihr euch selbst zerstört.

Und denkt daran: Es ist wahr, daß es keinen Tod gibt. Darum sagen manche: »Es ist egal, weil es ja keinen Tod gibt.« Aber es ist nicht egal; denn wenn ihr ein Leben beendet, ehe ihm ein Ende bestimmt ist, wenn ihr euer eigenes Leben auf die falsche Weise - durch falsches Denken, durch eine Tat oder sonstwie - beendet, dann habt ihr eure eigene Wahl und die der anderen nicht erfüllt, und dafür müßt ihr bezahlen - und die Bezahlung wird euch wahrscheinlich nicht gefallen. Wäre es nicht besser zu erfüllen, wofür ihr euch für diesen Planeten entschlossen habt?

Die Erde kann großartig sein; denn jeder Mensch ist potentiell großartig. Fürchtet euch nicht davor oder vor der Verantwortung: Sie wird euch Selbstachtung und Freude bringen. Erlaubt anderen nicht, eure Seele zu besitzen. Geht voran ... wir sind bei euch. Haben wir deine Frage beantwortet, oder gibt es noch etwas klarzustellen?

IRENE: Ich habe noch eine Frage zur technologischen Revolution und zu Computern. Du hast gesagt, das nächste Zeitalter der Menschheit werde das Zeitalter des Geistes sein. Wie ist das mit dem zu vereinbaren, was heute geschieht - mit einer Gesellschaft, die sich vollständig auf Computer verläßt? Müssen wir uns davor in acht nehmen?

TOM: Es ist wichtig, daß ihr folgendes versteht: Denkt daran, daß wir gesagt haben, euer Planet Erde sei der Planet des Körperlichen und des Spirituellen. Die Menschen sind auch mit Arbeit belastet, und das hält manche gefangen, nicht wahr?

IRENE: Ja.

TOM: Darum sorgt im Jahrtausend des Geistes die Technologie für Ausgewogenheit, oder nicht? Ist das nicht großartig? Denn auf diese Weise haben die Menschen die Freiheit, ihr Versprechen an sich selbst zu erfüllen.

IRENE: Das Jahrtausend der Technologie befreit uns also von der mühseligen Arbeit der Vergangenheit, aber es versetzt uns dadurch auch in die Lage, nach dem Spirituellen zu streben.

TOM: Das ist richtig.

IRENE: Und das dürfen wir nicht vergessen, wenn wir von unseren neuen Spielzeugen besessen werden.

TOM: Das ist sehr wichtig. Ihr dürft nicht überschnappen. Sobald der Geist seine Macht erkennt, wird die Technologie mit ihm verschmelzen. Aber ihr dürft den spirituellen Aspekt und das Gleichgewicht nicht aus dem Auge verlieren. Sonst beginnt der Verfall erneut.

Dieses Kapitel ist so wichtig, daß Phyllis, die Übermittlungen nur sehr selten kommentiert, das Bedürfnis hatte, einige Worte der Klarstellung anzufügen:

»Seit über zwanzig Jahren wiederholt Tom beharrlich, daß sich Katastrophen ereignen können, wenn das Christusbewußtsein zu seiner eigenen Zeit kommt, daß der Planet Erde und die Menschheit jedoch transformiert werden, wenn dieses Bewußtsein beschleunigt wird. Was meint Tom damit und wie geht das vor sich? Tom und der Rat der Neun haben erklärt, daß wenn das Christusbewußtsein zu seiner eigenen Zeit kommt, es bedeutet, daß die Erde und die Menschheit sich in solch tiefer Verzweiflung und Qual befinden, daß sie nach Hilfe rufen werden. Nur dann können der Schöpfer oder andere Zivilisationen eingreifen und uns helfen.

Beschleunigung des Christusbewußtseins bedeutet: Wenn genügend bewußte Menschen mit großem Eifer daran arbeiten, einen Wandel auf allen Ebenen - Regierung, Erziehung, Gebet, Meditation, Umwelt usw. - herbeizuführen, wenn sie die Verantwortung übernehmen und danach handeln, dann können sie den Transformationsprozeß der Menschheit und des Planeten Erde, von dem Tom immer wieder spricht, selbst herbeiführen.

Wir dürfen erleben, daß all dies an einzelnen Orten auf der ganzen Welt nach und nach geschieht. Unsere Gedanken und Taten sind Mittel, um die Transformation im kommenden Jahrtausend herbeizuführen. Heute hat die Wissenschaft begonnen, die Macht des Geistes zu beweisen und zu legitimieren, vor allem im Gesundheitsbereich. Wir können diese Vorstellung erweitern und über die Möglichkeiten nachdenken, die wir hätten, wenn wir diese schöpferische Energie in uns nutzen würden, um das Christusbewußtsein zu beschleunigen. Es ist einen Versuch wert, denn - ›Was wäre, wenn ...?‹ Wir haben die Wahl.«

VOM RAT DER NEUN
AN DIE VÖLKER DER ERDE

Wir beten dafür, daß die Völker der Erde Frieden untereinander finden und erkennen, woher sie kommen.

Wir beten dafür, daß alle Zivilisationen des Universums, die sich um Gleichgewicht im Universum bemühen, die Kraft und den innern Frieden haben mögen, um die Arbeit zu vollenden, der sie sich verpflichtet haben.

Wir beten dafür, daß die körperlichen Wesen auf dem Planeten Erde Bewußtheit und Verständnis erlangen, damit ihre Seelen sich entwickeln können, damit die Erde auf eine höhere Ebene angehoben werden kann und damit der Himmel, der den Planeten Erde umgibt, geläutert wird, so daß das Universum fortschreiten kann.

Wir beten dafür, daß die Wesen und Zivilisationen der Gegenseite zur Einsicht kommen, damit auch sie vollkommenes Gleichgewicht erlangen.

Wir beten dafür, daß alle Wesen im Universum bald das Wissen und das Verständnis erlangen, das sie ganz macht.

Wir beten für Verständnis unter uns selbst und für die Kraft, die wir brauchen, damit jeder von uns die anderen zur Vollkommenheit führen kann.

Wir beten für die Seelen der Kinder der Erde. Mögen sie aus der Dunkelheit zum Licht finden.

TOM

Register

Abraham, 95, 184, 193, 213, 216 f., 220, 227, 230, 233 f., 239, 253, 352

Abtreibung, 308

Adam, 217

Adam & Eva, 160, 187 ff., 217

Afghanistan, 221

Afrika, 157, 176, 278, 327

Alien, 99

Allah, 233

Altea, 25, 32, 40, 70, 77 ff., 81, 83, 86, 89 f., 91., 95 f., 110, 115, 174, 184 ff., 191 ff., 195, 200 f., 206 f., 212, 219, 231, 249, 256, 271, 281, 309, 344

Altima, 88, 191 f., 210

Amerika (s. Vereinigte Staaten), 24, 194, 202, 259

Ancore, 96, 342

Anderen, die, 121 f.,125 ff., 130, 174, 217, 226, 234 ff., 262, 264, 269 f., 277, 280, 287, 321, 324 f., 353, 358, 363

Angelpunkt, 53 ff., 125

Angst, 26, 59 ff., 86, 106, 108, 114, 127, 143, 159, 210, 255 ff., 270, 292, 315, 334, 358 f.

Annas, 249

Araber, 228 ff., 233

Arafat, Yasser, 259

Aragon, 83, 91, 96, 112, 248 f., 342, 344

Aragon, Joseph von; 321

Arigo, Jose; 96

Artussage, 356

Ashan, 70, 80, 83, 86, 91, 96, 115, 185 f., 195, 206, 231

Asien, 157, 327

Atlantis, 78, 89, 91, 191 ff., 195 f., 199ff., 207, 209, 211 ff., 238

Atlas, 184

Atmosphäre, 31, 83, 85, 89, 94 f., 102, 108, 110, 138, 149 f., 165, 167, 201, 320, 329 f.

Atomenergie (s. Kernenergie), 282

Atum, 47

Auferstehung, 248, 340

Ausrottung, 98, 129, 324

Aussaat, 97, 184, 186, 193

Außerirdische, 10 ff., 108

Außerirdische Zivilisationen (s. Zivilisationen), 25 ff., 29 ff., 34, 62 f., 70 ff., 77 ff., 88 ff., 99, 101 ff., 106 ff., 113 ff., 124, 126, 128, 146, 175 ff., 184, 186, 191, 193, 199, 201 f., 206 ff., 210, 212, 215, 217, 231 ff., 248 ff., 256, 260 ff., 308 f., 337, 349

Azteken, 202

Ägypten, 182, 192, 196 f., 202, 205 f., 211 ff., 219, 246, 249, 252, 254

Äonen, 47, 66, 77, 212 f.

Äthiopien, 170, 221

Babel, Turm zu, 207

Bahamas, die, 196

Bailey, Alice, 27, 91, 252

Bäume, 64, 149, 168, 279, 322, 326 f.

Bermuda-Dreieck, das, 192

Beschleunigung, 142, 149 f., 152, 183, 360, 362

Beschneidung, 239 f.

Bestie, die; 123

Bewußtsein, 14, 27 f., 32, 34 ff., 43, 68 f., 77 f., 90, 94, 99, 113, 138, 150, 152, 199, 222, 224 f., 230, 235, 241 f., 277, 279, 299, 307, 318 ff., 323 f., 334 f., 337, 340, 342, 346, 362

Bibel, die (s. Wortbuch), 11, 54, 71, 91, 95, 215, 232, 238 ff., 243, 250, 252, 347, 354

Bilokation, 248

Blavatsky, Helena, 252

Böse, das; 11, 53, 58, 124

Buddha, 246, 251

Buddhisten, 98, 228

Bund, der, 233, 247

Bundeslade, 233

Bürgerinitiativen, 165

Carmel, Israel, 7, 40, 325

Chakras, 50, 329, 331 f.

Channelling, 23

Chaos, 29, 110, 130, 313, 358 ff.

Cheops (s. Kufhu), 207

China, 97, 176, 183, 185, 198, 202, 206, 211, 300

Christen, 219, 243, 247 f., 293, 310

Christus (siehe Nazarener, der), 113, 173, 241 f., 244, 247, 254, 279

Cro-Magnon, 178

Davidstern, 105

Dekadenz, 352

Delphine, 166, 199 f., 213

Demut, 98, 315

Deutschland, 6
Dichte, 49, 69, 81, 87, 111, 118, 122, 128, 139 ff., 163, 176, 190, 197, 227, 277, 288, 290 f., 319, 339, 345 ff., 352
Dimensionen, 10, 12, 17, 25, 34, 51, 79 f., 84, 88, 237, 273
Dropas, die; 173
Eden, Garten von, 160, 188 f.
Edison, Thomas, 272
Ego, 24, 28, 35, 112, 117, 148, 173, 226, 270, 275, 283, 287 f., 297, 304, 316, 323, 333 ff., 340
Ehe, 17, 306
Eiszeit, 155, 186, 201
Elarthin, 99 f.
Elitedenken, 289
Elohim, 49
Energiefelder, 101 f., 174, 273, 280, 338, 359
Engel, 12, 17, 114, 126
England, 100, 245, 354
Erdbeben, 194, 258, 275
Erleuchtung, 180, 249, 268, 312, 319 f., 323
Erziehung, 36, 155, 229, 304, 311, 362
Essener, 246
Europa, 286
Evolution, 89, 93 f., 97, 118, 123, 126, 136, 147, 149, 151, 156, 176 f., 189 f., 216, 224, 251, 258, 260, 262, 277, 283, 289, 298 304, 315 f., 345
Excalibur, 356
Fahrzeug, 84 f., 95, 180, 182, 205
Falke, der, 177, 179 ff., 185, 187, 195 f., 215, 237
Fanatismus, 130, 269 f., 280, 284
Farben, Reinigung durch, 96, 153 f., 286, 318
Fatima (Tochter von Mohammed), 229
Flaschenhals, 114, 118, 125, 138, 140, 157, 163, 301, 345, 355
Fliegende Untertassen (s. Raumschiff), ?
Florida, 7, 19, 196
Freier Wille/Willensfreiheit, 235
Freude, 5 f., 18, 43 ff., 57, 63, 71, 128, 135 f., 138, 142 f., 148, 154, 159, 189 f., 200, 230, 236, 245, 251, 262, 265 ff., 270, 274, 277, 279, 282 f., 289, 291 f., 294, 301, 315 f., 345, 357, 360 f.
Gas, 167
Gärtner, 67
Gebote, Zehn, 220

Geburt, 17, 195 f., 244, 329, 337 ff., 346
Gefallene, der; 187
Gehirn, 33, 40, 161, 178, 183, 196, 198, 300, 321, 330
Gehorsam, 144, 160, 188, 217, 234 f.
Geist, 23 f., 26, 30 ff., 40 f., 44, 51 f., 63, 68, 74, 83, 115, 121, 126, 137, 141 f., 145, 150, 155, 163, 197 f., 211, 218, 221, 225 f., 228, 233, 267, 273, 277, 294, 313, 316 ff., 320 ff., 327, 330 f., 333 f., 336 ff., 340, 353, 361
Genesis, (Buch d. Bibel), 331
Gesetze des Universums, 124
Gewalt, 98, 197, 219, 260, 357
Gier, 122, 124, 126, 128, 138
Glastonbury, 245
Gleichgewicht, 26, 30, 49, 53 ff., 62, 81, 89 f., 92, 119, 122 f., 125 ff., 129, 136 ff., 141 f., 154, 163 f., 167 f., 170, 187, 189, 224, 226, 231, 254, 256, 274 f., 280, 282, 292, 295, 299, 304 f., 313, 329, 334, 337, 342, 354, 359, 361, 363
Golfkrieg, 259 f., 269, 284
Gorbatschow, 261
Gott (siehe Schöpfer), 13, 18, 20, 49 f., 56 ff., 61 f., 65 ff., 74, 88, 112, 114, 120, 131, 138, 144, 181, 184, 187, 196, 216, 220 f., 228, 230 ff., 240 ff., 248, 262, 288, 314, 332 f.
Griechenland, 192, 194, 202, 212
Halbmond, der, 110, 259, 261, 268, 280
Ham, die; 173
Hamarkos, 47 f.
Harmagedon, 54, 194, 236, 238, 260
Harmonische Konvergenz, 278
Hathor, 210 f.
Hawaii, 194
Hebräer, die; 78, 95, 216, 232, 246, 248
Heilen, 11, 96, 181, 329, 342
Hellenen, die; 202
Herenkar, 47
Hindus, die; 228, 280
Hingabe, 5 ff., 94, 116, 133, 142, 149, 269, 277, 281, 283, 288, 291
Holocaust, 278
Hoova, Hooviden; 72, 77 ff., 83, 85 ff., 89, 91, 94 ff., 98 f., 105, 114 f., 117 f., 185 f., 192 f., 206, 210, 213, 215 ff., 226 ff., 232, 234 ff., 244, 247 f., 261, 263, 280, 282, 340
Horus, 196, 205, 210, 249, 254
Hungersnot, 170

Hussein, Saddam; 261, 281
Imhotep, 249
Indien, 202, 246, 301, 323
Intellekt, 26 ff., 199, 291, 306, 317, 330, 333 ff., 340, 346
Ioannes, 97, 184, 195 f.
Ionosphäre, 168, 324
Irak, 202, 260, 281
Isis, 205, 209 f.
Islam, 229
Ismael, 227 f., 259, 263 f., 359
Israel, 6 f., 40, 97, 118, 151, 202, 216 f., 219 f., 222 ff., 239, 243 f., 246, 259 f., 263 f., 286, 325 f., 333, 352, 355, 359
Jahr 2000, das; 92, 351
Jakob, 253
Japan, 246
Jehova, 91, 218 f., 225, 227 f., 232 f., 244, 246 ff.
Jerusalem, 229 f., 246 f.
Jesus (s. Nazarener, der); 36, 118, 170, 217 ff., 227, 232, 241 ff., 247 f., 251
Jethro, 229
Johannes der Täufer, 246
Joshua, 219
Jugend, 266, 273, 301 ff., 317, 343, 357
Jung, 212
Kabbala, 216
Kahuna, die; 194
Kalifornien, 275 f.
Kanaan, 193
Karma, 170, 223, 250, 267, 343
Katastrophe, 101, 113 f., 118, 187, 198
Kälte, Bereich der ; 52 f., 77, 94
Kelten, die; 356
Kernenergie, 271
Khufu (Cheops), 207
Kinder, 17, 143, 145, 149, 166, 169, 173, 182, 244, 265, 277, 282, 288, 299, 301, 303, 306, 324, 336, 354, 363
Kolonisierung, durch Außerirdische; 176 f.
Kornkreise, 100 ff., 208, 356
Kosmologie, 43
Kraftlinien, 174 177, 354, 356
Krebs, 239, 344
Kreta, 196, 202
Kreuzigung, die; 248
Kristall, 52, 283, 355
Landungen 85, 109, 112, 186
Lemuria (s. Mu), 192

Licht, 10, 12, 29, 44, 49, 52, 66, 69, 71, 86, 126, 128 f., 149, 154, 157, 189, 200, 208, 225, 253, 260, 266, 291, 293, 299, 304, 312, 318, 326, 329, 336, 338, 348, 359, 363
Lichtgeschwindigkeit, 49, 79
Liebe, 5, 13, 33, 43, 49, 57, 61 f., 67 f., 71, 74 f., 82 f., 85, 93 f., 111, 114 f., 117, 120, 128, 130, 135, 137 ff., 143, 148, 152 ff., 157 f., 161, 169 f., 190, 193, 234, 242, 248, 251, 253, 262 f., 265, 267, 278, 282 f., 286 f., 291 f., 294 f., 301 f., 312, 315, 317 ff., 321, 328, 332, 334, 357
Macht, 11, 14, 29 f., 47, 62, 66, 71, 110, 121, 124 ff., 130 f., 146, 148, 150 f., 164 f., 167, 201, 225, 230, 233, 243, 255, 260, 269 f., 275, 280, 297 ff., 309, 313, 317, 320, 332, 347, 353, 355, 358 ff.
Magdalena, Maria; 245
Magnetismus, 105
Maria & Joseph, 244
Materie (& Antimaterie), 53 f., 125, 140, 331
Matrix, 98, 129, 169, 274
Mayas, die; 102, 202
Medien, 19 f., 23 f., 28, 30, 34 ff., 251, 351, 357
Meditation, 114, 151, 159, 227, 230, 255, 261, 267, 274, 278, 280, 282 f., 285 f., 293, 311, 317 f., 321 ff., 352, 362
Medizin, 39, 179, 197 f.
Megiddo, 236 ff.
Messias, 218, 242 f.
Michael- & Maria-Linie, 354
Milchstraße, 55, 79 f., 100, 107
Mission, 118, 133, 241 f.
Mitgefühl, 159, 216, 250 f., 282
Mora-Triomne, 91
Moses, 219 f., 231, 253 f.
Mu (Lemuria), 192, 195, 201
Musik, 91, 96, 115, 154, 183, 285, 318, 338
Mut, 6 f., 130, 159, 259, 355
Myrex, 91, 206
Nazarener, der; 170, 215, 228, 242, 244, 246 ff., 316
Nächstenliebe, 159
Nephthys, 210
Neun (als Zahl), 6 f., 20 f., 24, 26, 28 ff., 34 f., 39 f., 43 f., 47 ff., 54 f., 57 ff., 68, 71, 77 f., 85, 90, 98, 107, 110, 125, 141, 175, 191, 202, 205, 212, 232, 241, 252 ff., 259 f., 285 f., 293 f., 311, 325 ff., 329, 331 f., 351 f., 362

Nevada, 103 f., 106
Nostradamus, Michel de; 251 f.
Offenbarung, die (Buch d. Bibel); 113 f., 160 f., 246 f., 346, 360
Oktopus, 354
Olmeken, die; 202
Osiris, 210
Ozon, 321
Paradies, 69, 135 f., 141, 149, 154, 159, 164, 188 ff., 236, 251, 268, 299, 317, 337, 347
Phönizier, 96, 202
Platon, 205, 211
Plejaden, die; 100
Prinzipien, 49 f., 253 f.
Projekt, das; 107
Prophet, der; 229
Prophezeiungen (s. Vorhersagen), 113, 351
Quelle, die; 14, 34, 139, 166, 340
Ra, 209 f.
Rachel, 231
Radioaktivität, 102
Ramtha, 90
Rassen (verschiedene), 80, 175, 223, 261, 297, 324
Rat der Neun, der; 54, 58, 260, 293, 325, 327, 351, 362
Recycling , 163, 260, 265, 337, 347
Regierungen, 77, 82, 85, 91, 100, 107 ff., 118 f., 121, 149, 151 f., 155 f., 164, 169, 171, 213, 274, 319, 324, 326
Reinkarnation, 24, 207, 329, 334vf., 339
Religion, 11, 13 f., 40, 61, 153, 194, 239, 266, 278, 293, 312, 318, 335, 346 f.
Reticulum, 100, 107
Ritual, 243
Roberts, Jane; 35
Roddenberry, Gene; 7, 13, 47
Rußland, 106, 109, 325
Sarah, 230
Sauerstoff, 150, 166 f., 272 f., 321 f., 342
Schlange, die; 160, 188, 354
Schlemmer, Phyllis; 7, 23 f., 39
Schöpfer, der; 13, 48, 63, 67 f., 96, 143 ff., 334, 345, 362
Schöpfung, 48 f., 58, 61, 64 f., 68 f., 74, 125, 143, 147 f., 160, 188, 217, 235, 243, 245, 266, 297 ff., 309, 331, 347
Schuld, 5, 120, 153, 160, 170, 247, 277, 346
Schutz, 104, 116
Schwelle, 148, 256, 301, 351, 354

Schwerkraft (& Antigravitation), 12, 105, 135, 139, 141, 192, 273
Schwingung, 27, 86, 93 f., 111, 164, 276
Seele(n), 24 ff., 31, 49 f., 53, 66, 68, 72 f., 83, 97, 115, 120 f., 126, 128, 130, 136, 140, 144, 151 f., 155, 174, 179, 193, 195, 213 f., 218, 223, 225, 231, 234, 243, 246, 267, 287 f., 292, 294, 296, 303, 308 ff., 313 f., 317 f., 320, 322, 325, 327, 329 f., 332 ff., 348, 361
Sekhmet, 210
Seth, 35
Sexualität, 176, 297 ff., 307, 339, 353
Shiva, 211
Silberschnur, 6, 331
Sintflut, 192, 194
Sokrates, 211, 251
Sonnensystem, 55, 81 f., 185
Spectra, 96
Sphären, 10, 150, 174, 238, 248, 260, 313
Sphinx, 48, 206
Spiegel, 160
Sprache, 23, 25, 32 f., 35, 50 f., 83, 112, 179 f., 183, 199, 221, 246, 252, 266, 293, 316 f., 342
Sterben (s. Hinübergehen), 18
Stern, 105, 348 f.
Stimmbänder, 87
Stolz, 128, 218, 301, 333 f.
Stonehenge, 206, 356
Strahl, 112, 294, 342
Sudan, 170
Sumer (s. Ur), 182, 205, 211
Supraleitfähigkeit, 53
Südafrika, 355, 359
Südamerika, 176, 194, 202, 206
Tarimbecken, 178 f.
Taufe, 247
Technologie, 9, 49, 52, 70, 78, 84, 92, 103, 105, 111, 113, 144, 156, 180, 192 f., 200, 242, 271 f., 281, 361
Tehuti, 47, 205
Teufel, 58
Tibet, 97, 173, 202
Tibeter, der; 27, 97, 252
Tiere, 64, 92 f., 167, 174, 179, 187, 189, 274, 317
Tod (s. Hinübergehen), 19, 115, 136, 138, 159, 222, 247 f., 278, 286, 308 f., 313, 329, 337, 339 ff., 360
Tom, 7, 17, 20 f., 23, 35, 40 f., 43 ff., 47 f.,

55, 58, 63, 77 f., 92, 97, 99, 113, 121, 135, 147, 150, 173, 178 f., 191, 206, 208, 213, 218, 241, 269, 274, 285, 317, 324 f., 329, 351 f., 357, 362

Transformation, 94, 148, 158, 188, 199, 226 f., 248, 256, 278 f., 283 f., 312 f., 351 f., 362

Tümmler, 97, 201

UFOs (s. Raumschiff), 10, 12, 99, 120

Unbefleckte Empfängnis, 244

UNO, 230

Upanishaden, die; 249

Ur (Sumer), 97, 182, 192 f., 196., 202, 205 ff., 211, 213, 217, 254

Urknalltheorie, 63

Vatikan, 247

Vergebung, 56, 98, 314

Verlangen, 28, 31, 67, 82, 94, 122, 128, 131, 138 ff., 152, 155 f., 187, 197 f., 210 f., 218, 275, 287, 304, 307 f., 310, 313 f., 331, 339, 345, 358

Verschmutzung, 62, 155, 166, 268, 344

Verseuchung, 143, 281

Vertrauen, 143 f., 158, 230 f., 254, 262, 302

Vierundzwanzig, die; 69, 78, 81 f., 89 f., 98, 109, 116, 261

Vorbereitung (der Erde), 157, 278, 282, 286, 294, 318, 354

Vorhersagen, 252 f., 359

Völkermord, 129, 274, 324

Waffen, 85, 200, 260, 281, 303, 352

Wahl (s. freier Wille & Willensfreiheit), 70, 101, 143, 166, 177, 199, 253, 258, 263, 325, 327, 340, 355, 361 f.

Wale, 201

Wasser, 111, 117, 156, 166, 189, 200 f., 268, 272, 322, 343

Weisheit, 13 ff., 47, 49, 69, 71, 115, 117, 127, 198, 246, 254, 283, 332, 343, 348

Wissen, 13, 20, 25, 29, 32, 35, 49, 66, 69, 82, 96 ff., 101, 115, 117, 127, 132, 135, 143 f., 149, 152, 154 ff., 160 f., 180, 183, 185, 187, 190, 192 f., 197 ff., 200, 205, 209 f., 212 f., 217 ff., 239, 244, 246, 249, 252, 254, 268, 283, 291 ff., 297 f., 300, 302 f., 310, 325, 332, 336, 338, 340, 343 f., 346, 348, 358, 363

Wissenschaft, 10 ff., 24, 111, 152 f., 178, 181, 229, 334, 341, 362

Wortbuch, das (Bibel), 215, 250, 354

Würgegriff, 270, 355

Yoga, 321, 323

Yogananda, 323

Zeemed, 96

Zehn Gebote (s. Gebote), 220

Zeneel, 96

Zenthorp, 96

Zeus, 184

Zukunft, 30, 51, 61, 127, 145 f., 153, 155 f., 166, 170, 252, 257 f., 270, 272 f., 277 f., 282, 290, 294 f., 297, 302 f., 316, 324, 335, 339, 346

Zweck, 13, 70, 73, 95, 98, 100 f., 111, 117, 136, 141, 143, 163, 207 f., 216, 245 f., 263, 266, 268, 276, 278, 287, 308 f., 333, 337, 359

Zweifel, 7, 9, 34, 59 ff., 101, 130 ff., 218

Michael Hesemann

Geheimsache UFO
Die wahre Geschichte der unbekannten Flugobjekte

Dieses Buch ist ein Kompendium aus 40 Jahren UFO-Forschung, fundiert durch gründliche Recherchen des Autors und freigegebene Geheimakten des CIA und des KGB - das beste, das vollständigste Buch zum Thema, nach dessen Lektüre selbst für den Skeptiker kein Zweifel mehr bestehen kann, daß wir nicht allein im Weltall sind - und daß Insidern dieser Tatbestand schon seit über vier Jahrzehnten bekannt ist.

ISBN 3-923 781-83-0
gebunden, 524 Seiten,
DM 49,00

Verana Sandherr

Entdecke Deine Chakras und Energiezentren

Die Autorin interpretiert nicht nur die bekannten sieben Chakras neu, sondern zeigt noch unbekannte Chakraketten auf und erklärt genau ihre Bedeutung für den Menschen.
Dieses Buch zeigt die Anatomie der Chakras und feinstofflichen Systeme in einer bislang einmaligen Ausführlichkeit auf.

ISBN 3-923 781-86-5
broschiert, 168 Seiten,
DM 29,80

Dick Sutphen

Das Orakel in Dir

Anstatt Tarot-Karten zu mischen und die „richtigen" Karten zu ziehen, nimmt man für einen Augenblick dieses Buch zwischen seine Hände, konzentriert sich auf seine Frage bzw. sein Problem und schlägt dann, von Intuition geleitet, eine Seite auf, auf der die zutreffende Antwort zu lesen ist.
Dick Sutphen ist einer der bekanntesten spirituellen Lehrer u. Autoren der USA, man könnte ihn geradezu den „Dethlefsen Amerikas" nennen.

ISBN 3-923 781-73-3
broschiert, 276 Seiten,
DM 29,80

Steve Richards

Levitation

Was sie ist - Wie sie funktioniert - Wie man sie erlernt.

ISBN 3-923781-75-X
broschiert, 136 Seiten,
DM 19,80

Das erste Buch in deutscher Sprache über die Kunst, mit seinem physischen Körper „abzuheben". Für Super-Esoteriker einfach super!

Otto Höpfner

Einhandrute und Pyramidenenergie
-Hilfsmittel für Ihre Gesundheit-

ERWEITERTE NEUAUFLAGE

ISBN 3-923 781-78-4
broschiert, illustriert,
156 Seiten, DM 24,80

Der Autor zeigt anhand von praktischen Beispielen, wie auch der Laie mit Hilfe der Einhandrute die Verträglichkeit von Nahrungsmitteln, Medikamenten oder Schlafplätzen prüfen kann. Weiterhin erläutert er, wie mit speziellen Meßkreisen Radioaktivität, Giftstrahlung oder krankmachende Störzonen gemessen und durch die Pyramidenenergie gemindert bzw. verbessert werden können.

Beate Bock

Un-mögliches möglich machen

Ein praktisches Übungsbuch

ISBN 3-923781-67-9
broschiert, 192 Seiten,
DM 24,80

Dieses Buch ist für Menschen geschrieben, die ihr Leben in einfacher Weise positiv verändern wollen. Beate Bock stellt Übungen vor, die im alltäglichen Leben mit erstaunlicher Leichtigkeit anzuwenden sind. Jeder kann die für ihn passenden Übungen auswählen, um sein Leben einfach und vergnüglich positiv zu verändern.

Grant Russell

NEU

Astrologie-Set für Jedermann

Astrologie spielend begreifen

Endlich wird all denen, die sich schon immer für Astrologie interessierten, die Materie aber für zu kompliziert hielten, ein spielend leichter Einstieg geboten. Das Set enthält mit einem Handbuch, einer Drehscheibe, Planetenkarten und Blankohoroskopen alles, was man für die Erstellung und Deutung eines Geburtshoroskopes braucht. In lockerer und verständlicher Form erklärt Russel Grant die einzelnen Faktoren eines Horoskopes, Schritt für Schritt gibt er klare Anweisungen, welche Daten in die beiliegende Blankohoroskope eingezeichnet werden müssen und wie sie zu deuten sind.

ISBN 3-923 781-97-0
Großformat, 49,00 DM

William Berton

COLORES

Dieses neue Kartenspiel besteht aus jeweils 2 mal 39 verschiedenfarbigen Karten und vermittelt mit Hilfe eines Begleitbüchleins über den Sinn einer jeden Farbe die Möglichkeit, sich selbst und vieles andere besser kennenzulernen.

ISBN 3-923781-89-X
DM 45,00

2 x 39 Farbkarten nebst Anleitungsbuch in Box.

Dr. Anagarika Mahanamo

NEU

Geheimnis der Vitalität

**Gesundheit, Lebenskraft und Verjüngung
durch einfache taoistische Übungen**

Dieses Buch zeigt, wie der westliche - häufig gestreßte - Mensch durch einfache taoistische Körper- und Atemübungen den Körper entscheidend vitalisieren, harmonisieren und verjüngen kann.

ISBN 3-923 781-95-4
broschiert, 120 Seiten
DM 19,80;

Es ist ein Juwel für alle, die mit wenig Zeitaufwand durch Übungen, die Freude machen, Vitalität, Gesundheit und Lebensfreude bis ins hohe Alter erfahren möchten.

3 x Elisabeth Kübler-Ross

ISBN 3-923 781-02-4
broschiert, 89 Seiten,
DM 19,80

Über den Tod und das Leben danach

22. Auflage

Dieses Buch ist nach acht Jahren immer noch einer der esoterischen Bestseller in Deutschland und wurde bereits über 350.000 mal verkauft. Die berümteste Wissenschaftlerin der Welt (18 Ehrendoktor-Titel) hat als erste das Tabu-Thema „Tod" öffentlich aufgegriffen und sich in ihren Forschungen eingehend damit beschäftigt. Das Ergebnis präsentiert sie in diesem Buch und belegt in einer für jeden verständlichen Sprache, daß es ein Leben nach dem Tode gibt.

Eines der wichtigsten Bücher unserer Zeit.

Jedes Ende ist ein strahlender Beginn

ISBN 3-923 781-66-0
64 Seiten, 28 ganzs.
Farbfotos, 21x21 cm,
gebunden, DM 25,00

Bildband mit Texten von E. Kübler-Ross und Fotos von Dr. G. Siebel.

Dr. Gottfried Siebel ist katholischer Theologe und hat sich jahrelang der aktiven Sterbebegleitung gewidmet, wobei ihm die Bücher der Ärztin E. Kübler-Ross eine wichtige Stütze waren. Es war seine Idee, Schmetterlinge zu fotografieren und diese den aussagekräftigsten Sätzen von der bekannten Sterbeforscherin gegenüberzustellen, ist doch das Verwandlungsmotiv von der Raupe zum Schmetterling eine Parallele zu unserer eigenen Verwandlung. Ein wunderbares Geschenkbuch, welches zu begeistern weiß.

Sterben lernen - Leben lernen

Fragen und Antworten

ISBN 3-923 781-80-6
21x21 cm, gebunden,
64 Seiten mit 16 Farbfotografien, DM 25,00

Was Sigmund Freud für die Psychologie war, ist sicherlich E. Kübler-Ross für die Sterbeforschung. Ihr ist zu verdanken, daß weltweit die neuen Erkenntnisse über Sterbende und deren richtige Betreuung an allen medizinischen Ausbildungsstätten gelehrt werden.
Dieses Buch gibt wichtige Antworten auf Fragen wie: Auf was muß ich achten, wenn ich mit Sterbenden zusammenkomme? Wie kann ich Angehörigen eines Sterbenden oder eines soeben Verstorbenen beistehen? Wie gehe ich selbst mit dem Verlust eines mir Nahestehenden um?
Unmißverständlich macht die Autorin klar, daß wir die Angst vor dem Sterben und dem Tod erst verlieren müssen, bevor wir wirklich frei sein können zum Leben.